Management Strategies for SENSORY INHERITANCE

감각유산의 이해

이태희 지음

(주)백산출판사

들면서…

지금으로부터 6년 전, 이 세상 그 어느 누구도 사용하지 않던 감각유산이라는 말을 쓰기 시작한 건 필자에게 어두운 밤 눈 덮인 숲길을 혼자 걸어가는 듯한 외롭고 고독한 작업의 시작이었다. 그래서인지 그 이후 이 낯선 개념, 감각유산에 대한 이야기를 조심스럽게 풀어놓을 때마다 나의 새로운 주장에 공감해 주고, 머리 끄떡여주고, 박수쳐주던 손길들은 그 차갑지만 아름답고 어둡지만 고요한 숲속에서 멀리 떨어진 민가의 작은 불빛을 바라보는 것처럼 내게 그림 같은 큰 위안과 힘을 주었다. 처음 이 단어를 만들었던 그 순간부터 감각유산이라는 말을 글로 쓰거나 입으로 말할 때마다, 또 지금처럼 책을 쓸 때에도 낯설지만 설레는 이 단어는 늘 내가 살아 있음을 느끼게 해주고, 다시 태어난 듯한 실존감을 주고 있다.

살아오면서 지금도 기억 또렷한, 내게 실존감을 주었던 경우들은 영하 37℃까지 떨어지는 추위 속에 일주일 동안 혹한기 훈련 받던 경험, 세계 최대의 지하동굴 속 중간지점에서 암전되었을 때의 공포감, 인도 네팔 접경지대 쑤놀리에 새벽 4시 도착해서 출입국사무소 찾으려 멀리 개 짖는 소리만 들리는 텅 빈 흙길을 홀로 터벅터벅 걸어갈 때의 비현실감, 바라나시 강가 화장터에서 4구의 시체를 동시에 태우며 활활 타오르던 4개의 불길 앞에서의 이유 모를 망연자실함, 이구아수폭포의 악마의 목구멍 포인트에서 코 앞으로 떨어지는 거대 물줄기의 굉음과 물안개로 젖어드는 압도적 몽환감, 발리 바투르 화산 블랙라바 급경사지대를 산악오토바이로 달려 올라가거나 내려올 때의 아드레날린처럼, 한결같이 꿈꾸는 것처럼 매우 강하고 독특하면서 극히 낯선 감각적 상황과 경험이었다는 점이다.

여행이라는 것 자체가 낯선 상황에 자신을 집어넣는 묘한 몰입의 기회이고, 그동안 자신이 갇혀 지냈던 유해한 자극과 구속에서 벗어나, 죽어가던 감각을 되찾고 실존감을 회복하는 묘한 아이러니의 시간이다. 그 몰입과 아이러니를 통해서 개인은 자신이 살아 있음을 느끼게 된다. 기분 나쁘게 어둡고 깊은 심연의 물속으로 가라앉고 있는 우리를 살려내는 형광색 구명조끼 같은 신선한 감각들을 접하기 때문이다. 그래서 여행을 다시 태어난 느낌을 주는 감각환생이라 부르고 그 감각을 감각유산이라고 썼다. '감각유산의 이해'는 감각환생을 통해 여행자들에게 새로운 감각으로 심신의 좋은 변화를 처방하기 위한 여행심리의 해부학 책이라고 보면 된다.

원래 필자의 전공이 인문사회가 아니고 자연계열이었던 경우라 관광분야에 들어오니 필자의 눈에 빤히 보이고 영혼으로 짚어보게 되는 새롭고 신기하기만 한 풀리지 않은 주제와 문제들이 눈앞에 산처럼 쌓여 있었다. 아웃사이더인 필자에게만 그리 보이는 듯싶었다. 왜냐하면, 비유를 하자면, 관광분야는 해부학을 접하지 않거나 실제 해부를 해본 경험도 없이, 의사처럼 말하고 처방하고 심지어는 수술까지 하려는 사람들로 가득해 보였기 때문이다.

근원적인 원인을 말하지 않은 채 결과만 카테고리로 구분해서 말하며, 해답은 시원하게 제시하지 못하는, 관광분야 특유의 공허함을 참아내는 데에는 오랜 시간이 걸리지 않았다. 관광을 학문으로 혹은 산업으로 감당하려면 사람들을 어딘가로 더 오게 만들고, 더 만족해서 돌아가게 만들고, 그래서 더 자주 기억나고 그 기억을 SNS에 더 담아내 사람들과 공유하다가 결국은 다시 찾아오게 만드는 묘약을 공식을 갖고 처방해야 하는데 그 묘약을 만드는 근원적인 레시피와 속 시원한 처방이 없거나 '심리 해부학'에 근거하지 않은 답만 양산하고 있다는 생각을 하게 만들었다.

감각유산을 레시피와 처방이 있는 감각구조공학처럼 다루기 위해 이 책은 자유원소이론, 시간지배이론, 2차 성질확대이론, 중심분리혼동이론, 핵심가치인코딩이론, 좋은 변화이론, 감각환생 이론, 초연결심화이론, 추천기능고도화이론, 구독형플랫폼이론, 감각스키닝이론 등 전혀 새로운 필자만의 관점과 이론, 다양한 감각유산 관리/기획을 위한 전략과 이해의 프레임을 제시해 놓았다.

'감각유산 관리론'이 경희대학교의 '참신한 교과목지원사업'의 교과목으로 선정되면서 아직은 덜 익은 '감' 같은 개념의 '감각유산의 이해'가 더 이론적인 '각'을 잡고 책의 형태로 이 세상 밖으로 나오게 된 계기를 제공해 주신, '참신한 교과목지원사업' 관계자 여러분에게 감사의 마음을 전한다.

2018년 2월 감각유산적 한파 속에서

차례

제1장 감각유산의 개념

감각유산의 자유원소는 일정 진동수준 이상의 빛을 받으면 광전효과로 자유전자가 되는 금속 내의 자유원소와 같다. 이동해서 발전이 가능한 원소는 물질의 기본성분이지만 자유원소는 인간 의식의 기본성분인 2차 성질이 된다. 섬의 아름다움 때문에 그 섬의 해변에 한참을 정지해 있는 난파선처럼 사람들은 집을 떠나옴으로써 그제야 자신이 늘 유지하고 살았어야 할 중요한 감각을 잃거나 포기한 상태에서 살고 있었다는 것을 깨닫게 된다.

유해한 스트레스 환경 속에서 그동안 무뎌졌던 본인의 미학적인 시각, 후각과 미각, 살아 있음을 느끼게 만드는 촉감, 아름다운 소리를 듣는 청각을 되살리게 되는 기회를 '떠남'을 통해 갖게 되는 것이다.

제1장 감각유산의 개념

1. 감각 중심의 새로운 고찰

인간은 의식적이든 무의식적이든 관계없이 감각을 접하고 사용한다. 그것이 창조적인 것이든 문화적인 것이든 그저 일상생활적인 것이든 간에 자극에 대한 감각적 반응은 인간에게 숙명과도 같다. 그러나 종종 인간이 추구하는 문화와 문명의 급속한 발전은 유해한 자극을 양산해 낸다. 무방비 수준의 자극과다 상황이 초래되면서 현대인들은 오히려 감각을 잃거나 감각이 무뎌지는, 좋지 않은 상황에 직면하게 된다. 그 결과 사람들은 본능적으로 원래 그들이 부여받았던 인간 본연의 감각수준을 향상시키려는 노력을 하게 된다. 사람들이 안락한 생활환경에서 벗어나 낯설고 불편할 수도 있는 상황과 환경으로 여행을 떠나는 것도 이와 무관하지 않다. 이런 상황으로 인해 인간 감각에 대한 관심이 증가하는 상황변화 속에서 인간의 감각을 회생시켜 주는 감각유산에 대한 기초적 이해수준을 높이는 것은 매우 중요하다.

여행은 어찌 보면 사람들이 이렇게 바쁜 일상에 몰입하는 시간 속에서 점차 잃어버리고 살던 감각을 되찾아주는 역할을 하는 시간과 기회라고 할 수 있다(이태희, 2013). 반복되는 일상의 생활은 본인의 선택과 무관하게 다가오는 강요적이거나 반강제적인 건강하지 않은 자극들로 가득 찬 환경 속에서 이루어진다. 도시적이거나 기계적인 스트레스로 가득한 매일의 일상은 실제로 개인이 원하는 자극과는 거리가 먼 유해한 자극들로 가득 찬 환경이다. 역설적으로 여행은 이렇게 인간에게 유해하고 위험한 불길과도 같은 자극들을 잠시 꺼주는 암전과도 같은 시간과 기회라고 할 수 있다. 그 암전 속에서 죽어가던 감각이 다시 살아나고 암전 후에 찾아오는 살아난 감각들은 다시 일상생활을 정상으로 버티게 하는 트랜스포메이션(transformation) 효과, 즉 몸과 정신에 '좋은 변화'를 가져온다.

1) '날'에 대한 착시현상

우리가 보통 지루한 일상으로부터의 일탈을 즐기는 수단으로서의 축제(festival)도 강제적인 자극부여에서 벗어나 좋은 변화의 자극원을 찾는 감각유산과 무관하지 않다. 감각적 환기수단으로서의 축제의 어원을 살펴보면 '성스러운 날(festivalis)'에서 유래했음을 알 수 있다. 여기서 날(day)은 시간의 개념이다. 무감각적 일상에서 벗어나 새로운 감각을 되찾는 특별한 시간으로서 성스럽게 보낸다는 의미를 갖는다. 그 성스러움이 종교적이거나 그렇지 않거나에 관계없이 '삶에 좋은 변화를 가져올 의미 있는' 특별한 과정과 시간의 의미를 담는 것을 알 수 있다. 이 대목에서 필자는 시간 개념의 '날(day)'을 시간을 지배하는 도구 개념의 '날(cutting edge)'로 보게 되는 착시현상을 갖는다. '특별하게 주어진 시간'이라는 수동적인 의미보다 주어진 시간을 어떻게 능동적으로 보낼지에 대한 방법적인 의미가 더 강하게 다가오는 것이다. 성스럽게 사용해야 하는 칼날은 어떻게 사용하느냐에 따라 나타나는 결과와 의미가 확연히 달라지는 신호체계의 시작이며 기회다.

여기서 여가와 라이프스타일은 개인에게 주어진 시간을 어떤 방향성과 방식으로 보내는지에 대해 갖는 개인 고유의 모르스 부호라 할 수 있다. 자신을 둘러싸고 있는 주변 세상에 보내는 자기만의 독특한 아이콘이며 자기 스스로에게 본인의 정체성을 주기적으로 알리는 알람시계의 역할도 한다. 여가와 라이프스타일은 자신의 족적과도 같아서 하나의 알람에서 깨어나 미래의 다른 알람을 맞춰 나아가는 신호의 연속이 된다.

감각적인 자극을 추구할 자유로움을 만끽하면서도 그를 통해 얻어질 품격과 성숙을 염두에 두는 신호체계를 유지하려 하는 것은 개인이나 사회에게 매우 중요하다. 그 노력이나 결과가 여가라는 단어가 갖는, 혹은 여가가 여가의 사용자들에게 각각의 사용자들이 서로에게 보내는 영향력 있는 신호이기 때문이다. 라틴어 Licere에 뿌리를 두는 여가(Leisure)가 자유로움과 허용됨의 두 가지 면을 동시에 갖는 동전으로 비유될 수 있는 것과 다르지 않다.

펜싱은 단순히 날카로운 검의 끝으로 사람을 찌르는 행동으로 보이지만 격한 감정을 분출하는 방식을 가르치는 스포츠다. 승마의 경우는 사람으로 치면 4세 정도의 지적 수준을 갖는 엄청난 덩치의 근육덩어리의 집합체이며 자아가 있는 동물을 제어함으로써 사람 다스리는 법을 배우고 그에 필요한 인내력을 습득하는 스포츠라는 의미도 신호체계와 관계되어 있다.

펜싱은 손으로 잡은 칼로 상대를 찌를 때 느껴지는 진동, 그 과정에서 맞닥뜨리는 거친 숨소리와 호흡 등 매우 감각유산적인 스포츠 종목이다. 승마의 경우도 살아 있는 동물과의 접촉 및 손에 거머쥔 밧줄을 통해 기수와 한 몸이 되어 뛰는 말의 방향을 조정하며 말 발굽소리와 말이 숨쉬는 소리 등을 받아들이는 감각적 스포츠다. 몰입을 통해 얻게 되는 자유로움과 통제의 균형은 여가 참여자에게 극도의 일탈감을 제공하게 된다. 지배와 균형은 감각과 조합되어 여가의 향유에 있어서 가장 근원적인 전제조건이 된다.

2) 시간지배능력

시간의 활용능력이 여러 가지 의미에서 권력에 한 발 더 다가가는 성공을 좌우한다고 통속적으로 말하지만 이런 접근이 진행되다 보면 시간의 활용보다는 시간을 스스로 지배할 줄 아는 현명함과 능력이 삶의 질을 좌우하게 된다. 시간의 지배능력에 따라 단순히 주어진 시간에 종속되어 피동적으로 따라가는 시간에의 종속자가 있는가 하면 본인 주도적으로 시간을 이끌어나가 늘 자신의 실존감을 높이며 사는 자들도 있다. 시간의 지배능력에 여가의 균형감, 자극추구의 통제력을 갖추게 되면 개인은 '좋은 변화'에 한 발 다가가게 된다.

시간의 힘은 시간을 사용하고 보내는 주체인 개인으로부터 나오는 것으로 본다. 산업화의 시간을 겪으면서 우리들이 사는 모습은 분이나 초단위로 쪼개지는 시간의 분절화 과정을 당연하게 받아들였다. 분 단위, 초 단위로 삶의 영역을 초미세영역으로 나누는 현실은 인간 스스로 만들어놓은 거미줄 같은 시간의 틈에 자기 스스로 종속되어 감을 의미한다. 버스 도착이나 지하철 도착 알림판의 경우도 인간이 시간을 통제하는 편리성과 효율성의 도구처럼 보이지만 점점 시간의 주권자가 아닌 시간이용 효율성의 검침원으로서의 자가당착에 빠지면서도 만족해하는, 그리스 신화에 나오는 어리석은 시시포스(Sisyphus)가 되어가고 있는 것을 모를 뿐이다. 시간 이용의 지배자나 주체자로의 전환이 필요한 것을 깨닫는 데에는 오랜 시간이 걸리거나 죽을 때가 되어서야 알게 된다.

차 한 잔 마실 여유가 없는 삶이 주는 폐해 – 시시포스의 저주

시시포스는 그리스 신화에 나오는 코린트의 왕이다. 교활하고 못된 지혜를 사용하는 데 있어서는 타의 추종을 불허하는 인물로 제우스에게 밉보여 저승에 가는 신세에 처한다. 그러나 그는 저승의 신 하데스마저도 속이는데 성공해 다시 세상으로 돌아와 장수를 누리게 된다. 하지만 얼마 안 가 다시 신들의 노여움을 사서 무거운 바위를 산 정상까지 밀어 올려도 그 바위가 산 밑으로 계속 굴러 내려와 다시 밀어올리고 올리고를 영원히 무한 반복하는 형벌을 받게 된다. 시시포스가 받은 형벌은 바로 현대를 사는 우리들 인간의 모습 그 자체다. 인간이 처한 실존적 부조리를 그대로 상징하는 것이다. 하늘 한번 쳐다보고 살 수 없는 쳇바퀴 돌듯 바쁜 삶. 차 한 잔 마실 여유가 없는 반복되는, 기계적으로 돌아가는 삶은 거의 형벌에 가까운데 인간은 그저 살아갈 뿐이라는 생각으로 힘겨운 채로 그 형벌을 마다하지 않는다. 인간 자신의 욕심 때문에 자초하고 스스로 선택한 방식이기 때문이다. 그 결과 자신도 모르는 사이에 인간 본연의 감각은 점점 죽어가게 된다.

시간을 효율적으로 사용하면 그것으로부터 더 나은 여가와 삶의 질이 보장될 것으로 믿었으나 그 기대는 획일화된 사회에서 생산과정의 부품이 되어버려 시간의 노예로 전락한 자괴감으로 대체되고 있다. 결국 사람은 시간 경과를 통해 인간 본래의 감각을 상실하게 되는 과정을 겪을 수밖에 없다. 태어날 때 갖고 태어났던 감각을 성숙하게 완성하는가 싶으면 어느덧 빠르게 진행되는 이 상실의 시간 속에서 본인의 원래 감각을 잃어가게 된다. 늙어가는 것을 '꽃이 시든다'라고 자조적으로 표현하는 개인의 삶은 그 자신에게 주어진 시간의 지배능력을 빼앗기게 되는 과정과 무관하지 않다. 각 개인은 본인 스스로 세워놓은 '꿈'과 '계획'의 노예가 되고, 본인의 생체리듬은 그 '꿈'과 매우 공고하게 손잡은 산업화된 사회구조 속의 획일화된 생체리듬으로 쉽게 전환된다. 이 모두가 '꽃이 시들기 좋은' 환경 속으로 스스로 걸어 들어가는 우리들의 공통적인 자화상 격의 뒷모습들이다. 인간 스스로 자초한 시간의 분절화는 우리가 원했던 '효율성' 대신 우리를 '시간이 주는 폭력'의 희생양으로 만들어버려 우리를 지치게 하고 감각적 상실에 시들어가게 한다.

이런 과정을 거치면서 개인의 정신과 영혼은 물론 신체도 함께 상하게 된다. 개인에게 주어진 시간의 힘을 힘의 시간으로 바꿀 수 있는 자유로움의 분량도 점점 소진되고 만다. 여기서 힘은 종속되지 않을 때 만들어지는 자유로움이고 실존의 근원이자 원천인데 자유롭기 위해 시작된 꿈의 실현은 자유롭지 않은 채 인생을 마감하는 시들어가는 꽃이라는 슬픈 존재감을 줄 뿐이다.

우리를 구속하는 건 우리 스스로가 쳐놓은 그물에서 벗어나지 못하기 때문이다. 꼭 부자가 아니어도 자신이 스스로 쳐놓은 욕심의 그물을 잘라내어 포기할 줄 안다면, 세상의 기준으로부터 자유롭거나 꿈으로 정해놓은 미래의 경제적인 수입으로부터 자유로울 줄 안다면 개인은 좀 더 큰 자유로움과 행복을 얻을 수 있다.

2. 감각유산 자유원소 이론

어느 이국적인 외딴 섬의 멋진 해변에 홀로 멈춰서 있는 난파선을 보고 극중 여자 주인공이 묻는다.

"근데 이 배는 왜 여기 있어요?" 남자주인공이 답한다.

"홀려서… 이 섬의 아름다움에 홀려서…"

여자주인공에게 그 배가 난파선으로 보이지만 실은 잠시 멈춰 서 있는 성능 뛰어난 쾌속선일 수 있다. 원래 시간에 지배당하던 잘 나가던 쾌속선이었는데 그 섬의 감각유산이 뿜어내는 자유원소에 취해서 잠시 휴식모드로 있을 뿐이다. 그 배가 난파선으로 보이는 이유는 쾌속선이 원래 갖고 있던 '감각'을 상실하고 감각이 죽어가고 있었기 때문이다. 분명 금속으로 만들어진 존재인데 전기도 안 통하고 열전도도 안 되는 금속으로 녹슬어가고 있었을지 모른다. 휴식모드로 바뀐 난파선에게 중요한 건, 시간에 지배당해 늘 달리기만 하던 항해물체가 섬이 보여준 아름다운 감각유산으로 인해 당당히 시간을 지배하는 주체로 변신해 휴식모드로 충전을 하고 있다는 점이다.

1) 감각유산과 자유원소(Fre)

금속이 단단해서 깨지지 않는 이유는 금속에 들어 있는 자유전자의 인력이 작용하기 때문이다. 자유전자가 많이 포함되어 있는 금속일수록 전기전도성과 열전도성이 좋다. 인간도 전기적인 파장이 흐르고 피가 뜨거워야 생명이 유지되고 있다는 신호를 주게 된다. 금속에게 자유전자처럼 사람에게는 자유원소가 필요하고 감각유산은 인간에게 이런 자유원소를 제공하는 감각적 자극이 되어준다. 감각유산이 인간에게 감각회생을 시켜, 죽어가던 감각을 되살려주는 것은 결국 전기적인 파장과 체온이 일정 수준 이상 유지되도록 신체가 정상으로 회복되는 것이다.

- 감각유산은 사람들의 피를 다시 끓게 하고 튼튼한 파장이 뛰게 하도록 감각을 원래 정상상태로 되살려놓아 기계적인 삶을 살던 인간에게 자유로움에 대해 생각하게 만드는 자유물질이자 자유원소를 분출해 낸다.
- 감각유산은 소멸성이 있어서 그 자극에 대한 염원이 더 강해질 수 있다. 이런 감각유산에 매료당하고 감각유산이 내뿜는 자유원소의 효과를 체험하게 되면 사람들은 지속적으로 자유로움을 추구하려는 성향이 더 강해진다.
- 필자는 이런 자유원소에 Fre라는 원소기호를 부여했다. Fre는 알바니아어로 자유를 주다라는 의미를 갖는다. 감각유산의 2차 성질을 구성하는 Fre(자유원소)는 여행이나 관광이 발생하도록 하는 가장 기본적인 근원적 단위가 될 것이다.
- 자유원소의 체험수준이 증가할수록 개인의 시간을 지배하고자 하는 의지는 커져서 시간의 검침원이 아닌 시간 지배자의 위치에 도달하려는 성향 역시 높아질 것이라는 게 감각유산 자유원소 이론이다.
- 자유원소는 인간의 인간적인 온도와 단단함, 생명을 유지시켜 주는 '파장과 온도'를 유지시키는 근원이다.

감각유산의 자유원소는 일정 진동수준 이상의 빛을 받으면 광전효과로 자유전자가 되는 금속 내의 자유원소와 같다. 이동해서 발전이 가능한 원소는 물질의 기본성분이지만 자유원소는 인간 의식의 기본성분인 2차 성질이 된다. 섬의 아름다움 때문에 그 섬의 해변에 한참을 정지해 있는 난파선처럼 사람들은 집을 떠나옴으로써 그제야 자신이 늘 유지하고 살았어야 할 중요한 감각을 잃거나 포기한 상태에서 살고 있었다는 것을 깨닫게 된다.

유해한 스트레스 환경 속에서 그동안 무뎌졌던 본인의 미학적인 시각, 후각과 미각, 살아 있음을 느끼게 만드는 촉감, 아름다운 소리를 듣는 청각을 되살리게 되는 기회를 '떠남'을 통해 갖게 되는 것이다. 그래서 잠시 벗어나 낯선 곳에 정지해 있음이야말로 상실되어 가던 마음속 감성과 신체적 감각의 촉을 되살려내는 시간과 공간 속 체험의 주요 덕목임을 알게 된다. 그래서 집 떠나온 사람들을 맞아들이는 지역은 역설적으로 이런 감각 되살리기에 적합한 고유의 감각유산을 지녀야 한다(이태희, 2013).

2) 실존감을 주는 상태의 감각환경

결국 인간은 자신의 급변하는 주변환경 속에서 무의미한 자극과다나 강제적인 자극부여가 주는 스트레스환경으로부터 올바른 실존감을 주는 상태의 감각환경으로 이동하고자 한다는 게 중요한 점이다. 자신의 존재를 확인하고 본인이 원하는 진정한 의미의 자극을 통해 본능적으로 자유원소를 함유한 감각유산에 접근하여 감각적으로 반응하려는 것이다. 이 과정은 정신과 신체의 상태가 긍정적인 방향으로 호전되는 것, 즉 트랜스포메이션을 지향하게 되는데 이는 자유원소를 뿜어내는 다양한 감각을 접하는 환경에 본인을 투입함으로써 가능해진다.

3. 손에 잡히지 않는 2차 성질 인지의 중요성

참으로 쉬워 보이기만 하는 여행이나 관광의 경험을 제대로 산업화하는 것이 제조업 분야의 상품을 다루는 것보다 더 어려운 건 '객관화하기 힘들기 때문'이다. 각 개인의 여행경험에 대해 절대적 평가와 객관화 작업이 훨씬 어려워서이다. 여행의 중심 경험요소가 되는 색, 맛, 향기는 그저 이름에만 불과하고 의식에만 존재하는 것들이다. 분명 존재는 하는 거 같은데 측정하기 힘들고 시간이 지나면 남아 있지 않고 소멸해 버린다. 소멸하지 않는 것들은 대부분 제1차의 성질들로서 겉으로 드러나는 무게, 크기, 속도 등의 단위로 측정가능한 상태의 것들이다. 1차 물질의 성질은 공간성을 차지하고 계산 가능한 특징을 지니는데, 관광분야의 성공을 대규모 투자가 전제되는 물리적인 개발을 통해 승부수를 걸려고 하는 이유도 여기에 있다. 뭔가 손에 잡히고 측정이 가능한 물리적인 외형을 갖추려고 하는 것이다. 하지만 이 접근은 '자유원소'라는 소멸적인 2차 성질을 간과한 접근이므로 천문학적 숫자의 액수가 투자되었음에도 불구하고 대규모 물리적 개발은 종종 큰 실패를 겪게 되는 것이다.

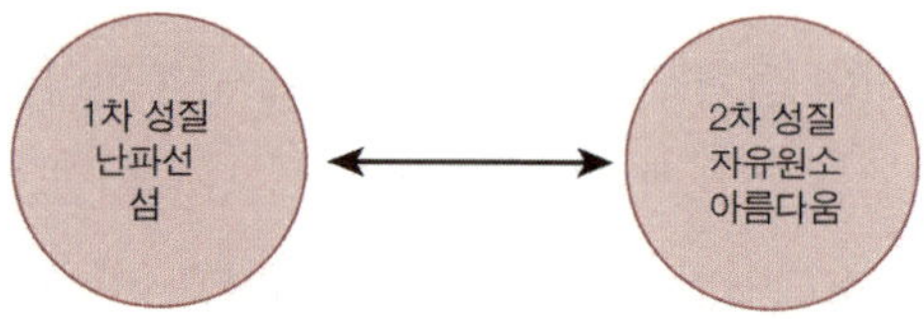

[그림 1] 1차 성질과 2차 성질

제2차 성질은 물체에 존재하고 있다기보다 나와 물체와의 관계에 의해 확립되는 성질이다. 공간성이 희미하거나 공간을 차지한다고 해도 볼 수 없는 성질, 색, 맛, 향, 촉감에 해당한다. 제2차의 성질들은 1차 성질에 비해 대부분 감추어져 있거나 혹은 신비적인 것들이다. 신비적인 것이란 가령, 공감(sympathies)과 반감(antipathies)의 차이를 불러올 수 있는 것들이다. 누군가에게는 친근한 감정을 주지만 누군가에게는 그 반대의 감정을 불러일으키기도 하는 것이다.

2차 성질은 곧 특별한(ad hoc) 공감이나 반감처럼 마음으로 인지되어 만들어지는 것들이다. 정량적으로 계산될 수 있는 1차 성질은 객관적인 사물, 즉 몸에 해당하고, 정성적으로 파악되는 2차 성질은 주관적인 의식, 즉 마음에 해당한다고 할 수 있다. 그릇이 1차 성질이라면 그 안에 담기는 음식이 주는 맛과 향 등 감각적 자극은 2차 성질이다. 문화유산이나 자연유산은 1차 성질이므로 측정하기 쉽고 복원과 관리유지가 비교적 수월하지만 지극히 무형적이고 소멸적인 감각유산은 2차 성질이므로 측정하기도 어렵고 한번 잃게 되면 복원하기도 쉽지 않다. 감각유산은 이름만 있고 의식에만 존재하는 것들이니 간단히 말해 사람이 죽으면 사라지는 것들이다. 그러나 중요한 것은 감각적인 의식이 있다는 걸 체감할 때 살아 있음을 느끼게 된다는 점이다. 지극히 무형적이고 관계를 통한 의식에만 존재하는 감각적인 요소들이 형체를 갖추고 눈앞에 늘 존재하는 1차 성질의 물리적 형체들보다 더 실존감을 주며 치유력을 갖는다는 점이다.

4. 인간/감각 중심의 사용자 경험의 설계

사용자 경험(User experience, UX)은 사용자가 어떤 제품, 서비스, 시스템을 이용하면서 느끼고 생각하게 되는 지각과 반응, 행동 등의 총체적 경험을 의미한다. 사람들은 종종 사용자 경험인 UX를 UI(User Interface)와 혼동하는 경향이 있는데, UI가 사람과 시스템의 접점, 또는 채널을 의미하는 반면 사용자 경험은 사용자가 제품과 서비스, 브랜드와 상호작용하면서 가지게 되는 전체적인 느낌이나 경험을 말한다.

생산을 위한 수작업과 기계작업의 구분이 되는 분수령으로서 산업혁명 이후 인간의 관심은 오로지 기계작업의 효율성에 맞춰져 있었다. 따라서 인간이 생산시스템의 일부로 인식되던 과거에는 사용자 경험보다는 기계와 인간 사이의 연결성에 비중을 둔 인간-기계 인터페이스(Man-Machine Interface, MMI)가 주 관심사였다. 이는 기계와의 관계 속에서 한 개의 부품처럼 돌아가는 인간보다는, 생산성을 높이려는 목적의 기계중심적 사고였다고 할 수 있다. 기계중심의 사고로 인해 생산력을 더 높이면 월급도 더 받고 인간은 더 행복해질 거라 믿고 열심히 생산에 몰두했다. 이 과정에서 기계를 통제하는 주체일 거라 믿었던 인간은 시간이 지나면서 오히려 기계의 일부 부품으로 전락하여 원시적인 과거 생산방식의 시대보다 인간 본연의 감각을 점차 상실하는 결과를 맞이하게 되었다.

여행의 경우도 도시나 국가, 지역을 떠올리면서 선택과 이동이 시작되는데 이 목적지들은 단지 매우 거대한 규모의 이름표일 뿐이다. 그 이름표에는 무수히 많은 다양한 형태의 자극과 천문학적 숫자의 이야기들과 복잡다단한 시스템이 포함되는데 우리는 단지 이런 매크로(Macro)한 대물들의 이름표를 하나의 자극으로 여기고 여행과 관광을 논하는 큰 오류를 범하고 있다.

여행의 과정을 인간–목적지 인터페이스(Man-Destination Interface, MDI) 혹은 인간–매력물 인터페이스(Man-Attraction Interface, MAI)로 표현한다면 이 이름표로만 보이는 광범위한 도시나 지역을 상호작용의 대상으로 보거나, 혹은 문화유산이나 자연유산 등의 다양한 물리적인 체험꺼리를 상호작용의 대상으로 보는 경우였던 것이다. 그러나 MDI나 MAI 등 목적지나 매력물이라는, 어떤 경우 지극히 모호하고 광범위한 분류적 접근만으로는 사용자의 만족을 결정하는 감성적이고 감각적인 만족의 원인요소를 잡아내기 힘들어진다.

사용자 인터페이스 UI의 기본 평가항목은 사용성 · 접근성 및 편의성이다. 반면에 UX는 이러한 UI를 통해 사용자가 느끼는 만족이나 감정을 의미한다. UX는 제품에 대한 총체적 경험이고 UI는 그것을 기술과 연결시켜 주는 매개체일 뿐이다. 제품이 주는 기능적이고 기술적인 특징을 인간적인 사용자 가치로 변화시켜 주는 매개체가 UI라고 할 수 있다.

〈표 1〉 사용자 경험(UX)과 사용자 인터페이스(UI)의 변화

	과거	현재/미래
사회전반	• 인간–기계 인터페이스 (Man-Machine Interface, MMI)	UX의 대상 • 감각적 상호작용 디자인(Interaction Design) • 감각구조(Sensory Architecture) • 감각공학(Sensory Factors Engineering)
관광분야	• 인간–목적지 인터페이스 (Man-Destination Interface, MDI) • 인간–매력물 인터페이스 (Man-Attraction Interface, MAI)	• 인간–자극 인터페이스 (Human-Arousal Interface, HAI) • 인간–감각 인터페이스 (Human-Sense Interface, HSI)

UX의 대상은 사용자의 만족이나 감정 등의 의미구조(semantic)에 초점이 맞추어져 있다. 감각유산이 사람과 감각적 자극과의 상호작용에서 나타나는

결과물인 것처럼 사용자 경험 UX의 대상은 감각적 상호작용 디자인(Interaction Design), 감각구조(Sensory Architecture), 감각공학(Sensory Factors Engineering) 등의 내용을 포괄하게 된다.

하지만 아직까지 감각유산은 확실히 설정되는 명확한 경계와 영역이 모호한 것이 사실이다. 감각유산의 경험이나 대상이 그렇듯이 사용자 경험 UX의 영역 자체가 모호한 이유는 인간의 경험이 본질적으로 주관적이고(subjectivity), 맥락에 의존하고(contextuality), 광범위한(holistic) 성격을 가지기 때문이다. 즉 인간의 경험이 그 사람의 성격적, 인지적 특성에 따라 주관적인 것이라는 것을 거부하기는 어렵다. 하지만 과거 관광분야의 접근이 인간–목적지 인터페이스(Man-Destination Interface, MDI) 혹은 인간–매력물 인터페이스(Man-Attraction Interface, MAI)가 주였다면 이제부터는 인간–자극 인터페이스(Human-Arousal Interface, HAI)와 인간–감각 인터페이스(Human-Sense Interface, HSI)에 근거한 사용자 경험 설계의 중요성을 부각시킬 필요가 있다. 이미 IT분야에도 UX 디자인을 하나의 고유명사처럼 널리 쓰는 경향이 생긴 것처럼, 감각유산의 경우도 사람들의 감각적 욕구에 근거한 만족과 치유를 목적으로 사용자 경험의 설계에 단순히 눈으로 보이는 것만 강조하는 기존 관광의 틀에서 벗어나야 한다. 사람과 감각적 자극이라는 전혀 새로운 인터페이스 접점으로부터 결과될 감각적 만족을 사용자 경험설계의 궁극적 목표로 삼는 시도가 적용되어야 할 것이다. 기존 UI에서 가장 중요하게 다루었던 것이 사용자가 어떻게 잘 사용하고 있는가와 관련된 사용성(usability)이었다면 스마트혁명으로 UI가 획기적인 변화를 가져온 지금은 사용성만이 아닌 재미와 심미적인 부분을 중요하게 다루어야 하는데 감각유산에 대한 고려는 이와 무관하지 않다.

피플비즈니스

감각유산은 기계나 로봇이 대체할 수 없는 비즈니스 영역이다. 감각유산은 단순히 자유시간에 보고 즐기는 여가와는 차이가 있는 딥레저(Deep Leisure)와 관계되어 있기 때문이다. 오로지 현재를 단순히 즐기고 보자는 현재주의는 감각유산과는 거리가 멀다. 오히려 단순한 현재주의의 극복을 위한 질 높은 트랜스포메이션을 감각 되찾기를 통해 현재의 헤도닉적 쾌락추구 성향보다는 현재의 감각추구성향이 미래의 좋은 변화를 이끌어내려 하는 것이 감각유산의 이해가 갖는 의미이다. 여가활용의 초분절화 현상이 심화될수록 자극향유의 시간을 추구하려는 추세는 확대될 것이다. 감각적 자극을 향유하는 것과 관련하여 시간적 수혜자는 다수의 자유시간 추구자의 증가로 감각 자체에 대한 수요가 증가할 것이다. 이는 사회적 관계망의 확대와 세밀화로 더욱더 가속화될 것이다.

5. 감각의 개념

일반적으로 심리학적 관점의 감각은 인간이 생활하면서 겪게 되는 내부 혹은 외부 환경으로부터의 자극에 인간이 반응하는 의식내용을 말한다(아케마츠유 유지, 2001, p. 138). 따라서 감각은 반응에 대한 지각작용이다. 다양한 반응에 대한 감각기관 및 육체감각의 지각작용인 것이다(문정민 · 김미영, 2010). 보통 감각기관이라 칭할 때 시각, 청각, 촉각, 후각, 미각의 오감을 포함시켜 말하며 최근에는 이 오감에 대해 여러 가지 다양한 주제가 더해져서 감각이 다루어지고 있다.

여행의 경우에는 기본적으로 공간과 시각의 체험이 우선적으로 경험되기 때문에 공간 속의 감각체험을 이해할 필요가 있다. 공간의 체험을 종합적인 감각체험으로 이해하기 위해서는 루돌프 슈타이너의 감각론을 공간체험의 원리적인 내용으로 고찰할 수 있다. 감각을 언급할 때 슈타이너는 인간의 신체, 심리, 정신을 모두 포함하는 총체적인 인간 이미지 안에서 해석하였다

(문정민 · 김미영, 2010).

슈타이너는 감각을 상위감각, 중위감각, 하위감각으로 구분했다. 상위감각은 인식감각이라고 하며 외부세계의 사물에 대해 극히 사적인 지식을 전달해준다. 이러한 감각은 초자연적인 감각기관으로 단지 그것을 경험할 수 있다는 것만으로도 확인할 수 있는 청각, 언어감각, 사고감각, 자아감각을 말한다. 중위감각은 느낌감각이라고 하며 자연적인 주변세계를 자연적으로 느끼는 감각으로 시각, 후각, 미각, 온도감각을 말한다. 하위감각은 의지감각이라고 하며 감각기능이 의지적 행위와 강하게 연결되어 있는 생명감각, 균형감각, 방향감각, 촉각, 운동감각을 포함한다(박수경, 2004, pp. 16-17).

슈타이너의 구분은 인간의 의지, 느낌, 인식과 관련된 분류인데 여기서 인간의 정신적인 측면과 신체 심리를 동시에 고려하여 감각을 다룬다는 점이 여행분야에서 감각유산을 다룰 때 의미 있는 내용이다. 여행은 새로운 자극환경으로의 자발적 이동이며 새로운 자극을 감각적으로 접하려는 경험적 시도이기 때문이다. 슈타이너의 세 가지 감각구분 중 상위감각에는 청각, 중위감각에 해당하는 시각, 후각, 미각, 하위감각에는 촉각, 그리고 이 전체적인 자극들이 이루어내는 정취 등이 적극적으로 관광의 대상이 되는 감각유산과 관련된 반응적 체험에 개입하는 감각이라 할 수 있다.

감각유산을 접하는 인간의 의지적인 여행 중 감각체험은 인간의 감각(input)적 반응을 통해 정신적으로나 신체적으로 인간에게 어떤 결과물(output)을 가져오고 그 결과물이 긍정적인 것일 때 여행하는 인간에게 좋은 변화인 트랜스포메이션의 상태로 접어든다는 중요한 의미를 지닌다.

슈타이너의 개념에서 좁혀진 이 감각론은 어떤 지역이나 도시, 장소 등의 공간이 신체의 감각을 통해 체험된다는 사실과 체험의 과정을 통해 신체뿐만 아니라 정신의 변화까지 유발한다는 점을 강조하는 근거가 된다. 감각유산을 통한 공간체험이 정신적으로나 신체적으로 호전되는 바람직한 결과를 가져온다는 의미를 갖기 때문이다.

6. 감각유산의 정의

감각유산은 특정시간대와 공간 속에 존재하는 감각적 자극들로서 사람들이 감각적인 경험을 통해 지각할 수 있지만 지극히 소멸적인 감각적 자극원이어서 보호해 주지 않으면 곧 사라질 수도 있는 감각의 대상을 지칭한다. 이 감각적 자극원들은 실존감이나 행복감, 일탈감 등의 종속적 결과를 유발하는 매우 섬세한 독립적인 자극들이다. 감각유산이 문화유산이나 자연유산과 구분되는 것은 유형적인 외형이나 외관, 역사성, 인간중심의 기술이나 예술활동을 강조하기보다는 사소한 감각적 자극의 연출과 보존을 염두에 두고 있다는 점에서 차이를 보인다. 감각유산은 고유의 정취, 시각적인 분위기, 향, 빛깔, 맛과 질감 등 매우 세세한 감각적 자극원들을 조절하고 모니터링해서 감각유산을 접하는 사람들에게 유의미한 좋은 변화를 불러일으킨다는 전제조건을 만족시켜야 한다(이태희, 2013). 여행자가 방문하게 되는 적정시간대에 경험할 수 있는 석양/일출 등 소멸적인 정취나 시각적 매력, 5일장이나 길거리 음식 장터에서만 만날 수 있었던 그 지역의 고유한 음식의 맛, 어느 집성촌의 보호수 그늘에 앉아 맞는 초가을 바람의 촉각, 마을 할머니들이 베짜기 하며 돌리는 베틀 돌아가는 소리, 그 베틀에서 짜여 나온 베의 촉감, 어느 청명한 가을날 종택 대청마루에 앉아서 볼 수 있는 처마 옆 감나무에 걸린 감, 하나같이 작고 세세하고 사소한 경험들이다(이태희, 2013).

감각유산이 갖는 취약성은 요즘같이 이기적인 문명과 도시화의 새 옷으로 갈아입는 속도가 빠른 세상 속에서 누군가가 의무감을 갖고 지켜주지 않으면 하나같이 쥐도 새도 모르게 사라져버릴 수 있다는 점이다. 감각에 유산을 덧입힌 것은 이러한 소멸성 때문이다. 소중한 감각유산들은 한 지역의 명함을 구성하는 퍼즐조각과도 같아서 지역의 DNA를 구성한다. 이렇게 마이크로(micro)한 체험의 소재들은 지역의 DNA로서 주민밀착형인 경우가 될 확률이 높다. 여행자가 지역주민들에게 더 가까이 다가가게 만들어 일반 관광의 유형보다도 더 좋은 변화를 관광객이나 지역주민에게 모두 결과시키는 장점을 갖는다.

감각유산을 중요하게 다루어야 하는 이유 중 하나는 제조업분야의 브랜드와 비교할 때 여행의 경우는 손에 잡히는 실체가 매우 희미할 수 있다는 점이다. 스마트 폰이나 아이스 아메리카노처럼 그 외형적 실체와 기능이 한 눈에 보이고 상품 유인력 품평이 쉽지 않고 통일된 기준에 의해 이루어지기 힘든 것이 여행이기 때문이다.

여행은 일단 그 대상이 모호하다. 대부분의 경우 여행의 출발은 파리나 방콕 같은 목적지의 도시이름으로 시작된다. 해당 도시 안에는 무수히 많은 자극과 매력이 포함되어 노출되거나 숨어 있을 수 있는데 그 무수히 많은 매력과 자극들을 모두 경험할 수 없으며 관광객들은 종종 몇몇 주요 감각적 자극을 놓치고 지나치기 쉽다.

여행자들은 다녀온 도시를 평가해 달라고 할 때 그 도시 안에서 경험한 많은 수의 경험의 조각들을 하나로 합쳐 포괄적인 평가를 내리게 된다. 이런 경우 스마트 폰이나 아이스 아메리카노를 평가하는 것과는 전혀 다른 주관적 평가 과정을 거치게 된다. 왜냐면 평가하는 방문객 개개인들은 도시의 광범위한 성격으로 인해 결과된 너무나도 다른 경험을 바탕으로 평가를 내리기 때문이다.

마주쳤던 사람들의 미소나 친절, 매력도 등의 덕목이 천차만별인 것은 물론 해당 도시에서 선택해서 먹었던 음식의 수준이나 등급도 다양하다. 동선에 따라 누구는 열 개의 재미를 보았는데 누구는 한두 개 정도의 재미를 보기도 한다. 그래도 만족이 여행품평의 배경이 되는 이유는 떠나온 것 자체, 낯선 도시에 와서 떠돌아다니는 것 자체가 힐링이 되기 때문이다.

제조업분야의 상품과 여행상품이 극명히 구분되는 대목이다. 이렇기 때문에 감각유산의 중요성은 더욱 강조되어야 한다. 집을 떠나온 자들이 도착한 도시나 지역에서 어떻게 그 매력을 접해야 하는지 친절하고 구체적으로 그 방법을 알려주어야 하기 때문이다. 음식으로 치면 그 음식을 맛있게 먹는 순서와 방법에 대해 자세하게 알려주어야 하는 것이다.

감각유산의 경우 어느 계절, 하루 중 어떤 시간대에 그곳을 방문하는 것이 최적인지 알려주는 것이 필요하다. 시간적으로 소멸되는 성격이 강한 것이 여행이기 때문이다. 국제적으로 그 수요가 높아지고 있는 미얀마의 사원도시 바간, 그곳의 일몰시간대에 석양만을 즐기고 가는 방문객이 대부분이라면 태양이 떠오르는 이른 새벽의 아름다운 사원을 배경으로 일출 풍경을 보도록 정보를 제공하는 것도 방문했던 사람들의 만족도를 높이는 방법일 것이다.

그것이 수박이든 복숭아든 관계없이 과일은 적정수준의 당도를 보유하고 있어야 한다. 달지 않은 과일은 맛없는 과일로 평가될 수밖에 없다. 그저 그런 여행매력만 보유한 도시나 지역은 달지도 않고 맛도 없는 과일이나 마찬가지다. 여행에서 용어의 사용이 중요한 것은 여행이 막연하고 경계가 모호한 만큼 사용되는 단어도 모호한 것이 많기 때문이다. 예를 들면 콘텐츠라는 단어가 그렇다. 여행체험과 관련하여 가장 손쉽게 사용할 수 있는 단어이기 때문이다. 손쉽게 사용할 수 있는 만큼 책임이나 의무가 약하다. 여기서 책임과 의무라 함은 과일로 치면 당도와 맛을 유지해야 하는 것이다. 과연 그 콘텐츠가 어렵게 집 떠나온 사람들의 감각을 되살리는 놀라운 치유능력을 가질지에 대한 고민이 없어도 된다. 콘텐츠 대신에 감각유산을 사용하는 경우는 이런 책임과 의무를 동반하게 된다. '구체적으로 어떻게'라는 방식에 대한 정보가 뒷받침되어야 하며 감각을 되살린다는 치유라는 결과를 염두에 두고 있기 때문에 보다 명확한 '사용설명서'가 제공되는 것을 기대하게 만든다.

7. 문화유산/무형유산/자연유산과의 차이점

감각유산을 문화유산이나 자연유산에 비교하는 것 자체를 필자는 거부하고 싶다. 왜냐면 문화유산이나 자연유산은 독보적인 존재감이나 유명세 때문에 '지정'된 후에 제대로 된 몸값을 인정받으려는 외재적인 동기의 대상이어서 개인의 감각적 회생과 자유원소의 근원이 되는 내재적 동기의 대상으로서 감각유산과는 다른 차원의 존재물들이기 때문이다. 감각유산은 외재적인 것보다는 한 개인의 감각회생과 관련하여 지극히 인간적인 감각의 회복에 초점을 맞추고 메이저급 매력물 역할을 하는 여행지와 달리 지역밀착형이어서 주민과의 소통과 상호존중의 상황이 전제가 된다.

문화유산이나 무형유산이나 자연유산은 이미 각계각층에서 다양하게 언급되고 다루어져 왔으나 대부분 특정 '공간'이나 특정 '구조물', '사람의 기술', '공연' 혹은 특정 '환경'만을 목적대상물로 다루고 있고 '지정'이라는 제도권하의 시스템에 의해 유산이냐 유산이 아니냐가 결정되는 경우기 때문에 소소한 감각유산들의 발굴과 연출/기획/관리와는 차이를 보인다.

유네스코와 같이 인지도 있는 기관이 지정하는 유산은 문화유산과 자연유산 그리고 복합유산의 3가지로 구분된다. 이 중 문화유산은 유적 · 건축물 · 장소로 세계문명의 발자취를 연구하는 데 중요한 유적지 · 사찰 · 궁전 · 주거지 등과 종교 발생지 등이 포함된다. 자연유산은 무기적 · 생물학적 생성물로 이루어진 자연의 형태, 지질학적 · 지문학적(地文學的) 생성물, 멸종위기에 처한 동식물의 서식지, 세계적 가치를 지닌 지점이나 자연지역을 대상으로 한다. 복합유산은 문화유산과 자연유산의 특성을 동시에 충족하는 유산이다(네이버 지식백과, 세계유산(World Heritage, 世界遺産); 두산백과).

무형문화유산은 다음에 해당하는 것을 의미한다.

(a) 무형문화유산의 전달체로서의 언어를 포함한 구전 전통 및 표현

(b) 공연 예술

(c) 사회적 실행, 의식, 그리고 축제

(d) 자연과 우주에 대한 지식 및 관습

(e) 전통적 공예 기술

우리나라의 경우 종묘제례, 판소리, 강강술래, 강릉단오제, 남사당놀이, 영산재, 영등굿, 처용무, 매사냥, 대목장, 줄타기, 택견, 모시짜기 등이 무형문화재에 속한다. 이 사례에서도 알 수 있듯이 무형문화재는 역사를 통해 전해

내려오는 사람의 기술이나 특별한 능력, 놀이, 모임이나 종교적 의례/의식과 관련되어 있다는 것을 알 수 있다. 또한 정확한 전승과 보급에 초점을 맞추게 되어 있으므로 정책제정과 집행의 대상이 되기도 한다.

감각유산은 그와 달리 전혀 새로운 개념으로서 '목적대상물'이 아닌 반응의 주체로서 '사람의 감각'을 중심으로, 소멸할 수 있는 감각적 체험을 보존하고 연출해 낸다. 감각유산은 공공재로부터 일반 개인이 감각재화를 창조해 소비자들에게 전달하는 상업적 사유재에 이르기까지 창조의 과정이나 소유의 형태, 소비자의 접근이나 이용방식의 폭이 문화유산이나 자연유산보다 훨씬 크고 그 종류가 다양하다.

감각유산은 다음과 같은 점들로부터 문화유산, 무형유산이나 자연유산과 차이점을 보인다.

- 감각유산은 시간단위로 존재하거나 소멸한다.
- 감각유산은 감각의 소비주체가 현장에 나타나는 순간 그 존재가 시작된다.
- 감각유산은 그 감각의 생산주체의 존재여부에 따라 존재하기도 하고 소멸하기도 한다.
- 감각유산은 개인이 새롭게 창조하는 것이 가능하다.
- 감각유산의 창조에는 엄청나게 긴 시간이 소요되지 않을 수도 있다.
- 감각유산은 창조에 들어간 비용을 소비자에게 가격의 형태로 부담시켜 비즈니스 개념의 회수가 가능하다.
- 감각유산은 종종 공간상의 이동이 가능하다.
- 감각유산은 개인, 기업, 기관, 국가의 소유에 이르기까지 다양한 소유형태를 보인다.

감각유산은 사람의 '감각'을 중심으로, 문화유산이나 자연유산보다 훨씬 더 소멸성이 강함에도 불구하고 감각적 체험의 주체인 사람들에게 감각유산의 경험을 통해 궁극적으로 정신과 육체의 좋은 변화(Transformation)를 야기하는 과정을 설명하여 이해시킨다는 전혀 새로운 이론의 전파로 차별성을 갖는다. 결국 어떤 지역이 보유하고 있는 감각유산을 통해 인간성도 회복하고 지역의 고유 정체성도 지속가능하게 만든다는 이상점(ideal point)을 지향하여 이런 감각유산의 잠재력을 현실세계로 끌어내는 방안을 구체적으로 담아내는 것이 기존의 문화유산이나 자연유산과의 차이점이다.

〈표 2〉 감각유산과 타 유산의 비교

구분	정의	특징	사례
감각유산	감각유산은 특정시간대와 공간 속에 존재하는 감각적 자극들, 사람들이 감각적인 경험을 통해 지각할 수 있지만 지극히 소멸적인 감각적 자극원, 보호해 주지 않으면 곧 사라질 수도 있는 감각의 대상	유형적인 외형이나 외관, 역사성, 인간중심의 기술을 강조하기보다는 사소한 감각적 자극의 연출과 보존을 중시 감각유산은 감각유산을 접하는 사람들에게 심신의 좋은 변화를 불러일으킨다는 전제조건을 만족시켜야 함	홀로코스트박물관 입구, 피라미드 사운드앤라이트쇼, 호리마을 옻샘, 파리 암흑식당, 핀란드 스노캐슬, 도슨시티 발가락칵테일, 부산 깡깡이 마을, 베트남 박하 우시장
문화유산	유적·건축물·장소로 구성되는데, 대체로 세계문명의 발자취를 연구하는 데 중요한 유적지·사찰·궁전·주거지 등과 종교 발생지	건축, 조경, 도시계획 등 건물, 구조물이나 공간설계나 계획의 대상지 중심의 유산	만리장성, 아테네 아크로폴리스, 잘츠부르크 구도심, 이집트 피라미드, 자유의 여신상
무형유산	무형문화유산의 전달체로서의 언어를 포함한 구전 전통 및 표현, 공연예술, 사회적 실행, 의식, 그리고 축제, 자연과 우주에 대한 지식 및 관습, 전통적 공예기술	역사를 통해 전해 내려오는 사람의 기술이나 특별한 능력, 놀이, 모임이나 종교적 의례/의식과 관련된 유산	종묘제례, 판소리, 강강술래, 강릉단오제, 남사당놀이, 영산재, 영등굿, 처용무, 매사냥, 대목장, 줄타기, 택견, 모시짜기
자연유산	무기적·생물학적 생성물로 이루어진 자연의 형태, 지질학적·지문학적(地文學的) 생성물, 멸종위기에 처한 동식물의 서식지, 세계적 가치를 지닌 지점이나 자연지역	자연적, 생태적 가치를 지닌 대상	캐나다 로키산맥, 세렝게티 국립공원, 에베레스트 국립공원, 바이칼 호수, 플리트비체 호수, 그레이트베리어 리프, 제주 거문오름
복합유산	문화유산과 자연유산의 특성을 동시에 충족하는 유산	문화적 가치, 지리학적 가치, 그리고 자연적 가치가 뛰어난 지역	페루 마추픽추, 그리스 메테오라, 요르단 와디럼 사막, 중국 황산, 베트남 짱안

마추픽추 인근의 바노스 온천

감각유산은 메이저급의 여행매력물이 아닐 가능성이 높다. 마추픽추가 지구상의 7대 불가사의에 드는 메이저급 문화유산이라면 그 주변에 있는 바노스 온천은 감각유산으로서 마추픽추를 보조하는 역할을 한다. 발굴해서 브랜드화하거나 인지도를 높이는 작업이 없으면 쉽게 소멸되는 특징을 지니는 감각유산은 문화유산이나 자연유산보다 더 지역밀착형이거나 주민밀착형일 가능성이 높아 경제적인 면이나 심리적인 면에서 지역이나 주민들에게 더 가까운 존재일 수 있다. 공공재적 성격을 띤 것으로부터 개인의 비즈니스모델이 될 수도 있는 광범위한 스펙트럼을 지니는 특징을 갖기도 한다.

8. 감각유산과 콘텐츠의 접근방식 구분

강의실에 5명의 사람들이 앉아 있는데 나이, 수입, 개성, 학습능력, 사회성, 취미, 라이프스타일 등이 제각기 다름에도 불구하고 이들 모두를 '학생들'이라 부르는 게 콘텐츠적 접근방식이라면 감각유산적 접근은 개별 학생들의 능력과 특징을 객관적으로 감안하여 각각의 이름을 따로 불러주고 그들의 잠재력과 특징을 구분하여 각 개개인으로서 발휘할 능력과 몇 명씩 팀을 이뤄 이뤄낼 성과에 대해 고민한 뒤 개인의 이름이나 팀의 이름을 붙여서 불러주는 것이다. 부분을 객관화하고 정량화해서 독립적인 것과 조합을 이룬 것의 강점과 약점을 파악하여 가장 최적의 효과를 내는 솔루션을 찾아내는 것이 감각유산적 접근방법이고 이 책의 가장 마지막 장에서는 이를 감각유산구조공학이라고 언급하고 있다.

'거시기'적 접근의 문제점

콘텐츠적 접근은 크게 분류된 유형을 구분해 내곤 있지만 솔루션에 가깝지는 않다. 그런데 종종 분류체제상의 네이밍(Category name)이 솔루션처럼 쓰이는 게 문제다. 관광산업의 해법을 말할 때 가장 손쉽게 쓸 수 있는 말이 콘텐츠인 건 이런 이유 때문이다. 마치 한국 사람들이 종종 구체적인 설명이 안 될 때 '거시기'라고 얼버무리는 경우와 다를 바 없다. 솔루션을 콘텐츠라고 부를 때의 문제점은 개별적인 원인과 결과물에 대한 구체적 고려 없이 솔루션에 대한 제시를 카테고리로 대충 쉽게 얼버무리고 마는 점이다. 콘텐츠라는 용어에 워낙 광범위한 포괄성이 있다 보니 입에서 내뱉기도 아주 쉽고 문제를 푸는 솔루션을 제시하는 듯한 착시현상을 일으킨다는 게 문제다. 객관적이고 구체적인 해법은 떠오르지 않는데 답은 말해야 할 상황에 직면하면 사람들은 '거시기'를 말하는 것처럼 십중팔구 '콘텐츠'나 '문화체험'을 들먹인다. 문제가 생겼을 때 아무리 '콘텐츠'를 외치고 '문화체험'에 기대어 봐도 구두 신고 가려운데 긁는 것 마냥 시원한 답이 나오기 어렵다.

'테크놀로지'적 접근

문화체험이라 말하는 것도 '문화체험'이라는 단어 안에는 또 얼마나 무지막지한 양의 내용과 정보가 들어 있는가. 넓어지고 커질수록 답이 안 나오기는 매한가지다. 더 좁혀진 해법을 찾아나가려면 문제의 폭을 좁혀 만족을 결정 짓는 근원에 더 다가가야 한다. 감각유산은 콘텐츠보다 한 단계 혹은 몇 단계 더 세부적으로 들어가 감각적 자극에 변화를 주거나 새로운 자극을 도입하여 사용자들에게 시원한 만족과 감동을 주는 접근이라 보면 된다. 여행이나 관광에 무슨 테크놀로지가 있냐고 하겠지만 감각을 객관화된 자극으로 다룰줄 알게 되면 이런 테크놀로지가 공식처럼 정리될 수 있다는 게 필자의 주장이다. 테크놀로지 오리엔트화된 용어가 바로 감각유산이라 보면 된다. 구두를 신은 채 발등의 가려운 곳을 긁고 있었다면 가려움을 없애는 데 답이 안 되고 도움이 안 되는 구두를 벗어던지고, 피부위를 직접 긁는 법을 찾아내려는 게 감각유산의 접근방식인 것이다.

9. 감각유산의 구분

인간은 여행을 통해 기본적인 오감에서 정신적인 감각까지를 포함한 복합적 감각을 통해서 공간을 체험한다. 여행이라는 과정을 통해 몸의 감각과 움직임을 만들어 공간과 상호작용을 하고 공간 속의 감각들을 지각함은 물론 그에 반응함에 따라 스스로가 개별적 감각에 대한 관계를 형성하고 다양한 감각유산이 있는 공간에 자기 자신을 대입하여 의미를 찾게 된다(문정민 · 김미영, 2010).

다시 말해 '공간'과 '인간'을 매개하는 경계에 '감각'이 있으며 감각유산에 대한 반응은 인간의 몸에서 비롯된 것이고 그 반응을 통해 인간은 공간에서 분리될 수 없다. 따라서 우리들은 '감각유산' 없이 어떠한 '공간체험'도 할 수 없다(문정민 · 김미영, 2010). Krishna & Schwarz(2013)는 감각은 지각과 다른 개념으로, 감각은 외부 자극에 대한 순수한 입력의 역할을 하는 반면, 지각은 우리의 경험과 학습을 통해 다르게 해석하는 것으로 감각자극에 대한 실제적인 인식은 사람마다 다를 수 있다고 하였다. 즉 개인의 경험에 따른 기억과 태도와 감각성은 상호 형성에 영향을 줄 수 있다는 것이다.

감각을 통한 상징성 인식은 소비자에게 브랜드에 대한 강한 결속감을 인식하게 한다. 기업들은 이런 감각적 연상을 자극하기 위해 상품개발 시 광고나 패키지에 유혹적이고 기억할 수 있는 메시지를 제시하곤 한다(Krishna, 2013). 감각성(sensuality)은 '감각이나 재미를 주는 물리적 요소를 통한 자극의 만족'이라고 할 수 있으며, '오감의, 인상적인, 물질적인'의 뜻을 지닌 프랑스어 'sensualite'와 '감각능력, 감각만족과 연계된'의 뜻을 지닌 라틴어 'sensualitatem'에서 유래되었다고 한다(oxforddictionaries.com, 2014). Lindstrom(2005)은 브랜드의 감각성을 관리하는 개념으로 감각브랜딩을 제시하였는데, 그는 감각브랜딩은 브랜드와 소비자 관계를 자극시켜 충동구매나 흥미를 유발하고 이성적 사고를 좌우하는 감성적 반응이라고 정의하였다.

환경의 변화를 자극이라 하면 이러한 자극을 감지하여 생물체가 외부의 자극에 대해서 적절하게 대처하는 능력을 감각이라 한다. 이러한 감각을 통해 체험되는 감각유산은 다음과 같이 6개의 종류로 구분될 수 있다.

1) 정취유산

정취란 '상쾌함 또는 우울함과 같은 감정을 느끼게 하는 직접적인 자극으로서 분명하지 않으며, 미약하고 지속적인 감정'이라 정의하고 있다. 미학(美學)에서 정취(情趣) · 정조(情調)라고도 한다(네이버 지식백과).

정취유산은 그곳에서만 느낄 수 있는 고유 정취의 유 · 무형 유산이다. 영화로 치면 미술감독이 만들어놓은 영화가 촬영될 장면의 고유 분위기를 말한다. 이 고유 분위기는 배경으로 보이는 도시, 마을, 교량이나 장벽 같은 구조물, 건물, 자동차, 가구 같은 인공구조물은 물론 숲, 호수, 강, 바다 등 자연의 모습도 포함하게 된다. 문화유산이나 자연유산과의 차이점은 그 물리적인 외형의 경계가 모호하고 시간에 따른 정취변화의 가변성을 가치의 근원으로 하고 있다는 점이다. 손에 잡히지 않으므로 더 매력적인 감각유산의 실체가 그대로 적용될 수 있는 유형의 감각이다.

2) 미각유산

맛은 감각적 · 감상적 관념을 표현하는 언어였으나 점차 분화하여 감각적인 경험 특히 식품의 감각을 표현하는 말로 정착하게 되었다. 식품의 질적 요인으로서 맛의 구실은 대단히 크지만 그러나 음식의 맛은 여러 가지가 복합된 것이므로 과학적으로 정확히 분류하기는 매우 곤란하다. 다만 일반적으로 맛이란 어떠한 물질을 입에 넣었을 때 미각과 후각을 자극하고(향미, 씹히는 물리적 성질, 점성 등), 입안의 통각 · 촉감 · 온도 감수를 자극함으로써 일어나는 감각으로 정의할 수 있다(한국민족문화대백과사전, 한국학중앙연구원).

미각유산은 여행지에서 맛볼 수 있는 고유의 미각을 알 수 있는 유 · 무형유산이다. 미각체험여행은 특별 흥미 여행 또는 특수 목적 관광(SIT, Special interest tourism)의 일종으로 음식과 관련된 여러 요소들이 여행의 동기를 자극하는 중요한 요소로 작용하는 여행이라고 정의한다. 미각체험여행의 주된 활동을 살펴보면 음식과 관련된 주요 생산지를 방문하며, 음식축제에 참가하고, 음식점에서 음식과 음료를 시식/시음하거나, 특산물 생산지역의 특성을 체험하는 것 등이다. 예전에는 여행자에게 있어서 '미각'이 단순히 1차적인 매력물(tourism attractions)을 선정하고 난 후 2차적인 매력요소로 구분되어 왔지만, 최근에 이르러서는 미각 자체가 여행의 1차적이고 직접적인 동기가 되고 있는 추세이다.

3) 촉각유산

촉각은 외부 자극에 대해 반응하는 감각의 한 종류로서 접촉에 의한 자극들을 인지한다. 사람의 몸에는 눈으로 자극을 인지하는 시각, 또한 소리를 인지하는 청각, 맛을 인지하는 미각, 냄새를 인지하는 후각, 접촉을 인지하는 촉각이 있다(두산백과). 촉각은 좁은 의미로 보면 체성 감각 중 피부감각의 하나로 분류될 수 있으나, 일반적으로 오감의 하나로 촉각을 지칭할 때에는 넓은 의미에서는 피부를 통하여 느끼는 피부감각을 의미한다. 촉감은 오감 중에서 가장 원시적이며, 중요성이 부각되지 않으며, 인간의 기본적인 욕구에 가장 많이 공헌하는 감각이다.

촉각정보는 촉각(cutaneous perception)과 촉감(haptics)으로 나눌 수 있고, 촉각이란 생리적으로 느낄 수 있는 정보이며, 촉감이란 촉각의 정보처리를 통해 알 수 있는 인지적 정보이다.

(1) 촉각정보의 종류

생리학적으로 넓은 의미에서 촉각은 신체를 감싸고 있는 체표면과 피하조직에 기원을 가지는 촉압각(觸壓感), 온각(溫覺), 냉각(冷覺), 통각(痛感)을 포함하는 감각이다.

(2) 촉감정보의 분류

일반적으로 촉감정보를 크게는 감각정보와 감성정보로 구분하고 있다. 감각이란 일차적인 정보처리 과정으로 외부의 자극 정보가 내부 신경계의 신호로 일차적으로 변환하여 입력되는 과정으로 볼 수 있으며, 감성이란 이런 일차적 변환을 토대로 정보 처리자의 주관적 해석의 결과로 나타나는 심리적인 상태라고 정의한다(손진훈, 1998).

4) 소멸적 시각유산

소멸적 시각유산은 특정 시간대에만 볼 수 있는, 그 지역 고유의 시각적 경험을 하게 하는 유 · 무형 유산이다. 시각은 빛의 감각 및 그에 따르는 공간의 감각으로 눈을 통하여 이루어진다. 사람들은 보고, 듣고, 냄새 맡고, 만지고, 맛보는 오감을 통해 세상을 받아들이는데 그중에서 영향력이 가장 큰 것은 바로 시각, 보는 것이다. 시각을 통해 외부 물체의 크기 · 형태 · 빛 · 밝기 등을 비롯하여, 공간의 위치와 운동을 알 수 있다. 시각기관은 눈이지만 시세포가 있어서 빛을 느끼는 곳은 눈 안의 망막뿐이며, 그 밖의 구조는 빛을 바르게 망막으로 도달시키는 역할을 한다(두산백과).

인간의 오감 중에서 정보 인지력이 가장 우수한 것도 바로 시각이다. 고객은 상품이나 서비스의 품질, 가격, 기능 못지않게 디자인, 컬러, 디스플레이 등의 시각적 요소를 중시한다. 기업이 참신한 스타일과 감각적 디자인, 그리고 고객이 좋아하는 컬러의 제품으로 구매 욕구를 자극하는 것이 시각을 활용한 감성마케팅의 수단이 되기 때문이다. 시각에 대한 제일 중요한 요소는 색상이다. 색상은 심리적 현상으로 빛 에너지에 의한 눈의 생리적 반응과 더불어 여러 가지 사고판단 작용과 감정, 심리상의 반응을 일으키게 한다.

이렇듯 시각은 인간과 세상의 소통의 주요 경로이다. 시각은 오감(시각, 청각, 후각, 촉각, 미각) 중 우리가 처리하는 정보의 약 70% 이상을 1차적으로 담당한다고 언급되는 매우 중요한 감각이다. 그런데 시각은 시각 자체뿐만 아니라 청각, 후각, 촉각, 미각의 총체적인 감각으로부터 입력한 정보를 바탕으로 능동적이고 복합적으로 정보를 처리하여 인식하게 된다. 이처럼 '시각'은 다른 감각기관에 비해 시각을 통하여 파악할 수 있는 인식이나 경험이 중요하기 때문에 여행체험의 관계에서도 제일 중요한 요소가 된다.

5) 소리유산

소리는 물체의 진동에 의해 생겨난 음파가 귀에 들릴 수 있는 것이고(네이버, 두산백과) 청각은 소리를 느끼는 감각이다(네이버, 국어사전). 청각은 공간을 지각하는 과정에서 시각과 함께 중요한 수단의 하나로 여겨진다. '소리'로 인식되는 청각적 경관(aural landscape)은 '조망(sight)'으로 인식되는 시각적 경관(visual landscape)과 함께 지각에 대한 인위적인 제한이 가해지지 않는 한 공간 체험 시 자연스럽게 인지되는 요소이다. 소리는 일상 속 다양한 물질들 간의 충돌, 마찰 등 여러 가지 접촉을 통한 공간의 진동에 의하여 생성되고, 그것이 대기를 통하여 이동하면서 우리의 귀를 자극하여 비로소 하나의 소리로써 지각된다.

소리는 사물이 살아 있음을 증명해 주는 존재의 확인이다. 우주의 생성과 생명체의 '탄생-변화-발전-소멸'의 과정 속에서도 소리는 보이지 않는 에너지로 존재하고 있다. 인간은 자연현상에서 발생되는 소리와 인공적으로 만들어지는 수많은 소리 속에서 살고 있다. 인간이 만들어내는 건축공간에 있어서도 소리는 역사 이전부터 문명의 건설에 극히 중요한 역할을 행하여 왔다. 음성에 의한 의사소통이 가장 두드러지지만 인간이 스스로 만드는 소리뿐만 아니라 자연계의 모든 소리가 인류의 문화에 기여하고 있다.

공간 구성요소로서 소리가 등장하게 된 배경은 필연적이면서도 지극히 자연스러운 현상이라 할 수 있다. 소리는 그 자체로 이미 인류와 문명에서 중요한 위치에 있었으며, 형체는 없으나 인간의 지각능력에 중요한 역할을 해 왔다. 인간의 문명 발전에 있어서 언어는 커뮤니케이션의 가장 중요한 수단으로서 이 언어에 음성이라는 청각적 요소가 없으면 존재 자체가 불가능하다. 또한 소리는 음악이라는 형태로 예부터 지금까지 인간의 감성을 울리고 자극하는 중요한 문화 유형으로 존재해 왔다.

6) 향기유산

향기는 직접 비강으로 맡은 향기를 이르며 영어로는 'odor'라고 하는데, 구강에서 느끼는 향기를 총칭하여 'flavor'라고 하여 구별되고, 'flavor' 중에는 향기와 맛의 양쪽 자극이 포함되는 경우가 많다(농업용어사전). 후각은 특정 물질에서 나온 분자가 코 안에 있는 후세포(嗅細胞)를 자극하여 감지되는 감각이다.

향기는 인간의 감각기관 중에서 향기와 밀접한 관련이 있는 후각기관, 코와 뇌의 작용 그리고 그에 따른 심리상태 등을 연구하고 소비자의 구매행태를 자극할 판매촉진 마케팅의 한 분야이다. 향기가 인간의 피로를 풀어주는 효과를 가지고 있다는 아로마테라피(향기치료)라는 것이 알려지면서 아로마테라피의 용도가 넓어졌으며, 향기 상품 또한 대중화가 되었다.

사전적 의미로 후각이란 냄새를 맡는 감각이라는 뜻을 가지고 있으며, 기체상태의 분자 자극물이 코에 있는 말초신경을 자극할 때 생기는 감각을 말한다. 비슷한 말로 냄새 감각, 취각이 있다. 이와 같이 후각은 두뇌의 가장 노련한 부분에서 감지되기 때문에 생존하는 데 없어서 안 될 중요한 역할을 하며, 위험에 대한 경계심을 불러일으킨다. 그리고 냄새는 사람의 기분과 행동에 영향을 주기에 우리의 정서와 감정을 변화시킬 수 있다. 사람의 오각 가운데 시각, 청각, 촉각을 물리감각(sense of physical)이라고 하며, 미각과 후각은 화학물질이 사람의 혀와 위 혹은 코 안에 이르러 처음 감각이 발생한다는 특성이 있기 때문에 화학감각(sense of chemical)이라고 한다.

코를 통하여 들어온 향기의 분자는 후각의 수용체와 만난다. 이때 발생하는 전기신호(impulse)는 후각의 정보로 곧바로 뇌에 입력되어 우리들의 기분과 감정을 좌우하게 된다. 그리하여 좋은 향기는 사람들의 감정 그리고 행동에 직접적인 영향을 미치게 되는 것이다. 이와 같이 냄새감각의 신호들은 사람의 두뇌로 전달되며 해석이 이루어지는데, 해석이 이루어지는 장소가 감정반응 또는 기억, 아이디어를 창출하는 곳이다. 따라서 사람의 후각에 의한 감각들은 아주 유용한 것이며 무엇보다 사람에게 있어 제일 강력한 탐지장치이기도 하다. 많은 기업들이 감성적인 후각 자극을 통하여 브랜드와 유대관계를 강화하는 것에 많은 관심을 두고 있다. 오감 중에서 특히 후각은 다른 감각보다도 사람의 감정을 더욱 강하게 자극할 수 있는 잠재력을 가지고 있다. 후각의 이런 특성은 감성디자인에 있어서도 유용한 도구로 사용될 수 있다.

후각은 사람의 느낌과 기억을 직접적으로 불러일으킬 수 있는 대표적인 감각요소로 보편화된 감성마케팅에 활용된다. 향기로 후각을 자극하고 구매를 유도하기에 '향기마케팅'이라고 한다(윤혜영 · 정강화, 2013).

10. 감각유산의 공공재적 성격

공공성에 의해 감각유산을 구분한다면 공공재의 성격을 띠는 감각유산으로부터 사유재의 성격을 띠는 감각유산에 이르기까지 다양한 감각유산이 존재한다.

감각유산은 문화유산이나 자연유산과는 달리 공공재의 성격을 띠는 경우도 있으나 사유재의 성격으로 비즈니스의 수단이 되는 경우도 많다. 〈표 3〉은 공공성에 따라 감각유산을 구분한 내용이다.

〈표 3〉 공공성에 의한 감각유산 구분

		국내	국외
공공성에 의한 구분	공공재적 성격의 감각유산	해인사 소리길/ 호리마을 옻샘/ 대흥사 타종소리/ 해인사의 풍경소리/ 제주 도두항 용천수탕/ 보령 머드축제/ 화천산천어 축제/ 화천 토마토축제	바간의 일몰/ 홀로코스트 뮤지엄의 입구 후각 전시 공간/ 자그레브 시오르간(Sea Organ)/ 루앙프라방 탁발참여/ 바라나시 가트 화장의식/ 뮌헨 옥토버페스트/ 스페인 팜플로나 황소축제
	사유재 성격의 감각유산	소금동굴/ 지례예술촌 헛제사밥/ 용인 한국민속촌 수박서리체험/ 해남 해조류 스파/ 통영 통술집/ 태안 우럭젓국/ 태안 톱밥스파	파리 암흑식당/ 부다페스트 키라이스파/ 터키 캉갈온천 닥터피시/ 인도 코친 까달깔리 무언극/ 방콕 짜뚜작 시장의 코코넛 아이스크림/인도 께랄라 하우스보트/ 아사히야마 동물원
	공공재와 사유재의 조합	해남 대흥사 종소리와 유선관 숙박/ 황리단길 대릉원뷰 피자 레스토랑/ 5일장/ 김치 담그기 체험/ 전주한옥마을 떡메치기 체험	아그라 타지마할 뷰 룹탑 레스토랑의 식사/ 베트남 박하 일요 우시장 체험/부에노스아이레스 탱고체험 레스토랑

II. 감각유산의 감각콜라보

감각콜라보는 말 그대로, 하나의 감각이 아니고 인간의 오감이 서로 융합하여 형성되는 감각의 조합이다. 감각유산은 여행자가 실제 감각유산 체험에서 개별적으로, 혹은 순서적으로 감각을 경험하지 않는다. 다시 말하면, 여행자는 감각유산 체험 시 감각유산의 조합을 체험하게 되는데 이를 감각콜라보라 칭한다. 여행자는 이런 여러 가지 감각자극의 콜라보를 통해 감각유산 체험을 진행시키고 여러 감각의 자극을 동시에 합쳐서 받기 때문에 단일 감각보다 더 많은 시너지를 받게 된다.

감각유산 측면에서 '감각'을 보자면 '감각'에 해당하는 부분으로 인간의 시각 · 청각 · 촉각 · 미각 · 후각에 의해 입체적인 감각유산 체험을 통해 여행자의 트랜스포메이션, 즉 좋은 변화가 이루어지는 것이다. 감각과 느낌은 외부적인 유 · 무형 물질, 몸, 내부적인 마음, 지각, 생각과 복잡한 관계를 가지고 있다. 감각이 인간에 대한 작용 관정을 보면 감각이 몸에 대한 자극을 감응하는 단계에서 몸으로 받은 감각정보를 뇌에 전달하여 뇌의 분석과정을 거치고 나온 느낌이라는 것이다(Hill, 2003). 따라서 감각이라는 느낌이 나온 후에 뇌가 여러 '감각'과 선택, 조직화, 해석하는 과정을 통해 '지각'이라는 느낌이 나온다. 이런 여러 가지 지각을 비교, 선택, 통합, 분석하는 과정을 통해 감정이 형성된다. 따라서 감각유산 체험 중에 감각이 단순한 '감각'이 아니라 감각의 전이과정의 자극, 감각, 지각에 해당하는 개념이다.

신경생물학적인 연구에서 하나의 감각이 작동할 때 다른 감각들도 함께 작동한다는 연구 결과를 바탕으로 감각콜라보(Synesthesia)라는 개념을 도입(김용철, 2005)하게 된다. 감각콜라보는 하나의 감각과 다른 감각들의 상호작용으로 인간에게 감각적 경험을 제공한다(신혜진, 2016). 즉 감성의 형성은 하나의 감각으로 일으키는 것보다는 여러 감각이 상호작용하는 과정을 통하여 형성된다는 것이다. 따라서 감각유산 체험의 차원에서 보자면 여행자 한 사람의 감각의 자극으로 형성되는 행복감, 실존감은 여러 감각의 보완과 상생의 관정을 통하여 형성되는 감정이다. 이를 바탕으로 감각유산의 감각은 서로의 상호작용관계를 강조하는 감각콜라보의 영역에 속하는 것을 의미한다.

소리, 촉감, 향기처럼 의식적인 사고, 감정을 형성하는 감각이 없으면 인간에게 행복감, 즐거움, 실존감은 없게 된다. 따라서 감각콜라보를 통한 감각유산 체험이 특정 장소에 대한 아이덴티티를 인지하고 감각기관 되살리기의 과정을 통하면 행복감, 즐거움, 실존감 등 감정을 일으키는 것을 확인할 수 있다.

1) 감각콜라보 사례 1: 고래실마을

(1) 감각유산의 또 다른 이름표 붙이기

질울 고래실마을은 경기도 양평군의 대표 생태자원인 두물머리에 인접한 곳으로 마을 주민 50% 이상이 이주해 온 귀촌인들로 구성되어 있다. 2016년에 '학습–일–복지–문화'가 순환되는 학습마을 조성을 위한 '평생학습마을 공동체 지원 사업 및 친환경 농업선도마을'로 지정돼 있다. 질울 고래실 영농조합법인은 녹색농촌휴양마을로서 교과과정을 연계한 농촌체험 및 다양한 문화체험, 농촌 유학, 농부학교 등의 다양한 프로그램을 진행하고 있으며, 서울에서 한 시간 정도 거리에 위치해 경의중앙선을 타고 갈 수 있기 때문에 뛰어난 접근성으로 여행자들의 발길을 끌고 있다.

(2) 정취/시각/후각/청각/촉각유산과 미각유산의 콜라보

물안개의 풍경이 아름다운 세미원과 두물머리, 물소리길과 청계산 자락에 포근히 안겨 있는 질울 고래실마을은 아름다운 자연경관과 함께 사계절 오감을 자극하는 다채로운 체험으로 지친 도시인들에게 무공해 특산물, 발효식, 식이 치료를 통해 심신의 이완과 마음의 치유공간이 되며, 삶의 여유와 고향의 정을 느낄 수 있는 매력적인 감각유산 체험마을이다.

아름다운 자연의 시각적 자극뿐만 아니라 잣나무숲에서 온몸으로 느끼는 피톤치드의 상쾌함, 도시에서는 듣기 힘든 귀뚜라미 우는 소리, 첨벙첨벙 물에 들어가 손으로 메기를 덥석 잡아 올릴 때의 감촉 등 오감으로 느끼는 체험활동은 오래도록 기억에 남고 마을에 대한 긍정적인 이미지로 이어지기 때문에 특히 아이를 둔 엄마들의 입소문을 타고 큰 구전효과를 누리고 있으며, 만족도가 높아 지속적인 재방문이 이루어지고 있다.

소비자들은 질울 고래실마을의 영농, 자연생태, 생활문화, 음식, 놀이체험이라는 5가지 테마를 통해 미각, 촉각, 시각, 청각, 후각의 5감각을 경험하는 방문을 하게 된다.

〈표 4〉 질울 고래실마을의 감각콜라보

프로그램 명	프로그램 내용	감각콜라보
영농체험	논농사 체험, 씨앗 파종, 수확체험, 기타 농사 체험	후각, 시각, 청각, 촉각
자연생태체험	초롱불 만들기, 업 사이클링(재활용작품 만들기), 흙놀이, 물고기 잡기, 수생식물과 놀기, 자연물 만들기, 자연관찰, 고래실 숲속 탐험, 물소리길, 저수지, 잣나무숲 여행 등	후각, 시각, 청각, 촉각
생활문화체험	염색 체험, 과거 생활 엿보기, 고래실 동물농장, 천렵 체험, 누에고치 명주실 뽑기, 산에서 살아남기, 듐벙푸기, 봄나물 캐기, 짚풀공예, 움집 원시인 체험, 기타 체험 프로그램	후각, 시각, 청각, 촉각
음식문화체험	다식 만들기, 강정 만들기, 차 만들기, 김치 담기, 막걸리 담그기, 장 담그기, 두부 만들기, 떡 만들기, 조청(엿) 만들기, 기타 체험 프로그램	후각, 시각, 청각, 촉각, 미각
놀이문화체험	자전거 여행, 쥐불놀이, 시골놀이, 논풀장 물놀이, 눈썰매, 얼음썰매, 나무 수레 씽씽이, 답비구 등	후각, 시각, 청각, 촉각

2) 감각콜라보 사례 2: 통영 통술집

통영 통술집은 술값만 받고 안주 값은 안 받는 통영의 술 문화를 통칭한다. 통술이라는 말은 우리 고유의 선술집 문화에서 파생되어 바다를 품고 있는 경남 해산물과 특산물이 만나 만들어진 경남만의 독특한 술문화라 볼 수 있다. 통영 통술집에서는 술만 주문할 수 있다. 안주를 시킬 권한은 손님에게 없다. 안주는 주인이 내주는 대로 먹으면 된다. 안주는 술을 주문하는 양에 따라 주인이 알아서 내놓는다.

통술집 상차림

〈표 5〉 통영 통술집의 감각콜라보

구분	내용
시각	〈미각의 유인효과〉 통술은 20여 가지의 회와 생선구이 그리고 탕 등의 음식으로 한번에 한 상에 가득 차려지는 상차림이고 기본을 주문하면 술이 병째로 얼음통에 담겨 먼저 나온다. 이런 큰 손 분위기와 투박함은 통술집 초기부터 나름대로의 일관성을 추구하면서 소비자들의 시각을 사로잡고 있다.
청각	〈청각의 유인효과〉 본래 어부들의 뒤풀이 장소였던 만큼 통술집은 시끄럽다. 손님과 주모의 마음이 맞으면 북장단도 나올 수 있고 생활이 어려운 사람들이 모이다 보니 자연스레 옆 테이블과의 대화도 잘 이어지는 곳이다. 소비자는 자연스레 통술집은 인심까지 파는 곳이라는 느낌을 받게 된다.
후각	〈향에 의한 감각요소〉 부둣가에 위치하고 해산물로 조리된 음식이 주 메뉴이기 때문에 통술집은 남해 바다의 비릿하고 짠 내음을 품고 있다. 고객들은 이런 향을 통해 힘든 일과를 마치고 터벅터벅 들어오는 어부의 모습과 옆집 누이처럼 반갑게 맞아주는 주모의 모습을 떠올리며 옛 모습을 떠올려보거나 향수를 느껴볼 수 있다.
미각	〈감각요소로서의 미각〉 계절에 맞는 모듬회와 제철 해산물로 만든 찬과 초밥, 생선조림과 회무침, 꽃게회와 낙지회 그리고 얼큰한 매운탕은 남해 바다의 맛을 그대로 전달한다. 손님들은 주모의 정성으로 준비된 맛에 대한 신뢰를 갖게 되고, 주모의 재량에 따라 덤으로 주어지는 안주는 구매자들의 만족과 행복감을 배가시켜 준다.
촉각	미각이 뛰어난 안주들을 손으로 잡고 맛을 보거나 안주 삼아 술을 마시는 행복과 즐거움을 선사한다.

주인이 기분 좋은 날에는 안주가 하나 더 나올 수도 있고 아프거나 피곤하면 같은 가격에 안주 개수가 줄어들 수도 있고 같은 통술집이라도 매일 메뉴가 다르다. 통술집의 상품은 20가지 이상의 기본 안주로 만들어져 밥상으로 보아도 될 만큼 푸짐한 멀티술상이다. 가격은 기본상 요금에 추가로 주문하는 술병의 수로 계산하는 방식이다. 2인이 가게 되면 기본상 6만 원에 이후 추가 주문하는 술병의 수에 따라 합리적인 값을 치르게 된다. 비록 정형화된 메뉴가 아니지만 통술집 손님은 그날 안주에 대한 기대감을 갖게 되고, 주인은 정성으로 빚어진 최고의 술상이라는 신뢰를 얻고자 헌신하며 소비자들의

열정과 충성을 형성하고자 한다. 시각/미각/청각/후각/촉각이 다 모인 감각적 편익 측면에서 보면 '통술집은 감각유산이라는 정성으로 빚어진 최고의 술마당'인 것이다.

3) 감각콜라보 사례 3: 제주 오메기술/고소리술

(1) 시각적인 분위기

전통주의 장인들이 술을 빚어내는 모습, 술을 증류할 때의 고요함 속에서 장작만 타오르는 분위기, 술이 고소리를 통해서 한두 방울 떨어지는 시각적인 자극들, 이 모두가 전통주에 시각적인 분위기를 형성하고 소비자의 감각을 건드린다. 전통주를 담은 용기 또한 시각적인 면을 강조하여 소비자의 이목을 끌고 전통주의 소비를 유발한다.

(2) 향

전통주를 빚어낼 때 곡식과 누룩 등 다양한 재료들을 발효시키면서 생기는 특유의 발효 향과 발효된 재료들을 증류하여 생긴 향은 전통주를 통해서만 느낄 수 있는 특유의 향들이며 이는 소비자들의 후각을 자극하여 오랜 시간 기억에 남도록 한다.

(3) 빛깔

보통의 전통주는 맑고 청아한 무색이기 때문에 소비자들의 감각을 자극하기에 부족하나, 오메기 술과 같이 짙은 갈색의 오메기 술만이 가질 수 있는 오묘한 색을 띠고 있어서 시각적인 자극을 이끌어내기에 충분하다.

(4) 맛과 질감

오메기 술의 맛은 강한 시큼한 맛과 단맛이 굉장히 조화롭게 어우러져 감칠맛이 뛰어나다. 오메기 술을 접해본 사람들은 시큼한 맛에 놀라지만 점차 단맛이 강하게 올라와 색다른 맛을 선사하고, 술을 마신 후 입속의 잔향이 길게 남으며, 잔향이 사라진 후에는 산뜻함까지 드는 오묘한 술이라 말하고 있다. 고소리 술은 청량감과 달콤하고 부드러운 맛을 낸다. 도수가 높은 고소리 술은 목이 타들어가는 느낌을 주는 여타 독주들과는 달리, 입속을 정화하는 느낌을 주며 마시는 순간 청량감이 느껴지고 달콤하고 시원한 향이 느껴진다. 또 하나의 특징으로는 '소주의 뒷맛은 쓰다'라는 편견을 깨는 술로 맛이 목에 도달하기 전에 사라져버린다고 한다.

(5) 음식과의 조화

보통의 술은 '선주후식'의 형태로 즐기는 반면에, 고소리 술은 이와 정반대인 '선식후주'의 형태로 즐긴다. 그 이유는 고소리 술은 뒷맛이 쓰지 않고 깔끔하여 안주를 먹고 난 뒤 입속의 잔여감을 고소리 술로 말끔하게 마무리할 수 있으며, 도수가 꽤 높은 편이기 때문에, 먼저 음식으로 속을 달랜 후 술을 즐기는 것이 좋기 때문이다. 고소리 술과 가장 잘 어울리는 음식은 제주도의 토속음식인 갈칫국으로, 고소리 술과 갈칫국을 함께 즐기면, 갈치 특유의 비릿한 향이 술로 인해 잡혀 더욱 맛이 좋다.

12. 신기성 자극으로서 감각유산

인간이 새로운 것에 대해 갖는 욕구는 생존과 종족번식이 우선이었던 고대 원시 사회로부터 지금에 이르기까지 계속되는 원초적이고 본능적인 것이다. 지구를 찾아온 외계인에게 왜 지구를 찾아왔냐고 물어보면 외계인들의 기술세계를 유지하기 위해서는 금이 필요해, 금이 발견되는 지구에 금을 찾아 들르게 되었다고 말하지만 실상은 새로운 별을 찾아 떠나온 그들의 역마살이 그들을 지나치기에는 너무 아름다운 별, 지구로 오게 만든 것일 것이다. 외계인에게 금이 pull factor라면 역마살은 push factor인데 감각유산이 신기성 있는 매력으로 작용하는 데에는 사람들이 갖는, 새로운 것을 찾아 떠나려는 새롭고 신기한 자극을 향한 역마살이 근원적인 역할을 한다고 볼 수 있다.

1) 새로운 것을 찾는 본능

거주지에서 경험할 수 없는 자극을 생활근거지가 아닌 다른 곳에서 경험할 수 있다는 욕구와 기대를 갖는 심리는 여행의 중요한 동기가 된다(Pearce, 1987). 타 지역에 대한 이런 유형의 막연한 선호나 기대, 혹은 동경은 새로운 감각적 자극과 경험, 즉 신기성에 대한 욕구에서 기인한다고 할 수 있다(Lee, 1991).

인간이 여행을 하는 이유는 뭔가 다르고 새로운 것을 갈구하기 때문이다(Dann, 1977; Crompton, 1979 ; Leiper, 1984). 여행자의 신기성에 대한 욕구를 다룬 선행연구(Bello and Etzel, 1985; Cohen, 1972; McIntosh, 1977; Wahlers and Etzel, 1985) 또한 새로움을 경험하고자 하는 욕구가 여행의 주요한 동기가 된다는 것을 알 수 있다.

이런 신기성에 대한 욕구는 여행의 주요한 동기가 될 뿐만 아니라 여행자들이 여행지의 매력을 인식하거나 여행지에 대한 선호도를 결정짓는 데 중요한 역할을 하게 된다(Lee, 1991 ; Lee and Crompton, 1992). 신기성 욕구수준에 따라 일반적으로 알려져 있는 여행목적지에 대해 잠재 여행자들이 느끼는 매력도나 선호도가 달라지는 것이다. 이 경우 신기성 욕구 수준에 따라 여행지에 대한 인식이 어떻게 변화하며 차이를 보이는가를 규명한다면 여행자의 여행동기와 여행목적지를 인식하는 과정에 대한 학문적인 이해를 돕게 된다. 또한 신기성 욕구에 근거하여 나눠진 시장별로 차별화된 상품개발전략을 세울 수 있는 근거자료로도 활용될 수 있다.

감각유산은 여행대상 리스트 중에도 신기성에 해당하는 감각적 자극들이다. 예를 들어 이집트의 피라미드, 파리의 에펠타워, 북경의 만리장성, 뉴욕의 자유의 여신상 등은 여행 대상지 중의 메이저급들이어서 세상 모든 사람들이 익히 알고 있는 매력물들이다. 하지만 감각유산은 여행매력물 중에서도 신기성 지수가 높은 감각적 자극이어서 사람들이 몰랐던 사소한 자극을 찾아간다는 또 다른 매력이 있는 대상인 것이다.

2) 신기성(novelty)의 개념

신기성의 개념은 과거 경험과 현실로 나타나는 현재 현상에 대한 인식상의 차이로 설명될 수 있다(Jenkins, 1969; Judd, 1988; Pearson, 1970). 하나의 자극이 어느 정도의 신기성을 갖는지는 현재와 과거라는 시간 속에서 한 개인이 두 자극의 차이를 어떻게 인식하느냐에 달려 있는 것이다(Greenberger, Woldman, and Yourshaw, 1967).

인지되는 신기성의 정도는 그 자극원에 따라 달라진다(Hutt, 1970). 또한 신기성의 정도는 신기성과 친숙성을 양극으로 하는 연속체로 표현될 수 있다. 이 연속체는 시간의 경과는 물론 자극 인지의 주체인 개인의 경험적 요소에 의해 결정된다. 어떤 자극을 접해왔던 기간이나 그 자극이 얼마나 새로운 것인가에 의해 신기성이 결정되는 것이다(Welker, 1961). 친숙함이나 낯익음 같은 경험의 산물로서 오래 접해온 자극일수록 그 신기성은 줄어들게 마련이다. 벌라인(Berlyne, 1950, 1960, 1966)은 신기성과 탐구적 행위는 직접적인 관계가 있으며 우리의 경험에 비추어볼 때 너무 친숙한 자극을 접하면 보통 무관심해진다고 밝혔다.

3) 감각유산과 신기성 욕구

인간의 소비행위 자체를 인지적이고 감각적인 경험을 하려는 수단으로 볼 수(Hirschman, 1984) 있는데 여행자를 새로운 자극의 근원을 찾는 소비의 주체로서 이해하는 것이다. 여행을 통해 일상적인 생활과 환경에서 벗어나 새로운 대상물, 새로운 사람, 새로운 환경을 경험하면서 여행자는 자신들이 원하는 수준의 자극을 유지하려 한다. 일상생활에서 갖는 자극의 수준이 각 개인이 추구하는 수준에 미치지 못해 지루함을 느끼게 될 때 새롭고 다른 환경을 경험하려는 욕구가 생겨나고 이런 욕구는 신기성을 제공할 수 있는 여행목적지를 선택하게 만드는 것이다(Nunnally and Leonard, 1973).

신기성과 소비행위와의 관계를 설명한 허쉬만(Hirschman, 1984)의 견해를 근거로 여행자들의 경험에서 차지하는 신기성 욕구의 의미를 요약해 보면 다음과 같다.

① 신기성을 경험하려는 욕구와 신기성을 수용하는 정도는 여행자 개개인의 성격이 다르듯 개인별로 차이가 나타난다(Jensen, 1980 ; Zuckermann, 1979). 이 근원적인 차이로 인해 여행자들을 신기성을 추구하려는 여행자와 신기성을 회피하려는 여행자로 분류할 수 있다.

② 여행자 각자가 갖는 신기성 추구 욕구수준에 의해 여행목적지를 인식하는 과정은 물론 목적지 선택의 결과가 영향을 받는다.

③ 여행자의 신기성 욕구가 파악되면 신기성 수준에 따른 매력도에 근거하여 여행지의 분류 및 포지셔닝이 가능해진다.

4) 신기성 욕구에 따른 여행자의 분류

여행자가 여행지를 인지하는 것은 그들이 원하는 새로운 형태의 자극을 과연 그 여행지가 제공할 것인가 하는 여행자의 기대와 밀접한 관계가 있다. 새로운 자극에 대한 욕구 정도에 따라 여행자는 신기성 추구자와 신기성 회피자라는 두 가지 극으로 표현되는 신기성 욕구 연속체상 어딘가에 위치하게 된다. 이렇듯 신기성을 추구하는 정도에 따라 여행자를 적극적 신기성 추구 여행자, 단순변화 추구 여행자, 소극적 신기성 추구 여행자로 분류할 수 있다(이태희, 1998).

① 신기성 추구 여행자: 신기성 추구 여행자는 색다르고 인상적이며, 비일상적인 여행지, 어느 정도의 위험부담이 따르지만, 그래서 모험감과 같

은 흥분을 유발하며 큰 폭의 기분전환을 경험할 수 있는 여행지를 선호하는 자들이다. 새로운 감각유산을 찾거나 발견하거나 즐기려는 욕구는 신기성 추구 여행자가 단순변화 추구나 소극적 신기성 추구 여행자보다 훨씬 높을 것이다.

② 단순변화 추구 여행자: 극히 높은 수준의 신기성은 아니더라도 극히 대중화된 목적지보다는 신기성 수준이 비교적 높은 여행지를 선호하는 여행자가 이 부류에 속하게 된다. 이 경우는 적극적 신기성 추구 여행자와 소극적 신기성 추구 여행자의 중간에 위치하는 그룹이라 할 수 있다.

③ 소극적 신기성 추구 여행자: 소극적 신기성 추구 여행자는 낯설고 생소한 곳보다는 가급적이면 안전하고 친숙한 환경을 선호하여 가급적이면 대중화되고 안정감을 줄 수 있는 여행지를 선호하는 여행자이다. 이들의 경우는 굳이 신기성이 높은 목적지가 아니더라도, 집을 떠났다는 것만으로도 혹은 외국에 와 있다는 것만으로도 생활의 변화를 가져와 적정한 즐거움을 경험한다.

참·고·문·헌

김경욱 · 이태희(2017). 한옥마을의 감각유산 인식이 러브마크와 트랜스포메이션 및 재방문에 미치는 영향. 관광연구저널. 31(2): 83-98.

문정민 · 김미영 (2010). 감각체험을 통한 전시디자인의 공간 연출 특성 분석. 한국디자인포럼. Vol. 29: 255-264.

윤혜영 · 정강화(2013). 브랜드 스토어의 후각 아이덴티티 디자인 프로세스에 관한 연구. 디지털디자인학연구. 13(1): 603-614.

이태희(1995). Evaluation of CriterionValidity of the Tourist Novelty Scale. 관광학연구. 제18권 2호

이태희(1998). 잠재 배낭여행시장의 심리분석적 시장세분화 연구. 관광학연구. 제21권 2호.

이태희(2011). 러브마크 감성행동론. 새로미.

이태희(2013). 지역관광을 살리는 새로운 시각: 지역 감각유산의 관리. 한국관광정책. 제54호: 31-38.

이태희(2015). 광주전남권의 아이덴티티 마케팅-감각유산 러브마크화 전략. 광주시 관광개발 중장기 전략수립 워크숍.

정재균(2014). 탐라의 푸른 앞바다를 닮은 명주(名酒). '고소리술'. 조선닷컴.

Bello, D. C., and Etzel, M. J.(1985). The Role of Novelty in the Pleasure Travel Experience. Journal of Travel Research. Summer, pp. 20-26.

Berlyne, D. E.(1950). Novelty and Curiosity as Determinants of Exploratory Behavior. British Journal of Psychology. 41: 68-80.

Berlyne, D. E.(1960). Conflict, Arousal, and Curiosity. New York: McGraw-Hill Book.

Berlyne, D. E.(1966). Curiosity and Exploration. Science. 153: 25-33.

Cohen, Erik(1972). Toward a Sociology of International Tourism. Social Research. 39(1): 164-182.

Crompton, J. L.(1979). Motivations for Pleasure Vacation. Annals of Tourism Research. 6: 408-424.

Dann, G. M. S.(1977). Anomie, Ego-Enhancement and Tourism. Annals of Tourism Research. 4(4): 184-194.

Greenberger, E., Woldman, J., and Yourshaw, S. W.(1976). Components of Curiosity: Berlyne Reconsidered. British Journal of Psychology. 58: 375-386.

Hirschman, E. C.(1984). Experience Seeking: A Subjectivist Perspective of Consumption. Journal of Business Research. 12: 115-136.

Hutt, C.(1970). Curiosity in Young Children. Science Journal. 6: 69-71.

Jenkins, J. A.(1969). An Experimental Investigation of the Effects of Structured Science Experiences on Curiosity among Fourth Grade Children. Journal of Research in Science Teaching. 6: 128-135.

Jensen, A. R.(1980). Bias in Mental Testing. NY: Free Press.

Judd, M. K.(1988). Effects of Object Novelty and Environmental Novelty on Cognitive Learning in a Natural Science Museum Setting. Ph.D Dissertation, Texas A&M University.

Lee, Tae-Hee(1991). "Conceptualizing and Measuring the Novelty Construct in Tourism." Ph.D. Dissertation, Texas A&M University.

Lee, Tae-Hee, and J. L. Crompton(1992). "Measuring Novelty Seeking in Tourism." Annals of Tourism Research. Vol. 19. No. 4: 732-751.

Leiper, N.(1984). "Tourism and Leisure: The Significance of Tourism in The Leisure Spectrum." in Proc. 12th N.Z. Geography Conference, N.Z. Geog. Soc., Christchurch, pp. 249-253.

McIntosh R. W.(1977). Tourism Principles, Practices, Philosophies. 2nd edition. Grid Inc., Columbus, OH.

Nunnally, J. C., and Leonard, L. C.(1973). Exploratory Behavior and Human Development. Advances in Child Development and Behavior. 8: 59-109.

Pearce, D. G.(1987). Tourism Today: A Geographical Analysis. NY: John Wiley & Sons, Inc.

Pearson, P. H.(1970). Relationships between Global and Specified Measures of Novelty Seeking. Journal of Consulting and Clinical Psychology. 34(2): 199-204.

Wahlers, R. G., and M. J. Etzel(1985). "Vacation Preferences as a Manifestation of Optimal Stimulation and Lifestyle Experience." Journal of Travel Research. 17: 283-295.

Welker, W. I.(1961). An Analysis of Exploratory and Play Behavior in Animals, in Functions of Varied Experience. eds. D. W. Fiske, and S. R. Maddi. Homewood, IL.: Dorsey Press, pp. 43-69.

Zuckerman, M.(1979). Sensation Seeking. Laurence Erlbaum Associates. NJ: Hillsdale.

고래실마을 Daum카페(http://cafe.daum.net/gilwoolgoraesi,l)
제주샘주(www.jejusaemju.co.kr)
질울 고래실 영농조합법인(http://goraesil.com/mall/index.php)

감각유산의 기능 제2장

시각적인 벽화를 시작으로 김광석이라는 가수가 남겨놓고 간 무수히 많은 히트곡들이 축대 길 옆 버스킹 공간에서 들리는 청각적 자극으로 채워졌고 그로 인해 사람들이 몰리자 새로이 단장해서 문을 연 카페에서 나는 김광석 커피의 향, 세련되게 꾸민 분식집의 떡볶이나 어묵탕의 유혹적인 향들이 후각적 자극으로 다시 덧입혀졌다. 죽어가던 방천시장 옆 길이 젊은이들로 북적대기 시작한 것은 결국 변화라는 감각자극을 도입한 청년미술가들의 젊은 감각이 있었기에 가능했고 그 뒤를 이은 '소리'와 '맛'의 조합이 김광석 다시 그리기 길의 퍼즐을 완성시키는 데 가담한 것이다.

보는 관점에 따라서 자신이 속한 분야에 따라서 이를 도시재생이라고 표현하는 사람들도 있고 관광의 별이라고 칭하는 사람들도 있다. 중요한 것은 어떠한 처방에 의한 변화가 일어나고 난 후의 결과만을 놓고 왈가왈부하는 것은 아전인수 격 해석일 수밖에 없다. 과연 그런 결과를 가져오게 될 것을 미리 알고 준비했는지, 또 그런 준비에는 어떤 원인감각을 통제하고 조합을 했는지에 대한 사전 유인력 기획이 있었는지에 대한 고려가 필수다.

제2장 감각유산의 기능

I. 감각유산이 갖추어야 할 기능

1) 감각테크놀로지의 구체성을 제공

여행객들에게 방문동기를 부여하지 못하는 매력물은 그 수가 아무리 많아도 확실하게 여행객들을 모아 불러들이는 감각적 자극 하나만 못하다. 가치 없는 감각적 자극을 수적으로 많이 확보하고 있는 것보다 가치 있는 감각적 자극을 하나라도 보유하려면 감각테크놀로지 혹은 감각공학이라 부를 수 있는 감각적 자극기획의 공식 같은 밑그림이 필요하게 된다. 감각유산은 이런 감각자극 체험의 순서와 강도, 자극모듈 구성도, 자극조합의 적정수준 등과 관련된 자극설계도를 그리는 데 필요한 구체적인 방향성을 제시하여야 한다.

2) 명확한 방문의 동기를 부여

잠재여행객들로 하여금 그 감각유산을 찾아오도록 방문동기를 부여하는 자극이어야 한다. 감각유산이 여행객에게 부여하는 방문 동기라는 것은 미각이 우선이 되는지 시각적인 것이 우선이 되는지 강한 감각적 자극 위주의 동기를 말하는 것으로 일반 여행매력을 도시, 자연, 역사유적 등으로 구분하고 동기를 말하는 경우와는 그 구체성 면에서 차원이 다른 내용이 되게 한다. 감각적 자극을 경험하고자 하는 특색과 주제와 내용을 명확히 갖추어야 감각적 자극으로서의 생명력을 유지하게 된다.

3) 치유력을 갖는 감각적 자극

감각유산은 사람의 '감각'을 중심으로, 문화유산이나 자연유산보다 훨씬 더 소멸성이 강함에도 불구하고 감각적 체험의 주체인 사람들에게 감각유산의 경험을 통해 궁극적으로 정신과 육체의 좋은 변화(Transformation)를 결과시켜야 한다.

4) 사후 유인력이 아닌 사전의 기획력을 강조

감각유산은 도시재생과 같이 특정의 이유로 인해 발생한 사후 결과에 초점을 맞추는 게 아니라 그런 변화가 생길 것을 예측하고 기획해 내야 할 원인변수가 무엇인지를 고민하는 창의성을 통한 유인력 제고에 강조 포인트가 잡히도록 한다는 의미를 지닌다. 도시재생이나 마을 재생, 혹은 장소재생 등과 같은 표현은 결과나 목표의 유형일 뿐 방법이나 수단에 대해 언급하지 않는, 어찌 보면 매우 무책임한 표현일 수 있다. 하지만 감각유산은 원하는 결과와 수준을 달성하고자 하는 구체적인 원인변수이자 상세한 도구를 의미하는 비중이 커서 사용자 경험을 미리 내다보고 계획하거나 기획할 수 있다는 장점을 보여줘야 한다.

5) 방문가치를 창출

러브마크가 되어야 할 감각유산은 방문가치를 보유하고 있어야 한다. 그 감각적 자극을 체험하기 위해 방문할 만한 가치를 잠재여행객들에게 인식시켜야 한다. 감각적 자극을 만드는 주체가 생각하는 가치보다는 감각적 자극을 경험하는 측이 인정하는 가치가 존재해야 감각적 자극개발의 의미가 있다.

6) 시장침투력을 갖는 감각적 자극

지리적인 시장뿐만 아니라 연령별로도 다양한 연령층의 방문객에게 관심을 끄는 감각적 자극이 있는 반면 특정연령층의 시장에게만 흥미를 불러일으키는 감각적 자극이 있을 수 있다. 다양한 시장에 수요를 발생시켜 방문규모를 확대할 수 있는 감각유산일수록 가치가 높은 감각적 자극이다.

7) 다양한 수요발생 시기

여행객들이 감각적 자극을 찾는 시간이 하루 중 시간대, 주중과 주말, 계절별로 특정 시간대나 요일, 계절에 몰리지 않고 꾸준히 여행객들이 찾아오는 감각적 자극이어야 한다. 비수기용 감각적 자극과 성수기용 감각적 자극이 이에 따라 구분될 수 있으며 성·비수기 구분 없이 수요를 발생시키는 감각적 자극이 있을 수도 있다.

8) 체류시간을 연장

가급적이면 감각적 자극을 통해 여행객들이 해당지역에 머무는 체류시간이 연장되는 기능을 갖도록 감각적 자극이 개발되어야 한다. 이를 위해서는 감각적 자극을 경험하는 흥미를 증폭하고 감각적 자극경험에 필요한 소요시간을 연장시키는 해설, 참여, 체험 등 프로그램을 구체적으로 기획하여야 한다.

9) 독특한 매력을 보유

감각유산은 그 주제나 내용의 종류에 관계없이 독특한 개성을 보유하여야 한다. 이 독특함은 감각유산의 생명이나 마찬가지다. 감각적 자극이 독특할수록 감각유산이 갖는 유인력은 강해진다.

2. 변화의 원인변수로서 감각유산

1) 감각적 자극의 유인력

경주 황리단 길은 경주의 대릉원과 한옥마을이 자리한 인근의 낙후된 골목길이었다. 60년대와 70년대의 옛 건물들이 그대로 보존되어 있었던 것은 한옥과 전통문화재를 보호하는 관련 법 때문이었다. 유형문화유산에 대한 법으로 인해 낙후되었던 곳이 감각유산적 접근에 의해 완전히 변신한 것은 아이러니하다.

황리단 길은 젊은이들의 감각이 주도한 결과로 유동인구가 적고 쓸쓸하기만 했던 대릉원 주변 무의미한 이면도로거리에서 활기찬 카페거리로 완전히 탈바꿈한 상태이다. 커피나 피자를 파는 일반카페는 물론 경주 고유의 황남빵을 팔거나 황남빵을 모티브로 한 베이커리 등 전통적인 것과 새로운 감각이 잘 조화를 이루어 젊은 층은 물론 다양한 연령층이 함께 즐기는 경주의 감각적 도시공간이 되었다.

기존의 카페거리와 다른 점은 대릉원이나 황리단 길 주변 경관을 조망하는 룹탑 카페가 하나둘 늘어나기 시작하고 있다는 점이다. 고층건물이 아닌데도 불구하고 2층의 건물에 룹탑이 생겨난다는 것은 한 템포 쉬어가며 주변 것을 진정으로 즐길 줄 아는 품격 있는 마음의 여유를 공간에 녹아낸다는 점이다. 대릉원은 역사적인 문화재적 유산이지만 황리단 길 룹탑카페의 거리에서 보면 단순히 시각적인 감각유산에 지나지 않는다. 피자집에서 콜라와 피자를 시켜놓고 대릉원의 뷰를 감상하며 피자를 먹을 때 대릉원은 이제 더 이상 문화유산도 아니고 역사유산도 아닌 것이 되어버린다. 마치 하나의 인테리어 시각처럼 미각과 후각, 촉각적 감각을 즐기는 시각의 중요한 배경적 세팅이 되고 말 뿐이다.

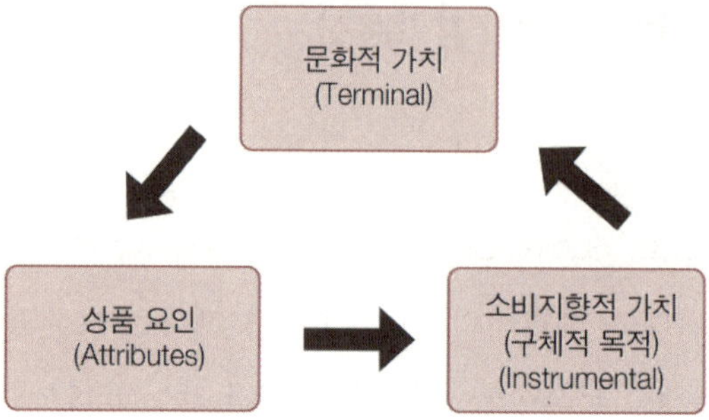

[그림 1] 감각유산요인과 문화적 가치

황리단 길의 변모된 모습

유인력이 커지면서 황리단 길의 토지가치는 과거 평당 50만 원에서 현재는 천만 원대 이상으로 상승하고 있다. 이 모든 변화의 시작에는 감각적인 자극을 매력적 유인요소로 변화시킬 줄 아는 젊은 감각유산의 주체가 있었다는 점이 주목할 만하다.

용산구 이태원의 우사단 길도 같은 방향의 변화성을 경험했다. 낙후된 주택가, 더 이상 변화를 불러올 수 없던 개발 불가능한 동네가 젊은 감각이 마치 젊은 피를 수혈받듯이 세련되고 아기자기한 감각적 공방, 먹방, 스토리를 불러들여오는 점집, 오래된 골목의 정취와 어우러져 새로운 동네와 핫 플레이스로 탈바꿈하기 시작하고 있다.

감각유산의 무대 배경으로 바뀐 문화유산 대릉원

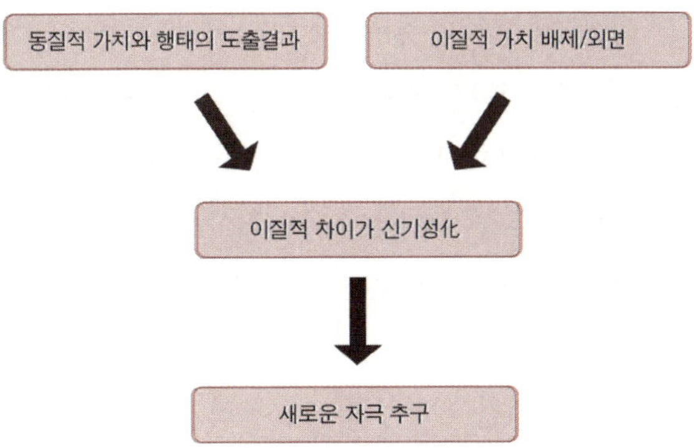

[그림 2] 새로운 자극으로서의 감각유산

도시 재생에서 야기되는 젠트리피케이션의 근원에도 시작은 감각적인 유산들을 죽은 세포에 이식하고자 하는 젊은 감각들이 있다는 것을 알 수 있다. 젊은 감각이 외지인들을 유인하여 창출된 이익이 늘어나 부동산 가치가 상승하면 건물주들은 당연히 임대료를 올리게 되고 정작 재산가치 증가의 원인제공자였던 감각적 기획가들인 감각적 매력도 변화의 주체들은 높아질 대로 높아진 임대료를 감당하지 못해 해당 동네를 떠나게 되는 현상의 결과가 되는 것이다.

2) 추가적 감각유산에 의한 유인력 변화

한국민속촌은 한때 전통문화 체험의 장으로서 젊은 관람객층에게 다소 뻔하고 지루한 자극의 한계를 벗어나지 못했으나 다양한 감각유산을 조합하여 연출함으로써 제2의 도약기를 맞게 되었다. 2012년 민속촌이 감각적 자극을 감각유산화하여 새로 도입했고 그 획기적인 변화는 SNS를 통해 퍼져 나가 1장의 인간/감각중심의 사용자경험설계에서 언급되었던 것처럼 인간–자극/감각 인터페이스(HAI/HSI)가 소셜 미디어 플랫폼에 적용되면서 과거 사용자인 방문객들에게 '지루하다'는 태도와 인식을 깨트릴 수 있는 계기가 되었다. 그 결과 100만 명이 겨우 넘던 방문객은 2015년 기준 150만 명으로 늘며 러브마크로서 민속촌이 자리매김하게 되었고 이와 같은 새로운 민속촌의 행보는 누적 입장객 약 10억 8800만 명(2016년 기준)이라는 기록을 낳게 했다.

현재의 한국민속촌은 사람들에게 재방문을 유도하는 '마약민속촌'이라는 별명을 얻을 정도로 러브마크가 되어가고 있다. 이는 결국 시각, 촉각, 후각, 미각, 청각 등 감각적 자극을 조합하여 유인력 높은 감각유산으로 도입된 결과라 볼 수 있다. 예를 들면 왁자지껄 골목길에서 담벼락에 놓인 폐연탄을 차고 도망가는 관람객과 그를 쫓는 이놈아저씨 캐릭터의 추격전, 전통 논에 들어가 맨손으로 미꾸라지를 잡는 '미꾸라지 잡기왕 선발대회', '마을이장과 수박서리할 기회를 노리는 관람객의 눈치싸움과 추격전이 치열하게 전개되는 수박서리 체험', '물 수제비 뜨기', '재래식 펌프 물놀이', '대나무물총 사격

대회' 등 현재 경험하기 힘든 이색적인 감각적 자극 체험은 방문객이 해당자극에 능동적으로 참여하고 경험을 SNS를 통해 알리는 참여와 홍보의 준거점을 확보하게 만들었다.

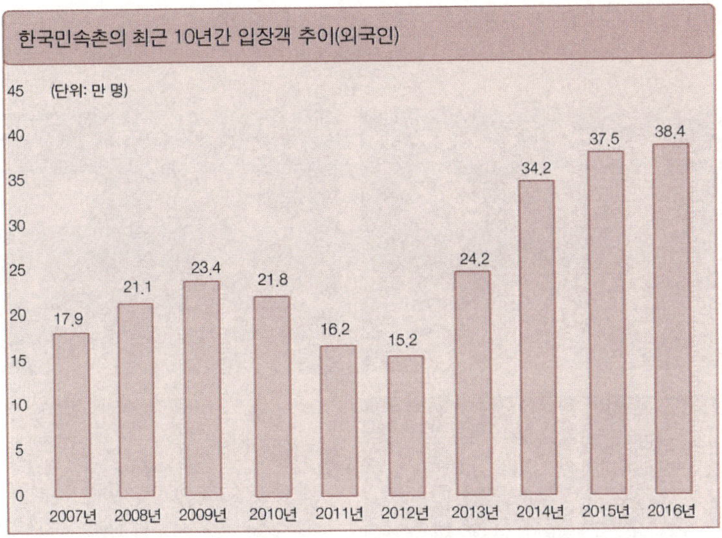

[그림 3] 감각유산으로서 한국민속촌의 수요변화

3. 보조적 자극으로서 감각유산

감각유산은 그 자체로서 한 동네나 도시의 메이저급 자극원 역할을 할 수도 있지만 대부분의 경우에는 보조적 자극으로서 역할을 하는 경우가 많다. 하지만 한 지역을 여러 번 재방문한 여행객이나 여행객의 경우에 그 동네나 지역이 갖는, 알려지지 않은 새로운 감각적 매력물이 있지 않을까 궁금해 하며 한 지역의 신기성 여행 매력물을 찾아낼 수 있다.

대구의 방천시장 옆길 김광석 다시 그리기 길은 김광석이라는 가수의 상징성을 시장 옆 축대 길을 중심으로 벽화라는 시각적 자극에 옮겨 놓음으로써 시작된 감각유산이라고 할 수 있다. 이 방천시장 옆길은 사람들이 많이 지나다니지 않아 불량청소년들이 모여들던 우범지대, 청소년보호구역이었던 곳이다. 청년미술가들의 뜻과 의지가 전달되었을 때 방천시장 관계자들이나 인근 주민들조차 냉대했던 감각유산이었으나 이제는 대구시민들뿐만 아니라 외지사람들도 모여드는 대구의 명소로 자리 잡았다.

김광석 다시 그리기 길의 감각유산

시각적인 변화를 시작으로 김광석이라는 가수가 남겨놓고 간 무수히 많은 히트곡들이 축대 길 옆 버스킹 공간에서 들리는 청각적 자극으로 채워졌고 그로 인해 사람들이 몰리자 새로이 단장해서 문을 연 카페에서 나는 김광석 커피의 향, 세련되게 꾸민 분식집의 떡볶이나 어묵탕의 유혹적인 향들이 후각적 자극으로 다시 덧입혀졌다. 죽어가던 방천시장 옆길이 젊은이들로 북적대기 시작한 것은 결국 변화라는 감각자극을 도입한 청년미술가들의 젊은 감각이 있었기에 가능했고 그 뒤를 이은 '소리'와 '맛'의 조합이 김광석 다시 그리기 길의 퍼즐을 완성시키는 데 가담한 것이다.

보는 관점에 따라서 자신이 속한 분야에 따라서 이를 도시재생이라고 표현하는 사람들도 있고 관광의 별이라고 칭하는 사람들도 있다. 중요한 것은 어떠한 처방에 의한 변화가 일어나고 난 후의 결과만을 놓고 왈가왈부하는 것은 아전인수 격 해석일 수밖에 없다. 과연 그런 결과를 가져오게 될 것을 미리 알고 준비했는지, 또 그런 준비에는 어떤 원인감각을 통제하고 조합을 했는지에 대한 사전 유인력 기획이 있었는지에 대한 고려가 필수다.

시작이 험난하고 미약했던 김광석 다시 그리기 길은 이제 대구방문의 주 목적지가 될 수 도 있다. 대구 자체가 경주나 속초처럼 관광도시가 아니기에 사소한 감각유산만 보유하고서도 김광석 다시 그리기 길은 주 자극 역할을 할 수 있는 것이다.

4. 주 자극으로서 감각유산

1) 산티아고 길의 감각유산

산티아고 길이 스페인의 대표적인 명소가 되고 있다는 것은 누구도 부정할 수 없는 사실이다. 그러나 산티아고 길을 감각유산의 차원에서 바라보는 이는 아무도 없었을 것이다. 산티아고 순례자길의 경우도 보통 사람들은 걷는 길이라고만 생각하지만 그 이면에는 감각적인 자극과 고통이 순례자길을 방문하고 기억하는 데 근원적인 역할을 한다는 것을 주지해야 한다. 고통과 감각은 산티아고 길의 핵심적인 자극으로 새로운 체험 영역을 구축해 하나의 강력한 브랜드로서 잠재 여행객의 마음과 머릿속에 자리 잡게 되는 것이다. 산티아고는 예수의 열두 제자 중 하나인 성 야고보의 스페인식 표기이다. 성 야고보는 스페인 서북부인 지금의 산티아고까지 걸으며 포교활동을 했다. 그러나 그의 선교활동 성과는 그리 좋지 않았다. 야고보에 의해 개종한 사람이 단 7명밖에 되지 않았던 것이다. 같은 예수의 제자인 베드로는 한 번 설교에 5000명씩 전도했던 것에 비하면 지극히 작은 성과다. 야고보는 힘겹게 고국 예루살렘에 돌아왔지만, 그는 헤롯왕에 의해 순교당한다. 야고보의 시신은 그를 따르던 사람들의 노력 끝에 그의 선교활동지인 스페인 리브레돈에 묻힐 수 있었다. 이 과정에서 놀라운 기적들이 많았으나, 세월 속에 점차 잊혀져 갔다. 그러던 813년, 펠라요란 수도사가 별에 이끌려 성 야고보의 무덤을 발견하게 되면서 이곳을 성 야고보가 있는 별들의 들판, 즉 '산티아고 데 콤포스텔라'로 부르게 됐고, 성 야고보의 무덤 위에는 산티아고 대성당이 세워지게 되었다. 순례자 여권, 도장, 순례증명서, 대학학위뿐만 아니라 '카미노 데 산티아고'에서 이정표 역할을 하는 노란 화살표를 여정 곳곳에 배치하였다. 이를 통해서 특별한 정보가 없이도 이 노란 화살표를 따라 800km를 가면 산티아고에 도착할 수 있게 하여 산티아고 순례길만의 독특함을 부각시켰다.

순례자의 길을 안내하는 노란 화살표

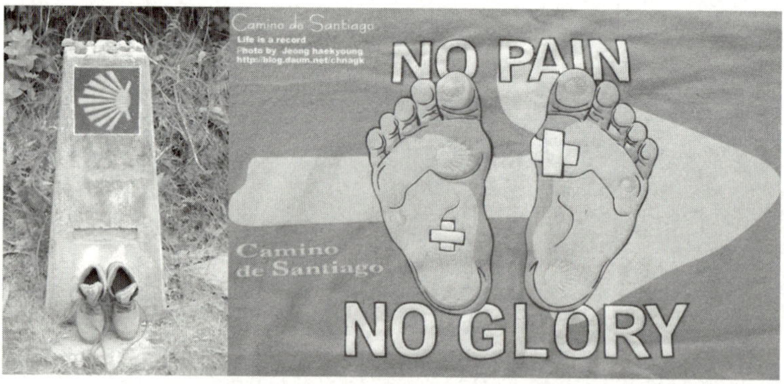

산티아고 순례길의 노란 화살표 표지: 시각과 촉각/고통의 아이콘

산티아고에는 성 야고보의 길을 따라 같이 걸음으로써 깨달음을 얻으려는 기독교 신자들의 행렬이 이어지고 있다. 순례길을 걷는 신자들의 순례 참가 동기는 신앙심 고양, 성서에 대한 깊은 이해, 영적인 삶의 회복 등이 있으며, 이런 순례자들은 성지의 모든 대상을 접했을 때 큰 감동을 느낀다. 특히, 기도의 장소와 은혜의 감동체험 장소로서의 성지, 그리고 성인들의 유품을 보거나 성지의 자연과 조화를 이루고 있는 모습을 감상하는 것은 순례자들에게 매우 매력적인 요소이다.

산티아고 순례길을 걷는 순례자의 모습

순례자에게 순례길을 걷는다는 것은 영적인 차원에서 성찰하는 시간을 갖고, 순례길의 고행을 통해 삶을 전환하는 계기가 된다. 코스를 완주하고 성당에서 축하의식을 가질 때 대부분의 사람들은 진한 감동의 눈물을 흘린다. 이것은 순례자 자신의 자기성찰에 대한 결과이며 또한 영성체험에 바탕을 둔 것이다.

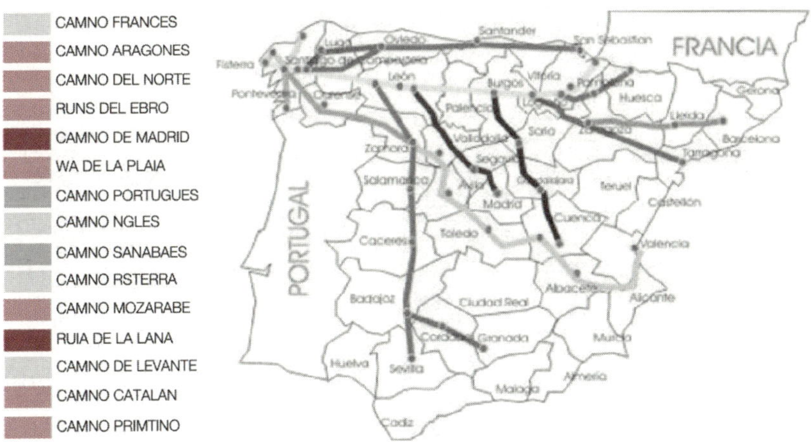

[그림 4] 감각유산으로서 산티아고 길: 감각적 자극 루트

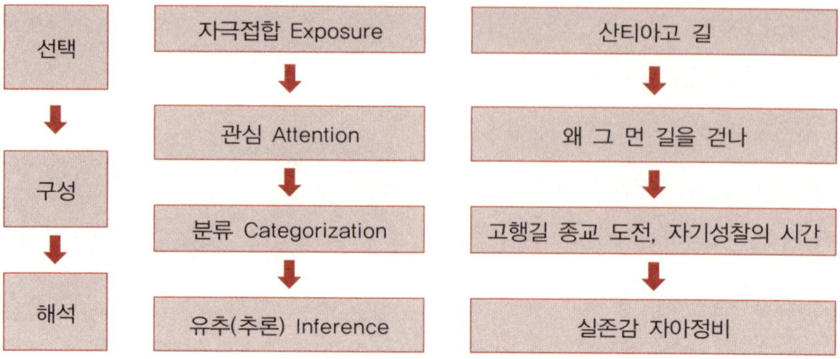

[그림 5] 산티아고 길의 감각유산요인 인식과 결과물

산티아고 길 미각유산의 예로 이라체 수도원의 수도꼭지를 들 수 있다. 이라체 수도원은 순례자들에게 무료로 제공하는 두 개의 수도꼭지로 유명하다. 오른쪽은 물, 왼쪽은 붉은 포도주가 물처럼 흐른다. 목마른 순례자들은 환성을 지르며 달려들어 '주의 피'를 받아 마신다. 또한, 800km를 걸어 산티아고에 도착하면 매일 정오 대성당에서 열리는 순례자들을 위한 특별미사에 참가할 수 있다. 미사에서는 커다란 성당을 가득 채운 순례자들 한 명 한 명에게 그들의 순례 시작지점과 국적을 호명해 준다. 이렇듯 종교의 벽을 허물고 모든 여행자 한 사람 한 사람을 존중하고, 포용하는 산티아고에서 사람들은 깊은 감동과 깨달음을 얻는다.

이라체 수도원에서 휴식을 취하는 여행객

산티아고의 촉각유산으로 돌을 쌓아 만든 방향이정표가 있다. 산티아고 순례길 위의 수많은 갈림길에서 발견되는 조약돌로 만들어진 독특한 화살표 케른이 바로 촉각과 관련된 감각유산인 것이다. 순례자들이 갈림길에서 돌을 하나씩 모아 방향을 표시한 것인데, 이

는 자신을 위해서가 아닌 뒤따라오는 순례자들을 위한 배려이다. 덕분에 길에서 헤매느라 바쁜 길치들조차 최종 목적지인 산티아고까지 안전하게 다다를 수 있다.

산티아고 길이 끝나는 지점에서 자신이 걸을 때 신었던 신발이나 입었던 옷을 태우는 의식 속에서 과거를 태우는 후각적인 감각을 강하게 느낄 수 있어서 산티아고 순례길은 더욱더 강한 감각유산이 될 수 있다.

산티아고 길의 촉각유산: 순례자들이 함께 만든 돌 이정표 케른

산티아고 길이 끝나는 지점에서 신었던 신발이나 입었던 옷을 태우는 곳

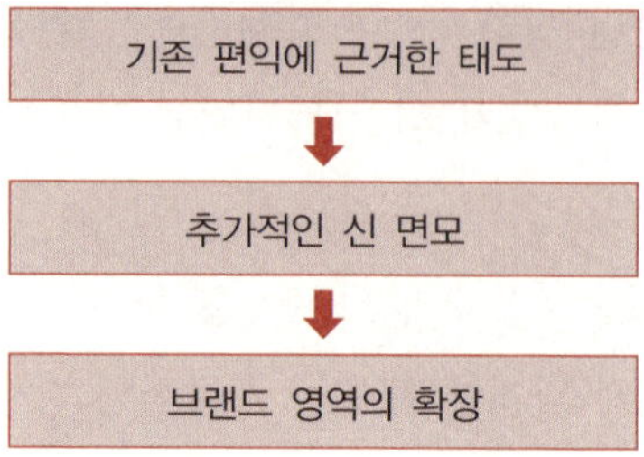

[그림 6] 감각유산에 의한 새로운 영역의 확장

산티아고 길처럼 감각유산이라는 보조적 자극에 의해 전에 없던 새로운 영역의 체험자극이 마련될 수 있고 이 새로운 자극의 면모는 하나의 영역으로 자리 잡고 구축되어 한 도시나 동네의 새로운 여행명소로 자리매김하게 된다.

5. 자극재생수단으로서 감각유산

감각유산을 활용하면 사람들의 발길이 뜸해지던 공간이나 장소가 명소화되고 방문의 규모가 늘어나는 경우가 많다. 감각유산으로 인정되는 감각적 자극이 어떤 역할을 하는지 알려주는 경우라 하겠다. 일본의 아사히 카와라에 있는 아사히야마 동물원도 감각유산을 활용하여 문 닫을 뻔했던 동물원에서 러브마크로 변신하여 재기에 성공한 대표적인 사례라 할 수 있다. 1967년에 개원한 아사히야마 동물원의 정식명칭은 아사히카와시 아사히야마 동물원이다. 아사히야마 동물원은 일본 최북단인 홋카이도 아사히카와시에 위치해 있고 면적은 약 15만㎡이다. 보유동물은 약 118종 647점(포유류 44종 258점, 조류 66종 369점, 양서 파충류 8종 20점)이다.

아사히야마 동물원은 관람객 감소로 1990년대부터 폐장의 위기를 맞았다. 북쪽에 위치하고 있어 날씨가 추울 뿐만 아니라 일본 곳곳에 테마파크가 생기면서 관람객이 급격히 줄어 더 이상 동물원을 운영하기에 어려움이 있었던 것이다.

1) 아사히야마 동물원의 새로운 감각유산 영역확장

아사히야마 동물원은 일개 동물원에서 벗어나 경영 혁신의 성공사례로 세계의 많은 기업들이 주목하고 벤치마킹하는 경우가 되었다. 이처럼 폐쇄 직전까지 갔던 동물원을 일본 내 1위 동물원으로 만든 혁신적 사고와 노력은 감각적 자극의 재구성에 바탕을 두고 있다. 그러나 아사히야마 동물원의 혁신 속에 감각유산적 접근이 있는 것을 눈치 채는 사람들은 거의 없다.

아사히야마 동물원은 일본의 최북단 홋카이도 아사히카와라는 인구 35만여 명의 도시에 있으며, 희귀동물 하나 없는 동물원인데 인구 1300만 명의 도쿄 한복판에 위치한 우에노 동물원보다 관람객이 많다. 보통 동물원들은 단순히 동물을 보여준다는 목적 아래 전시관과 우리를 설치했다. 이로 인해 많은 동물들은 고유의 활동성을 잃어버리고 박제화되기 시작했다. 그러나 아사히야마 동물원은 동물들에게 감각적 자극을 되돌려주었고 관람객들의 감각에도 새로운 자극이 되어 방문규모가 늘어나는 결과를 가져왔다.

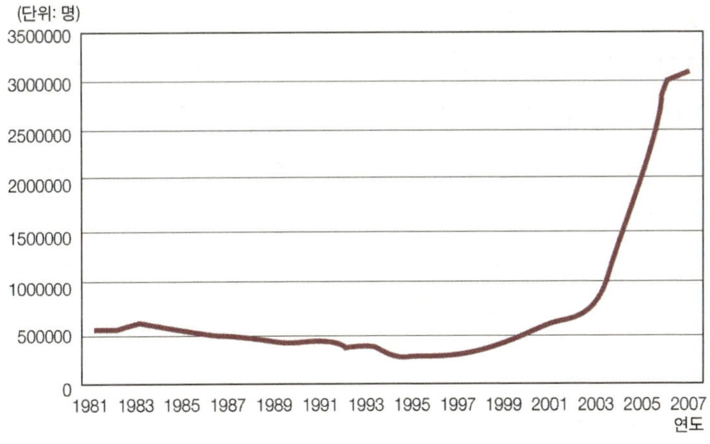

출처: 일본동물원 수족관협회연보(1981~2006) 및 아사히야마동물원 공식 홈페이지

[그림 7] 아사히야마 동물원의 변신 후 수요변화

2) 감각회생의 환경제공

우선 아사히야마 동물원은 각 전시관과 우리를 동물 고유의 특성이나 본성, 능력을 발휘할 수 있는 감각적 환경으로 디자인했다. 오랑우탄의 야성을 담아내기 위해 전시관 양쪽에 철기둥을 세우고 로프를 연결해 오랑우탄이 공중에서 생활하면서 본래의 본능적 감각을 되찾는 데 적합한 환경을 제공해줬다. 야생에서 암벽이나 낭떠러지를 오가며 생활하는 염소에게 먹이를 줄 때, 좁은 말뚝을 세우고 그 끝에 먹이통을 설치해 두고 염소가 좁은 말뚝 위를 걸어가야 먹이를 먹을 수 있게 함으로써 그들이 원래 갖고 있던 본능적 감각을 되돌려주었다. 나무 위와 같은 높은 곳을 좋아하는 표범의 우리는 공중에 설치, 나무 위에서 쉬고 있는 표범의 모습을 돌려주고 관람객들은 그 나무 바로 밑에서 관람할 수 있게 감각을 재구성했다. 수심 6m의 대형 수조를 아크릴 원통으로 설치해 그 속에서 헤엄치는 바다표범을 360도로 관찰할 수 있도록 구성했다. 동물들에게 감각을 되찾아주니 그 동물들을 바라보는 관람객들의 감각에 환기를 불러일으키는 결과를 가져온 것이다.

2004년에 아사히야마는 결국 일본 최대의 동물원으로 등극했고 국제적인 동물원으로 인지도를 키워 세계 각국에서 많은 여행객이 몰려들고 있으며, 2006년부터 아사히야마 동물원이 있는 아사히카와와 서울 간 정기편이 취항할 정도다. 단순히 동물원을 동물원이라는 카테고리로 보기 시작하면 기획이나 변화의 창의성에도 한계가 생기게 된다. 그러나 동물원을 감각유산이라는 잣대로 재조명하고 나니 동물들에게도 감각회생이 일어나고 그걸 보고 느끼는 사람들에게도 감각회생이 일어나는 결과를 맞게 된 것이다.

3) 감각적 자극체험의 재구성

아사히야마 동물원의 감각적 자극의 회생은 '행동전시'로부터 시작되었다. 기존의 동물원들은 관람객들이 일방적으로 동물들을 보는 입장이었다면 아사히야마 동물원에서는 동물과 사람이 서로 마주보는 시각교환의 구조로 되어 있다. 바다표범관의 투명한 수직의 아크릴 원통형태, 펭귄관은 관람객들이 머리 위로 펭귄이 헤엄치는 모습을 볼 수 있는 구조, 북극곰관에 반구형의 투명한 유리를 설치해서 동물과 관람객들이 서로 눈을 마주칠 수 있는 공간을 마련하였다. 새의 마을은 새를 우리에 가두는 것이 아니라 새를 자유롭게 날게 해주고, 관람객이 큰 망 안에서 새를 관찰할 수 있는 구조로 되어 있다. 뿐만 아니라 사람들이 지나가는 통로에 투명 아크릴을 씌워 침팬지가 뛰어다니는 모습을 볼 수 있는 '침팬지의 숲'도 꾸며져 있다. 동물 전시관 중 '어린이 목장'은 감각적 체험을 바탕으로 한 행동전시의 시작이자 본질을 보여준다. 어린이 목장에서는 토끼, 오리 등 순한 동물들을 아이들이 가까이서 볼 수 있을 뿐만 아니라 직접 만질 수 있다. 어린이 목장에서는 촉각을 통해 사람과 동물이 서로 교감하고 어울릴 수 있는 기회가 주어진다.

이러한 동물원의 독특한 감각유산적 체험 덕분에 관람객들은 동물들의 자연스러운 행동을 다양한 각도에서 경험할 수 있다. 또한 동물들과 관람객들 간의 거리가 최소화되었기 때문에 사람들은 시각적 경험을 하고 동물들을 보다 가까이서 만지며 그 과정에서 촉각과 후각적 경험을 더할 수 있다. 또한 막 낳은 까마귀 알이나 전깃줄에 걸려 죽은 새도 그대로 전시하는 등 꾸밈없는 자연의 모습을 그대로 전시함으로써 관람객들은 다른 동물원과는 다른 고유의 시각적 신호를 받고 감동과 즐거움을 얻을 수 있다.

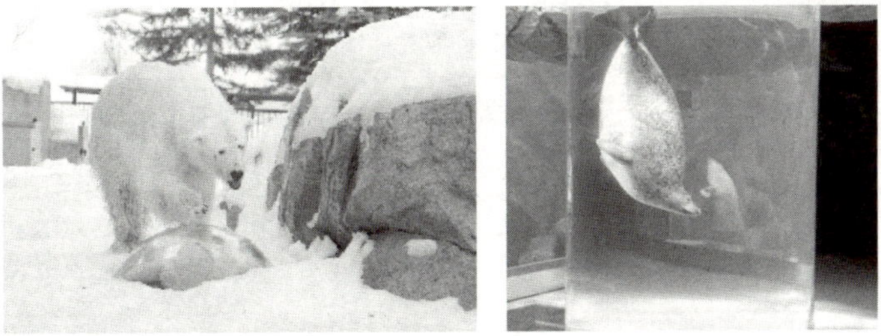

북극곰관의 반구형 유리와 바다표범관의 투명원통

이외에 아사히야마 동물원의 남다른 감각은 부대시설 및 안내판에서도 쉽게 찾아볼 수 있다. 사육사들이 직접 쓰고 그린 동물들의 안내판은 설명을 쉽고 자세하게 나타내고 있어 사람들을 시각적으로 이끈다. 펭귄사진 앞에 펭귄들의 종류를 나무판의 그림으로 보기 쉽게 전시해 놓은 것을 하나의 예로 볼 수 있다. 또한 동물원 곳곳에 놓인 벤치 및 수도꼭지의 형상을 어린이들의 눈높이에 맞는 디자인으로 제작하여 사람들의 눈에도 잘 띄고 어린이 방문객들에게 더욱 친숙한 느낌을 주도록 했다.

타조가 빨리 달릴 수 있는 이유를 알기 쉽게 적어놓은 안내판

펭귄 종류 전시물

〈표 1〉 아사히야마 동물원의 인식에 영향을 미치는 감각적 자극요소

인식에 영향을 미치는 감각	아사히야마 동물원의 감각적 자극요소
시각	• '동물이 사람을 보는' 동물관 전시 구조 • 자연 그대로의 환경 재현 • 눈에 띄는 부가시설 및 안내판
구조형태	'행동전시'를 위한 공간구조물 형태
촉각	동물들을 직접 만질 수 있는 '어린이 목장'
후각	관람객과 동물 간의 거리 최소화로 쉽게 냄새 맡고 느낄 수 있음

아사히야마 동물원에서 나타나는 시각, 촉각, 형태 등의 자극요소로 관람객들은 이곳에서만 느낄 수 있는 즐거움과 감동을 경험하며 감성적 체험을 하게 된다. 방문객들은 자연 그대로 노출된 동물원의 환경 덕분에 자연에 동화된 느낌을 받고 생명의 공간을 직접적으로 체험할 수 있다. 또한 여러 가지 감각의 자극을 통해 동물들과 교감하고 어울릴 수 있다. 이러한 아사히야마 동물원의 장점은 아직 방문하지 않은 사람들에게까지 소문을 타고 전해져 사람들을 이끄는 매력적 요소로 작용한다. 그리고 동물원을 방문한 사람들은 다양한 감성 자극을 체험하며 나름대로의 해석을 통해 이곳을 긍정적인 장소로 기억하게 된다.

6. 기존자극의 확대재생산으로서 감각유산

1) 신규영역화의 사례: 해리포터

해리포터 테마관광은 전 세계인이 다 안다고 할 수 있을 정도로 인기가 있는 '해리포터'를 테마로 한다. 2001년부터 2011년까지 8편의 영화로 제작된 해리포터 시리즈는 세계에서 가장 흥행에 성공한 영화 시리즈로 기록돼 있다. 1997년 J. K. 롤링에 의해 세상에 등장한 해리포터는 성서 다음으로 많이 팔린 책으로, 9년 동안 약 308조 원에 달하는 수익을 거두었다. 이는 동기간 한국의 반도체 수출 수익인 77조 원의 약 4배에 달하는 액수다. 약 64개 언어로 번역돼 전 세계에서 총 3억 2500만 부 이상이 판매되었다. 최근 번외편 제작이 확정되면서 '해리포터' 열풍을 이어갈 것으로 예상되고 있다. 이와 같은 탄탄한 인지도를 기반으로 마법이라는 테마 자체가 주는 신비감, 화려한 볼거리로 시각적 요소를 비롯한 청각, 미각까지 감각적 요소의 충족, 그 자체로 하나의 아이콘인 해리포터 테마관광은 하나의 감각유산 러브마크로 자리잡기에 충분하다.

2010년에 들어 유니버설 스튜디오에서 해리포터 테마파크를 출시하였고 이어 2012년 런던 해리포터 테마파크가 개장됨으로써 본격적으로 관광 인프라가 체계를 갖추기 시작하였다. 한국은 인터넷 보급률 1위, 영어 보편화로 해리포터 관련 외국사이트 접근이 수월하여 블로그, 카페에서 해리포터에 관한 정보를 원활하게 공유할 수 있다. 소셜 미디어의 발전은 시간과 공간적 제약을 빠른 속도로 붕괴시켜 런던에서 실시간으로 해리포터 촬영지 사진을 업로드하며 한국의 해리포터 유저들에게 자극을 제공한다.

해리포터 테마관광이란 해리포터를 테마로 한 여행상품을 말한다. 관련 여행상품으로는 영국의 Harry Potter London Tour, 미국의 Harry Potter Theme Park 등이 있으며 2014년 일본에 두 번째로 Harry Potter Theme Park가 개장되었다. 경제적 효과도 크다. 미국 Orlando의 경우, Harry Potter Theme Park가 2010년 개장 이후 방문객 수가 약 68% 증가했고, 세계적인 여행상품으로 떠오르면서 플로리다 전체의 경제에도 막대한 이익을 주고 있다. CNN에 따르면 Orlando Universal Studio는 Harry Potter Theme Park가 처음 문을 연 2010년에 30%, 2011년에 25%, 2012년에는 5%의 성장률을 기록했다. 이에 Universal Studio는 Harry Potter Theme Park에 4억 달러를 들여 확장공사를 하였다. 일본 또한 3조 엔의 경제효과를 예상하고 있다.

영화 '해리포터' 시리즈의 배경인 영국 또한 엄청난 경제효과를 누리고 있다. 비단 런던 근교의 해리포터 팬들의 성지로 불리는 해리포터 스튜디오뿐만 아니라 극 중 마법학교인 호그와트의 배경이 된 옥스퍼드대, 호그와트로 향하는 비밀 공간을 품은 킹스크로스 기차역은 '해리포터'의 팬이라면 한 번쯤 찾아야 하는 필수장소가 됐다.

해리포터 스튜디오, 런던 소재

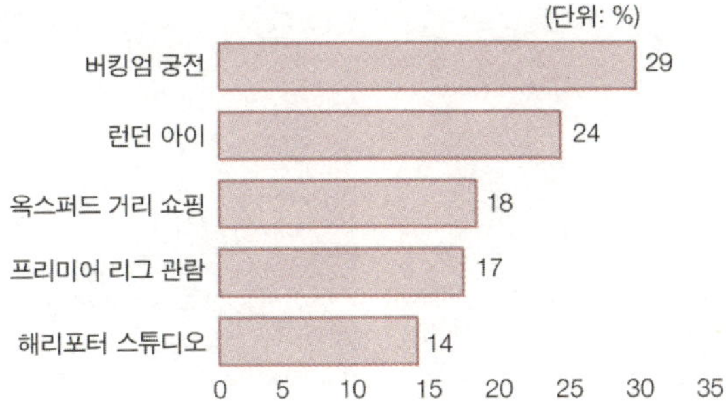

출처: the 2013 Anholt GfK Nations Brand Indes study(NBI)

[그림 8] 감각유산으로서 해리포터의 영국 내 인기체험 순위

해리포터의 배경을 재현, 영화의 제작과정을 살펴볼 수 있는 해리포터 스튜디오의 경우 어른 기준 £29(약 5만 원)이다. 유니버설 스튜디오의 해리포터 테마파크의 경우 어른 기준 하루 이용권이 $101(약 12만 원)로 한국의 테마파크가 3~4만 원임을 감안하였을 때 상당히 비싼 편임을 알 수 있다.

미각과 촉각유산으로는 해리포터에 나왔던 온갖 맛이 나는 젤리, 초콜릿과 같은 먹거리와 움직이는 눈알 등의 장난감을 구매할 수 있다. 또한 영화 속 의상을 입고 사진을 찍을 수도 있으며, 기숙사, 교장실, 다이애건앨리, 장난감 가게, 지팡이 가게 등 영화 속 장소가 다양하게 재현되어 있다. 해리포터 테마파크의 경우 놀이기구를 타는 도중 영화 속 유령인 디멘터가 머리 위를 날아다니는 등 더욱 정취유산을 통한 생동감을 느낄 수 있도록 하였다.

해리포터의 다양한 시각적 자극들

미각의 자극: 해리포터 영화 속 버터맥주

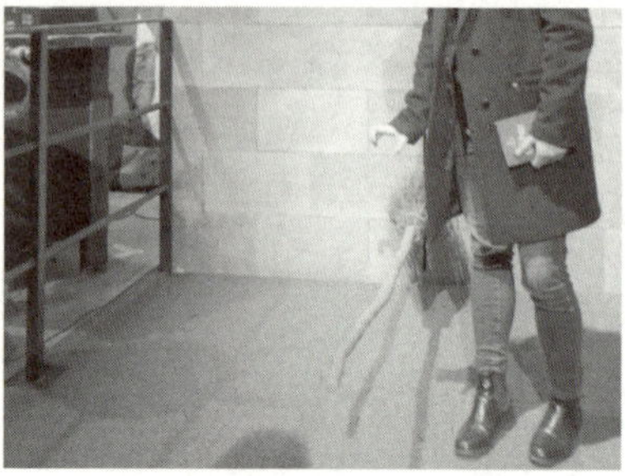

해리포터의 촉각적 자극들

해리포터의 정취적 자극

7. 판매자극 강화수단으로서 감각유산

1) 신규 감각유산 영역화의 사례: IKEA

축구장 8개의 면적에 달하는 부지로 역대 IKEA매장 부지 가운데 최대 규모를 자랑하는 광명 IKEA는 오픈 35일 만에 내방객 100만 명을 돌파했고 하루 평균 방문자는 약 3만 2000명에 달한다. 2014년 12월 광명에 문을 연 IKEA는 하루 최대 12만 명이 방문한 적이 있어 하루 평균 내방객이 약 1만 4000명에 달했던 40년 전통의 에버랜드의 입지를 흔들었다.

IKEA가 에버랜드의 경쟁자가 될 수 있는 것은 쇼핑과 여가시간에 행해지는 레저활동을 구분해 놓는 라이프스타일형 감각유산의 집합체라는 데 있다. 국내의 테마파크 혹은 쇼핑몰들과 IKEA의 가장 큰 차이점은 '쉽고 싸며 자유롭게' 즐길 수 있는 감각적 여행이 그 안에서 가능하다는 점이다. 테마파크에 비해서는 무료라 좋고 다른 대형 쇼핑몰에 비해서는 통일된 주제의 감각들이 일목요연하게 정리되어 있어서 혼란스럽지 않다는 점이다. 마치 이웃이 사는 집처럼 꾸며진 2층 전시매장과 물류창고처럼 방문객에게 노출된 1층 픽업매장은 이국적 감각과 자유로운 방황의 큰 즐거움을 준다.

IKEA 광명점 내방객 중 약 70%가 물건을 전혀 구매하지 않고 떠난다고 한다. 이는 IKEA가 테마파크보다 더 자유로우며 방문객에게 강요하지 않는 감각들로 가득 차 있는 IKEA 매장만의 구조와 소비자의 심리학이 반영되어 나타난 결과다. 쇼핑동선은 처음부터 끝까지 2.2km에 달한다. 굳이 구매를 하지 않더라도 IKEA를 돌아보는 것에 대해 소비자들은 놀이공원을 즐기는 것과 같은 흥미를 느끼게 된다. 이러한 요소들이 바로 IKEA를 '스웨덴식 디즈니랜드' 라 부르는 이유이며 이곳은 무궁무진한 감각유산적 경험들로 가득한 공간이다.

IKEA의 중요한 감각유산 중 하나는 시각유산이다. 구매 직전 포장된 새 제품을 가져가는 물류창고는 이전의 쇼룸과는 달리 미관에 전혀 신경을 쓰지 않은 창고형 공간으로 만들어져 있다. 하버드 비즈니스 스쿨 마이클 노턴(Michael Norton) 교수는 "상점이 매장의 외관을 꾸미기 위해 돈을 적게 쓴 것 같은 느낌을 주면 줄수록, 가격에 민감한 소비자들은 제품의 가격이 저렴할 것으로 느껴 상품을 구매할 확률이 더 높아진다"고 분석했다. 또한 조립과 유통이라는 과정이 사라짐으로써 더 저렴하게 구매할 수 있다고 생각할 수 있다.

이케아에는 또 한 가지 중요한 감각유산인 미각유산이 살아 있다. 가구 쇼핑을 마친 후, 계산을 하고 나오는 길목에 소비자의 눈길을 끄는 또 하나의 자극요소가 있다. 그것은 바로 '스웨덴 푸드마켓'이다. 스웨덴 기업답게 이케아는 스웨덴의 국기와 국기 색들을 이용한 일명 '국가 마케팅'뿐만 아니라, 스웨덴 식품으로 소비자들의 미각까지도 자극시키고 있다. 이곳에서는 주류, 음료, 과자, 연어 등 꽤나 다양한 스웨덴의 식료품 구매가 가능하다. 단순한 가구 매장일 거라는 저관여적인 입장으로 이케아를 방문한 손님들도 스웨덴 푸드마켓에서의 식료품 구매로 인해 다음 방문 때는 꼭 가구가 목적이 아니어도 이로 인해 다시 방문하게 만들 수도 있다. 스웨덴에 가지 않아도 스웨덴의 맛을 느낄 수 있게 해주는 이케아의 스웨덴 푸드마켓은 소비자들의 미각을 자극하기에 충분한 요소이다.

감각유산을 소비하는 동선의 중요성도 이케아와 관련하여 언급되어야 할 신규영역의 사례이다. 영국 런던대학 건축환경학과의 앨런 펜 교수는 소비자들이 이케아에 들를 때마다 오랜 시간 매장에 체류하는 이유를 분석했다. 방문객들이 이케아 매장에서 보내는 시간은 평균 3시간. 그는 방문객들이 이케아의 독특한 매장구조에 파묻혀 헤어 나오지 못한다고 주장한다. 동선을 따라 쇼핑하다 보면 자신도 모르게 계획에 없던 제품이 카트에 실려 있다는 것이다.

이케아 매장의 가장 큰 특징은 구불구불한 미로형식의 '일방통행식 동선'이다. 이것은 고객이 매장 내에 진열되어 있는 모든 물품을 다 본 후에야 비로소 계산할 수 있도록 유도하는 형식이다. 이케아는 이를 두고 '긴 자연의 길(long natural way)'이라고 이름 붙였다. 이 길을 따라가면서 충분히 쇼핑을 즐기라는 것이다. 앨런 펜 교수는 "고객들이 이케아 매장에서 사는 물건의 60%는 계획에 없었던 것"이라고 말한다. 그만큼 감각유산적 환경하에서 계획적인 쇼핑보다는 충동적 쇼핑이 많이 발생한다는 것이다.

소비자들의 동선을 유도한다는 것이 별거 아니게 보일 수도 있겠지만 이는 소비자들의 "소비심리"와 직접 연관된다. 동선이 정해지지 않은 대부분의 매장에서는 소비자의 마음에 드는 물건이 있어도 조금 더 비교해 보고 구매

이케아 물류창고

이케아 레스토랑

하기 위해 일단은 소비를 미루게 된다. 하지만 이케아의 일방통행식 동선에서는 마음에 드는 물건을 구입하지 않았을 경우 왔던 길을 다시 되돌아가야 한다는 생각 때문에 일단 쇼핑카트에 물건을 넣고 보는 것이다.

8. 스토리텔링 효과: 증폭수단으로서 감각유산

헝가리의 마티아스 왕으로부터 터키 술탄과 공모하여 반역의 음모를 꾸민다는 죄목으로 온갖 종류의 악행을 일삼던 드라큘라 백작을 12년 동안 가둬놓았던 지하동굴감옥은 드라큘라 백작의 부인이 감옥생활을 한 지 얼마 안 돼서 자살을 한 곳이다.

일부 지하동굴감옥 입구에 가까운 곳은 전기를 사용하여 불을 밝혀놓았으나 나머지 복잡한 미로로 연결된 지하동굴감옥 전체가 칠흑 같은 어둠 속에 방치되어 있다. 당연히 공포를 동반하는 어둠과 어디선가 물 떨어지는 소리가 들리는 습도 가득한 동굴 내부와 바닥에 고인 물이 질퍽거리는 동굴 바닥 등은 엄청 더운 여름에도 심한 한기를 느끼게 되는 음습함이 공간 전체를 채우고 있어서 매우 독특한 공포의 감각을 제공하는 곳이다. 지하동굴감옥과 그 관련 스토리는 역사유산이지만 그 역사유산의 공간을 채우고 있는 감각적 분위기는 스토리를 압도하는 힘으로 방문객이 공포와 시간여행을 하는 듯한 착각을 하게 만든다.

부다페스트 래비린스 지하동굴감옥

래비린스 지하동굴감옥의 전시물들

래비린스 지하동굴감옥의 통로

래비린스 지하동굴감옥의 방문객

래비린스 지하동굴감옥의 동선

래비린스 지하동굴감옥의 동굴미로

9. 좋은 변화의 수단으로서 감각유산

1) 부다페스트 키랄리 터멀 배스

키랄리(Kiraly) 온천은 1570년에 터키가 만들어놓은 온천으로 부다페스트에 남아 있는 터키 온천 중 가장 오래된 터멀 배스이다. '키랄리'는 헝가리어로 '왕'을 뜻하며 키랄리라는 이름을 쓴 이유는 19세기 초까지 이 온천의 소유주가 왕족이었기 때문으로 이곳을 '왕의 온천'이라고 칭하게 되었다. 정교한 8각형으로 장식되어 있는 천장은 수십 개의 조그마한 원형 창문이 있고 이 작은 창들을 통해 들어오는 태양광이 온천 내부를 신비롭게 밝히고 있어,

인공조명이 없어도 온천 내부가 전통적 디자인으로 인해 아름답고 신비로움을 자아낸다. 이 16세기 후반의 건축양식과 함께 어우러지는 7개의 샤워시설과 크고 작은 온탕과 터키식 사우나, 스팀 사우나 등의 시설은 온천을 찾는 방문객들에게 온천이라는 감각유산을 즐기며 몸과 마음을 다스릴 수 있게 해준다. 키랄리 온천은, 대부분의 터키식 온천들처럼 원래 남성전용 온천이었지만, 2010년에 유럽 역사 온천타운의 회원으로 지정되고 2011년부터 남녀 모두가 입장이 가능한 온천으로 바뀌었다.

키랄리 온천의 고풍스런 돔형 천장

유럽 역사스파타운 회원임을 알리는 키랄리 온천 명패

키랄리 온천의 자연광 조명

키랄리 온천의 주 온천탕

참·고·문·헌

뤼디거 융블루트(2013). 이케아, 불편을 팔다. 미래의창.

민슬기(2012). 스페인 산티아고 길 도보순례의 의미와 소비. 전북대학교 대학원.

박선영(2014). 이케아 insight, 이케아처럼 상상하고 이케아처럼 팔아라. 예문.

이태희(2012). 러브마크 감성행동론. 새로미.

임경미(2013). 산티아고 순례길 여행 체험에 대한 평생학습적 의미. 숭실대학교 대학원.

정명렬(2014). 이케아, 새빨간 거짓말. 시대에듀.

가구공룡 IKEA의 놀라운 6가지 사실(http://cafe.naver.com/stars0/590978)

글로벌 핵심코드-이케아(http://blog.naver.com/sooji2/140133404006)

네이버 지식백과. 카미노 데 산티아고.

대한민국 산티아고 순례자 협회(http://caminocorea.org)

문화재청 공식 블로그(http://blog.daum.net/munhwajaecheong/)

산티아고 순례길 삽자루투어(www.sjrtour.com)

산티아고순례 전문 혜초여행(www.hyecho.com)

스웨덴의 가구공룡 IKEA(http://blog.naver.com/cafehyvaa/150182899509)

스페인관광청(www.spain.info)

왜 에버랜드의 최대 경쟁사는 이케아일까?(http://jackay21c.blogspot.kr/2015/02/blog-post_20.html)

위키피디아. 카미노 데 산티아고.

유네스코와 유산(www.unesco.or.kr/heritage)

유통업계는 지금 '가구 아닌, 라이프스타일 판다'. 이케아 광명점(http://www.ddaily.co.kr/news/article.html?no=126893)

이케아 램프 광고(https://www.youtube.com/watch?v=tetOSMilRKg)

이케아의 크리에이티브 마케팅 7 (http://navercast.naver.com/magazine_contents.nhn?rid=1499&contents_id=82543)

이케아의 특별한 마케팅 사례들(http://thepearlbarn.co.kr/220370098737)

컬트마케팅 및 컬트브랜드 정의(http://blog.naver.com/sac0315/70166367135)

제3장 감각유산 기획의 의미

사냥과 관련된 인과관계에서 Y값은 단순히 짐승을 잡았다는 목표달성이 아니라, 사냥이라는 일련의 감각적 과정을 통해 얻은 감각환생, 그를 통한 실존감이 Y값인 것이다. 사냥에 참여한다는 것, 사냥을 시작하고 원하는 대상을 잡아 사냥을 종결하는 행위들을 x로 표현하는 것이 아니라 사냥의 대상을 찾는 동공의 움직임, 조준을 하기 위해 엎드리거나 무릎을 꿇을 때 차가운 바닥의 느낌, 방아쇠를 당기는 손가락이 방아쇠와 닿는 촉감, 발사 시 탄약의 폭발음, 화약 냄새, 튕겨져 나가는 탄피가 바위에 부딪히는 소리, 가죽을 벗기고 탈골할 때의 가죽과 산양 속살이 닿는 느낌과 풍기는 향, 불을 피우고 고기를 걸고 구워진 고기를 먹을 때의 풍미와 향기 등 매우 세세한 일련의 자극경험이 무수히 많은 x로 작용하여 더 또렷한 감각환생의 주체로서 실존감을 느끼게 된다는 것을 주지하여야 할 것이다.

제3장 감각유산 기획의 의미

1. 감각유산의 부가가치

감각유산에 대한 부가가치적 고려란 감각유산 자극에 이전에는 인식되지 않았던 가치를 부여하는 것이라고 볼 수 있다. 이미 인지도를 갖고 있는 감각유산이라면 그 인지도와 해당 감각적 자극에 대한 선호도를 높이는 방향성이 보장되어야 한다. 인지도가 낮거나 전혀 없던 감각적 자극인 경우에는 인지도와 방문가치를 높이는 노력이나 기획력이 더해져서 원래 갖고 있던 가치에 더 큰 부가적 가치를 높여주는 연출력이나 마케팅 노력이 필요할 것이다. 감각유산 자극 그 자체가 가치를 지닌다는 것은 생명력과 활기, 유인력, 흡인력 등을 지닌다는 것을 의미한다.

감각유산 기획가가 새로운 감각유산을 기획하는 데 있어 무엇보다도 중요하게 고려해야 할 사항이 바로 투입(Input)을 통한 산출(Output)의 극대화이다. 여기서 말하는 투입(Input)에는 감각적 자극의 구성, 핵심가치의 인코딩(9장에서 언급됨), 감각유산 홍보, 감각유산 마케팅 등이 포함될 수 있으며, 산출(Output)에는 기업이나 지역, 혹은 국가가 얻는 경제적 혜택만을 의미하는 것이 아니라, 소비자, 즉 관광객이 얻을 수 있는 감동, 추억, 즐거움 등과 같은 혜택 또한 의미한다.

감각유산의 개발과 이를 브랜드화하여 판매함으로써 발생할 수 있는 다양한 수익은 다양한 주체에게 돌아갈 수 있는데, 직접적으로 발생하는 경제적 혜택은 상품을 개발한 기업 및 지역단체, 개인에게 돌아갈 수 있으며, 또한 공공적인 혜택으로서 지역주민과 지역사회의 삶의 질 전반의 향상을 가져올 수 있는 기회도 제공한다.

2. 감각유산 기획의 포인트

1) 감각유산 기획의 출발점: 새로운 가치 창출

감각유산 기획에 있어 중요한 것은 시대의 변화 흐름에 맞추어 기존 자극의 틀에서 벗어나 새로운 변화를 이끌어 나가는 것이다. 새로운 감각유산을 기획하기 위하여 감각유산 기획가에게 필요한 것은 기존 감각체험의 문제점을 파악하는 것에서 출발한다고 볼 수 있다. 상투적, 획일적, 무감동적, 비핵심적, 소멸적, 방치적 기획 및 연출의 부재 등 기존의 여행상품이 지니고 있었던 다양한 문제점에 대하여 날카롭고 비판적인 시각으로 조사하고 이를 해결할 수 있는 방안을 연구해야 할 것이다. 또한 상품 자체의 문제뿐만 아니라 감각적 자극 자체 혹은 감각사용자의 욕구에 대한 이해가 부족한 것은 아니었는지에 대해서도 점검해 볼 필요가 있다. 궁극적으로 감각사용자 스스로가 찾아오도록 하는 상품을 기획하기 위한 다양한 방법을 모색하는 것에서부터 감각유산 기획이 시작된다.

감각유산 기획가는 새로운 감각상품을 '개발'하기 위하여 고민하기보다는 흔히 주변에서 발견할 수 있는데도 지금까지 '버려져 있거나 방치되어 왔던 것들'에 대하여 주의 깊게 살펴볼 필요가 있다. 흔히 말하는 일반적인 관광지에는 유적, 행위, 즐길거리 등 소위 말하는 '꺼리는 있는데', '건물은 있는데', '감동이 없다'는 식이다. 음식으로 치면 맛이 없다. 맛나게 만드는 법, 행복한 결과가 나오게 하는 묘약이 필요하다. 공식으로 치면 x는 있는데 y가 없다. 그 이유는 원인변수인 x들을 연결시키는 감각적 촉매제가 필요하기 때문이다. 감각유산의 기획과정, 연출과정도 다를 바가 없다. 만족을 주는 맛이 보장되는 행복한 결과로 가는 과정을 오감으로 보여줘야 하기 때문이다.

색, 질감, 소리, 향, 미각, 촉감 등의 감동과 실존감을 주는 만족스런 체험이 나오게 하는 방법과 체험대상의 시공간 소재를 명확히 잡아줘야 한다. 감각유산으로 행복해지는 법, 죽었던 감각세포가 다시 살아나는 법을 알기 쉽게 감각의 체험에 녹아내야 한다.

관광이든 여행이든 모두 그 시간과 공간을 통해 관광객이나 여행객이 실존감을 느끼기 때문에 이루어지는 행위와 행태를 말한다. 실존감은 자극경험의 주체와 경험한 자극 간의 상대적인 반응에서 결과 되는 산물이다. 맛있는 음식을 먹거나, 엄청난 영감을 주는 그림을 보거나, 깨달음을 주는 글귀를 읽거나, 한 영화를 통해 삶의 방향성을 찾거나 하는 등 모두의 공통점으로 실존감을 주는 것은 그들이 새롭고 기존의 무자극한 환경이나 지루하고 반복적인 사고와는 다른 자극을 주기 때문이다.

2) 감각유산 부가가치 창출

부가가치를 창출하는 방법은 크게 두 가지로 구분할 수 있는데, 첫 번째는 감각유산을 찾아오는 시장에 대한 유인력을 높여 방문규모를 키워서 달성되는 방문규모의 확대가 있다. 두 번째는 다른 시각으로 감각유산의 자극요소를 바라보고 감각유산을 체험요소 혹은 유인요소로 기획하는 것이다.

방문규모의 확대는 재원의 물량공세로도 표현될 수 있다. 막대한 재원을 투입하여 감각유산 자극의 부가가치를 높이는 방법으로 많은 광고/홍보, 관련 PPL영화나 드라마의 시사회나 시연회 등의 이벤트 행사를 통해 상품의 부가가치를 높이는 방법이라고 할 수 있다.

또 다른 방법으로써 새로운 시각이란, 관습과의 결별을 통해서 가치를 높이는 것으로, 기존의 관습과 고정관념을 탈피할 수 있는 연출력과 기획력으로 잠재적인 감각유산의 소비자가 상품에 대하여 인지하고 선호하게 만드는 것이다. 이미 2장에서 예로 든 경주 황리단 길 등의 사례에서 나타난 것처럼 젊은 감각이 결국 죽어가거나 사장될 뻔했던 문화유산을 살려낼 뿐만 아니라 그 위에 감각유산까지 덧입혀 큰 유인력과 부가가치를 만들어내는 사례를 무수히 많은 장소와 지역에서 찾아볼 수 있다.

감각유산의 경우 이러한 부가가치를 창출할 수 있는 방법으로 '감각유산 체험의 루트화'를 들 수 있는데, 이러한 체험루트화를 통해 감각유산에 높은 부가가치를 부여하기 위해서는 섬세하고 치밀하게 구성된 감각적 연출이 필요하다. 진실성 있는 연출은 방문객에게 감동을 전달할 수 있으며, 자신이 체험한 상품에 감동한 관광객은 재방문할 가능성이 높아질 수 있기 때문이다. 쉬운 예로, 세련된 퍼니쳐 카페(가구도 팔고 음료도 마실수 있는 카페)를 방문한 사람이 그곳에서 전시된 멋진 가구와 어울리는 음악과 커피 향, 실내장식 등의 전반적인 카페의 연출된 분위기에 매료되었다면, 이러한 사람은 다음에 그곳을 지나갈 때 다시 방문할 가능성이 높아질 것이다.

〈론체스턴 철도박물관의 망치소리〉

호주 태즈메이니아주의 론체스턴시에는 철도박물관이 있다. 호주, 그중에서도 특히 태즈메이니아는 영국인들이 호주 이주 초기에 정착했던 곳으로 철도는 영국인들의 호주 정착과 발전에 큰 의미를 갖는 교통수단이었다.

철도박물관은 일부 미술전시에도 사용되고 있었는데 감각유산과 관련된 전시기법을 하나 소개하려 한다. 철도수리 공간으로 진입하기 위해 전시창고의 문을 열면 과거 작업공간의 장비와 분위기가 그대로 보존되어 있는 곳에 사람 하나 없는데 망치소리 기계 돌아가는 소리 등의 소리가 작업실 내부에서 들려온다. 문을 열면 스위치가 작동되게 되어 있어 녹음된 소리가 실제 누군가가 작업하고 있는 것처럼 현실감 있게 들려오는 것이다.

작업공간 내의 동선은 현대화된 철제 통로로 조성되어 있고 그 외 나머지는 모두 과거로 돌아간 듯 그 당시의 작업이나 수리공간이 원형 그대로 잘 보존되어 있다. 보이는 것과 들리는 것의 조화로 인해 그 당시에 쌓였던 먼지조차 과거로의 시간여행을 돕는 조력자로 보이기까지 한다. 창의적인 감각유산 활용의 사례라고 할 수 있다. 보이는 것만 있고 들리는 것이 없으면 매우 단조롭고 지루한 전시공간일 수 있었던 곳을 소리 하나로 재탄생시킨 경우라 하겠다.

문을 열면 스피커를 통해 망치소리와 작업장 소음이 들리는 철도박물관

망치소리와 작업장 소음이 들리는 철도박물관

철도박물관의 역사자료

철도박물관에 전시된 열차

3) 방치된 잠재자극의 유효자극화

서산 호리마을에는 바닷물에 잠겨 있는 옻샘이라는 샘이 있다. 서산 아라메길의 호리구간 중간지점에 있는 가로림만의 고부레라는 해변에 위치한 이 옻샘은 바닷물이 빠지면 보이고 바닷물에 잠겨 있을 땐 어디에 있는지 전혀 알 길이 없는 시간적 소멸성을 갖는 감각유산이다. 아주 오래전부터 바닷물이 빠지면 모래사장 한가운데서 맑은 물이 솟아나는데 이 물을 몸에 바르면 아토피나 옻 오른 피부는 물론 모기 물린 곳, 습진, 땀띠 등에 즉효성을 띠는 신통한 샘물이기에 우물모양으로 복원하여 현재의 모습에 이른다.

바다 한가운데 이 신비로운 샘은 필자가 옻샘을 찾으러 호리마을에 들렀을 때 주민들조차 그 정확한 위치를 몰라 찾는 데 애를 먹었던 걸 기억하고 있다.

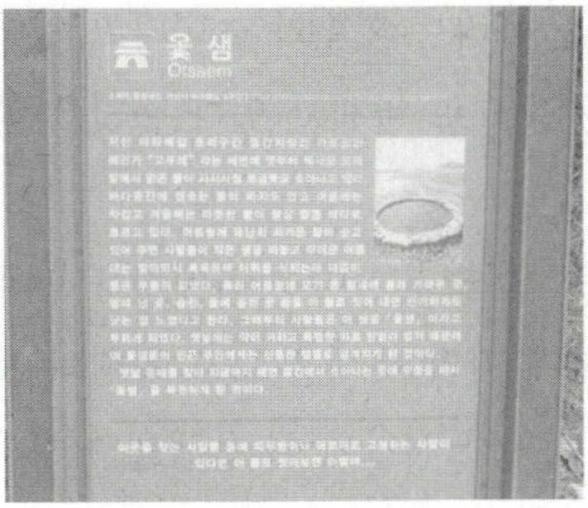

고부레 해변의 옻샘 해설판

인터넷상의 후기에 올라와 있는 옻샘 사진

아름다운 옻샘 전경

신기한 듯 옻샘을 둘러보는 방문객

그야말로 방치의 원형이라 볼 수 있다. 국도나 마을길에서 이정표조차 없던 이곳을 힘들게 발견했을 때 이미 바닷물에 잠겨 있어 다음날을 기약하고 돌아가려던 참에 현장에 외로이 세워진 옻샘해설판을 발견하고는 쓴웃음이 나왔다. 보물찾기도 아니고 보물을 찾는 데 성공한 자에게만 내리는 사탕한 알인가. 아니면 소중한 옻샘의 존재를 많은 사람들에게는 알리고 싶지 않은 연유에서일까. 이 해설판을 옻샘 근처 백사장에 설치한 당사자들은 감각유산의 효용에 대해서 알리고는 있으나 현장에 온 사람에게만 알리는 독특한 연출방법을 적용하고 있다. 아직까지는 노출되지 않은 감각유산의 정보를 소수만 활용하고 즐기고 있는 경우이지만 이미 인터넷상의 아라메길

방문 후기에 옻샘을 거론하고 옻샘의 사진을 올리는 횟수가 늘어나고 있다는 것은 방치되었던 감각유산의 자극이 현시수요로 바뀌고 있다는 것을 암시하고 있다.

주민들은 모르고 있으나 아니 모른 척하고 있으나 이미 아라메길을 단체로 걷는 걷기 동호회원들은 가이드의 스케줄에 따라 옻샘을 보고 옻샘의 물을 손으로 만지거나 수통에 담아갈 수 있는 정확한 시간에 이 옻샘을 거쳐서 가고 있음을 인터넷 후기를 통해 알 수 있다.

4) 강한 감각유산 자극의 연출

자연유산을 체험하는 생태관광의 경우에도 실존감을 주는 엄청난 생태적 자극이 있는가 하면 그저 1차원적으로 교육적이기만 한 자극이 있다. 감각유산이 1장에서 언급한 것처럼 신기성을 제공하는 자극이 되기 위해서는 자극의 강도에서 어느 정도의 수준을 유지하도록 연출되고 기획되어야 한다. 생태관광에서 실존감을 주는 자극은 이구아수폭포의 악마의 목구멍이나 아마존 정글이나 마사이초원에서 얼룩말을 잡아먹고 있는 사자의 모습을 3미터 거리에서 목격하는 것처럼 압도적이거나 희소성 강한 자극들을 선보여야 부가가치도 창출하고 유인력도 갖게 된다는 논리다. 상대적으로 자극받는 대상이 그 자극 앞에 서 있다는 느낌, 그 자극을 몸으로 혹은 입이나 눈이나 손으로 접해 보고 그 자극을 접하는 순간, 그래 내가 살아 있구나 하는 강한 확신을 주는 것들이어야 한다. 그런 경우 유인의 경제는 감각유산을 통해 실현되기 때문이다.

여행은 어차피 현실을 잠시 잊고 스스로의 감각을 죽게 만들었던 일상의 의무와 책임으로부터 잠시 자신을 벗어나게 하는 시간과 기회이다. 반복되는 일상으로 인해 몸과 마음은 상할 대로 상해 본인 스스로 발가락을 움직여보라는 요가강사의 말을 듣고 발가락을 움직여보려 하지만 자신의 발가락인데도 발가락이 자신의 의지대로 움직이지 않는 경우를 맞는 것이 우리의 현실이다. 한 해 한 해 몸이 굳어가고 신경이 죽어가고 있는 것이 현대인의 삶의 모습이다.

이럴 때 감각적 자극을 선택해서 접하고 그 자극을 통해 현실을 잊게 되고 재미와 흥분과 즐거움에 몰입하게 되면 새로운 삶에 대한 의지와 각오를 위한 몸과 마음의 좋은 변화를 가져오게 된다. 일탈은 큰 데서 일어나는 게 아니라 작은 경험을 통해서도 달성이 된다. 다만 그 작은 경험은 큰 자극적 감각이 동반될 때 좋은 변화의 일탈을 결과시킬 확률이 더 커진다.

〈강한 감각유산 사례: 발가락칵테일-캐나다 도슨시티〉

미국의 한 밀주판매상이 밀주판매를 위해 혹독히 추운 겨울날 100km 눈길을 걸어서 캐나다로 오게 된다. 걷는 동안 발에 동상이 걸려 엄지발가락을 절단하게 되고 절단한 발가락을 버리지 않고 한 술집에 보관하고 있었는데 잘린 발가락의 존재를 알게 된 한 취객이 잘린 발가락을 칵테일에 넣어 마시자고 취중에 내기를 걸었던 게 캐나다 도슨시티 발가락칵테일의 유래이다. 6000원 정도로 원하는 종류의 술에 발가락을 넣어 마시는 매우 특화된 감각유산이라 할 수 있다.

발가락이 입술에 닿을 때까지 마시는 게 이 칵테일을 마시는 룰인데 이 임무를 수행하면 인증서도 준다고 한다. 만약 발가락을 삼키면 500달러의 벌금을 물게 되어 있는데 발가락칵테일 역사가 시작된 지 40년 만인 2013년에 한 남자가 이 발가락을 삼키는 사고가 발생했다. 그 남자는 500달러의 벌금을 흔쾌히 물었으나 이 술집의 상징이자 수입원이었던 발가락이 없어지자 술집주인은 도슨시티 마을주민에게 혹시 발가락을 기증할 사람이 없는지 문의했고, 의외로 7개의 발가락 기증을 받아 현재는 7개의 발가락 중에서 원하는 것을 골라 칵테일에 넣어 마실 수 있는 행운이 생겨났다고 한다.

흉측하게 절단된 발가락이 주는 시각적 자극과 함께 그 발가락이 담긴 칵테일을 마실 때의 미각과 후각적 자극, 그 발가락을 직접 만지지는 못하지만 절단된 발가락이 입술에 닿을 때의 촉감적 자극이 매우 강한 희소성의 감각유산을 연출해 내는 경우라 할 수 있다.

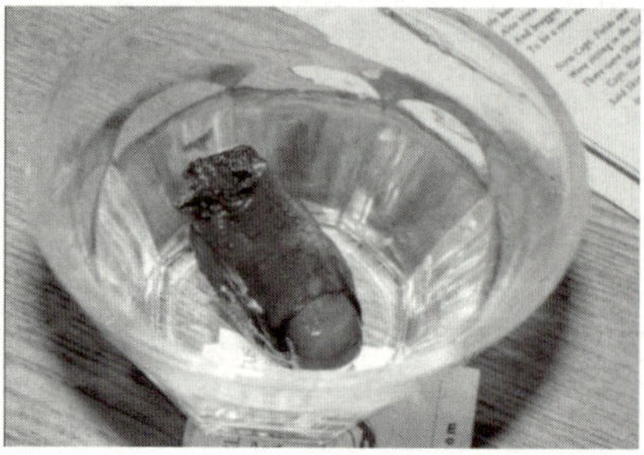

발가락칵테일 속의 발가락

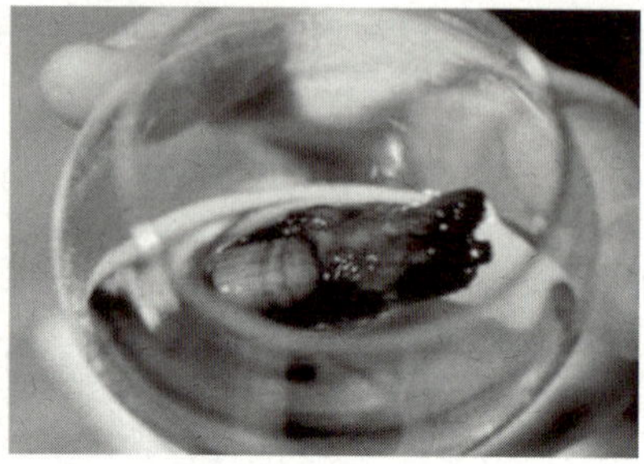

발가락칵테일 속의 또 다른 발가락

발가락칵테일 인증서

5) 실존감을 주는 진하고 풍요로운 감각적 자극의 연출

감각유산에서 언급되는 실존감은 어려운 실존감이 아니다. 감각유산의 자극을 통해 몸과 정신, 영혼이 반응하게 하는 것, 바로 그것이 실존감을 주는 감각적 자극이다. 산천어 축제에서 꿈틀대는 산천어를 잡는 손맛을 느끼기까지 차가운 얼음에 구멍을 내고, 미끼를 낚싯바늘에 끼고, 낚싯줄을 얼음 밑 차가운 물밑으로 내려 보내고, 미끼를 문 산천어를 줄로 느끼며 잡아당겨 올리고, 잡은 산천어를 화로에 구워먹고 하는 일련의 감각적 자극이 모두 하나가 되어 실존감을 주는 자극이기에 축제에 참가해서 이런 감각적 체험을 해 본 방문자들은 그 축제를 기억하고 재방문 욕구를 느끼고 다른 사람들에게 그 축제에 대해 말하게 되고 SNS에 글과 사진을 올리게 된다.

사냥해서 잡은 산양의 배를 가르며 실존감 혹은 다시 태어난 느낌을 갖는다는 일반인 헌터의 인터뷰 장면이 떠오르는 것은 인간이 참여하는 레저활동이 단순히 레저로 즐기는 것 말고도 그 이면의 무의식 속에 실존감이 개입하고 있음을 의미한다. 레저상황 혹은 여행상황 속에 느끼는 실존감은 결국 감각환생과 무관하지 않을 것이다.

시각, 청각, 촉감, 후각, 미각 등 감각이 총체적으로 투입되는 사냥의 과정을 해부해 보자. 멀리 산언덕에 있는 산양을 조준경을 통해 보고 조준하고, 가장 치명적인 순간에 방아쇠를 손가락으로 당기고, 장전되었던 총알이 발사될 때 화약연기와 내음을 맡고, 정확히 가격된 산양이 있는 곳까지 숨차게 걸어가서 산양의 가죽을 날카로운 손칼로 벗겨내고, 부위별로 발골하는 과정 자체가 감각적 행위의 연속인 것이다. 감각유산을 연출하려는 사람은 이런 감각적 행위의 세세한 부분을 섬세하게 이해할 줄 알아야 한다. 감각적 체험의 MOT에 체험이나 경험의 주체자들이 어떤 일련의 감각을 자극으로 받게 되는지 감각경험 지도나 감각경험동선, 그에 따른 감각체험의 반응지도를 마음속에 상상하면서 미래의 잠재적 수요자들에게 역시 그런 상상력을 암호로 심어 넣는 인코딩(Encoding) 작업 연출에 묘미를 더해야 한다.

발골한 산양을 모닥불에 구울 때 나는 연기와 고기 굽는 향, 잘 구워진 고기조각을 입에 넣을 때 반응하는 침, 혀가 느끼는 미각의 행복함, 산양을 옮길 때 손에 닿는 가죽의 촉감, 남은 몸통의 무게감 등은 전체적인 감각적 경험 지도상 마지막 단계, 기승전결의 단계에 이르는 과정이라 할 수 있다. 이런 단순한 사냥이 아닌 발견 발사 살생과 취득 발골 섭취 등 일련의 매우 다양한 감각이 개입되는 감각환생의 과정을 거침으로 인해 사냥에 참여할 때마다 헌터 본인이 앞으로의 희망과 삶의 계획에 대해 더 또렷이 생각하게 된다는 인터뷰의 결론은 헌터 스스로 사냥이라는 단순행위처럼 보이는 레저에 숨어 있는 암호를 해석(디코딩: Decoding)해 낸 결과인 것이다. 이는 감각유산을 다루는 전문가들은 감각적 체험의 원인변수와 결과내용의 깊이를 달리 봐야 한다는 점을 시사하는 것이다.

감각에 유산을 더해서 표현해야 하는 이유가 여기 있다. 사냥이라는 일련의 감각적 과정과 경험이 사냥이라는 시간과 상황이 끝나면 곧 사라지고 소멸되기 때문에 유산이 붙게 되는 것이다. 곧 소멸되지만 감각적 자극을 접한 결과로서 얻은 자극감과 실존감은 긴 여운을 갖고 남아 반응과 경험주체에게 의미 있는 결과물을 제공한다.

사냥과 관련된 인과관계에서 Y값은 단순히 짐승을 잡았다는 목표달성이 아니라, 사냥이라는 일련의 감각적 과정을 통해 얻은 감각환생, 그를 통한 실존감이 Y값인 것이다. 사냥에 참여한다는 것, 사냥을 시작하고 원하는 대상을 잡아 사냥을 종결하는 행위들을 x로 표현하는 것이 아니라 사냥의 대상을 찾는 동공의 움직임, 조준을 하기 위해 엎드리거나 무릎을 꿇을 때 차가운 바닥의 느낌, 방아쇠를 당기는 손가락이 방아쇠와 닿는 촉감, 발사 시 탄약의 폭발음, 화약 냄새, 튕겨져 나가는 탄피가 바위에 부딪히는 소리, 가죽을 벗기고 탈골할 때의 가죽과 산양 속살이 닿는 느낌과 풍기는 향, 불을 피우고 고기를 걸고 구워진 고기를 먹을 때의 풍미와 향기 등 매우 세세한 일련의 자극경험이 무수히 많은 x로 작용하여 더 또렷한 감각환생의 주체로서 실존감을 느끼게 된다는 것을 주지하여야 할 것이다.

6) 의미 있는 자극, 유의미한 자극의 연출

(1) ROI 관계이익률

잠재 방문객들에게 의미 있는 감각유산의 자극을 제공하여 유인력을 높이려면 방문객들이 자신과 관련되어 있다는 관계의 연결고리를 보여주는 감각적 자극이 제공되어야만 한다. 이는 유인의 경제(Attraction Economy)에서 연관(engagement)되고 연결(connector)되어야 한다는 기본전제와 조건을 말한다.

유인의 경제에서 중요하게 여기는 ROI(관계이익률: Return on Involvement)

는 어렵게 말하면 양자의 상호인식을 전제로 하는 교환원리이고 쉽게 말하면 양쪽 모두가 서로 공존할 수 있는 관계의 이유를 양방향으로 이해하고 있는가, 그를 통해 서로 행복한가의 문제이다. 양자 모두에게 의미 있는 관계가 성립되고 수용되면 그 관계는 오래갈 확률이 높아진다. 러브마크로 가는 단계 중에 단순히 좋은 점이 알려지는 게 아니라 내가 좋아하는 점이 알려져 러브마크의 완성단계로 진입하게 되는 경우를 말한다.

감각유산이라 부르고 접근하는 경우가 관광상품, 관광자원, 혹은 콘텐츠나 문화체험이라고 시작하는 경우와 다른 점은 관계의 근원이 되는 감각적 자극에 더 구체적인 무게를 실어 접근한다는 것, 각각이 만들어내는 결과에서 큰 차이를 가져온다는 것이다.

(2) 자그레브 바다 오르간과 태양의 시계

자다르의 바다 오르간은 세계 최초의 바다 오르간으로 바다와 연결되는 대리석 계단 아래 35개의 파이프를 설치해 파도가 파이프 안의 공기를 밀어내어 각각 다른 소리를 만들어내는 전형적인 감각유산이다. 2005년 건축가 니콜라 바시치가 설계해 완성시킨 작품, 바다 오르간은 2006년 유로피안 도시 공공장소상을 수상했다. 파도의 세기나 속도에 따라 바다 오르간이 내는 소리는 계속 달라 하루 종일 다른 연주음을 낸다.

바다 오르간 옆에는 거대한 원형의 태양의 인사가 바닥에 깔려있다. 크로아티아가 자다르 공습으로 파괴되었을 당시, 역시 건축가 니콜라스 바시츠의 작품인 '태양의 인사'는 전쟁의 아픔을 씻어주는 좋은 변화의 감각유산 역할을 했다. 태양의 인사는 지름 22m의 원형으로, 300개의 태양열 전지판과 발광 다이오드 (LED)를 조합한 태양 집열판이 설치된 조형물로서 낮에는 강렬한 태양열을 모아, 해가 진 후에는 태양의 인사가 화려한 빛을 발하는데 사용된다.

자다르의 바다 오르간과 태양의 인사는 자다르의 명물뿐만 아니라 크로아티아 전체를 상징하는 감각유산으로서 크로아티아를 방문하는 사람이라면 반드시 들려야하는 명소로 자리 잡았다. 소리와 빛의 연출만으로 자다르 시민들도 행복해지고 자다르를 방문한 관광객들도 행복해진다. 관계이익률은 시간이 갈수록 높아지기만 한다.

(3) 감각유산과 한 몸 되기

연령과 관계없이 거의 모든 남자들의 로망의 대상인 모터바이크를 그저 '오토바이 타기'로 말하는 것은 감각적 체험을 '콘텐츠'나 '체험재화'라고 두리뭉실하게 말하는 것과 같다. 모터바이크를 감각유산 관점에서 접근하게 되면 일단 손을 통한 그립감과 그에 따른 속도변화를 언급해야 한다. 손으로 클러치와 액셀손잡이를 잡아당길 때마다 몸으로 전해지는 속도감은 한번 관계를 맺으면 벗어나기 힘든 마력의 Pull Factor가 된다. 손의 그립감과 함께 왼발을 통한 기어변속과 그와 연동된 강한 엔진 배기음은 효과 높은 음향적 무대배경이 되어 일상의 유해하기만 한 현실을 잠시 잊을 수 있게 만드는 감각적 근원이 된다. 점점 높아지는 속도감에 따라 바이크와 라이더의 몸이 하나가 되고, 주행 중에 마주치는 바람과 주변에 펼쳐지는 경관마저 모든 부수된 감각과 라이더가 하나 되는 일체감이 찾아오는 몰입으로 인해 라이더가 갖게 되는 실존감은 Push Factor로 커지기만 한다.

이렇게 구체적인 감각적인 자극과 반응, 실존감의 반복적 확인 등으로 인해 이미 라이더들은 모터바이크와 한 몸이 되어 있음을 받아들인다. 라이더들은 이토록 모터바이크와 자신을 동일시하는 관계배태성/관계공명의 경지에 올라 있는데 이런 감각유산적 원인에 대해 이해하지 못하고 단순히 오토바이라는 카테고리의 성격으로 받아들이는 부류나 시장은 '오토바이는 위험하다', '폭주족의 이미지다'라는 편견을 갖게 한다.

감각유산은 관계시작 혹은 관계유지의 원인 인자를 칭하는 것이고 콘텐츠나 문화체험은 광범위한 카테고리를 다루고 있는 차이를 보인다. 모터바이크의 감각유산적 가치와 실존감 원인 제공능력을 이해하지 못하는 주변인들이 '위험성'과 '안 좋은 이미지'로 아무리 만류와 회유를 해도 본인에게 위안을 주고 실존감을 주는 대상인 모터바이크에 대한 염원과 관계시작/관계유지의 바람은 식을 줄 모르고 뜨거워져만 간다. 회유하고 만류하는 시장들이 그런 위안과 실존감을 주지 못하기 때문이다. 감각유산을 기획하고 연출하는 사람은 이런 위안과 실존감을 통한 강한 행복감을 구체적이고 세심한 감각유산의 연출을 통해 사람들에게 제공해야 하는 임무를 갖는다고 할 수 있다.

평범한 관광지와 비교하여 볼 때 뭔가 독특한 자극, 다른 자극, 압도적인 자극을 제공하는 목적지는 실존감형 목적지라 말할 수 있다. 실존감형 목적지는 비실존감형 목적지에 비해 뭔가 독특한 의미의 감각적 자극을 선보인다. 자극의 유의미함은 자극을 접하는 사람의 상황과 주관에 따라 달라지지만 이것은 목적지나 감각적 자극을 선호하는 개인의 취향과도 같은 이치의 동일선상에 놓이는 것들이다.

실존감은 특정 자극 상황하에서 발생하고 결과 되는 산물이다. 긍정적 실존감은 몸과 마음에 좋은 변화를 가져오는 트랜스포메이션 재화로서의 역할을 한다. 몸과 마음이 긍정적으로 변하는 계기를 주는 재화인 것이다. 그러나 자극이 강하기만 해서 되는 것은 아니다. 부정적 실존감은 갑작스런 생의 마감까지도 결과시킬 수 있는 반트랜스포메이션 재화의 근원이 될 수도 있다. 카지노로 인한 게임중독이나 그로 인한 재산탕진, 마약중독, 자살 등이 대표적인 예이다.

7) 상상력을 자극하는 감각적 자극의 연출

인도 라자스탄주의 란탐보르 국립공원 경계에 인접한 곳에 아만 이카스 리조트가 있다. 아만 이카스는 외부는 패브릭이지만 내부는 무굴제국시대에 황제가 쓰던 왕실을 모티브로 만들어져 그 화려함이 국립공원 근처 들판에 놓여 있을 거라고는 상상이 안 되는 럭셔리 리조트이다.

란탐보르 국립공원 경계에 인접한 아만 이카스

아만 이카스의 객실 내부모습

아만 이카스의 외부 전경

아만 이카스의 유인력은 주변 환경과 대비되는 이런 럭셔리함에 있는 것이 아니라 호랑이 관찰이 가능한 란탐보르 국립공원의 호랑이 울음소리를 모티브로 조성됐다는 것이 특이점이다. 멀리 깊은 숲속 야생의 왕 격인 호랑이의 울음소리를 들을 수도 있다는 상상력만으로도 아만 이카스 리조트는 감각유산의 거점역할을 하는 희소성 있는 신비의 리조트로서 품격 이상의 내부시설과 함께 지불능력 높은 고객들의 버킷리스트에 드는 리조트로서 포지셔닝되기 충분한 자격을 지닌 곳이라 하겠다.

감각에 대해 깊은 생각이 없는 일반인들은 아만 이카스를 고급 리조트라 칭하겠지만 아만 이카스야말로 호랑이 소리라는 감각유산을 상상력의 중심에 놓고 패브릭 리조트라고 하는 현지 환경에 어울리는 시설적 특화성을 덧입힌 경우의 감각유산의 연출 결과라 할 수 있을 것이다. 마치 무굴황제가 호랑이 사냥에 나서서 머무는 들판에 있는 황제의 임시거처 같은 상상력의 결과물인 것이다.

야생의 왕인 호랑이는 생태계 포식자의 최상위 맹수로서 갖는 상징성 때문에 정복국의 호랑이들은 정복의 주체가 되는 권력에 의해 수없이 포획되고 사살되는 비운을 겪어야만 했다. 우리나라도 일본 강점기에 일본에 의한 호랑이 포획으로 개체수가 거의 전멸하다시피 한 것도 이와 무관하지 않다. 일본의 경우 섬나라여서 호랑이 자체가 존재하지 않던 나라였다. 생태계의 최상위 포식자가 수치스럽게도 늑대였던 나라가 호랑이가 존재하는 나라 조선을 통치하기 위해서는 어쩔 수 없이 민족혼이 담겨 있는 조선 국민의 상징 호랑이를 제거할 수밖에 없었을 것이다. 인도의 경우에도 인도를 식민화한 영국인들이 호랑이 숲으로 들어가 인도의 호랑이를 말살하기 위해 사냥에 열심이었다는 기록이 무수히 발견되고 있다.

3. 감각유산 기획의 구성단계

1) 해당 감각유산의 공간 범위 규정

감각유산이 놓여 있는 공간이 마을인지 호텔인지 식당인지 성당인지 사원인지 그 존재 위치의 성격과 범위를 정확히 규정하고 기획이나 연출에 들어갈 필요가 있다. 이는 감각유산 기획의 주체가 지자체인지 기업인지 한 개인인지를 결정하게 되고 감각유산의 매력물로서의 운영과 관련하여 어떤 관련자(stakeholder)들이 개입하게 될 것인지를 결정하고 모니터링하도록 도와준다.

2) 감각유산 핵심 자극 내용의 명확한 제시

감각관련 체험은 일상적으로 소비하는 대상이 아니라 특별한 목적이나 기회, 동기 등이 있을 때 구매하는 경험이며, 대체적으로 고가의 상품이라는 특징이 있다. 따라서 감각유산을 구매하는 소비자 입장에서는 가능한 많은 정보를 습득하려 하는 성향이 있다. 소비는 해당 감각유산의 기능을 소비한다기보다는 해당 감각유산과 관련된 정보/가치/자극의 3가지를 소비하는 것이므로 감각유산을 기획하는 사람은 이러한 소비자의 심리를 이해하고 그에 따라 감각유산과 관련하여 감각적 자극의 핵심이 되는 자극 내용에 대하여 명확하게 정리된 정보를 소비자에게 체험의 형태로 제공해 주어야 한다.

배고플 때 맛있는 음식을 먹고 싶은 것은 본능적인 욕구다. 여행은 여행하는 개인의 지극히 개인적이고 이기적인 본능적 욕구를 충족시켜야 하는 분야다. 배고픈데 맛없는 음식으로 배를 채우는 불행한 결과가 나오지 않도록 해야 하는 것이다. 귀중한 시간과 기회를 허망함으로 맞바꿔야 하는 경우가 생기게 해서는 안 된다. 구체적으로 어디서 무엇을 언제 어떻게 먹어야 하는지를 알려주는, 유용한 감각유산 사용설명서를 제공해 주는 것 자체가 감각유산적 접근방법의 기본인 것이다.

3) 감각유산의 보조적 자극의 내용

공간적으로 범위가 정해진 감각유산의 경우에 하나의 감각적 자극이 주를 이루는지 그 외에도 추가적인 보조적 자극들이 관여되는지가 판명되고 기획/연출되어야 한다. 보조적 자극으로 활용될 감각유산들이 궁극적으로 주자극과 연결성 없이 독립적으로 역할을 하는 감각유산인지 아니면 주자극과 연계되어 감각적 반응과 감성적 결과를 도출해 내는지에 대한 구분이 이루어진 상태에서 자극수준의 조합과 연계가 판단되어 기획되어야 할 것이다.

4) 감각유산의 시간적 범위

감각유산이 갖는 공통적 특징 중 하나는 시간 경과에 따른 소멸성이 있다는 점이다. 바간의 상징이 되는 한 사원에서 바라보는 일몰의 경험은 바간이라는 도시를 세계여행자들이 뽑은 2위의 여행매력이 있는 도시로 만들어낸다. 석양은 해가 지는 타이밍을 맞춰야 하므로 언제부터 시작해서 언제 끝날지에 대한 정보와 가이드라인이 계절별로 정확하게 주어져야 한다. 감각유산이 축제의 한 구성요소로서 진행되는 경우에는 축제의 시작과 끝을 알리는 기간이란 것이 정해진다. 시간적인 감각유산의 대표 격인 단풍철이라는 것도 해마다 그 절정에 달하는 시간은 변하기 마련이어서 해당 시기에 대한 정보는 정확하게 전달이 되어야 한다.

5) 감각유산 브랜드 이름(Brand name)의 개발

세상에 존재하는 모든 상품들은 제각기 자신의 이름을 지니고 있다. 이러한 이름을 우리는 보통 브랜드(Brand)라고 하며, 현재는 상품을 구매하는 것이 아니라 브랜드를 구매하는 세상이라고 볼 수 있다. 이러한 현상은 감각유산 상품 또한 이러한 시장의 변화에 맞추어 단순한 상품이 아닌 브랜드로서 자리를 잡아야 하는 시대라는 것을 의미한다.

감각유산 브랜드로서 그 가치를 인정받기 위해서는 무엇보다도 시장의 트렌드를 파악하는 것이 중요할 것이다. 시장의 변화를 읽고 소비자들이 원하는 감각유산 브랜드를 개발하여야 하며, 또한 소비자들의 구매 욕구를 높이기 위한 브랜드 네임(Brand Name)을 부여하는 것이 바로 감각유산 기획가가 해야 할 역할이다. 감각유산의 브랜드 이름은 해당 감각의 자극이 지니고 있는 모든 면을 함축적으로 담고 있어야 하며, 또한 경쟁상품이나 브랜드와 차별화될 수 있도록 가급적 쉽게 기억될 수 있으면서도 세련된 이미지를 담고 있어야 한다.

6) 대상 시장 선정(Target Market)

감각유산 브랜드를 기획하는 데 있어 '누가 감각유산 브랜드를 구매할 것인가'에 대한 고려는 무엇보다도 중요하다. 대상 시장의 선정은 크게 방문객의 지역과 방문 목적, 인구통계학적 특성 등으로 구분하여 볼 수 있다. 지역적 측면에서 살펴보면 먼저, 인바운드용 감각유산 브랜드일 경우 일본, 중국, 미국, 유럽 등 어느 나라 관광객에게 더욱 인기를 끌 수 있을 것인가에 대하여 고민하여야 하며, 국내 내수용 감각유산 브랜드는 서울, 부산, 대구 등 어느 지역 방문객이 가장 많을 것인가에 대하여 예상해 보아야 한다. 또한 젊은 층과 노년층, 기혼과 미혼, 직업 등 어떠한 시장에서 가장 큰 관심을 보일 것인가에 대해서도 예상해 보아야 한다. 마지막으로 이러한 대상 시장의 특성들을 살펴본 후에는 과연 어느 정도의 시장 규모가 되는가와 또한 기존의 경쟁 구도를 살펴서 어떠한 방법으로 시장에 진입할 것인가에 대한 방법도 계획하여야 한다.

7) 독특성, 차별성(Uniqueness)

새로 선보인 감각유산 브랜드가 '기존의 관광 매력물과 어떤 차이와 특별함이 있는가'에 대한 대답은 감각유산 브랜드의 성공 여부를 가늠하는 가장 중요한 요인이 될 수 있다. 기존 감각유산 브랜드와 아무런 차이가 없다면, 그 감각유산 브랜드에 관심을 갖는 소비자들은 거의 없을 것이기 때문이다.

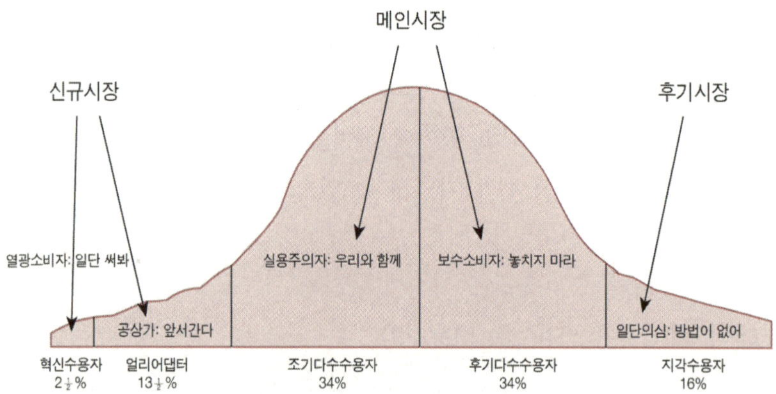

[그림 1] 기술수용주기/제품수용시기에 따른 고객구분

관광 대상, 목적지, 핵심 상품 내용, 일정, 가격 등의 다양한 요소에서 기존의 감각유산 브랜드와 다른 무엇인가가 있을 때 그 감각유산 브랜드는 경쟁력을 지닐 수 있다.

8) 감각유산 소재의 구체적 소개

감각유산이 어떠한 매력을 가지고 있으며, 역사적, 사회적 의미 또는 그곳을 찾는 방문객들의 현황 등을 부각시키는 것은 감각유산의 가치를 상승시키는 데 도움이 될 수 있다. 이러한 감각유산 브랜드의 구체적 소개는 소비자들에게 기대감을 줄 수 있어 감각유산 브랜드를 방문하는 동기를 유발시킬 수 있다.

9) 관련 사례의 조사: 벤치마킹(Benchmarking)

감각유산을 기획할 때 국내, 국외의 유사 사례를 통한 조사 분석을 이용하는 것은 그만큼 브랜드 개발에 있어 나타날 수 있는 위험(Risk)을 줄일 수 있는 방법이 될 수 있는데, 벤치마킹은 일반 제조업 상품에서처럼 감각유산 브랜드 개발에 있어서도 매우 유용하게 이용될 수 있다.

10) 체험 내용의 구체적 시나리오

새로이 출시할 감각유산 브랜드의 시장에 대한 성공 여부에 대하여 보다 구체적으로 예상할 필요성이 있을 때에는 해당 감각유산이 지니고 있는 분위기, 색, 향, 조명, 음악, 맛 등과 상품을 구매하게 될 구체적인 집단을 설정한 후 최상의 시나리오와 최악의 시나리오를 설정하여 그에 따라 나타난 가상의 결과와 가능성을 연구하는 것도 상품 개발에 있어 나타날 수 있는 위험(Risk)을 줄 일 수 있는 좋은 방법이다.

11) 감각유산의 인지도 제고

특정 자극의 마케팅 수단의 하나로 영화기획 및 제작자를 이용하는 PPL사례가 빈번히 발생하고 있는데, 이러한 방법은 감각유산 기획가의 측면에서는 감각유산 목적지나 대상을 쉽게 알릴 수 있으며 그에 따른 방문객을 유치하여 경제적 이득을 획득하기 쉬운 반면, 소비자인 방문객들은 자신이 좋아하는 스타가 한 행동들을 따라하면서 즐거움과 추억을 얻을 수 있다는 장점이 있다. 또한 이러한 감각유산의 개발을 통하여 잠재 방문객들에게 알려진 장소 및 지역은 많은 사람들로부터 인지도가 높아져 지역의 경제적 혜택 및 삶의 질이 향상될 수 있는 기회를 맞이할 수 있다. 따라서 감각유산 기획가는 다양한 주체가 모두 혜택을 누릴 수 있는 감각체험 브랜드 개발을 위하여 노력해야 한다.

4. 감각유산 연출의 사례

1) 향기 감각유산 기획 사례

우리나라의 지방을 여행하다 보면 상당히 많은 박물관을 만나게 된다. 그 박물관들의 공통점은 상당한 규모의 예산을 들여 조성했다는 것과 불행하게도 투입된 예산대비 재미가 없는 밋밋한 박물관이라는 점이다. 전시의 내용이나 연출이 박물관의 주제에 대해 사람들로 하여금 흥미나 호기심, 교육효과를 불러일으키지 못하는 것이다. 이유는 간단하다. 감각유산의 연출이 제대로 이루어지지 않고 있기 때문이다.

전시하고자 하는 취지와 의미를 다양한 감각으로 전달하는 좋은 사례는 얼마든지 있다. 그중에 향기라는 감각유산을 가지고 방문객들에게 생각하는 시간을 갖게 만드는 워싱턴 DC의 홀로코스트 박물관을 예로 들 수 있다. 방문객들은 이 박물관을 보기 위해 진입부로 들어서게 되는데 그 진입부에는 충격적인 향기 자극이 전시되어 있다. 대량 학살용 가스실에 들어가기 직전에 벗어놓은 유태인 신발 수천 켤레가 전시관 입구에 쌓여 있고 그 한가운데를 방문객들이 지나가게 동선이 잡혀 있다. 그곳을 지나가는 방문객들은 학살 당시의 상황으로 들어가고 있는 듯한 착각을 하게 된다. 산더미처럼 쌓여 있는 신발들이 주는 시각적 효과 때문이 아니다. 70년 이상 지난 그 신발들에서 나는 퀴퀴한 강한 향은 학살당한 원혼들의 육성을 듣는 듯한 고통을 동반한다. 그 후에 나타나는 전시물과 전시공간은 이 사실적인 강한 향으로 인해 그 전달력이 더 강해진다.

유태인들이 벗어놓은 가죽신으로 가득 찬 홀로코스트 박물관 입구

일본에서 초기 향 문화는 왕과 귀족 등 상류계급의 전유물이었다. 고대 일본의 향 문화는 향기를 옷에 배게 하는 훈의(薰衣)에서 비롯되었다. 옷을 펴서 걸친 다음 그 아래 향을 피워 향기가 배게 한 뒤에 입는 방식이다. 특히 화려한 귀족문화가 꽃을 피운 10세기 이후 헤이안 왕조는 종교적 의미로 향을 공향(恭香)하는 유행을 함께 접목시켰다. 이것을 '다키모노아와세(薰物合せ)'라고 하는데 이러한 향 문화는 동아시아 3국 중에서도 일본만의 유일하고 독특한 전통이다. 이러한 향 문화는 헤이안시대의 궁정 소설이며 세계 최초

의 장편소설인 겐지이야기(源氏物語)나 최초의 수필집인 마쿠라노소시(枕草子)에 잘 나타난다. 고대 일본 여성들이 훈의(薰衣)를 즐겨 입는 패션을 묘사하고 있을 뿐만 아니라 향을 통해 자신의 존재를 표현하는 매개로 삼았음을 알 수 있다(김영, 2015).

미국의 어떤 연구 결과에 따르면 고객은 좋은 향기가 나는 매장을 더 선호한다고 한다. 또 동일 상품이라도 향기가 있는 상품을 더욱 선호하고, 향기가 있는 상품의 품질이 더욱 좋다고 생각한다. 업종의 특성 또는 타깃 대상에 맞춰 향기를 다르게 활용하고 있다. 기존의 오감마케팅은 주로 시각과 청각을 중점적으로 마케팅이 이루어져 왔는데, 실제로 고객에게 큰 영향력을 행사하는 것은 미각, 후각의 순으로 나타났다.

2) 미각연출의 사례

미각을 단순히 먹는 체험으로만 단순화시켜 보는 것은 감각유산 관리와 거리가 있다. 입체적인 감각유산과 관련된 미각관리의 중요성을 강조한 사례로 삿포로의 라멘 공화국을 들 수 있다. 일본 삿포로역 앞에는 일본 라멘을 만들어 파는 식당들을 한곳에 모아놓은 건물이 있다. 삿포로 에스타 백화점에 위치한 라멘 테마파크다. 이 건물은 10층에 라멘거리로 만들어 라멘공화국이라 이름 붙였다. 삿포로 시내의 유명한 라멘식당 2호점은 물론 일본 전역의 라멘 집을 라멘거리에 배치시켜 놓은 라멘 테마파크인 것이다. 시내 여기저기에 분산되어 있는 라멘 맛집을 하나하나 찾아다닐 필요 없이 한곳에 모아놓으니 관광객이나 삿포로 시민이나 편하고 쉽게 라멘을 즐길 수 있다. 미각을 주제로 일본의 옛 거리를 재현한 인테리어의 감각타운이 형성되어 시내에 명소 하나를 만든 결과도 가져왔다. 이곳에 입점하기 위해서는 경쟁지원을 통해야만 한다. 맛에서 뛰어난 자극만을 선별하는 구도이다.

라멘공화국의 사례는 단순히 먹는다는 데 우선을 둔 체험이 아니라 마치 새로운 공간이나 마을에 들어와 있다는 느낌을 주는 경우라 더 의미가 있다. 맛에 정취가 더해져서 먹는 즐거움에 여행의 즐거움을 추가해 준다.

3) 소멸성 회화적 장면: 감각유산 정취 기획 사례

이집트 카이로의 피라미드는 전 세계로부터 오는 관광객들의 발길이 끊이지 않는 세계적인 대표 관광 매력물임에 이의를 제기하는 사람은 없을 것이다. 이집트의 물가수준에 비하면 입장료도 상당히 높은 수준으로 책정되어 있지만 멀리 이집트에 찾아온 이유인 피라미드를 거부할 관광객은 없다. 실제로 보는 피라미드는 세상에 존재하는 손꼽히는 불가사의답게 그 앞에서 있는 방문객들을 휘어잡는 포스를 내뿜는다. 그 앞에 멍하게 몇 시간이라도 서 있을 수 있도록 만드는 힘을 전달하는 신비로운 대상인 것이다.

이런 피라미드를 방문할 때에는 이른 시간에 방문하지 말고 늦은 오후 시간대에 방문할 것을 권한다. 석양이 아름다운 이유도 있다. 하지만 그보다 더 중요한 이유는 곧 밤이 되는 늦은 오후시간에 방문하면 밤 시간에 피라미드를 다시 찾지 않아도 되기 때문이다. 낮에 찾은 피라미드를 밤에 다시 찾아야 하는 이유는 소리와 빛의 쇼(sound and light show)를 보기 위해서다.

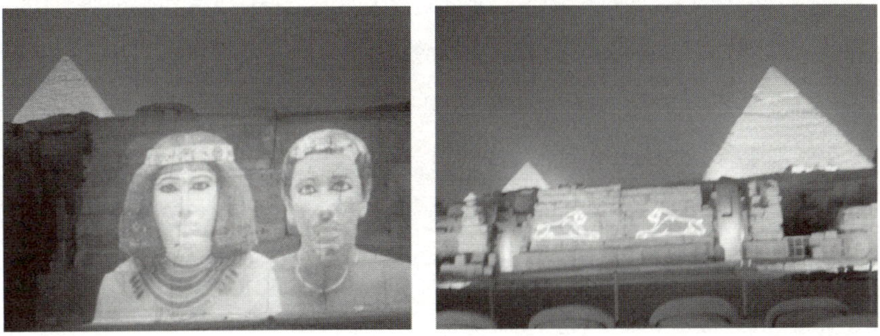

피라미드의 소리와 빛의 쇼 모습

피라미드와 스핑크스를 배경으로 피라미드의 탄생과 관련된 역사와 유래를 레이저 쇼와 아름다운 성우의 해설로 들으면 이를 보고 듣는 이에게 감동을 주는 것이다. 낮에 피라미드가 보는 이를 압도시키는 존재라면 밤의 피라미드는 어둠이 내린 사막에 우뚝 솟은 피라미드를 배경으로 조명과 레이저가 만들어내는 형형색색의 회화적인 장면들로 인해 보는 이에게 치유의 감성적인 자극을 준다.

이는 감각유산 관리를 통한 동일상품의 별개브랜드화(one product two brands)의 사례이다. 이집트 입장에선 피라미드라는 하나의 상품을 가지고 방문객들이 두 번 지갑을 열게 만드는 성공적인 전략이다. 방문객들도 낮에 체험한 피라미드보다 더 마음속에 각인되는 감성적인 감각 체험을 할 수 있는 기회를 제공받는 성공적인 윈윈(win-win)의 사례라 할 수 있다.

4) 질감과 촉감유산 기획 사례

(1) 일탈을 부르는 마성의 촉감: 보령머드축제

머드축제는 일탈의 축제로 국내뿐만 아니라 외국인 참가가 급속도로 늘어나고 있는 글로벌 축제다. 주한 외국인들에게 가장 인기 있는 국내 축제는 물론이고 축제 개최시기에 한국을 방문한 외국인들이 직접 찾아가는 명실상부한 글로벌 축제로 발돋움했다. 이런 인지도와 인기를 바탕으로 보령머드축제는 뉴질랜드로 수출되는 축제로 성장했다. 2017년 뉴질랜드 로트루아시에서 처음 개최된 머드축제를 시작으로 5년 동안 해당축제에 필요한 머드원료와 머드 상품을 보령에서 수출하게 된 것이다.

보령머드축제의 근간을 보면 머드가 있고 그 머드는 얌전하게 얼굴이나 몸에 바르는 화장품의 형태가 아니라 몸 전체에 진흙이 묻게 되어 평상시의 복장상태와는 판이하게 다른 상태로 진입하게 되는 일탈의 수단이다. 그 일탈의 근간에는 역시 감각적인 체험이 있다. 얼굴과 머리와 손과 신체의 모든 곳에 머드가 개입되는 시각적으로나 촉각적으로 강한 자극의 경험이 되는 것이다. 보령머드축제가 빠른 속도로 성장할 수 있었던 것은 이러한 일탈적 감각유산 체험에 큰 수요와 흥미를 이미 알고 있었던 외국인방문객의 증가에서 원인을 찾을 수 있다.

보령머드축제를 즐기는 외국인 참가자들

머드축제 초기에 내국인 방문객들의 머드체험에 대한 욕구는 강하지 않았다. 머드가 머드축제의 가장 핵심체험자극이었음에도 불구하고 무속인들의 작두 타기나 머드미인선발대회, 방송사와 연계된 아이돌 그룹의 공연 등 부수적인 행사들이 주가 되는 축제였었다. 몸과 옷이 진흙탕 물로 엉망이 되는 머드축제 본연의 체험은 극소수 내국인 참가자들이 용기 내어 참여하는 정도에 그쳤다.

(2) 꿈틀대는 감각유산 화천산천어축제

화천산천어축제의 경우도 축제의 본질은 감각유산의 체험이다. 두꺼운 얼음을 깨거나 얼음에 구멍을 내는 과정에서 강얼음이 튀거나 강물이 뚫린 얼음구멍 위로 솟아오르는 소리, 얼음 밑의 산천어를 낚시로 잡아내는 손맛이 시작이며 아빠가 혹은 자기 자신이 잡아 올린 꿈틀대는 산천어를 손으로 잡았을 때 손으로 전달되는 감각, 그 산천어를 구워먹기 위해 불에 구울 때의 향기, 어두워진 축제행사장에 조명이 들어오고 해가 떠 있을 때 낚시하던 얼음 위로 썰매를 타며 차가운 겨울공기를 호흡할 때의 상쾌함, 차가운 물속을 헤집고 다니는 산천어를 맨손으로 잡아낼 때의 촉감과 흥분, 자매축제인 하얼빈 빙등축제의 빙등과 삿포로 눈축제의 눈 조각이 만들어내는 산천어축제장의 배경적 정취, 감각유산 차원에서 축제 방문객들이 이처럼 몸으로 느끼며 본능적으로 뇌가 반응하여 갖게 되는 신선하고 청량한 감각적 경우의 수는 이루

말할 수 없을 정도로 많은 것이 산천어축제의 본질이다. 산천어축제는 축제라는 말 대신에 '산천어 제공 본능적 감각유산의 장'으로 불릴 수 있다.

화천산천어축제 낚시터

화천산천어축제 홈페이지

5) 소리유산 기획 사례

(1) 해인사 소리길

합천군은 32억 원을 들여 경상남도 합천군 가야산 입구에서 해인사 통제소까지 홍류동 계곡을 따라 2시간 코스로 이어지는 6㎞ 구간에 소리길을 조성하고 가야면 해인사 소리길 명칭 특허등록을 출원해 1년여 만에 특허청을 통해 상표등록을 했다. 합천군은 관광안내업 · 관광여행서비스업이나 여행 · 관광정보 제공업 등 각 분야에 상표 사용 권리를 선점, 다양한 관광상품을 개발할 수 있을 것으로 기대했다.

경남 합천군 '해인사 소리길' 상표

'소리길'이라는 명칭은 다양한 자연의 소리로 채워져 있다고 해서 붙여진 이름이다. '소리길'이 마음의 소리를 담았다는 것은 "바깥 경계에 마음의 흔들림이 없고 번뇌가 없다"는 뜻의 적멸보궁의 의미를 갖는다. 적멸보궁의 뜻을 되새기면서 경건한 자연의 소리를 귀에 담으면 몸과 영혼이 정화되는 것처럼 느껴진다.

소리길은 7개의 다리, 길이 500m에 이르는 데크, 오솔길들이 서로 이어져 있고 돌아보는 길, 함께 가는 길, 침묵의 길, 비움의 자리, 명상의 길, 마음 씻기, 마음 전하기 등 10여 개의 체험 길로 꾸며졌다. 2011년 개장 이후 두 차례의 대장경세계문화축전 개최를 계기로 이 길을 찾는 관광객이 꾸준히 늘고 있다.

소리길은 총 연장 6㎞로 공원 외 2km, 공원 내 4km로 조성된 저지대 수평형 탐방로인데 물소리, 새소리, 바람소리, 마음의 소리를 들을 수 있는 힐링 탐방로로서 남녀노소 누구나 쉽게 탐방할 수 있고 가야산의 백미인 홍류동 계곡의 매력을 한 번에 만끽할 수 있는 소리길이다.

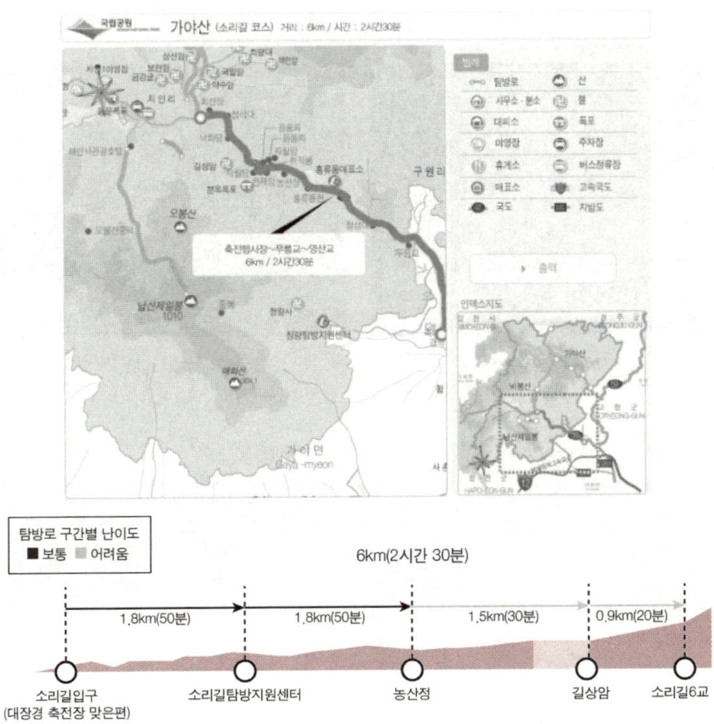

출처: 국립공원관리공단 홈페이지

해인사 소리길 위치 및 구간

① 시각과 청각의 콜라보

해인사 소리길의 홍류동 계곡은 계절마다 경관을 달리한다. 특히 가을 단풍이 너무 붉어서 흐르는 물조차 붉게 보인다 하여 홍류동(紅流洞)이라 불린다. 천년의 고고한 세월을 담은 이 길은 오늘날 '해인사소리길'이라는 이름으로 다시 태어나 세파에 시달린 여행객을 자연의 품속으로 안내한다. 길은 '대장경천년세계문화축전' 행사장인 야천리에서 해인사까지 6km 남짓 이어진다.

해인사 소리길의 홍보 사진

최평곤 작가: 내가 아닌 나

이중근 작가: 해인도 큐브

■ 가야산 소리길 주요 볼거리

소리길 중간(길상암)

소리길 낙화암(해설프로그램 운영)

소리길 낙화암

소리길 물레방아

수백 년 된 송림 숲속에서 뿜어 나오는 신선한 공기와 웅장한 바위를 휘감아 도는 청아한 물길과 폭포, 산새 소리와 해인사의 풍경소리로 마음을 씻어내고 깊은 사색을 하기에 더없이 좋은 길이다.

2011년과 2013년에 열린 대장경세계문화축전과 '해인 아트프로젝트'가 함께 진행되어 국내외 작가들의 현대미술이 전시되며 시각/촉각이 청각과 함께 어우러지는 감각유산의 체험마당이 소리길에 꾸며졌다.

② 좋은 변화의 근원으로서 감각유산

가야산은 우리나라 8경 가운데 하나로 꼽히는 산으로, 해인사 근처의 '소리길'은 물조차 붉게 보인다고 해서 홍류동이라 불리는 계곡을 따라 6km 남짓 펼쳐진 오솔길로 피톤치드와 맑은 공기 속에서 영혼을 느리게 걷는 소리길에 심취하게 만들면 몸과 마음의 좋은 변화를 불러오는 계기를 맞게 된다. 길상암~소리길6교(종점) 구간은 낙화담을 비롯해 소리길 중 가장 빼어난 경관 지역으로 소리길의 백미라 할 수 있고 시설적 탐방 편의성이 높은 구간이다. 탐방로는 대체적으로 완만하며 2개의 교량이 있어 계곡을 교차하면서 새소리, 물소리 등 자연의 소리를 피부로 느낄 수 있다.

(2) 주상절리 파도소리길

경주 양남 주상절리는 누워 있는 주상절리, 위로 솟은 주상절리, 기울어진 주상절리 등 여타 다른 주상절리와는 구분되는 특징을 갖는 곳인데 이곳에 10m가 넘는 돌기둥이 1.7km에 걸쳐 줄지어 있어 장관을 이루는 파도소리길이 2014년에 조성되었다.

경북 경주시 양남면 읍천리 위치

(3) 창원 오동동 소리길

창원시 마산 합포구 오동동 통술거리의 통술골목과 아구골목 뒷길이 디자인 정비를 통해 '소리' 감각유산을 모티브로 한 소리길로 2013년에 조성되었다.

창원 오동동 소리길의 야경

창원 오동동 소리길의 위치

마산 어시장과 가까운 오동동 일대는 해산물을 주로 내는 통술집이 골목마다 성업했다. 마산 특유의 술 문화인 '통술'은 싱싱하고 푸짐한 각종 해물 안주가 한 상 통째로 나오는 술상을 뜻한다. 상권은 비록 쇠락했지만 지금도 오동동 골목마다 '통술' 간판을 내건 오래된 술집 20여 곳이 저녁에는 어김없이 문을 연다.

창원시는 옛 추억을 되살리고 상권회복을 위해 옛날 통술집에서 나오던 흥겨운 노랫소리를 주제로 소리길(140m)을 만들었다. 행인이 소리길로 들어오면 입구에 설치된 센서가 감지해 스피커에서 오동동 타령, 마산항 옛친구, 비 내리는 마산항 등 통술집에서 흘러나왔던 옛 가락 6곡이 자동으로 나온다. 시각적 감각유산도 콜라보하여 골목 벽에는 3 · 15 의거와 말(馬) 등 마산을 테마로 한 벽화를 그렸다. 마산 어시장과 시장상인들을 모티브로 한 그림을 주로 그렸던 현재호 화가의 그림도 볼 수 있다. 골목길 바닥은 주황색 등 밝은색 무늬 콘크리트로 다시 포장했다. 어지럽게 설치돼 있던 에어컨 실외기도 구역별로 한데 모아 정리하고 간판도 정비했다. 창원시는 소리길 조성에 10억 원을 들였다.

(4) 제주 생이소리길

제주특별자치도 제주시 봉개동 산78-1 절물자연휴양림 내 장생의 숲길, 생이소리길, 숫모르편백숲길, 절물오름 등 다양한 코스 중 하나로 절물 약수터 옆 새소리가 아름다운 길이라는 생이(새)소리길을 말한다.

새소리를 듣는다 하여 소리길로 지정된 제주시 봉개동의 '생이소리길'은 삼나무 목재를 이용한 777m 데크 산책로로 이용객들이 쉽게 다가가지 못하는 절물휴양림 내의 숨겨진 아름다운 지역을 중심으로 조성됐다. 이 구간 또한 코스가 완만해 산책하는 데 부담이 없고 산책로 각 구간에서 산뽕나무, 구지뽕나무, 넝쿨식물인 으름 등 다양한 수림을 만날 수 있다. 야생동물과 곤충 및 각종 새들도 관찰할 수 있어 색다른 감상을 할 수 있는 곳이다.

(5) 제주 숨비소리길

숨비소리길은 해녀들이 바다 일을 가거나 들일을 하기 위해 걸었던 길로서 제주특별자치도가 해녀박물관 인근의 구좌읍 하도리 일대에 총 길이 4.4킬로미터의 밭담과 해안 조간대가 어우러진 길로 이루어졌다. 하도리는 해녀들이 350여 명에 이를 정도로 해녀 활동이 왕성한 곳으로 숨비소리길 개통 행사 때 하도리 해녀들과 같이 걷는 시간을 마련했었고 숨비소리길에 있는 불턱, 탈의장에서 해녀들을 직접 만나 얘기를 나누고 해녀들이 물질하는 것도 가까이서 볼 수 있게 하였다.

숨비소리길의 풍경

숨비소리길은 제주의 생태와 역사를 살펴볼 수 있는 학습 체험장으로서의 역할도 하기 때문에 식생과 역사유적에 대한 해설 자료를 마련하여 해안가에서 자라는 우묵사스레피나무나 순비기나무, 큰비쑥 등에 대한 정보를 담았으며 특히 산림청 보호식물인 모새달을 소개하였다. 역사 유적으로는 환해장성과 별방진, 불턱, 원담 등에 대한 설명을 통해 길을 걸으면서 제주의 자연과 역사를 알아보는 기회를 제공한다. 숨비소리길을 통해 해녀생태박물관 조성지역에 다양한 해녀 체험 코스를 개발하여 해녀 체험의 산실을 조성할 것이다.

(6) 해운대 기차소리길

현대적 도시미로 가득찬 해운대에 조성된 의외의 기차소리길은 태곳적 순수한 바다의 모습을 느끼도록 해변을 따라 쭉 뻗은 동해남부선을 따라 동백섬, 미포, 청사포, 구덕포, 송정포까지 이르는 소리길이다. 울창한 소나무의 상쾌한 내음과 파도의 시원한 냄새가 어우러져 내내 상쾌함을 주는 소리길 걷기가 동백섬에서 시작되면 해운대 해변과 웅장한 광안대교와 광안리를 한눈에 조망할 수 있다. 광안대교가 보이는 중간 지점을 기점으로 해운대 해변 쪽으로 향하는 산책로는 깎아내리는 듯 해안 절벽에 조성되어 있어 바다 위를 걷는 듯한 착각이 들 만큼 가까이에서 파도의 표정을 볼 수 있다. 밤에도 야간 경관 조명등이 켜지기 때문에 시간에 구애받지 않고 산책을 즐길 수 있다.

동백섬 위에서 바라본 바다의 모습. 동백섬을 출발해 달맞이 고개, 미포, 청사포, 구덕포, 송정포까지 걸리는 '해운대 기차소리길'은 약 3시간가량 소요된다.(부산 CBS)

해운대 기차소리길의 모습

(7) 서편제 보성 소리득음길과 차향소리길

보성 소리득음길의 위치

차향소리길은 6.9㎞로 보성읍 봉산리 봇재주차장에서 계단식의 아름다운 녹차밭을 느끼고 영천저수지와 녹차된장을 만드는 곳을 지나 보성소리 득음을 하였던 득음정(득음폭포)과 숲속의 협곡 및 일제 강점기 때 소수력발전을 하였던 보(터)와 웅치면 봉산리 한치재 주차장까지 가는 길이다. 보성버스터미널에서 녹차미인 쌀 생산단지를 지나 피톤치드가 많이 나와 우리 몸에 건강을 지켜주는 아름드리 편백숲(활성산성 삼림욕장)으로 이어지는 7.5㎞의 편백숲길은 득량만의 싱싱한 해산물과 보성읍에서 생산하는 공산품이 오가는 보부상길인 턱골고개를 지나 한국차박물관으로 가는 길이다.

6) 감각유산의 조합 기획 사례

전남 해남의 대흥사 가까이 있는 우리나라 최초의 여관인 유선관은 이미 흥행에 성공한 여러 영화의 촬영장소로 쓰인 만큼 그 정취는 유인력 있는 감각유산이기에 부족함이 없다. 고즈넉한 한옥과 주변을 흐르는 개울이 만들어 내는 정취는 흉내 내기 힘든 분위기를 연출해 낸다. 이 유선관에서의 하룻밤은 분위기 좋은 전통 한옥여관에서의 숙박이란 것 외에도 큰 의미로 다가오는 것이 저녁과 새벽에 대흥사의 타종소리가 은은히 들려온다는 점이다. 유선관의 정취유산과 대흥사 타종소리의 청각적 감각유산이 합해지면서 그 매력은 증폭된다. 대흥사의 타종소리를 전통 한옥여관에서 듣는다는 점이 강조되어야 할 감각유산의 조합의 사례이다.

안동소재 종택 한옥에서 헛제사 밥을 먹고 해 질 녘 병산서원 만대루에 앉아 앞에 흐르는 강 바라보기가 미각과 시각의 감각유산으로 조합되어 정신건강과 신체건강을 호전시키는 쪽으로 기여한다면 트랜스포메이션 재화로서 감각유산이 갖는 치유의 적극성 수준 역시 조합의 내용과 감각유산의 강도에 차이를 보이는 것이 사례가 될 수 있다. 결국 조합되는 감각유산의 조화와 균형, 특화성 등에 따라 감각유산이 트랜스포메이션 재화가 아닌 여타 체험 재화와 차별화되는 방향성을 내포하는 것을 알 수 있다.

5. 전략적 감각체험 연출

1) 브랜드로서 감각유산의 경험

경험이라는 용어는 사전적 의미로 '사실이나 사건에 대한 실제적인 관찰로서, 지식과 기술을 얻거나 강한 인상을 받은 계기를 말한다'(oxforddictionaries.com, 2014). Schmitt(1999)는 브랜드 경험을 실제 혹은 가상의 자극에 대한 반응이나 사건에 대한 관찰, 참여를 통해 인지, 감각, 감성, 행동, 관계 가치를 형성하는 개인적 사건으로 정의하였다. 감각유산이 하나의 브랜드로 자리 잡고 사랑과 존경축이 인지되는 러브마크로 성장한다는 가정하에 브랜드 경험과 관련된 연구의 정의나 개념을 살펴보면 다음과 같다.

브랜드 경험을 브랜드를 지지할 수 있는 고객경험을 의도적으로 전달하는 것으로 정의(Smith & Wheeler, 2002)한다면, 사람, 상품, 서비스는 경험 향상을 위한 주요 수단이 될 수 있다. 온라인 브랜드경험의 3P모델(Smith & Wheeler, 2002)도 이를 바탕으로 제시된 경험모델이다.

브랜드 경험은 서비스/상품을 소비하는 동안 발생하는 행동, 인지, 감정 관련 상징적 의미의 조합이라고 정의(Ha & Perks, 2005)할 수 있는데, Mascarenhas et al.(2006)은 브랜드 경험을 소비자의 소비과정에서 발생하는 긍정적, 매력적, 지속적인 물리적, 감성적 반응의 총체적 경험이라고 정의하였다.

〈표 1〉 브랜드 경험 개념에 대한 정의

연구자	개념 정의
Schmitt(1999)	실제 혹은 가상적으로 인지, 감각, 감성, 행동, 관계 가치를 형성하는 개인적 사건
Smith & Wheeler(2002)	브랜드를 지지할 수 있도록 고객경험을 의도적으로 전달하는 것
Ha & Perks(2005)	서비스/상품의 소비 시 발생하는 행동, 인지, 감정 관련 상징적 의미 조합
Mascarenhas et al.(2006)	소비과정에서 발생하는 긍정적, 매력적, 지속적인 물리적, 감성적 반응의 총체적 경험
Meyer & Schwager(2007)	소비자의 기업과 직간접적 접촉을 통한 내재적, 주관적인 반응
Brakus et al.(2009)	브랜드 자극에 의해 야기된 주관적인 내적 소비자 반응과 행동적 반응

출처: 선행연구 참조 작성

브랜드 경험을 브랜드의 디자인, 패키징, 정체성, 커뮤니케이션, 환경 등의 브랜드자극에 의해 야기된 주관적인 내적 소비자 반응(감각, 감정, 인지)과 행동적 반응이라고 정의(Brakus, Schmitt & Zarantonello, 2009)한다면, 브랜드 경험은 직간접적으로 소비자 행동에 영향을 주는 요소가 된다.

소비자의 경험은 경험 시점을 기준으로 상품경험(Product Experience), 구매/서비스 경험(Shopping and Service Experience), 소비경험(Consumption Experience)으로 구분된다(Brakus et al., 2009). 상품경험은 상품 관련 탐색, 평가 등의 상품과 상호작용할 때 발생한다. 소비자가 물리적으로 접촉할 경우는 직접적으로 발생하며, 가상적이거나 광고 등을 통해서는 간접적으로 경험하게 된다. 구매/서비스 경험은 소비자가 물리적 환경, 종사원 등 구매/서비스의 접점과의 조우와 경험을 통해서 발생하며, 소비자의 감정, 태도 등의 형성에 영향을 미친다. 소비경험은 소비에 따른 결과로 발생하는 것이며, 감정, 환상, 재미와 같은 쾌락적 차원을 포함한 다차원의 개념이다.

이와 같이 브랜드 경험은 사전경험, 구매경험, 구매 후 경험 등 소비활동 전반에서 발생할 수 있는 총체적인 경험으로 경험단계를 걸쳐 소비자의 브랜드에 대한 추억을 형성하게 한다(Tynan & Mckechnie, 2009).

브랜드 경험은 브랜드 관련 유사 개념과는 차이를 보이는데(Brakus, Schmitt & Zarantonello, 2009) 태도의 경우 브랜드에 대한 전반적인 평가인 데 반해 브랜드 경험은 특정 브랜드 자극에 대한 구체적인 경험적 반응이다. 브랜드 경험은 관여도, 브랜드 애착, 브랜드 재미 등과도 차이점을 가지고 있다. 관여도의 경우 브랜드에 대한 소비자의 관심과 가치를 전제로 하고 있지만 브랜드 경험은 브랜드에 대한 연계성과 중요성을 인식하지 않을 경우에도 발생할 수 있다. 브랜드 애착, 브랜드 재미 등이 감정적 차원에서만의 반응이나 브랜드 경험은 총체적인 차원에서 자극에 대한 반응이라고 할 수 있다. 감각유산 브랜드 경험을 '여행객이 방문활동 과정에서 감각유산에 대해 직간접적으로 인식하는 총체적 경험'이라고 말할 수 있다.

감각유산의 경험은 개인, 대상, 환경 사이의 상호작용에서 발생되며, 감각적 측면의 대안에 따라 직접경험, 간접경험, 가상적 경험으로 구분할 수 있다(Li, Daugherty & Biocca, 2001)고 하였다. 직접경험은 오감을 통해 소비자와 제품 사이에 다른 매개물 없이 발생한다. 직접경험은 소비자가 자체 생산한 신뢰원이며, 간접경험보다 더 큰 감정반응을 강화시킨다. 간접경험과 가상적 경험은 제품에 대한 정보가 모호하거나 반복적인 광고 노출 등에서 발생할 수 있는 일종의 매개적 경험일 뿐이다.

브랜드 경험의 유형을 직접적 경험 여부에 의한 접촉유형과 접촉시기에 따라 〈표 2〉와 같이 구분할 수 있는데 직접 경험 중 구매 이전에는 브랜드의 시험적 체험을, 구매 이후에는 브랜드의 직접 사용을 하게 된다. 간접 경험의 경우 미디어, 구전을 통해 구매 이전에는 정보 획득과 이미지 형성 등을 하게 되고 구매 이후에는 타인과의 정보를 공유하거나 브랜드를 차후에 이용할 수 있다는 기대감을 갖게 된다.

〈표 2〉 브랜드 접촉방법, 시점에 따른 경험유형의 분류

구 분	구매 이전	구매 이후
직접 접촉	구매 이전 브랜드의 시험적 체험 (예, 패션품 착용, 음식 시음 등)	소비하면서 브랜드를 직접 접촉 (예, 브랜드의 직접사용)
미디어나 구전에 의한 간접적 접촉	광고, 미디어 등 간접적 수단을 통한 브랜드 정보 획득(예, TV 등 매체광고를 통한 브랜드 접촉, 인지 못 하는 브랜드에 대한 구전 정보 획득 등)	자신이 사용하고 있거나 직접 사용한 경험이 있는 브랜드에 대한 간접적 정보획득(예, 자신이 소유하고 있는 브랜드에 대한 정보를 광고나 구전을 통하여 획득)

출처: 이진용(2003), 브랜드 경험에 대한 개념적 고찰과 실무적 시사점, 소비자학연구, 14(2): 215-242.

감각유산 경험은 마케팅 관점에서 다음과 같은 4가지 특성을 지닌다.

① 접점관리

첫째, 기존 마케팅이 브랜드의 기능적 편익으로 설명이 안 되는 부분을 이미지나 브랜드의 효과성에 초점을 맞춘 데 비해 감각유산 경험적 관점은 고객에게 감동을 줄 수 있는 접점에 대한 관리를 중시한다.

② 소비상황

둘째, 감각유산 경험적 관점은 감각유산 브랜드에 대한 소비자의 소비상황 고려를 중시하며, 이에 미칠 수 있는 여러 배경을 이해하고, 반영한다.

③ 감성적 관점

셋째, 경험적 관점은 소비자를 전통적인 이성적 관점뿐만 아니라 감성적 관점에서 이해하고 차별성을 부여하도록 노력하는 것이다.

④ 다양한 경험 포인트

넷째, 경험적 관점은 기존 마케팅 방식의 접점과 도구는 유사할 수 있으나, 고객의 감각유산 소비상황과 목적에 따라 다양한 감각유산 경험 포인트를 제공한다는 점에서 다를 수 있다.

2) 전략적 경험모듈

경험의 특성에 대해 Schmitt(1999)는 전략적 경험모듈(strategic experiential modules; SEMs)을 제안하였다. 전략적 경험모듈은 경험을 통해 소비자가 총체적 체험(holistic experience)을 할 수 있는 요소로서 여기에는 감각(sense), 감성(feel), 인지(think), 행동(act), 관계(relate) 경험요소가 존재하며, 이 요소들은 체험경로를 기준으로 개인적인 체험적 혼합물과 공유된 체험적 혼합물로 구분될 수 있다.

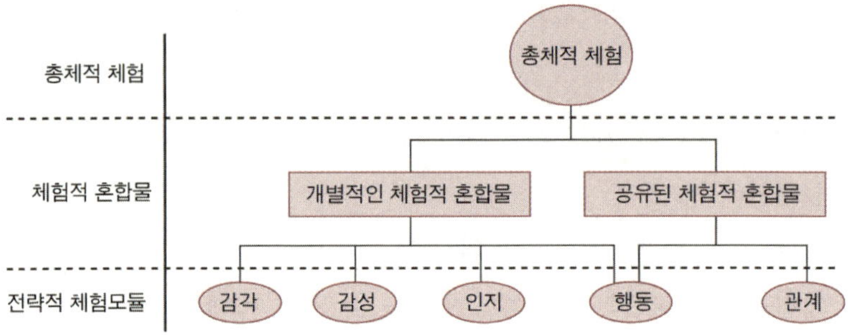

출처: Schmitt, B. H.(1999), Experiential Marketing, New York: Simon & Schuster(박성연 · 윤성준 · 홍성태 공역(2002), 체험마케팅, 서울: 세종서적).

[그림 2] 총체적 체험모형

(1) 감각적 경험

감각적 경험은 시각, 청각, 촉각, 미각, 후각 등 오감을 접점으로 외부적 자극을 인식하는 경험이다. 감각적 경험의 목적은 소비자에게 미적 감성과 흥분감 등을 느끼도록 감각적 요소, 스타일, 테마 등을 인지적 일관성과 감각적 다양성의 일부로 통합시키는 데 있다(Schmitt, 1999). 감각적 경험은 소비자에게 정신적 편익과 단서를 제공하여 브랜드이미지와 아이덴티티를 창출하는 강력한 도구이다(김유경, 2003).

(2) 감성적 경험

감성적 경험은 브랜드에 대한 일반적인 긍정적 감정에서부터 즐거움, 자부심과 같은 강한 감정까지 사람들의 느낌과 감정에 소구된 경험으로 감정의 수용과 이입을 위한 소비자의 자발성도 필요하다(Schmitt, 1999). 브랜드에 대한 감성적 경험을 제공하고자 할 때는 ① 소비자들의 '선택대안 평가 기준' ② 감성적 경험과 브랜드 및 '직접적인 관련성' ③ 감성적 경험을 '창출하는 구체적 방법' ④ 감성과 이성적 요소의 '복합 가능성' 등을 고려할 필요가 있다(이진용, 2003).

(3) 인지적 경험

인지적 경험은 소비자들에게 창조적인 인지력과 문제해결의 체험을 만들어주려는 목적으로 놀라움, 호기심, 흥미를 통한 소비자의 지성적 경험이다(고경순, 2004). 인지적 경험은 소비자의 수렴적 사고나 확산적 사고를 형성하도록 하며, 인지적 경험은 보편적으로 신기술 제품에 적용되고 있지만 제품 디자인, 소매업, 커뮤니케이션 분야에도 사용된다(Schmitt, 1999). 인지적 경험의 목적은 신제품 출시와 같이 브랜드 및 상품의 가치 향상을 창출하는 소비자의 창조적이고 다양한 사고를 유도하기 위한 것이다(김유경, 2003).

(4) 행동적 경험

행동적 경험은 소비자의 물리적 경험이나 타인과의 상호 작용으로 발생할 수 있는 경험으로 소비자의 장기적 행동 패턴, 라이프스타일(life style)에 영향을 미치는 경험이다(Schmitt, 1999). 나이키사의 "Just do it" 캠페인이 스포츠 스타를 묘사하여 실질적 운동을 경험하는 것이 한 사례이다(김유경, 2003).

(5) 관계적 경험

관계적 경험은 타인이나 집단, 국가와 같은 추상적인 집단과의 연결을 말하며(Tynan & Mckechnie, 2009), 동일한 브랜드를 사용하는 고객 간의 커뮤니티를 형성하게 한다(Schmitt, 1999). 관계적 경험은 감각, 감성, 인지, 행동의 다른 차원의 경험을 포괄하며, 소비자의 사회적 체험을 증가시키고 자기향상

요구를 자극하게 한다(김유경, 2003). 집단 내에서 공유되는 상징적 가치가 존재에 따라 브랜드 제품사용의 지속적 관계를 유지하게 하므로 이러한 관계적 경험은 강력한 마케팅수단이 될 수 있다(허무원, 2000).

소비자 경험은 소비단계의 전, 중, 후 과정에서 모두 발생될 수 있으며, 이에 따라 다양한 경험접점을 형성할 수 있다. 이런 접점이 축적되면 경험 강도는 증가하기에 경험의 총체성 형성을 위한 통합적 관점의 경험 관리가 필요하다(김유경, 2003).

브랜드의 총체적 경험이 마케팅 커뮤니케이션 목적인 최근 트렌드에서는 총체적 경험 커뮤니케이션 접점으로는 쌍방향 의사소통의 소셜 미디어가 기존의 대중 매체보다 유용하며, 이에 대한 커뮤니케이션 경험 전략 마련이 필요하다(조정식 · 남진영 · 황장선, 2012).

3) 전략적 체험모듈 기획의 사례

(1) 산타마을 '로바니에미'의 체험마케팅

핀란드 수도 헬싱키에서 산타클로스의 특급 열차를 타면 북위 66도에 있는 한 마을에 닿을 수 있다. 산타클로스의 고향이자 현재 주소로도 지정돼 있는 북극권 도시 로바니에미다. 기차로는 약 12시간, 헬싱키부터 항공을 이용한다면 약 1시간 남짓이 소요된다. 마을에서는 산타클로스와 사진을 찍고 루돌프 사슴을 탈 수 있다. 아이들에게 산타클로스에 대한 꿈과 희망을 실현시켜 주는 상징적인 산타마을이다. 로바니에미에는 산타클로스 외에도 여러 명의 엘프(요정)들이 살고 있는데 이들은 12개국의 언어로 번역된 편지를 고유의 산타 우표와 함께 동봉하여 전 세계 사람들에게 답장을 준다.

제2차 세계대전으로 폐허가 됐던 도시가 '산타클로스 스토리'로 부활하면서 인구 6만 명의 소도시인 로바니에미를 찾는 관광객 수는 매년 증가하는 추세다. 2015년도 기준으로 연간 관광객은 100만 명이 넘는 수치를 기록했다.

산타마을 로바니에미의 위치

로바니에미가 원조 산타마을로 알려지게 된 것은 핀란드의 한 방송에서 '라플란드의 코르바툰두리라는 작은 산에 사는 산타가 로바니에미로 건너왔다'고 소개한 것이 시초였다. 이야기가 전 세계로 확산되면서 로바니에미는 진짜 산타가 살고 있는 공식 마을로 새롭게 태어나게 된다. 어릴 적 누구나 꿈꾸었던 산타 이야기에 이끌려 사람들은 진짜 산타를 만나기 위해 라플란드의 주도 로바니에미로 몰리고 있다.

로바니에미에 거주하는 공식 산타는 총 10명이며, 지역에서 오래 살아온 주민들 가운데서 선출된다. 선거로 뽑힌 산타는 핀란드 정부로부터 공식 인증을 받는다. 한때 전쟁의 피해지였던 로바니에미는 이제 훌륭한 스토리텔링과 경쟁력 있는 문화 콘텐츠의 힘으로 어마어마한 부가가치를 창출해 내는 관광명소로 자리 잡고 있다.

핀란드의 산타마을 '로바니에미'는 전 세계적인 공식 산타마을로서 다른 지역의 산타마을과는 핵심적으로 차별화된 감각체험의 소비상황을 제시한다. 이곳 산타마을은 로바니에미에서만 경험할 수 있는 진수성있는 감각유산 체험들로 차별화시켜 유사 경쟁 산타마을이 모두 하찮은 모방작일 뿐이라는 인

로바니에미의 산타 체험

로바니에미의 산타마을 전경

식을 갖게 만든다. 로바니에미의 감각유산 체험마케팅은 소비자가 총체적으로 감각유산을 체험(Holistic experience)하는 것을 목적으로 다음과 같은 방식을 통해 방문객과 관계 맺는 과정이다.

(2) 감각(sense)체험을 활용한 전략

① 시각적 가치

핀란드 북쪽 끝 라플란드 중심에 위치한 로바니에미는 자연경관만으로도 시각적 자극을 일으키는 동화같은 크리스마스 분위기의 경관을 갖추고 있다. 북극지역의 특성상 여름에는 이색적인 백야현상을, 겨울에는 오로라를 관측할 수 있기 때문이다. 그러나 로바니에미가 이처럼 지속적인 사랑과 관심을 통해 공식 산타마을로 인정받는 도시로 성장한 것은 지역개발을 위한 당국의 노력이 기여한 바가 크다. 로바니에미의 지역개발청과 라플란드대학교는 주기적으로 '북극생활'을 주제로 디자인 워크를 개최하여 디자인 세미나, 워크숍, 전시회 등을 갖는다. 협업을 통해 지역의 이미지 발전을 위한 노력을 기울이는 것으로 볼 수 있겠다. 더불어 유튜브 및 각종 검색엔진에 게시되어 있는 광고 이미지는 누구나 어렸을 적 꿈꾸었던 산타와의 만남, 북극마을, 산타마을의 엘프를 등장시켜 시각효과를 통해 감성을 강하게 자극한다.

로바니에미 산타마을 숙소

로바니에미 산타마을 스노우맨월드 체험

② 청각적 가치

1년 내내 로바니에미에서 흘러나오는 테마곡은 바로 크리스마스 캐롤이다. 로바니에미 산타마을 광고영상에서도 아름다운 선율의 피아노 캐롤부터, 유명 스타의 캐롤송까지 다양한 음악적 접근을 통해 사람들의 마음에 산타마을의 이미지를 상기시킨다.

③ 촉각적 가치

로바니에미가 촉각적 가치를 직접적인 오감마케팅 수단으로 사용하지는 않지만, 도시의 특성상 '눈 내린 산타마을'의 모습이 로바니에미를 생각하면 떠오르는 이미지라는 점에 주목했다. 실제로 로바니에미에서는 '눈'에서 할 수 있는 다양한 액티비티를 제공하고 있었는데 크로스컨트리스키, 순록 썰매, 스노모빌 등 눈을 통해 연상할 수 있는 '차갑다'라는 촉각적 가치를 기본적으로 연출해낸다.

④ 미각적 가치

로바니에미 산타마을에서는 각종 로컬 레스토랑을 운영하고 있다. 라플란드 북극해에서 잡은 생선요리 및 지역 특산 순록고기, 로바니에미에서 로스팅한 커피, 그리고 지역와인 등이 그 메뉴이다. 라플란드에서만 맛볼 수 있는 신선한 식자재로 운영하는 카페 및 바 그리고 레스토랑에서 '미각'이라는 중요한 감각유산을 눈과 추위와 어울리는 다양한 미각적 자극으로 선보인다.

(3) 감성(feel)마케팅 전략

핀란드 산타마을의 스노우맨월드(snowman world)는 고객의 감성적 체험을 극대화시킨 집합체이다. 스노우맨월드는 크게 3가지 체험요소로 구성되어 있는데, 각각 체험형 이글루호텔, 아이스 레스토랑 및 아이스 바, 그리고 각종 겨울스포츠를 즐길 수 있는 시설물을 마련해 둔 스노펀(Snow Fun)이 그

것이다. 실제로 얼음호텔에 숙박하고 싶다면 산타마을 내에 위치한 북극호텔(Arctic Hotel)에 머물 수 있다. 혹은 겨울철 오로라를 훤히 내다볼 수 있는 구조로 지어진 오로라호텔에서의 숙박도 가능하다. 아이스레스토랑은 얼음으로 조각된 실내환경에서 식사를 제공하고, 아이스 바에서는 얼음 잔에 바텐더가 직접 칵테일을 서빙한다. 스노펀(Snow Fun)에서는 눈으로 만들어진 미끄럼틀에서 슬라이딩하거나, 얼음판 위에서 스케이트를 탈 수 있는 재미를 제공한다. 더불어 북극 동물원(Artic Zoo)에서는 핀란드 라플란드에서 서식하는 북극곰, 순록 등을 볼 수 있다. 다시 말해, 로바니에미 산타마을에서는 스노맨월드, 북극 동물원 등을 통해 고객에게 감각적 소비상황을 쉽게 제시함으로써 감각유산의 경험을 통해 핀란드 산타마을에 대한 긍정적 이미지와 호감을 각인시킨다.

로바니에미 산타마을 순록스키 경연

(4) 인지(think)마케팅 전략

산타마을에서는 매주 새로운 이벤트사업 및 공연을 유치하여 소비자들의 호기심을 자극시킨다. 공연 및 이벤트는 산타마을의 각종 홀에서 매주 다르게 개최되는데 지금까지 진행되어 온 유형은 다음과 같다. 먼저 주기적으로 개최되는 공연으로 라플란드 오케스트라 특별공연, 크리스마스 재즈공연, 핀란드 캐롤 콘서트 등이 있다. 더불어 유명 아이스하키팀들을 초빙하여 대회를 유치하거나 로바니에미 풋볼팀 경기 그리고 스키마라톤대회를 진행한 바 있다. 특히 순록 스키경연이 인상적인데, 경마처럼 스키를 신은 선수들이 순록에게 끌려 가장 빨리 결승점을 지나는 경기이다. 소비자들에게 지역적 특색을 갖춘 인지적 체험을 제공하고, 감성에 호소하는 것이, 방문객에게 로바니에미 체험의 하이라이트인 산타마을체험뿐만 아니라 공연 및 콘서트, 스포츠경기관람을 제공하여 핀란드 산타마을의 진수성을 감각유산차원에서 느끼도록하여 본인이 경험한 것에 대해 강한 자부심을 갖도록 만든다.

(5) 행동(act)마케팅 전략

로바니에미 산타마을은 소비자가 직접적으로 참여할 수 있는 다양한 체험프로그램 및 시설을 갖추고 있다. 산타마을 우체국에서는 매년 다양한 나라 사람들의 편지를 받고 12개국의 번역을 돕는 산타마을 봉사자 엘프들이 직접 답장을 한다. 산타마을의 우체국을 직접 방문하는 경우에는 자국으로 엽서를 남길 수 있는데 편지는 약 2주 후에 도착한다. 한국에서는 '리얼산타'라는 업체가 수수료를 받고 직접 핀란드로 편지를 전송해 주는 업무를 담당하고 있다. 핀란드산타에게 편지를 보내고 직접 답장도 받아볼 수 있다는 사실은 상호작용을 통해 일상에서 특별한 체험을 가능하게 한다는 점에서 행동마케팅으로 볼 수 있으며 동시에 동심을 자극하는 감성마케팅의 일환이기도 하다.

아이스볼링장에서는 마치 겨울왕국에서 볼링을 치는 것과 같은 이색체험을 할 수 있고, 산타스포츠센터는 겨울에는 몸을 녹일 수 있는 스파, 여름에는 풀장을 개장한다. 그 밖의 산타마을의 옵션프로그램으로는 오로라 헌팅(Hunting the Northern Lights), 얼음낚시, 산타와 함께 순록썰매 타기 그리고 허스키 사파리(개썰매)가 있다. 여름철에는 트롤과 함께하는 포레스트 어드벤처(트레킹), 순록농장체험을 즐길 수 있다.

여행지에서 집으로 돌아와 받아보는 산타마을엽서는 일상생활에서 여행지의 추억을 상기시켜 감동을 이끌어내고, 핀란드 산타의 답장은 일상에서 동심을 불러일으킨다. 수영장 및 스파, 얼음낚시 프로그램 등은 산타마을에 가지 않아도 즐길 수 있는 라이프스타일의 일환이지만, 산타마을에서 즐기는 옵션체험은 상징적 소비로서 '특별함', '남과 다른 이색적 경험'이라는 가치를 추구하게 만든다.

로바니에미 산타마을 엘프 봉사자

로바니에미 산타마을 스파

(6) 감각유산과 관계(relate)맺기 전략

로바니에미 산타오피스(Santa Office)는 매년 산타와 면담하고 사진을 찍기 위해 모인 방문객들로 북적인다. 산타오피스에서는 산타와 일대일 면담이 가능할 뿐만 아니라 같은 날에 방문한 사람들끼리 산타마을 코스튬을 입고 사진을 남길 수 있다. 고객은 산타와의 개별면담을 통해 단순한 관광 이상의 '소통'을 경험하며, 이는 물질적인 기념품을 구매하는 것보다 강력한 로바니에미 산타마을의 브랜드인식을 확립한다. 또한 웨딩촬영서비스를 제공하는데, 신랑신부는 상품 구입을 통해 산타마을을 배경으로 특별한 사진첩을 만들 수 있다. 웨딩포토그래피는 산타마을을 웨딩과 기념된 곳으로 남김으로써 평생 기억된다는 점에서 신혼부부와 특별한 관계를 맺게 된다.

산타마을 배경의 웨딩 촬영

참·고·문·헌

Berry, L. L., L. P. Carbone & S. H. Haeckel(2002). Managing the total customer experience. MIT Sloan Management Review. 43(3): 85-89.

Bigné, J., A. S. Mattila & L. Andreu(2008). The impact of experiential consumption cognitions and emotions on behavioral intentions. Journal of Services Marketing. 22(4): 303-315.

Bloch, P. H., F. F. Brunel & T. J. Arnold(2003). Individual differences in the centrality of visual product aesthetics: Concept and measurement. Journal of Consumer Research. 20(3): 551-565.

Brakus, J. J., B. H. Schmitt & L. Zarantonello(2009). Brand experience: What is it? How is it measured? Does it affect loyalty? Journal of Marketing. 73(3): 52-68.

de Rojas, C. & C. Camarero (2008). Visitors' experience, mood and satisfaction in a heritage context: Evidence from an interpretation center. Tourism Management. 29(3): 525-537.

Eroglu, S. A., K. A. Machleit & L. M. Davis(2003). Empirical testing of a model of online store atmospherics and shopper responses. Psychology & Marketing. 20(2): 139-150.

Fiore, A. M., H. J. Jin & J. Kim(2005). For fun and profit: Hedonic value from image interactivity and responses toward an online store. Psychology & Marketing. 22(8): 669-694.

Gilmore, J. H., & Pine, B. J., II(2002). Differentiating hospitality operations via experiences: Why selling services is not enough. The Cornell Hotel and Restaurant Administration Quarterly. 43(3): 87-96.

Pine, B. J., II & Gilmore, J. H.(1998). Welcome to the experience economy. Harvard Review. July-August: 97-105.

______________________________(1999). The experience economy: Work is theatre and every business a stage. Boston, MA: Harvard Business School Press.

Schmitt, B. H.(1999). Experiential Marketing. New York: Simon & Schuster.

_____________(2001). Customer experience management. Hoboken, NJ: John Wiley & Son, Inc.

Yuan, Y. H. & C. Wu(2008). Relationships among experiential marketing, experiential value, and customer satisfaction. Journal of Hospitality & Tourism Research. 32(3): 387-410.

Yüksel, A. & F. Yüksel(2007). Shopping risk perceptions: Effects on tourists' emotions, satisfaction and expressed loyalty intentions. Tourism Management. 28(3): 703-713.

Zaltman, G.(2003). How customers think: Essential insights into the mind of the market. MA: Harvard Business School Publishing.

Zarantonello, L. & B. H. Schmitt(2010). Using the brand experience scale to profile consumers and predict consumer behaviour. Journal of Brand Management. 17(7): 532-540.

기사 발표자료 활용(http://www.newsis.com/ar_detail/view.html?ar_id=NISX20160731_0014257846&cID=10805&pID=10800)

네이버 지식백과(검색어: 로바니에미 산타마을(http://terms.naver.com/entry.nhn?docId=1280270&cid=40942&categoryId=40500)

로바니에미 공식 관광 홍보 사이트(http://www.visitrovaniemi.fi/get-inspired/santa-claus)

보성문화관광홈페이지(http://beolgyo.boseong.go.kr/index.bose)

부산관광공사 블로그(http://blog.naver.com/busanto1115/20198055923)

창원시 오동동 소리길 준공 기사(http://www.cnbnews.com/news/article.html?no=219162)

http://blog.naver.com/7wayjeju/10184118002

http://blog.naver.com/ilsungresort/50193291757

제4장 감각유산의 고객 체험관리

빌바오는 낙후된 도시에 독특한 시각적 디자인을 가진 구겐하임 박물관을 설치하여 유럽의 러브마크로 각인되게 하였다. 이는 독특한 시각적 자극을 통해 감각을 자극하고 브랜드 정체성을 제공하여 브랜드와 소비자의 감성결속을 성공시킨 예라고 할 수 있다.

청각 역시 브랜드의 경험을 생성하는 데 필수적 요소로 작용하는데, 프랑스 와인레스토랑에서 프랑스 음악을 틀었을 때 매출의 대부분이 발생하였다는 조사 결과에서 알 수 있듯이 청각은 브랜드에 대한 인식에 영향을 준다. 후각은 냄새를 통해서 대상을 인식하게 하는 것으로 냄새의 존재 혹은 제거를 통해 소비자의 감성을 자극할 수 있다는 점에서 중요하다.

제4장 감각유산의 고객 체험관리

1. 전략적 체험

체험이란 개인의 주관 속에서 자극에 대한 반응으로 나타나는 의식내용이나 의식과정을 뜻한다. 경험이라는 말이 대상과 얼마간의 거리를 예상한 것이라면, 체험은 대상과의 직접적이고 전체적인 접촉을 의미한다(두산 세계대백과사전). 즉 체험이라는 단어에는 자극과 반응 사이의 직접적 상호작용, 반응주체로서 자기 자신의 심리적 변화, 자극을 통해 얻게 되는 자신의 풍요로워짐 등의 요소가 포함되어 있는 것이다. 이는 사고에 의해서가 아니라 직접적으로 느낌으로써 얻어진 지식 또는 기술이라는 매우 광범위한 의미를 가짐과 동시에 직접적으로 느끼거나 아는 것 외에 자신과 외부 세계와의 상호작용이라는 점을 의미한다. 체험은 자기 자신에게 변화를 주며 결과적으로 자신을 풍요롭게 한다는 의미로 볼 수 있는 것이다. 체험과 경험은 의미상 차이가 있지만 체험마케팅(experiential marketing)은 국내에서 경험 마케팅으로도 혼용되어 사용되고 있다.

모든 감각유산 경험은 개인과 대상 혹은 감각적 자극 사이의 상호작용에서 발생하며, 선택대안의 범주에서 상호작용 정도, 자극 양상의 수를 중심으로 직접경험과 간접경험, 가상적인 경험으로 구분된다(Daugherty and Biocca, 2001). 여기에서 직접경험(direct experience)은 시각, 청각, 미각 및 후각, 촉각, 방향감각을 포함하는 사람의 충분한 감각능력과 관계된다. 이는 소비자와 브랜드 간의 중간 개입이 없는 상호작용으로부터 일어나며, 간접경험은 타인이나 광고를 통해 얻는 경험으로 매체에 의해 가능해지므로, 하나의 매개적 경험이 된다.

1) 체험성

체험성에 대해서는 다양한 분야에서 다수의 연구자들이 이미 연구를 진행하여 왔다. 이은엽(2004)은 대표적인 체험적 요소를 강조한 제품별 브랜드 로열티에 대해 알아보기 위하여 쾌락적 제품인 화장품과 실용적 제품인 가방을 선정하여 설문을 통한 실증 연구를 하였다. 전략적 체험모듈을 측정항목으로 사용한 체험마케팅은 전반적으로 해당제품의 브랜드 로열티 향상에 긍정적 영향을 주고 있는 것으로 나타났으며, 행동과 관계체험은 쾌락적, 실용적 제품 모두에 긍정적 영향을 미쳤다.

장대련 · 고애란(2006)은 Schmitt(1999)의 체험마케팅 이론과 통합적 커뮤니케이션(Integrated Marketing Communication; IMC)이 유사한 개념임을 강조하면서, 패션산업에서 체계적 고객 체험관리 분석절차를 제시하였다.

보령머드축제를 대상으로 관광이벤트의 체험이 관광목적지 브랜드 자산에 미치는 영향을 연구한 결과 관광이벤트 체험요소인 감각, 감성, 인지, 행동, 관계는 관광이벤트 태도에 영향을 미치는 것으로 나타났다(임명재, 2007). 관광이벤트 체험을 통해 형성된 관광이벤트 태도는 관광목적지의 브랜드 자산(브랜드 인지, 지각된 품질, 브랜드 연상 이미지, 브랜드 충성도)에 영향관계가 성립되는 것으로 나타나 관광이벤트가 마케팅전략으로서 관광지 또는 관광목적지의 활성화에 중요한 전략으로 활용될 수 있다는 것을 검증하였다.

체험 마케팅이 브랜드 태도와 브랜드 충성도에 미치는 영향을 알아보기 위해 패밀리 레스토랑의 체험 마케팅 4개의 요인을 감성적 서비스, 행동 및 관계, 로고 및 광고, 물리적 환경요인으로 나누고 브랜드 태도, 브랜드 충성도 간의 경로분석을 실시한 결과, 4가지 요인이 모두 브랜드 태도에 유의적 영향을 미치는 것으로 판명되었다(정수연, 2007).

의류브랜드의 경우에는 체험성을 슈미트(1999)가 제시한 전략적 모듈의 5가지 차원을 적용한 결과 개인성 차원인 개별적 체험요인과 사회 문화적 차원인 관계적 체험요인으로 구분되어 나타났다(고순화 · 이영선, 2008). 이는 각 체험모듈이 제품마다 다르게 나타날 것이며 통합 또는 분리되어 나타날 것이라는 슈미트의 의견과 일치한다. 체험이 브랜드인식에 미치는 영향요인을 보면 체험은 브랜드 인지도 및 신뢰도에 유의한 영향을 미치고, 체험이 브랜드 충성도와 이미지에도 유의한 영향을 미친다는 것을 알 수 있었다(양영순, 2004).

중국 상하이와 타이완 타이페이에서 커피체인 이용객을 대상으로 소비자의 이용경험을 2가지 측면으로 구분하여, 이용경험의 요인은 슈미트(Schmitt, 1999)가 정의한 5가지 경험의 요인 중 감각, 감성, 인지를 개인적 경험(individual experience)으로 구분하였고, 행동, 관계를 공유된 경험(shared experience)으로 구분하여 관련변수와의 관계를 본 결과 중국 상하이에서는, 개인적 경험이 소비자–브랜드관계에 유의한 영향을 미치지 못하며, 공유된 경험은 소비자–브랜드관계에 유의한 영향을 미친다는 사실을 발견하였다(Chang and Chieng, 2006). 반면에 대만 타이페이에서는 개인적 경험이 소비자–브랜드관계에 유의한 영향을 미치며 공유된 경험은 소비자–브랜드관계에 유의한 영향을 미치지 못하는 것으로 나타나 개인적 문화가 발달한 타이완, 집단적 문화가 발달한 중국 등의 지역문화가 브랜드의 경험과 이에 따른 소비자–브랜드관계에 영향을 줄 수 있다는 것을 시사하였다. 경험이 브랜드 자산에 미치는 영향에 관한 연구에서 경험이 브랜드 로열티, 소비자 품질인식, 브랜드 연상이미지, 브랜드 인지도에 영향을 미친다고 분석한 결과(조영훈, 2002)도 있다.

2) 감각성(sensuality)

감각성(sensuality)은 '감각이나 재미를 주는 물리적 요소를 통한 자극의 만족'이라고 할 수 있으며, '오감의, 인상적인, 물질적인'의 뜻을 지닌 프랑스어 'sensualite'와 '감각능력, 감각만족과 연계된'의 뜻을 지닌 라틴어 'sensualitatem'에서 유래되었다고 한다(oxforddictionaries.com, 2014).

Krishna & Schwarz(2013)는 감각은 지각과 다른 개념으로 외부 자극에 대한 순수한 입력의 역할을 하는 반면, 지각은 우리의 경험과 학습을 통해 다르게 해석하는 것으로 감각자극에 대한 실제적인 인식은 사람마다 다를 수 있다고 하였다. 즉 개인의 경험에 따른 기억과 태도 및 감각성은 상호 형성에 영향을 줄 수 있는 것이다.

감각을 통한 상징성 인식은 소비자에게 브랜드에 대한 강한 결속감을 인식하게 한다. 기업들은 이런 감각적 연상을 자극하기 위해 상품개발 시 광고나 패키지에 유혹적이고 기억할 수 있는 메시지를 제시하곤 한다(Krishna, 2013).

Lindstrom(2005)은 브랜드의 감각성을 관리하는 개념으로 감각브랜딩을 제시하였는데, 그는 감각브랜딩은 브랜드와 소비자 관계를 자극시켜 충동구매나 흥미를 유발하고 이성적 사고를 좌우하는 감성적 반응이라고 정의하였다.

감각유산의 러브마크화를 현실화시키기 위해서는 다섯 가지 감각인 시각, 청각, 후각, 촉각, 미각을 통한 브랜드가치의 성취가 필요하다(Roberts, 2004). 5가지 감각 중 시각은 마케팅에서 가장 많이 활용되는 감각으로 소비자에게 어필할 수 있는 가장 쉬운 방법인데(Lindstrom, 2005; Roberts, 2004), 시각적 이미지는 두뇌의 인식 과정에서 편향 현상이 발생될 수 있으며, 이런 편향을 활용할 경우 브랜드의 가치를 적절하게 인식시킬 수 있다. 브랜드는 타 브랜드와 차별화하기 위해서 미적 디자인에 더욱 집중하고 있는데, 이것은 유사한 품질과 가격을 제공하는 브랜드가 넘쳐나기 때문으로 품질과 가격이 더 이상 효율적인 차별요소가 아니기 때문이다. 따라서 좋은 디자인과 같은 시각적 감각성은 브랜드에 대한 존경을 유발하는 혁신성과 품질의 상징성에 영향을 주기 때문에 그 중요성이 강조되고 있다(Postrel, 2003). 시각적 감각을 활용하여 러브마크 형성을 한 관광 분야 사례로 빌바오가 있는데, 빌바오는 낙후된 도시에 독특한 시각적 디자인을 가진 구겐하임 박물관을 설치하여 유럽의 러브마크로 각인되게 하였다. 이는 독특한 시각적 자극을 통해 감각을 자극하고 브랜드 정체성을 제공하여 브랜드와 소비자의 감성결속을 성공시킨 예라고 할 수 있다.

청각 역시 브랜드의 경험을 생성하는 데 필수적 요소로 작용하는데, 프랑스 와인레스토랑에서 프랑스 음악을 틀었을 때 매출의 대부분이 발생하였다는 조사 결과에서 알 수 있듯이 청각은 브랜드에 대한 인식에 영향을 준다. 후각은 냄새를 통해서 대상을 인식하게 하는 것으로 냄새의 존재 혹은 제거를 통해 소비자의 감성을 자극할 수 있다는 점에서 중요하다.

미각은 다른 감각과 종종 연계가 되는데 음식의 경우 시각, 후각을 통해 인식하지만 실제로 먹어봄으로써 경험가치를 증대시킨다. 촉각은 인간의 신체 전반에서 인식할 수 있는 감각으로 시각과 같은 다른 감각과 연계가 된다(Krishna, 2013).

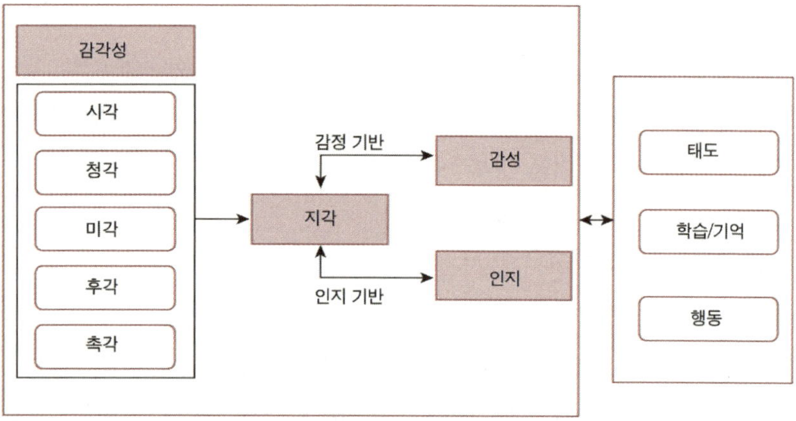

출처: Krishna, A. & Schwarz, N.(2013), Sensory marketing, embodiment, and grounded cognition: A review and introduction, Journal of Consumer Psychology.

[그림 1] 감각마케팅의 개념적 프레임워크

브랜드의 감각성이 복합적으로 조합되어 작용할 경우 브랜드에 대한 가치 인식 및 결속이 증가하게 되는데(Lindstrom, 2005; Roberts, 2005), 예를 들면 아이스크림 가게의 향과 물리적 환경의 감각적 조합은 '상쾌한 브랜드'라는 브랜드 연상을 형성하고, 이후 브랜드화된 경험으로 전환된다. 즉 브랜드화된 자극은 소비욕구를 자극할 뿐만 아니라 감성과 브랜드를 직접 연결시킨다.

Lindstrom(2005)은 브랜드 리서치의 감각 연구를 통하여 브랜드의 감각접점을 많이 활용할수록 더 많은 감각기억을 형성하며, 브랜드와 소비자의 유대가 강해진다는 결론을 내렸다. 즉 브랜드의 정체성을 구축하여 차별적 브랜드로 영속하기 위해서는 메시지, 상징, 감각 등 총체적인 고객 자극 접점을 활용하고 관리하여 진정한 브랜드 효과와 충성도를 유발할 필요가 있다는 것이다.

Roberts(2006, 2005)는 휴대폰, 자동차 안의 스크린 등 다양한 스크린에 소비자가 노출되는 시대에 소비자를 사로잡기 위해서는 시소모(sisomo), 즉 시각(sight), 청각(sound), 그리고 동적(motion) 요소의 적절한 활용을 통해 소비자에게 감각 만족을 제공할 필요가 있다고 하였다.

3) 전략적 체험모듈의 구성요소

감성체험마케팅의 구성요소를 살펴보면, 감각(sense) 체험은 제품의 예쁘고 세련된 정도로서, 인간의 5가지 감각기관을 통해 체험되는 것을 의미한다. 따라서 감각적 제품을 통해 감각적 체험의 창출을 유도하는 기업들은 감각적인 요소를 강조하면서, 모든 제품을 감각화시키는 데 주력한다(Pine & Gilmore, 1998). 즉 감각 체험은 심미적, 감각적 특성들이 포함된다(Bloch, Brunel, & Arnold, 2003).

감성(feel) 체험은 제품이 마음에 들어 언젠가는 꼭 구매해 보고 싶은 느낌을 의미한다. 예를 들면, 스타벅스는 상품에 대한 경쟁력을 확보하고 있으면서도 감성적 자극을 통해 새로운 경험을 제공하여 고객과의 유대관계를 강화시킨다(Gobé, 2002). 이러한 감성 체험은 소비자와 브랜드 간 상호작용에 의해 발생되는 것으로서, 이것이 장기적으로 발생하게 되면 브랜드에 대한 정서적 유대관계가 형성되게 된다(Thomson, MacInnis, & Park, 2005).

인지(think) 체험은 배움이 있는 체험으로서 사람들의 사고적 호기심을 자극하여 생각하도록 유도하는 체험을 의미한다. 예를 들면, 애플 매장은 소비자들이 애플사의 제품을 체험할 수 있도록 진열하여 창조적 · 인지적 과정을 통해 창의적 사고를 할 수 있도록 유도한다.

행동(act) 체험은 제품을 직접 만져보고 편리함과 라이프스타일의 변화를 실감하도록 유도하는 것을 의미한다. 예를 들면, 스포츠 선수의 간접 체험(예: 나이키-Just Do It, Air Jordan 등)을 통해 제품을 착용하고 구매하도록 유도한다.

마지막으로 관계(relate) 체험은 앞서 언급한 4가지를 모두 포함하고 있는 개념으로서, 사회적 집단과 연결되는 것을 의미한다(Schmitt, 1999). 예를 들어 할리데이비슨이라는 오토바이 브랜드는 유형적 제품에 그치지 않고, 사용자 간 동질감, 관심, 상징, 전통 등을 공유할 수 있는 단단한 커뮤니티가 형성되어 있고, 이는 할리데이비슨에 소속된 사람들과의 체험을 가능하게 해준다.

이처럼 체험마케팅은 체험을 체계적으로 분류하였다는 점에서 주목받아 왔다(박수경 · 박지혜 · 차태훈, 2007). 즉 기존 소비가 기능적 · 인지적 · 합리적 과정을 우선시하였다면, 총체적 체험은 감성, 감각, 인지, 행동, 관계 등이 상호작용하여 통합적 체험의 시너지 효과가 나타남을 의미한다(문은아, 2004).

특히 관광과 같은 무형적 서비스의 경우 사전 체험이 불가능하기 때문에 총체적인 체험이 강조되어야 할 것이다. 예를 들면, 싱가포르 항공사는 시각적으로는 세련되고 우아하면서(감각), 친절과 정성이 담긴 서비스를 제공하고(감성), 혁신적 · 창조적이며(인지), 서비스 및 행동지향적이고(행동), 싱가포르적이면서도 국제적인 것으로서(관계)의 목표를 가지고 있는데, 이는 완전히 총체적인 체험을 제공하고 있다고 할 수 있다(최지원 · 김현칠, 2010).

마케팅 관점에서 총체적인 체험 영역을 충분히 활용했을 때, 체험을 제공하는 수단에 따라 소비자가 느끼는 호감은 상이할 수 있기 때문에(오선영 · 강해상, 2011) 마케팅적 관점에서 총체적 체험을 활용하는 것은 중요하다. 한편, 체험마케팅은 소비자에게 풍부한 체험 요소를 제공하기 위해 두 개 이상의 감각적 체험 요소들이 혼합되는 것이 일반적이다. 이렇게 혼합되어 제공되는 복합적 감각체험만이 진정한 감각유산 소비상황에서의 감각유산 소비자 체험에 대한 자극 반응을 파악할 수 있다.

(1) 감각(sense)

감각유산을 체험화하는 가장 직접적인 접근방식은 감각유산과 고객의 감각적인 교류(sensory interaction)에 도움이 되는 요소를 추가하는 방법이다. 예로 맛과 향기와 관련된 정서적인 자극을 활용하여 감각적 체험의 창출이 감각을 강조함으로써 자연스레 체험브랜드를 감각화할 수 있다(Pine & Gilmore, 1998).

감각적 체험마케팅은 기업 아이덴티티나 브랜드 아이덴티티와 같은 시각적 아이덴티티를 차별화시킴으로써 마케팅 효과를 높이는 '미학적 마케팅'과도 관련이 깊다. 기업이나 브랜드에 대한 인상은 브랜드 스타일에 의해 영향을 받는데, 브랜드 스타일은 브랜드 제품의 고유한 특질을 표현하는 방식을 말한다. 이러한 브랜드 스타일은 시각적 요소(색상, 모양, 서체 등), 청각적 요소(음의 고저, 박자 등), 촉각적 요소(재료나 재질) 등의 감각적 요소의 결합에 의해 창출된다.

감각적 마케팅 분야에서 가장 중요한 요소 중 하나는 시각으로 사람들은 외부로부터의 정보를 시각 60%, 청각 20%, 촉각 15%, 미각 3%, 후각 2%로 받아들인다고 한다. 이는 시각 기관의 비중이 매우 높다는 것을 말해주는데, 사람들은 시각적으로 기억한 것을 더 오랫동안 지속한다고 밝히고 있다. 또한 청각에 의한 자극은 매우 강력하여 상품의 아이덴티티를 향상시키는 수단으로 음향이나 음악은 소비자들을 끌어들일 수 있는 적극적 수단으로 상품의 이미지를 창출하는 요소이다. 촉각은 피부 감각인데, 피부가 닿는 영역 내에서만 감각 인지가 가능한 제한적 감각이며, 후각은 우리의 환경 어디에나 존재하는 것으로 아주 오래전부터 활용되어 온 감각적 요소라 할 수 있다(문은아, 2004).

Schmitt(1999)는 감각마케팅의 효과를 얻기 위해 S-P-C모델의 적용이 필요하다고 주장하였는데, S-P-C모델은 자극(stimuli), 과정(processes), 결과(consequence)로 구성되며, 감각적 자극을 이용한 제품의 차별화는 어떠한 자극이 적합한지에 대한 지속적인 고려가 필요하다. S-P-C모델에서의 자극은 외부에서 전달되는 감각적 표현으로써 '생생하고', '뚜렷한' 자극이 소비자의 흥미를 유도할 수 있다. 과정은 자극이 처리되는 과정으로 감각의 종류에 따른 원칙과 체험제공수단에 대한 지침, 인지적 일관성, 감각적 다양성과 같은 3가지의 단계가 포함된다. 결과는 감각적 자극에 대한 반응으로 즐거움과 흥분을 일으키는 것이다.

소비상황에 대한 물리적 환경은 Schmitt(1999)가 제시하고 있는 S-P-C모델에서 자극과 관련된 요소로 이해할 수 있다.

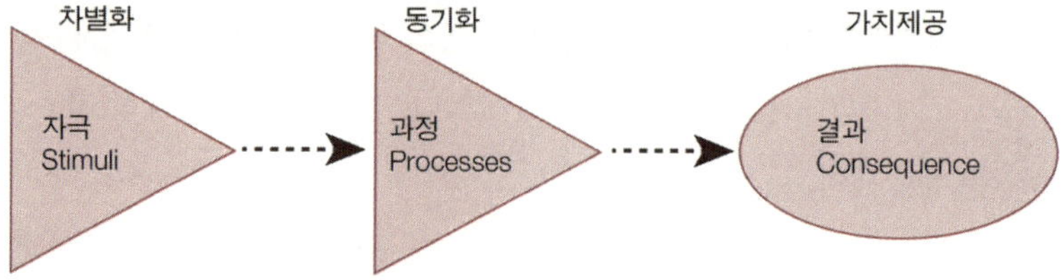

출처: Schmitt, B. H.(1999), Experiential Marketing, 박성연 외 2인 역(2002)

[그림 2] S-P-C모델

2) 감성(feel)

감성마케팅(feel marketing)은 브랜드와 관련된 다소 긍정적인 감정에서부터 즐거움과 자부심과 같은 강한 감정에 이르기까지 감성적 체험을 창출하기 위해 사람들의 느낌과 감정에 소구하는 것이다. 감성 마케팅을 수행하기 위해서는 어떤 자극이 어떠한 특정 감정을 유발할 수 있는지 이해해야 한다. 감정의 수용과 이입에 참여하려는 소비자의 자발성에 대한 이해도 필요하다(Schmitt, 1999).

브랜드제품에 대한 감정은 소비과정에서 주로 발생한다. 따라서 소비상황에서 다른 사람들과의 대면접촉과 상호작용은 강한 감정을 유발하는 중요한 원천이 된다. 감성마케팅은 직접적인 대면접촉을 통해 감정이나 느낌을 강화시킬 기회가 많은 복잡하고 관여도가 높은 제품과 서비스의 브랜드 자산 강화에 보다 적합하다.

Schmitt(1999)는 감성마케팅을 체험제공수단을 통해 고객들에게 브랜드에 대한 특별한 느낌을 유발시키기 위한 전략으로 이해하고, 인간의 정서적 체험을 중심으로 구성되는 것으로서 그 강도에 따라 약한 정도의 기분(mood)에서부터 강한 느낌(feeling)과 감정(emotion)에 이르기까지 다양한 부분을 포함하고 있는 것으로 이해하고 있다. 김유경(2003)은 감성 체험은 고객의 내적 느낌이나 감정에 어필하여, 브랜드 혹은 제품에 대한 주변적인 입장에서 그 브랜드에 대한 강한 자부심과 즐거운 감정을 갖도록 변화시키는 데 영향을 주는 경험이라고 말하였다.

(3) 인지(think)

인지마케팅(think marketing)은 소비자들에게 창조적인 인지력과 문제해결의 체험을 만들어주려는 목적으로 지성에 호소하는 것이다. 인지는 놀라움, 호기심, 흥미를 통해서 고객이 수렴적 사고(convergent thinking) 또는 확산적 사고(divergent thinking)를 갖도록 한다. 인지마케팅은 보편적으로 신기술 제품에 적용되고 있지만 제품 디자인, 소매업, 커뮤니케이션 분야에도 사용된다(Schmitt, 1999).

Schmitt(1999)가 제시한 인지마케팅의 목적이 '정교하고 창조적인 사고를 하도록 유도함으로써 브랜드에 대한 인식을 긍정적으로 만드는 것'으로 설정하고 있음은 소비자들에게 인지적 체험을 제공하고, 그에 따르는 관여수준을 높임으로써 특정 브랜드에 대한 긍정적인 태도를 형성하려는 것으로 이해할 수 있다.

인지마케팅을 성공적으로 수립하기 위해서는 첫째, 소비자들에게 놀라움을 줄 수 있도록 브랜드를 시 · 청 · 각 및 언어적으로, 또는 개념적으로 만들어야 할 것이다. 둘째, 소비자들에게 흥미를 유발하여 기존의 신념과 가치관에 도전할 수 있도록 해야 한다. 셋째, 일반적 한계를 넘어서 발상을 통해, 즉 강렬하고 파격적으로 끝을 맺음으로써 가치관 사이의 충돌을 유도한다. 결국 인지마케팅은 놀라움, 호기심, 흥미를 통해서 고객의 지성에 호소하는 것이다(고경순, 2004).

(4) 행동(act)

행동마케팅(act marketing)은 소비자의 신체에 관련되었거나 다른 사람과의 상호작용의 결과로 발생하는 체험으로써 소비자의 장기적 행동 패턴, 라이프스타일(life style)에 관련된 체험을 창조해 내기 위해 수립된다. 즉 행동적인 마케팅은 육체적인 체험을 강화하는 프로그램의 개발을 통해 장기적인 행동 패턴과 라이프스타일과 같은 일상에 대한 적용에 많은 관심을 갖고 있는 것으로 이해할 수 있다.

행위 마케팅은 크게 3가지로 구분되는데, 첫째, 신체와 직접적으로 관련이 있는 행위 마케팅으로, 헤어숍에서 머리를 감겨줄 때의 느낌 같은 사소한 것, 종업원들이 고객과의 대화 중 고개를 끄덕이면서 바라보는 것도 일종의 마케팅이 된다.

둘째, 라이프스타일과 관련된 행위 마케팅으로 어떤 행동을 취하도록 고객을 자극하는 것이 이에 속한다. 여기서의 라이프스타일이란 행동, 관심사, 그리고 의견으로 표현되는 사람들의 삶의 방식으로 정의된다. 자신의 라이프스타일을 표현하고, 다른 사람들에게 나타내기 위해서 소비자들은 어떠한 상징물을 필요로 하는데 이것을 인식하고 그러한 추세를 이끌어갈 수 있는 체험을 창조하는 것이 행위 마케팅이다.

셋째, 다른 사람들과의 상호작용과 관련되는 행위 마케팅이 있다. 상호작용은 그들 자신의 성과, 신념, 태도 그리고 의도뿐만 아니라 준거집단의 믿음이나 사회적 규범 등에 의해서 유발되며, 개인뿐만 아니라, 모든 상호관계에 있는 사람들의 관점을 함께 바꿈으로써 그 효과를 더욱 강력하게 한다 (Schmitt, 1999).

(5) 관계(relate)

관계는 다른 사람, 다른 사회적 집단, 국가, 사회, 문화와 같은 추상적인 집단과의 연결을 의미한다. 관계마케팅은 소비자가 다른 소비자와 연결되어 있다는 느낌을 갖게 되는 준거집단을 발견하는 것에서부터 시작된다. 이에 이어서 소비자가 실제로 브랜드를 사회조직의 중심으로 생각하고 마케팅 역할까지 담당하게 되는 복잡한 브랜드 커뮤니티에 이르기까지 넓은 범위를 갖는다(Schmitt, 1999). 브랜드커뮤니티는 동일한 브랜드를 사용하는 고객들 간에 형성되는 사회적인 관계이다. 브랜드커뮤니티의 특징은 커뮤니티 구성원들 간에 서로를 의식, 인지, 인정하며, 구성원 간에 서로를 도와야 한다는 도덕적 책임감을 느낀다는 것이다. 또한 구성원들이 공유하는 행사, 상징 또는 전통이 존재하며, 때문에 브랜드 제품 사용을 지속하여 관계를 유지한다. 바로 이러한 브랜드커뮤니티는 강력한 마케팅수단이 될 수 있다(허무원, 2000).

2. 감성체험

전통적 마케팅 전략은 소비자의 구매 당시 선택에 초점을 맞추고 있는 반면에 체험적 마케팅 전략은 구매뿐만 아니라 이용 당시의 소비 행위 자체에 의미를 부여하기 때문에 마케팅 효과 역시 체험마케팅과 전통적 마케팅은 차이가 있다(문희강 등, 2008). 즉 체험마케팅의 핵심은 제품의 특성이나 편익/서비스만을 판매하는 것이 아니라 소비경험을 판매하는 것을 의미한다.

감성체험마케팅은 소비자는 이성적이면서 감성적인 존재이기 때문에 감성적 측면에 대한 강조가 필요하다고 Schmitt(1999)에 의해 처음으로 언급되었다. 그는 경험적 수레바퀴(experiential wheel)이라는 용어를 사용하여 소비자의 체험은 원래 고유한 구조 및 과정을 가지고 있고, 체험의 효율성 및 극대화 방안을 도출하기 위해서 소비자가 경험을 총체적(holistic)으로 하게 만드는 것이 필요하다고 제시하였다(Schmitt, 1999).

1) 감성고객의 특징

첫째, 고객을 단순히 브랜드나 서비스를 구매하는 존재가 아닌, 감각소비 행위로 자신의 경험과 느낌을 충족시키고 개성을 강조하는 존재로 본다. 전통적으로 고객을 관리대상으로 보았으나 감성마케팅에서는 고객을 한 개인으로서 가치를 지닌 개체로 본다.

둘째, 고객은 브랜드의 아이덴티티를 구매하는 것이 아니라 자신의 감성을 표출할 수 있는 감각을 구매한다. 아이덴티티는 고객이 상품을 구매하기 위해서 알아야 할 사항이나 관심일 뿐이며, 남들과 똑같음보다는 남들과 다름을 통하여 개성을 표출하려 한다.

셋째, 기술발전과 경쟁 심화로 고객은 품질이나 기능상의 차이를 느끼지 못한다. 브랜드나 서비스가 전달하는 경험이나 감각적 자극 등에 이끌려 구매한다. 그러나 동일한 상품이나 서비스도 고객마다 다르게 느낀다. 이와 같이 고객은 상품이나 서비스를 통해 다양한 느낌을 공유하게 된다.

넷째, 고객은 더 이상 일방적인 상업 메시지나 정보를 원하지 않고, 자신을 표출할 수 있는 쌍방향 의사소통을 원한다. 정보전달이 일방적인 TV나 신문 등의 광고보다 친구와의 대화나 SNS 같은 입소문 등에 영향을 받는다.

다섯째, 고객은 상품을 판매하기 위한 일시적인 서비스보다 좋은 느낌이나 감각적 믿음을 통해 끊임없이 좋은 관계를 유지하고자 한다. 감성마케팅에는 고객과의 관계를 한 순간의 짧은 만남이 아닌 영원히 지속되는 관계로 보고, 고객마다 특별한 감각적 요구를 가지고 있다고 본다.

2) 감성체험의 오감전략

싱가포르 항공은 '싱가포르 걸'을 활용하여 최고의 서비스를 고객들에게 제공하고 있다. 그 시도는 매우 성공적이었고, 런던에 위치한 마담투소 박물관에 전시된 최초의 브랜드가 되었다. 이전의 다른 항공사들은 감성적인 체험을 활용하지 않고 단지 기내 디자인, 음식, 편안함 등에 대해서만 홍보하고 광고를 했다. 하지만 싱가포르 항공은 이와 달리 항공여행의 감성적인 체험을 기본으로 하는 캠페인을 전개하였다. 부드러움과 안락함을 강조하는 그들의 전략은 싱가포르 항공을 단지 항공사가 아닌 감각적 엔터테인먼트의 개념으로 표현했다. 그 과정에서 새로운 브랜드가 창조되었다. 직원 유니폼을 항공사 고유의 색으로만 디자인하고 최고급 원단으로 제조했다.

싱가포르 걸은 하나의 아이콘이 되었다. 승무원 선발기준이 아주 까다로워지고 하나의 브랜드로 만들기 위해 꾸준한 훈련을 요했다. 항상 고객들이 눈으로 보고 듣는 것보다 훨씬 더 많이 함축된 진정한 감각브랜드 체험을 활용했다. 싱가포르 항공은 '스테판 플로리디안 워터스'라는 향을 기획하여 기내의 더운 수건은 물론이고, 항공기의 전체에 퍼져나가도록 했다. 특허받은 이 향은 싱가포르의 트레이드 마크가 되었다. 싱가포르 항공으로 여행한 승객들에게 그 향은 싱가포르 항공 브랜드에서 체험한 안락하고 즐거운 추억을 되새겨준다.

(1) 시각

인간의 오감 중 정보 인지력이 가장 우수한 것은 시각이다. 고객은 상품이나 서비스의 품질, 가격, 기능 못지않게 디자인, 컬러, 디스프레이 등 시각적 요소를 중시한다. 기업이 참신한 스타일과 감각적 디자인 또는 고객이 좋아하는 컬러의 제품으로 고객의 구매 욕구를 자극하는 것이 시각을 활용한 감성마케팅이다.

예를 들어 와인 하면 와인 잔이, 사케 하면 사케 잔이 있듯이 막걸리 고유의 잔을 만든다면 막걸리를 마시는 문화도 함께 판매하면서 막걸리를 홍보할 수 있는 일석이조의 효과가 기대된다.

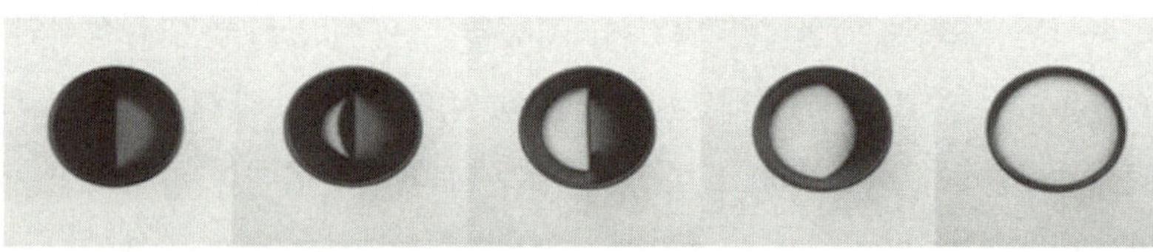

농림축산식품부장관의 막걸리잔 공모전에서 당선된 '달'을 주제로 한 '달잔'

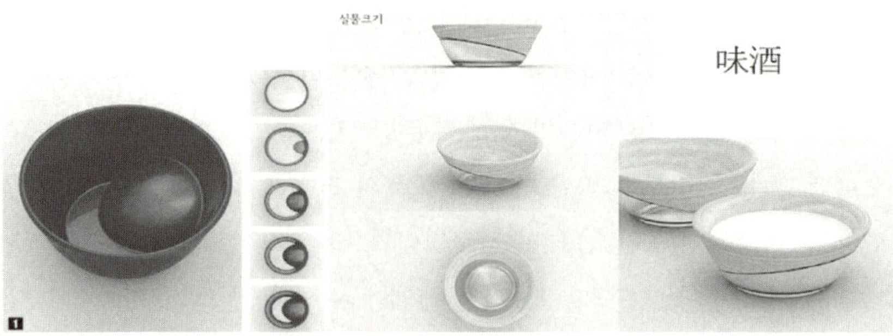

박영동 · 박완수 씨가 출품한 '호월배'

박영동 · 박완수 씨가 출품한 '호월배'(디자인 부문)는 잔의 안쪽 일부를 볼록하게 만들어 잔에 막걸리를 채워 마시면 달이 점점 기우는 모습이 연상되도록 디자인했다. '호월(皓月)'은 '밝은 달'이라는 뜻으로 잔에 담긴 하얀색 막걸리가 달로 표현됐다. 잔의 안쪽으로 들어간 부분은 손잡이로 활용된다. 보통 문화콘텐츠 마케팅을 할 때 OSMU(One Source Multi Use)방식을 이용한다. 막걸리를 하나의 문화로 발전시키기 위해서는 막걸리잔이나 안주 등을 표준화시키는 대표적 음주방식의 정착, 영화나 드라마에서의 정기적인 노출, 막걸리 캐릭터나 만화를 이용한 홍보 등이 필요하다.

옥토버페스트는 1810년 10월 12일 바이에른왕국의 루트비히 왕세자(루트비히 1세)와 테레제 공주의 결혼을 축하하기 위해 열린 축제에서 유래하였다. 결혼식을 기념하며 근위병들이 대규모 말 경주를 치렀는데, 이후 매년 같은 시기에 행사를 연 것이 옥토버페스트의 기원이 되었다고 한다. 당시에 경마가 열린 잔디공원은 공주의 이름을 따서 테레지엔비제(Teresienwiese)로 불리게 되었으며 지금도 이곳에서 옥토버페스트가 열린다.

처음엔 10월 12일에 시작해서 10월 17일에 끝났다고 하는데 이 축제를 다음해부터 반복해서 열게 되면서 기간을 연장하고, 9월로 그 시작을 앞당기게 되었다. 10월보다는 9월이 밤에 추위도 덜하고, 축제 행사장 텐트 안팎에서 남녀노소 모두가 축제를 즐기기에 적당한 날씨였기 때문이라고 전해진다. 시작 시기가 앞당겨지면서 10월의 축제를 뜻하는 옥토버페스트는 9월에 시작하여 축제의 끝부분만 10월에 걸치게 되었지만 그 전통이 현재까지 이어지고 있다.

뮌헨 시장의 옥토버페스트 맥주통 꼭지따기 행사

1950년 뮌헨시 시장 토마스 빔머가 처음으로 옥토버페스트에서 맥주통 꼭지를 따는 행사로 축제를 시작하였는데 이 상징적 행사는 이후 옥토버페스트의 시작을 알리는

옥토버페스트의 행사기간

빠질 수 없는 전통이 되었으며, 이때를 기점으로 옥토버페스트가 다시 발전하게 되었다고 한다. 또한 본격적으로 지역의 대표산업인 맥주회사를 중심으로 축제를 기획하여 후원받았으며, 이를 통해 보다 큰 규모로 발전, 독일을 대표하는 국민축제에서 세계 축제로도 자리 잡아갔다.

(2) 청각

고객의 기호와 브랜드 경영 전략에 부합하는 소리나 음악을 활용하여 자연스럽게 구매욕구를 자극하는 것이 청각을 활용한 음향마케팅이다. 음향마케팅은 음악의 멜로디나 리듬에 따라 인간의 기분이 달라지고 마음이 움직이는 특성을 바탕으로 음악을 활용하기 때문에 음악마케팅이라고 한다.

옥토버페스트에서 맥주와 음식을 먹은 후에 활기찬 분위기로 다양한 음악공연, 연주, DJ와 함께하는 라이브 음악 및 댄스를 제공하는 텐트가 새벽 1시까지 열린다.

(3) 미각

미각은 혀끝에 닿는 느낌으로 제품을 상기시키는 방법이다. 미각은 구매를 자극하는 데 있어 다른 감각에 비해 보편적으로 많은 영향을 미치지는 않는다. 개인마다 입맛이 달라 미각으로 고객을 자극하는 데에는 많은 한계가 있기 때문이다.

독일 뮌헨의 옥토버페스트는 초기에 승마와 사격 등 스포츠 축제의 성격만을 띠고 있었으나 규모가 커지면서 비로소 음악과 맥주를 함께 즐기는 민속축제로 변하기 시작했다. 구체적으로는 1880년, 축제가 시작된 지 70년 후에 비로소 맥주판매가 허용되었으며, 1881년에는 처음으로 튀긴 소시지(bratwurst)

를 파는 곳이 문을 열었고 더 많은 방문객들이 맥주를 즐길 수 있도록 양조장들은 거대한 맥주홀(Bierhalle)을 만들기 시작하였다고 한다.

축제장에는 맥주뿐만 아니라 소시지, 각종 빵, 다양한 음식들이 팔리고, 축제장의 1/3은 테마파크처럼 꾸며져 각종 놀이시설과 롤러코스터 등 탈거리가 설치되어 있어 음주를 하지 않더라도 축제를 즐기기에는 무리가 없다.

보도카페 텐트에서는 페이스트리와 케이크를 오전 9시부터 제공하고, 여행객들은 현지에서 양조한 유명한 맥주들과 함께 햄 혹(Ham Hock), 감자 샐러드, 브레드 덤플링(Bread Dumplings), 사슴고기, 치즈, 오리구이, 황소구이, 송아지구이, 생선구이와 같이 외견상으로 먹기에 제한 없는 고기나 소시지 같은 바이에른 전통음식들을 즐길 수 있다.

(4) 촉각

흔히 고객은 상품을 구매하기 전에 만져보면서 촉감을 통해 느낌을 전달받거나 시험적으로 사용해 보고자 한다. 촉각을 자극하는 대표적인 방법이 샘플 활용이다.

(5) 후각

후각은 인간의 느낌과 기억을 직접적으로 불러일으키는 대표적인 감각요소로서 보편화된 감성마케팅에 활용된다. 향기로 후각을 자극하여 구매를 유도하기 때문에 '향기마케팅'이라고도 한다. 미국의 한 연구 결과에 따르면 고객은 좋은 향기가 나는 매장을 선호한다고 한다. 또 동일 상품이라도 향기가 있는 매장을 선호하고, 향기가 있는 상품의 품질이 더 좋다고 생각한다. 업종의 특성이나 타깃 대상에 따라 향기를 다르게 활용하고 있다.

국순당 주향로 공장

술 향기 가득한 주향로는 국순당에서 선보이는 우리 술 체험공장이다. '주향로'란 말 그대로 술 향기 가득한 길이라는 뜻이다. 술 공장 답게 이곳은 우리 술을 떠올리는 술 빚는 냄새가 진하지도 않고 은은하게 퍼진다. 국순당은 이러한 체험공장을 만들어 술내음으로 후각을 자극함으로써 고객에게 우리 술에 대한 인식을 제고시킨다. 이러한 노력 덕에 주향로는 횡성에 있음에도 불구하고 연간 1만 명 이상의 방문객이 꾸준히 찾아오고 있다.

3. 감각유산 고객경험관리

고객경험관리(Customer Experience Management: CEM)는 제품이나 서비스에 대한 고객의 경험을 체계적으로 관리하는 프로세스를 의미한다. 즉 기업이 고객의 제품 탐색에서 구매, 사용 단계에 이르기까지 모든 과정에 대한 분석 및 개선을 통해 긍정적인 고객 경험을 창출하는 것이다. 감각유산의 고객경험관리는 감각유산의 고객과의 접점(Touch Point)관리로서 고객이 중요하게 생각하는 접점(Touch point)에서 고객과 긴밀한 유대관계를 맺는 방법을 마련하는 관리이다. 고객은 TV, 인터넷, 매장, 친구 등 수많은 접점을 통해 기업의 제품이나 서비스를 경험하게 된다. 이처럼 다양한 접점에서 느끼는 경험은 해당 브랜드에 대한 로열티를 만들기도 하고 파괴하기도 한다. 따라서 고객경험관리의 핵심은 고객이 중요하게 생각하는 접점에서 고객과 긴밀한 유대관계를 맺는 방법을 마련하는 것이다(박정현, 2006).

최근 고객경험관리가 각광받는 이유는 첫째, 고객들의 경험 소비에 대한 욕구가 더욱 커지고 있으며, 고객은 더 이상 제품의 특징이나 편익만으로 돈을 지불하려 하지 않기 때문이다. 그들은 브랜드가 제공하는 독특한 생활양식과 제품을 사용하면서 얻는 총체적인 감각적 경험을 더 중요하게 생각하는데, 브랜드의 경험을 위해 가격프리미엄을 제공받기 때문이다.

둘째, 경험의 질(Quality of Experience)이 기업의 성과를 좌우하고 있는데, 많은 브랜드는 제품과 서비스 차원이 아닌 감각적 경험을 판매하고자 노력한다. 경쟁사보다 품질이 우수하고 차별화된 감각적 경험을 제공해야만 고객의 로열티를 높일 수 있기 때문이다.

셋째, 고객관계관리(Customer Relationship Management: CRM)의 보완적 수단으로서 고객경험관리의 활용도가 매우 높은데 많은 기업들이 활용하고 있는 CRM 역시 고객 경험에 기반한 마케팅 기법이다. 데이터베이스를 이용한 CRM은 고객 정보가 생각만큼 활용도가 높지 않으며, 이러한 이유로 인해 많이 기업들이 고객의 경험 사이클을 면밀히 파헤치고자 하는 욕구가 커지고 있기 때문이다(황혜정, 2008; 박정현, 2006).

CRM과 CEM의 개념 및 접근방법의 차이는 다음과 같다.

〈표 1〉 CRM과 CEM의 구분

구분	대상	측정시점	측정방법	정보사용자	기대성과
CRM	기업, 고객에 대한 회사의 생각 수집/배포	'System Record' 고객 접촉의 결과가 기록된 후	'from Systems' POS, 시장조사, 웹클릭, 영업실적	'Customer-facing Group' 매출/고객서비스 수행에 보다 나은 효율과 효과 생성	"Lagging" 제품을 번들로 제공함으로써 교차판매 유도
CEM	고객, 회사에 대한 고객의 생각 수집/배포	'Touch Point' 고객 접촉이 일어나는 순간	'from VOC1' 설문조사, 특별연구, 고객관찰 등	'Business Function 리더' 고객 기대치와 상품/서비스에 대한 더 나은 고객경험 생성	"Leading" 고객의 기대와 경험 사이의 간격에 제품을 위치시켜 판매

출처: SAS코리아(http://www.sas.com/korea/)

고객경험관리를 브랜드전략에 적용할 경우 '브랜드화된 고객경험관리(Branded Customer Experience Management)'란 개념이 대두된다. '브랜드화된 고객경험관리'란 브랜드가 고객에게 제공하는 감각적 경험에서 고객이 기대할 수 있는 것을 명확히 밝히는 고객에게 브랜드 약속(Brand Promise)을 통해 고객의 전반적인 경험을 관리하는 것을 말한다.

감각유산 브랜드의 약속을 걸고 고객경험관리를 하면 다음과 같은 장점이 있다. 첫째, 기업이 고객에게 제공하려는 가치를 구체적인 행동에 대한 약속의 형태로 전달함으로써 감각유산 브랜드가 추구하는 가치가 무엇인지 명확히 인식시킬 수 있다.

둘째, 내부 구성원들에게도 감각유산 브랜드가 제공하고자 하는 가치가 무엇인지에 대한 명확한 커뮤니케이션을 할 수 있다.

셋째, 브랜드 약속을 통해 감각유산 브랜드 활동의 구체적인 실체를 측정할 수 있다. 제대로 시행되는 브랜드화된 고객경험관리는 경쟁 우위 요인으로 작용할 수 있으며, 나아가 전략적 차별화 수단이 될 수 있다. 또한 단단한 고객 관계(customer relationship)를 구축함으로써 고객의 충성심 강화라는 효과를 거둘 수 있다. 하지만 브랜드 약속은 진솔해야 하며 실행 가능한 수준에서 만들어져야 한다. 매력적인 가치를 고객에게 알리는 것도 중요하지만 이보다 더 중요한 것은 약속한 만큼 혹은 그 이상으로 실천하는 것이다(황혜정, 2008).

1) 옥토버페스트의 고객경험관리

고객경험지도를 앞에서 사례로 들었던 옥토버페스트에 적용하여, 관광객이 옥토버페스트에 참여하기 위해 독일 뮌헨의 테레지엔비제 광장에 방문해서부터 축제를 온전히 즐기고 나올 때까지 일련의 과정을 주요 20개 경험으로 해부하여 보면 다음과 같은 고객경험지도(Customer Experience Map)를 작성할 수 있다.

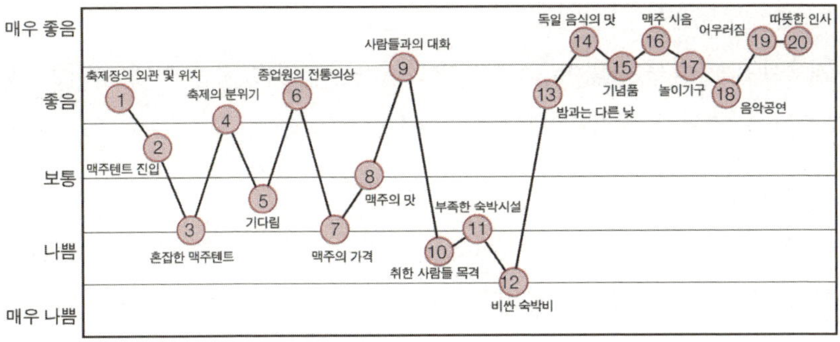

옥토버페스트의 고객경험지도

위의 고객경험지도를 통하여 우리는 옥토버페스트에서 세부적인 경험 단위별로 고객들이 어떻게 느끼는지 한눈으로 살펴볼 수 있다. 각 경험별 자세한 내용은 다음과 같다.

① 테레지엔비제 광장의 외관, 위치

한적한 테레지엔비제 광장에 화려한 옥토버페스트 관련 구조물이 세계 3대 축제인 옥토버페스트에 왔다는 것을 실감나게 한다. 뮌헨 중앙역과도 멀지 않아 쉽게 찾을 수 있었다. 마치 테레지엔비제 광장은 옥토버페스트를 위해 탄생한 공간처럼 느껴졌다.

맥주텐트로의 진입

맥주를 마시기 위해 많은 맥주텐트 중 한 곳으로 진입하게 되었다. 거대 천막 아래에서 많은 사람들과 맥주를 즐길 수 있는 맥주텐트, 옥토버페스트에서만 느낄 수 있는 가장 큰 매력 중 하나이다.

② 혼잡한 텐트 내부

맥주텐트로 진입하는 중 사람들이 너무 많아 진행이 더뎠다. 또한 음주의 특성상 많은 사람들의 이야기 소리와 음악이 어우러져 매우 소란스럽게 느껴졌다.

③ 축제 분위기

처음에는 사람들이 많아 단지 소란스럽게만 느껴졌지만 이내 사람들 틈에서 즐거운 축제 분위기를 느끼게 되었다.

④ 텐트에서의 기다림

사람이 너무 많아 텐트 내부에서 자리가 날 때까지 기다리게 되었다. 긴 시간을 기다리게 되었지만 즐거운 축제분위기 속에서 즐기고 있는 사람들을 바라보니 긴 기다림이 결코 지루하지만은 않았다.

⑤ 종업원의 전통의상

주문받는 종업원들은 모두 전통의상을 입고 있었다. 마치 TV에서만 보던 과거의 중세 유럽으로 들어와 있는 듯한 느낌을 받게 되었다.

⑥ 맥주 및 안주의 가격

1L 맥주 한 잔에 10유로(약 14,500원), 안주 또한 10~20유로 정도로 비싼 편이다. 하지만 축제의 멋과 맛, 그리고 흥을 즐기기에 충분히 지불할 만한 가격이다.

⑦ 맥주의 맛

독일의 풍미 깊고 맛있는 맥주 맛을 기대했지만, 지속되는 축제기간 동안 많은 사람들을 상대로 하는 축제인 만큼 대량생산하게 되어 기대했던 만큼의 깊은 맛은 느껴지지 않았다.

⑧ 자연스러운 대화

옆에서 맥주를 마시던 외국인이 말을 건다. 한국에서 왔다고 말하자 어설픈 대화를 나누게 된다.

⑨ 취한 사람들

이미 과도하게 취해서 몸을 가누지 못하고 길을 배회하고, 그중 일부는 잔디밭에 누워 자기도 한다. 또한 술에 취해 언성을 높이며 싸우는 사람들도 발생하였다. 행사장 주변에 있던 경찰들의 빠른 조치가 이루어졌지만, 음주 축제의 특성상 뒤따르는 아쉬운 모습이 아닐까 하는 생각이 들었다.

⑩ 부족한 숙박시설

밤이 깊어 숙박할 곳을 찾다 보니 이미 뮌헨의 숙박시설들은 모두 예약이 완료되었다. 사전에 숙박시설 예약을 하고 오지 않은 것이 매우 후회되었다. 뮌헨에서 기차로 30분 정도 떨어진 아우구스부르크로 가면 숙박시설을 찾을 수 있을 거라는 얘기를 듣고, 기차를 타고 아우구스부르크로 가게 되었다.

⑪ 비싼 숙박비

아우구스부르크에 도착해서 다행스럽게도 머무를 곳을 찾게 되었지만, 옥토버페스트로 인해 숙박요금이 평소의 2~3배 가격임을 알게 되었다. 하지만 어쩔 수 없이 지불하였다.

⑫ 밤과는 다른 낮

어젯밤은 사람 많고 북적이던 파티 분위기의 축제였다면, 낮의 옥토버페스트는 각종 행사와 공연이 열리고 있었다. 그중에서도 모두 전통의상을 갖춰 입고 자신들의 맥주 브랜드를 알리는 퍼레이드가 매우 인상 깊었다.

⑬ 독일에서 찾은 맛

독일의 다양한 음식도 옥토버페스트에서 접할 수 있었다. 가장 유명한 소시지 외에도 독일식 족발인 슈바인학세(Schweinshaxe), 독일식 돈가스인 슈니첼(Schnitzel), 맥주와 함께 먹어도 맛있는 짭짤한 브레첼(Bretzel) 등 축제와 먹거리는 역시 따로 떨어뜨릴 수 없다. 기억에 남을 맛들이다.

⑭ 기념품 매장

옥토버페스트의 포스터가 인쇄된 맥주잔, 가방 등의 기념품 외에도 바이에른의 상징인 사자를 귀엽게 표현한 인형, 하트모양의 빵 위에 알록달록한 크림으로 글씨와 그림을 그려놓은 렙쿠헨헤르츠(Lebkuchenherz), 맥주통 모양의 모자, 이와 같이 아기자기한 기념품들을 보며 가족, 주변인들에게 축제분위기를 전달하고자 하는 구매 욕구가 일어난다.

⑮ 다양한 맥주 시음

행사장 전역에서는 다양한 맥주브랜드가 자신들의 맥주를 홍보하고 있었다. 호프브로이, 뢰벤브로이, 프쇼르 등의 맥주를 자연스럽게 시음할 수 있었는데 어제의 맥주텐트에서 즐겼던 맥주보다 그동안 마음속으로 그려오던 독일의 풍미 깊은 맥주 맛이 느껴지는 것 같았다. 맥주축제에 온 보람을 느낀다.

⑯ 놀이기구 탑승

적당한 음주상태에서 탑승한 놀이기구, 평소에 탑승하던 놀이기구와 전혀 다를 것이 없는데도 축제에 푹 빠져든 상태로 즐기는 놀이기구는 너무 즐거웠다.

⑰ 음악공연

축제와 음악, 이 역시도 떼어놓을 수 없는 요소였다. 6~7인조 브라스밴드가 늘 흥겨운 음악을 연주하고 흥이 오르면 마이크를 잡은 싱어가 맥주잔을 높이 들고 모두가 하나 되어 옥토버페스트 노래를 부른다. 노래를 몰라 따라 부를 수 없는 나는 사전에 미리 노래를 알고 갔었더라면 하는 아쉬운 생각이 들었지만, 아쉬움도 잠시, 음악과 축제분위기에 다시 빠져들었다.

⑱ 어우러짐

외국인이 같이 춤출 것을 권유하였다. 독일 전통의상을 입은 여성과 멀리 한국에서 온 남자의 춤! 많은 외국인 친구들과 사진도 찍고 같이 즐거운 시간을 보낸다. 이처럼 성별, 인종, 국적에 상관없이 누구나 단지 맥주 한 잔으로 친구가 되는 옥토버페스트구나 하는 생각을 하게 만든다.

⑲ 따뜻한 인사

축제의 막바지에 이르고, 이제 옥토버페스트에서의 마지막 밤이다. 옥토버페스트에서 만나게 된 많은 새로운 사람들, 먼 훗날 다시 만날 것을 기약하고 아쉬운 마지막 인사와 함께 헤어진다. 축제를 통해 만난 사람들이지만, 짧은 축제기간 동안 정이 많이 든 것 같다. 그들의 따뜻한 인사와 함께, 내년에도 다시 옥토버페스트에 참여해야겠다고 마음먹게 되었다.

참·고·문·헌

국순당 런던 발표자료(2010).

김어진(2010). 패키지디자인의 주변단서가 소비자 구매의도에 미치는 영향에 관한 연구: 막걸리 브랜드를 중심으로.

김진혁 수석연구원(2009). 식품산업: 새로운 가치와 도전, 삼성경제연구소.

김춘식 · 남치호(2002). 세계 축제경영. 김영사.

서태양 · 부숙진 · 조태영 공저(2008). 세계화 시대의 지역축제 경영. 기문사.

유럽사회문화연구소(2006). 축제 정책과 지역 현황. 연세대학교출판부.

이태희 지음(2010). 러브마크 감성행동론(컨슈머 행동의 감성트렌드 분석). 새로미.

정은경 · 김수정 · 주나미(2011). 20대 소비자의 탁주 이용실태 및 만족도 조사. 대한영양사협회, 17(1): 45-57.

한국 산업 고객만족도 보고서(KSCI)(2008).

한국경제매거진.

Krishna, A.(2013). Customer Sense: How the 5 Senses Influence Buying Behavior. New York: Palgrave Macmillan.

Krishna, A., & Schwarz, N.(2013). Sensory marketing, embodiment, and grounded cognition: A review and introduction. Journal of Consumer Psychology.

Postrel, V.(2003). The substance of style. New York: Harper Collins.

Food Watch(Consumer Food Trends: Tracking, Analysis, Insights)

국순당(http://www.ksdb.co.kr)

독일 관광청(http://www.germany.travel/en/index.html)

독일 맥주축제 소개(http://www.treffpunkt-oktoberfest.de/)

뮌헨 관광청(http://www.muenchen.de/rathaus/home.html)

바이에른주 관광청(www.bayern.co.kr/)

삼성경제연구소(http://www.seri.org)

세계일보(http://www.segye.com/)

옥토버페스트 공식 홈페이지(http://www.oktoberfest.de/de)

www.ncsi.or.kr/newsletter/term.htm

감각유산 시장 제5장

실패하는 감각유산들을 살펴보면, 그 감각적 자극 수요의 주체가 누구인지 불명확한 채, 정확한 표적시장(Target Market) 설정이 이루어지지 않은 채 개발되거나 방치되어 나타난 불행한 결과인 것을 살펴볼 수 있다. 시장에 대한 구체적인 고려 없이 기획된 감각유산들은 새로운 유행과 관심의 대상이 끊임없이 나타나는 경쟁관계 속에서 바로 도태되고 잊혀져 그 존재의미가 소멸하게 된다.

제5장 감각유산 시장

1. 감각유산 시장의 주요 고려사항

1) 감각유산 시장의 지배(Market Mechanism)

감각유산시장이 지배하는 감성소비의 경제 구조에서는 '시장의 중요성을 아는지 모르는지'가 감각유산 기획의 성패를 좌우한다. 마찬가지로 감각유산 브랜드의 판매가 이루어지는 경우도 모든 산업의 구조와 마찬가지로 시장의 구조를 파악해야만 발전할 수 있는 계기를 마련할 수 있다.

감각유산은 무형성, 계절성, 동시 소멸성, 비저장성 등의 특성을 지니고 있기 때문에, 이러한 특성을 고려한 감각유산의 기획이 이루어져야 한다. 또한 새롭게 개발될 감각유산은 감각유산시장의 특수성을 확인할 필요가 있는데, 감각유산시장은 늘 유동적으로 변화하며, 시기와 외부적 사건에 의해 많은 영향을 받는 특징이 있기 때문에, 감각유산을 개발할 때는 명확한 시장 분석을 통하여, 구체적인 구매 대상이 누가 될 것인가를 설정하고 기획해야만 한다.

실패하는 감각유산들을 살펴보면, 그 감각적 자극 수요의 주체가 누구인지 불명확한 채, 정확한 표적시장(Target Market) 설정이 이루어지지 않은 채 개발되거나 방치되어 나타난 불행한 결과인 것을 살펴볼 수 있다. 시장에 대한 구체적인 고려 없이 기획된 감각유산들은 새로운 유행과 관심의 대상이 끊임없이 나타나는 경쟁관계 속에서 바로 도태되고 잊혀져 그 존재의미가 소멸하게 된다.

2) 새로운 감각유산 시장의 창출

감각유산 혹은 감각유산관련 브랜드의 입장에서 볼 때, 기존 시장에만 의존하는 상품이나 브랜드 개발 전략은 무의미하고 비효율적이라고 볼 수 있다. 이미 존재하는 시장을 새로운 감각유산과 연결시켜 새로운 시장을 개척하는 것과 같은 효과를 가져와야 한다. 뻔한 관광매력물만으로 관광산업을 성장시키기에는 한계가 있다. 관광이라는 용어자체에 거부반응을 일으키는, 독특한 매력, 나만을 위한 매력과 자극, 감성적 체류를 원하는 역시 독특한 시장들이 존재하기 때문이다.

새로운 시장창출은 고정관념을 깨는 것에서부터 시작한다. 인도네시아 발리의 경우 기존에 존재하던 휴양시장 관념에서 벗어나 새로운 기획상품인 '비만인을 위한 리조트'를 개발하여 선보이자, 세계 각국의 비만인들로부터 큰 호응을 얻어 기존에 존재하던 일반적인 리조트시장과 별개의, 비만인이라는 특정 시장을 확보할 수 있게 되었다. 이는 이미 존재하고 있던 비만인 시장을 일반인과 분리하여, 비만시장만을 별도로 독립적으로 관리하여 비만인을 배려하면서도 일반인들과의 상충을 방지하는 성공 사례가 된 것이다.

방한 일본 관광객들을 위한 감각유산의 개발 시에도 과거의 방한 일본 관광객들이 한국의 유적, 음식, 쇼핑에도 관심을 갖고 찾지만 과거 일본인들이 한국에 묻어두었던 역사적인 연결고리를 체험하러 방한하는 수요를 잡아내어 감각유산과 관련된 새로운 시장을 개척할 수 있는 가능성을 고려해야 한다. 과거 임진왜란 때 일본군들이 축조한 국내왜성을 연구하고 체험하러 오는 일본인 방문객들에게 한국의 미각을 알리는 경우를 예로 들 수 있다. 연결고리가 역사적인 배경이었던 것을 감각적 자극으로 전환시키는 것은 한류의 영향으로 그리 어려운 작업이 아닐 것이다.

3) 감각유산 소비시장을 보는 세 가지 관점

(1) 자극을 소비

감각유산의 소비자들이 감각적 자극을 소비하는 것은 감각유산 경험의 근간이 된다. 오감과 관련된 자극은 감각유산을 찾아오는 이유와 동기와 목적이 된다. 감각유산의 기획에서 이런 자극에 대한 섬세한 준비와 기획 수준이 낮으면 해당 감각유산은 의미없는 자극으로 전락하게 된다.

이미 앞선 장에서 감각유산과 실존감 및 관련 모터바이크의 감각유산적 해석에 대해 밝힌 바 있다. 모터바이크의 대명사라 할 수 있는 브랜드 할리데이비슨. 이 모터바이크 브랜드가 처음 시도한 2기통 엔진에서는 할리데이비슨 특유의 말발굽 엔진 소리가 나온다. 이 독특한 배기음이 나오는 엔진 연소 주기는 인간의 심장박동 주기와 비슷하다. 그래서 그 특유의 엔진 배기음은 그 어떤 기계보다도 인간에게 친밀하면서 가슴뛰게 만드는 소리로 다가온다.

이 엔진소리가 구매 동기의 가장 큰 요인 중 하나가 된 것은 할리데이비슨이 1997년에 만든 사운드 랩 NVH(Noise, Vibration, Harshness)가 만들어내고 지켜내고 있는 특유의 엔진소리 때문이다. 이러한 특징적인 외향과 소리가 할리데이비슨의 감각유산이 되어 할리데이비슨을 대체할 수 있는 경쟁 브랜드는 라이더들의 마음속에 존재하지 않는다. 실제로 할리데이비슨을 구매하는 고객들 대부분은 할리데이비슨 특유의 엔진소리에 반했기 때문이다.

또한 할리데이비슨 모터사이클에서 결코 빼놓을 수 없는 것 중 하나는 바로 특유의 진동이다. 시동을 걸고 엔진이 움직이는 모습을 보고 있으면 엔진이 차대에서부터 2~3cm 간격으로 크게 흔들리는 것을 볼 수 있는데, 엔진이 마치 차대 위에 떠 있는 것처럼 보이는 이런 현상은 엔진을 차대에 고정시키는 방법 중 하나인 러버 마운트 방식(차대에 엔진을 직접 고정시키지 않고 사이에 고무 부싱(지지대)을 넣어 진동을 흡수하게 한 방법)에 의한 것이다.

현대의 엔진들이 작동 여부를 알 수 없을 정도로 소음과 진동이 적은 것에 비하면 할리데이비슨의 고진동, 고소음 엔진은 시대와 역행하는 게 아닐까 싶기도 하다. 하지만 전 세계 라이더들이 할리데이비슨에 열광하는 이유가 마치 말을 타고 있는 것처럼 확실히 살아 있는 느낌, 실존감을 주는 진동 때문이라고 입을 모은다. 이처럼 할리데이비슨 모터사이클링의 특징적인 외향과 소음, 진동은 감각적인 면에서 기능적인 면을 압도하는 큰 구매 동기가 되고 있는데 결국 브랜드의 기능이 아니라 감각적 자극을 소비하는 대표적인 사례인 것이다.

(2) 정보를 소비

감각유산의 소비자들은 감각적 자극만을 소비하는 것이 아니라 그와 관련된 지식과 정보를 함께 소비한다. 서산의 감각유산 호리마을 옻샘의 경우도 단순히 옻샘의 자태와 옻샘 주변의 풍경을 눈으로 감상하고 옻샘에서 나오는 물을 몸에 발라보는 것으로 국한시키지 않고 옻샘의 유래가 무엇인지 옻샘에서 나오는 물의 성분이 어떤 것이며 어떤 효능을 갖는지에 관심을 갖게 되고 그런 정보와 지식이 있고 없을 때의 감각유산에 대한 만족도와 이미지의 각인수준은 많은 차이를 보이게 된다.

국내 전통주가 경기권이나 경북권, 혹은 호남권에만 분포하고 있는 줄 알았던 한 감각유산 소비자가 제주도를 방문하고 우연히 미각 유산인 제주의 전통주를 맛보게 되면서 제주의 오메기술이 제주 선인들이 오랜 세월 동안 지켜온 독특한 전통 약주라는 것을 알게 되면서 고관여 소비자로 바뀌게 되는 계기를 맞게 된다. 오메기술은 차조로 만든 제주 전통 떡인 오메기떡을 사용하여 누룩과 함께 발효시켜 만든 것으로 과거 제주인들이 즐겨 마셨던 토속주라는 정보에 접하게 된다.

제주 전통주 오메기술과 제조모습

이는 오메기술을 마시고 소비하는 데 그치지 않고 그와 관련된 이야기나 교육적인 지식/정보를 얻게 됨으로써 생기는 또 다른 즐거움에 대한 또 다른 소비가 되는 것이다. 귀한 손님을 맞을 때 내놓는 접대용 술로서 걸쭉하면서도 부드러운 맛이 나는 것이 특징인 이 제주도 전통주는 오메기술을 빚어온 사람들이 대대로 빚는 방법을 계승해 주면서 현재까지 그 가치가 전해질 수 있었다.

현재 우리나라의 전통주가 사업 발전성을 보이면서 주세법의 규제가 많이 완화되고 있는 추세이지만, 과거의 엄격한 규제로 인해 제주도의 전통주는 다른 지역의 사람들에게 전해지지 못했으며 이로 인해 전통주의 가치가 빛을 발하지 못하였다. 단순히 술의 음미로 끝나지 않는 부분으로 몰랐던 정보가 입으로 들어오는 격인 것이 제주도의 전통주를 계승하고 보호하고자 하는 의지와 전통주를 빚을 줄 아는 사람들의 장인정신이 현재까지 그 가치를 이어오기에 제주도의 전통주는 '지극히 소멸적인 고유의 감각'을 보유한 제주도의 대표 감각유산으로 자리매김할 수 있음을 깨닫는 소비가 된다.

(3) 가치를 소비

감각유산의 소비자들은 감각적 자극과 관련된 가치를 소비한다. 감각유산을 소비하는 여행객들은 감각적 자극이 갖는 가치와 상징성에 따라 각자 감각유산을 소비하는 동기나 목적이 달라져 취사선택의 대상이 된다. 일반 브랜드의 의미와 상징성 혹은 가치가 본인이 추구하는 가치와 일맥상통해야 선택이 이루어지고 관계가 시작되고 관계가 강화되어 충성도에 이르듯이 감각유산을 소비하는 행태도 같은 과정과 메커니즘이 적용된다.

이는 감각유산을 소비하는 여행객들은 본인과 무관하지 않은 가치를 지닌 감각유산을 소비할 확률이 높은 것을 의미한다. 조금 멀어도 조금 찾아가기 힘들어도 본인의 가치와 감각유산에서 보이는 가치가 일치한다는 생각이 드는 순간 감각유산의 경험을 위해서 먼 길 가는 것을 마다하지 않는다. 산티아고 순례길이 이런 경우다. 고행의 길을 떠나고 걷는 당사자들은 그 길이 갖는 상징적 존재와 가치에 큰 의미를 두는 것이다.

베트남 북부도시 하노이에서 차로 9시간 정도 걸리는 곳에 박하라는 작은 마을이 있다. 하노이에서 6시간 정도 떨어진 사파(SaPa)까지 일단 이동하고 그 후에 다시 박하까지 3시간 정도를 가야 하는 거리다. 필자가 이 책의 원고를 쓸 때만 해도 일반인들의 방문이 많지 않은 곳이었다. 그 박하에는 매주 엄청난 규모의 일요장이 선다. 옷가지, 신발, 그릇, 직접 만든 전통 술, 소수민족이 만든 액세서리 등 정기적으로 서는 전통 장터에서 볼 수 있는 것들을 소수민족이 내다 파는데 이 일요장의 하이라이트는 소를 사고파는 사람들이 모이는 우시장이다.

베트남 북부 소수민족 마을 박하(Bac Ha)의 우시장 풍경

박하 일요장터에 들어서는 순간 그 규모에 놀라지만 또 한 가지 놀라운 건 쉽게 눈에 뜨일 거 같았던 우시장이 눈을 씻고 찾아봐도 보이지 않는다는 것이었다. 말이 안 통하는 현지인들에게 물어도 우시장의 위치를 찾기 힘들어 결국 소우는 흉내의 소리를 내며 보디랭귀지를 쓴 끝에 방향을 알아내고 우시장을 찾아내게 된다. 우시장과 관련된 구글이나 트립어드바이저 등의 인터넷 후기나 사진도 없어 그 어떤 정보나 눈으로 확인도 되지 않았다. 오로지 베트남 최북단 중국 접경지역 한 오지마을에서 소수민족들이 여는 일요장의 우시장이라는 소재 하나에 가치를 부여하고 스스로 방문동기를 인정해서 찾아간 우시장이 눈앞에 나타났다.

엄청난 규모의 한 무리의 소들이 이방인의 눈을 압도하는 매우 강렬한 시각적 자극이 일단 눈앞에 펼쳐진다. 소들 한가운데를 다니다 보면 소들이 코로는 거친 숨소리를 뿜어내며 엉덩이로 이방인의 몸을 슬쩍 밀친다. 소를 사러 온 현지인들은 소의 등짝을 만져보기도 한다. 하필이면 비오는 날, 소들은 묘한 향기를 풍겨내기도 한다. 우시장을 온 몸과 모든 감각으로 경험한 행복감에 취해 시장장터 먹거리판 한 구석에서 고기 국밥과 함께 소수민족들이 만든 베트남식 소주를 입에 털어 넣는다. 우시장과 관련하여 보이는 것, 들리는 것, 만지는 것, 맡는 것, 먹는 것 등 감각적으로 행복해지는 가운데, 오고 가며 멀고 비오는 힘든 여정이었지만 박하의 일요 우시장에 찾아오길 잘했다는 자평을 하게 된다. 모두 가치에서 시작해서 가치로 끝나는 감각유산의 소비과정인 것이다.

4) 감각유산 방문객의 확장성

감각유산을 경험하는 방문객들은 감각유산의 종류에 따라 당일 여행객이나 당일 방문객일 수 있다. 감각유산의 감각적 자극이 다양하고 지역적 분포가 넓으면 1박 이상의 체재를 불러오기도 한다. 일반적으로 사람들은 한 도시나 국가를 찾아오는 관광객에 대한 고정관념을 지니고 있는데, 방문 목적을 묻는 설문지나 입국심사 카드에 '여행'과 '관광'이라고 표시한 사람들만 관광객은 아니다. 상품 수출입과 관련된 무역을 위해 찾는 비즈니스 방문객, 종교적인 목적으로 방문하는 신도, 연구목적으로 찾아오는 학자나 연구자 집단, 주둔국에 근무하는 군인가족을 방문하기 위해 오는 군속 등 외지를 찾아오는 모든 종류의 방문객들은 모두 관광객으로 분류될 수 있다는 것을 주지해야 할 필요성이 있다. 따라서 이러한 다양한 관광객 분류의 관점에서 살펴보면 감각유산을 개발할 경우, 개발될 수 있는 감각유산의 종류는 무궁무진해질 수 있다.

2. 맞춤상품을 원하는 감각유산 시장

1) 감각유산 시장의 세분화

감각유산을 구매하는 관광객은 개인에 따라 선호하는 감각유산의 유형이 각각 다르기 때문에, 관광객의 특성을 충분히 파악하여 시장을 세분화할 필요성이 있다. 관광객의 특성을 살펴보면 다음 몇 가지로 구분할 수 있다.

- Psychocentric(정형성 추구 관광객)과 Allocentric(비정형성 추구 관광객)
- 고자극 추구 관광객과 저자극 추구 관광객
- 주말형 관광객(weekend getaway)과 장기여행 관광객(long haul traveler)
- 패키지 선호관광객과 개별여행 선호관광객(FIT)
- 테마체험형 관광객과 불특정 다수 일반체험형 관광객
- 진수성(Authenticity) 욕구가 강한 관광객과 낮은 관광객
- 정보보유 수준이 낮은 관광객과 높은 정보 수준의 관광객
- 여행경험이 많은 관광객과 적은 관광객
- 저예산 여행자(budget traveler)와 부유층 여행자(highend traveler)

이외에도 감각적 자극소비의 효용/편익에 의한 세분화, 즉 감각유산의 자극수준에 대한 고려 정도의 차이에 따른 분류 시장을 들 수 있는데, 방문객들이 감각유산이 지닌 가치와 편익의 정도를 개인적으로 다르게 평가할 수 있다는 것을 의미한다. 또 다른 시장세분화의 방법으로 'Front & Back 이론'을 들 수 있는데, 이는 '관광객이 주로 움직이는 동선상의 지역'(Front)에서 감각유산을 경험하는 것인지, 아니면 관광지가 아니라 '주민들이 주로 일상적 삶을 살아가는 평범한 삶의 터전'(Back)에서의 감각유산 경험을 원하는지의 차이를 말한다.

주민들의 프라이버시를 조절하는 감각유산의 기획이 필요하다면, 주민의 생활을 보호해야 하는 상황, 예를 들면 벽화마을 방문객들로 인해 원래 조용하고 한산했던 마을 문화가 파괴될 우려가 있을 때 이러한 개발 이론을 적용하여 시장을 세분화하고 방문객의 수와 연간 방문횟수 등을 관리 조절하는 것 등을 고려할 수 있다.

2) 감각유산별 세분화된 편익(benefit) 제공

새로운 감각유산을 개발하고 그에 따른 명확한 시장세분화가 이루어졌다면, 그 다음은 해당 시장에 어떠한 편익을 제공할 것인가에 대해 고민하여야 한다. 또한 세분화된 시장에 따라 각각 어떠한 감각적 편익을 제공할 것인가는 매우 중요한 전략이 될 수 있으므로 시장의 특성에 따라 선호하는 편익 유형에 대해서 확인해 볼 필요가 있다. 일반적으로 감각유산시장에서 제공할 수 있는 편익은 다음과 같다.

- 자극 편익(arousal benefit)
- 해설적 편익(educational benefit)
- 좋은 변화 편익(transformation benefit)
- 가격 편익(price benefit)

- 가치 편익(value benefit)
- 오락적 편익(entertainment benefit)
- 편리성 편익(convenience benefit)
- 지위 편익(status benefit)
- 일탈 편익(escape benefit)
- 즐거움 편익(fun benefit)

위의 여러 편익을 관광객이 지닌 특성에 따라 적절하게 제공할 수 있다면, 관광객은 자신이 구매한 감각유산에 대해 만족할 가능성이 높아질 것이다. 따라서 감각유산을 기획하는 사람은 감각유산을 기획함에 있어, 관광객의 특성을 고려함과 동시에 어떠한 편익을 통해 이들이 구매하도록 끌어들일 것인가를 고민하여야 한다.

3. 감각유산 시장의 조건

1) 시장의 소재파악이 용이(Identifiable)

감각유산을 브랜드로 인정받기에 유리한 조건의 시장은 어디에 존재하며, 어떠한 사람들인가에 대해여 파악하는 것이 필요하다. 즉 특정 감각유산의 유형에 대하여 선호하는 소비자들이 어떠한 특성을 지녔는가가 명확할수록 새로운 감각유산을 브랜드로 개발하는 데 유리할 것이다.

2) 감각유산 시장으로의 접근이 용이(Accessible)

시장의 특성을 파악하는 데 있어 감각유산을 브랜드로 인정해 줄 소비자에게 접근 가능성 수준은 매우 중요한 요소이다. 감각유산은 인터넷, 커뮤니티, SNS, 디렉트 메일, 동호회,메이븐(maven), 인쇄매체, 전화, 직접방문 등의 많은 매체들을 통하여 새로운 감각유산 및 기존 감각유산에 대한 정보를 소비자들에게 제공하여 소비자들로 하여금 감각유산에 접근하기 편리하도록 해야 한다.

3) 감각유산 시장 특성 파악의 용이성(Characterizable)

새로운 감각유산 브랜드를 개발하거나 전혀 새로운 시장의 특성을 지닌 감각유산 소비집단이 생겨날 때 감각유산 기획자의 입장에서 이러한 신규 소비계층에 대한 마케팅 전략을 세우기 위해서는 사전에 그들의 심리적 특성, 인구통계학적 특성, 라이프스타일 특성 등을 충분히 조사하여 파악한 후 세부적인 마케팅 전략을 기획하는 것이 필요하다.

4) 수익성 확보가 용이(Profitable)

새로운 감각유산을 기획하는 기획가 입장에서는 감각유산이 새롭게 등장하는 시점에 시장에서 발생할 수 있는 수익의 규모가 어느 정도인지, 또한 수익성 확보가 얼마나 용이할 것인가에 대하여 사전에 치밀하게 조사하여 새로운 시장에 대한 비판적이고 객관적인 시각으로 평가하는 것이 필요하다.

4. 감각유산 시장의 선택

1) 감각적 자극 체험성향이 높은 시장

감각유산을 체험하려는 의지가 강한 시장과 그렇지 않은 시장보다 감각유산을 더 자주 찾을 확률이 높은 시장이므로 감각유산체험 성향이 높은 그룹과 그렇지 않은 그룹을 구분하는 작업이 우선 필요하다. 그러기 위해서는 〈표 1〉처럼 감각유산 체험성향척도를 통해 감각유산 시장을 세분화하는 작업이 필요하다.

〈표 1〉 감각유산 체험성향척도

척도 내용
막연하게 목적지를 선택하기보다는 해당목적지에서 느낄 수 있는 감각에 대해 먼저 고민하고 여행목적지를 고른다.
좀 더 색다른 감각을 찾아 경험할 수 있는 여행을 좋아한다.
감각적 체험을 통해 몸과 마음이 좋게 변하는 여행을 추구한다.
여행 중에 역사유적이나 자연경치보다 세세한 감각적 체험을 하는 것이 더 좋다.
어느 곳엘 가나 그 지역만이 갖고 있는 고유의 감각적인 체험을 해보려는 편이다.
새소리, 물소리, 풍경소리, 성당의 종소리, 악기의 연주소리 등 다양한 소리를 청각자극으로 접할 수 있는 여행을 원한다.
눈에 보이는 시각적 자극들이 주는 행복은 매우 크다.
여행 중에 나무향기, 풀향기, 음식 만드는 향기 등 향기자극을 통해 죽어가던 나의 감각을 되살리는 듯한 느낌은 행복감을 준다.
일몰이나 일출 등 소멸성의 정취자극은 여행 중에 맛보는 큰 기쁨이다.
맛을 통한 행복과 즐거움을 추구하는 여행을 선호한다.
여행 중에 스파나 온천수 등 피부적인 접촉을 통해 건강을 유지하는 체험을 좋아한다.
독특한 촉감이나 질감을 느끼는 기회를 접했던 여행이 기억에 남는다.
암흑레스토랑이나 방 탈출 같은 특이한 감각체험을 하는 여행이 즐겁다.
가끔은 산티아고 순례길처럼 걷는 고통을 동반해도 고유의 감각체험을 하는 여행이라면 해보고 싶다.
평범한 관광보다는 감각적 체험을 고루 할 수 있는 자유로운 여행이 더 좋다.
내 원래 감각을 되찾아주는 여행을 통해 기계의 소모품처럼 반복되던 일상이 가져온 마음과 몸의 병을 고칠 수 있다.
볼거리 위주로 쫓기듯이 이동하는 숨가쁜 관광보다는 다양한 감각적 체험을 할 수 있는 느린 여행을 하고 싶다.
사막이나 고산지대 오지처럼 조금은 불편하고 고통이 뒤따라도 독특한 감각적 체험을 할 수 있는 여행이라면 참아낼 수 있다.

2) 감각유산의 자유원소 인식성향

감각유산이 내뿜는 자유원소를 인식하는 수준에 따라 시장에 대처하는 방식과 전략은 달라진다고 할 수 있다. 감각유산 자유원소척도는 그런 성향을 구분해 내는 데 사용할 수 있는 척도라 하겠다.

〈표 2〉 감각유산 자유원소척도

감각유산 자유원소의 내용
감각유산의 체험을 할 때마다 나는 더 강한 자유로움을 추구하게 된다.
감각유산을 체험하게 되면 감각자극들은 늘 나의 시간 지배능력을 높여준다.
감각유산은 늘 내게 몸과 마음의 좋은 변화를 일으키는데 그 이유는 자유로움에 대해 생각할 수 있는 기회를 얻을 수 있기 때문이다.
칼의 양날처럼 감각유산이 내게 주는 자유로움은 늘 치유력을 동반한다.
감각유산의 자유원소가 나를 감각유산에 더 머무르게 한다.
감각유산에 있으면 다시 돌아가야만 하는 현실세계를 잊게 된다.
감각유산은 돈을 주고도 바꿀 수 없는 자유로움에 대해 생각하게 만든다.
감각유산을 더 가까이 할 수 있도록 직업을 바꾸고 싶어진다.
감각유산을 접하는 것은 자유를 얻는 것과 마찬가지다.
궁극적으로 시간지배의 주체가 되는 것은 감각유산을 접하는 동기와 일맥상통한다.
감각유산을 통해서 얻는 감각회생은 자유로움에 대한 갈증해소를 동반한다.

3) 자발적 이동성향이 높은 시장

시장을 구성하고 있는 소비자가 스스로 감각유산에 대해 정보를 수집하고 경험하고자 하는 동기를 갖고 방문하려 한다면 감각유산의 브랜드 가치를 높일 수 있는 수요에 대한 확보가 매우 쉽고 유리해진다. 이러한 특성을 지니고 있는 시장의 특성을 살펴보면, 대부분 어떤 특정 목적을 가지고 활동하는 모임이나 단체일 가능성이 매우 높다. 특정 음식을 즐기기 위해 모인 미식가 모임이나 특정 감각유산을 체험할 수 있는 스포츠 및 레포츠를 함께하기 위하여 모인 집단, 산티아고 길처럼 감각유산의 종교적 순례와 관련된 성지순례를 위한 종교단체, 특정 연예인이 사는 나라나 도시의 감각유산을 느끼기 위해 모인 팬클럽단체 등 이미 공유하고 있는 목적의식과 가치가 유사할 가능성이 높기 때문에 이들은 해당 목적지의 감각유산을 자발적으로 함께 방문하는 형태를 보일 가능성이 큰 그룹이다. 쉬운 예로 최근 나타나고 있는 일본, 중국, 동남아는 물론 유럽이나 남미의 젊은이들이 국내 연예인을 만나기 위해 단체로 한국을 찾고 자연스럽게 국내의 감각유산을 체험하게 되는 것도 자발적 이동성향의 하나라고 볼 수 있다.

4) 고관여로의 전환이 용이한 시장

어떤 특정한 감각유산에 대한 관여 수준이 높은 집단들은 그들이 원하는 감각유산 브랜드의 개발과 기존 감각유산 브랜드 변화에 대하여 일반 소비자들보다 큰 관심을 갖는 특성을 지니고 있다. 이러한 특정 상품에 대한 관심 수준이 높은 그룹이나 개인들은 주로 자신과 비슷한 위치에 있는 집단들이 경험하는 감각유산에 대하여 공유하고자 하는 욕구도 높다.

5) 추천, 권유, 정보제공의 역할을 할 시장

어떠한 브랜드이던 그 브랜드에 대한 정보와 노하우를 지니고 있는 사람이나 집단이 있다. 이러한 집단들을 흔히 오피니언 리더라고 하는데, 이들은 브랜드에 대한 구매를 통해 브랜드 경험을 한 후 상품에 대한 평가를 주변에 전파하게 된다. 오피리언 리더는 흔히 말하는 '구전 마케팅'의 선구적인 역할을 수행하게 되어 브랜드에 대한 정보를 주변에 제공하거나, 추천 또는 권유를 하게 된다. 관광 분야에서는 컨벤션 참가자들이 컨벤션에 참가한 후 그 도시나 국가에 대한 정보와 추천을 제공하는 주체가 되는 오피니언 리더인 것을 대표적인 사례로 들 수 있다.

고객에게 당신이 좋아하는 브랜드를 주변 친구나 동료에게 추천하겠느냐고 물어보고 추천하겠다는 고객의 비율에서 추천하지 않겠다는 고객의 비율을 뺀 결과가 순추천고객지수(Net Promoter Score)인데 NPS는 충성도의 한 지표라고 볼 수 있다.

NPS는 고객의 실제 브랜드 구매 행동과 매우 높은 상관관계를 보였다. 추천고객일수록 비추천고객에 비해 브랜드를 더 자주 구매하며, 높은 지갑 점유율(자신의 총 가용 금액 중 특정 브랜드에 소비하는 비중)을 보이며 해당 브랜드를 다른 사람들에게 매우 열성적으로 추천하고 다니는 것으로 나타났다.

또 NPS는 해당 브랜드 기업의 성장성과도 밀접한 상관관계가 있다. 미국 기업들의 평균 NPS는 5~10%에 불과한 데 비해, 아멕스, 이베이, 델, 코스트코, 사우스웨스트항공 등 급성장해 온 기업들의 NPS는 대부분 50%를 넘어서고, 특히 할리데이비슨의 NPS는 80%에 달한다. 할리데이비슨 코리아의 NPS는 85.9%로 매우 높게 나타났다.

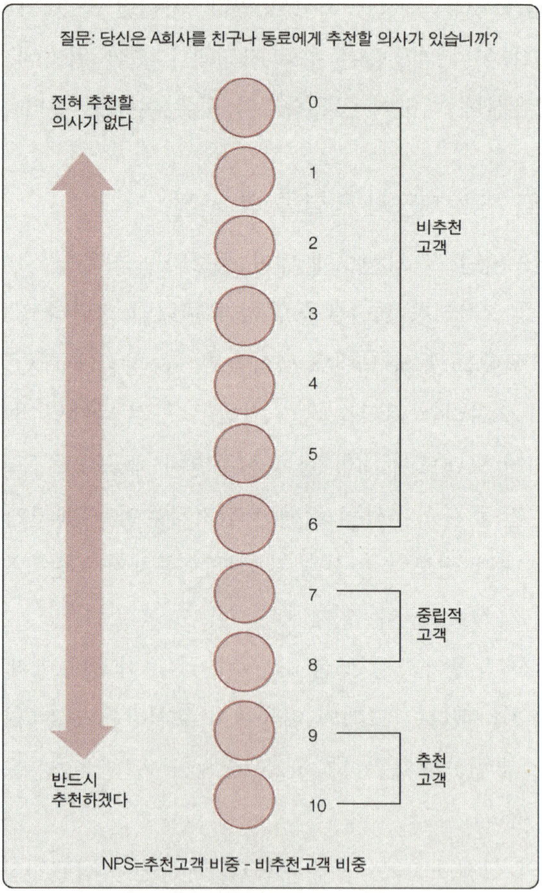

NPS(순수천고객지수) 설문으로 고객성향 분류하는 방법

따라서 감각유산도 순추천고객지수인 NPS를 높일 수 있는 시장의 파악과 강한 유대관계를 맺을 수 있는 구체적인 가이드라인의 확보가 필요하다고 할 수 있다.

6) 감각유산 개발/변화/기획에 방향성(input)을 줄 수 있는 시장

새로운 감각유산을 개발하거나 유행에 맞추어 감각유산을 변화시키기 위해서는 다양한 여행경험을 소유한 시장으로부터 정보를 공유해야 할 필요성이 있다. 일반적으로 신상품의 개발 및 상품의 변화에 대한 평가를 위하여 여행전문가나 여행관련 기자 및 각 기업의 홍보 담당자들을 통하여 사전에 평가를 받아보아야 할 필요성이 있는데, 이러한 과정을 '팸투어'라고 한다. 즉 감각유산에 대한 전문가들의 평가와 더불어 참가자들을 통하여 감각유산 브랜드에 대한 정보를 시장에 전달할 수 있도록 하는 것이다.

7) 여행을 자주 할 수 있는 감각유산 시장

여행을 통해 감각유산을 경험하려는 시장은 자유재량 처분 시간이 많은 계층일 것이다. 은퇴 후 시간적 여유가 많은 실버계층이나, 예술인 등과 같은 프리랜서, 또는 방학기간이 있는 대학생들과 같은 시장은 감각유산을 접하는 데 있어 가장 중요한 고려사항인 자유재량 처분시간을 다른 계층이나 집단보다 많이 보유한 특성을 갖는다.

8) 지불의사가 있는 감각유산 시장

감각유산을 접하는 데 있어 자유재량 시간과 더불어 필요한 것이 일정 수준 이상의 경제력을 보유하여야 한다는 것이다. 일정 수준 이상의 경제력을 보유한 계층에서는 감각유산에 대한 욕구와 지불의사와의 관계, 즉 감각적 욕구가 충족될 수 있다고 판단하면, 가격이나 비용에는 큰 의미를 두지 않는다는 특성을 지니고 있다.

5. 감각유산 시장수요 파악

1) 유사 감각유산의 수요를 벤치마킹

감각유산의 시장수요 파악은 유사한 기존 감각유산의 수요를 살펴봄으로써 추정이 가능하다. 유사 감각유산 방문객 규모, 발생한 수익의 연간 총합, 예약률 등을 참고로 신규 감각유산 브랜드의 시장수요를 가늠해 볼 수 있다.

2) 감각유산 수요파악을 위한 서베이 방식

서베이, 즉 설문조사를 통해 수요를 파악하는 것은 방문객들로 하여금 설문지의 문항에 응답하게 함으로써 감각유산 대상이 되는 매력물에 대해 갖는 그들의 수요를 나타내게 하는 방법이다. 일반적으로 의미있는 공공재의 성격을 갖는 감각유산에 대해 이용자들이 갖는 인식은 입장료를 받거나 기존 입장료를 올리더라도 그들의 지불의사에 큰 영향을 받지 않을 것이다. 이는 코스타리카에서 실시된 한 설문조사에서도 확인되었다. 이 조사(Baldares and Laaman, 1990)는 코스타리카 국민과 외국인 방문객들을 대상으로 코스타리카에서 사람들의 방문이 많은 자연유산의 입장료 인상에 대한 것이긴 하나, 조사 결과 내국인, 외국인 모두 입장료를 올려야 한다는 데 동의하는 것을 알 수 있었다. 외국인의 경우에는 내국인들보다 입장료를 더 높여야 한다는 의견을 나타냈다.

서베이 방식이 갖는 한계의 하나는 실제 존재하는 수요를 과소평가하는 결과가 나올 수 있다는 것이다. 이 문제는 설문조사에 응답하는 사람들의 심리와 깊은 관계가 있다. 일반적으로 사람들은 자신들이 생각하는 것보다 지불하고자 하는 액수를 더 낮게 기입하려는 속성이 있다. 자신의 응답이 입장료라든지 이용요금의 결정에 영향을 미친다는 생각에 객관적인 판단보다 이용요금의 수준을 더 낮게 책정하여 답하는 것이다. 이런 이유로 인해 설문조사방식은 정확한 감각유산 수요를 파악하는 데 왜곡된 응답자들의 응답에 근거해야만 하는 위험요소가 있다.

조사의 시기 또한 조사결과에 중요한 영향을 미치기도 한다. 방문객 숫자가 많은 시기와 그렇지 않은 시기를 비교해 보면 지불의사나 이용요금의 인상에 대한 견해에 계절 간의 차이가 나타나는 것이다. 또한 설문조사는 말 그대로 질문에 의해서 응답자들의 의견을 받아내는 것이므로 같은 내용임에도 불구하고 설문 문항을 기술하는 방식에 따라 다른 종류의 응답이 결과될 수 있다.

3) 수요함수에 의한 분석

수요를 예측하는 방법 중에서 가장 정확한 전략은 수요함수를 통해서 수요를 분석하여 요금을 결정하는 것이다. 수요함수를 이용하면 관광객의 지불의사의 한계를 알 수 있고 가격이 조정되는 정도에 따라 영향받는 관광객 수의 증감 정도를 파악할 수 있게 된다. 따라서 이 방법을 이용하면 감각유산의 보존이나 모니터링에 필요한 예산으로 전용될 수익을 극대화시킬 수 있는 수요의 적정규모를 파악할 수 있다.

아무래도 감각유산에 비해서 수요측정이나 가치측정에서 앞서 있는 분야를 벤치마킹할 필요가 있는데 자연유산의 수요측정의 경우, 수요함수 분석은 대부분 헤도닉 가격방법과 여행경비산출법을 활용하고 있다. 설문조사방식과 수요함수방식을 조합하여 분석에 사용하는 것도 가능한 방법이다.

감각유산을 환경재화처럼 고려하여 관련된 감각체험 재화의 가치 측정을 해보면 재화의 가치는 사용가치와 비사용가치로 크게 나뉜다. 사용가치와 비사용가치는 결국 감각유산 시장이 그 감각적 재화의 가치를 평가하고 있다는 가정에 기반을 둔다. 사용가치는 다시 시장가치평가, 비시장가치평가로 나뉘고, 비사용가치는 비시장가치평가로 구분된다.

헤도닉 가격 모형은 사용가치의 비시장가치평가의 범주에 들어간다. 재화의 이용가치를 암묵적인 가격에 의해 추정하는 방법이다. 감각유산의 경우도 어떤 경우에는 공공재적 성격이 강하거나 환경재적 범주에 속해 헤도닉 가격 모형(hedonic price model)에 의해서 가치를 측정 할 수 있다. 예를 들어 바간 셰산도 사원에서 바라보는 일몰, 석양의 감각유산은 셰산도 사원의 출입을 위해 지불한 입장료로 그 가치가 측정될 것인가의 문제다. 역사문화유산인 사원에 내야 하는 입장료는 꼭 석양을 볼 수 있을 때만 지불되는 것이 아니기 때문이다. 하지만 석양이나 일몰 시의 사원 입장과 관계되므로 사원의 입장료는 가치 측정의 참고자료나 지표가 될 수는 있다. 감각유산이라는 감각적 재화에 대한 시장이 구분된 상태에서 명시적으로 존재하지 않기에 시장재인 레스토랑이나 숙박시설, 주변 매력물 입장료, 쇼핑시설등과 같은 대체시장을 이용하여 간접적으로 감각유산에 대한 가치를 측정할 수밖에 없는 경우가 생긴다.

헤도닉 가격모형에서는 주택이나 직업의 가치가 이를 구성하는 여러 부수적 특성들의 가격으로 분할될 수 있다고 가정한다. 예를 들어 건축설계의 디자인이나 대기오염수준이 주택가격을 결정짓는 하나의 요인으로 작용한다는 것이다.

에어비앤비 같은 공유경제 숙소의 수요가 결정되는 원리를 헤도닉 가격모형으로 설명해 보면, 어떤 여행자가 공유경제 숙소를 선택할 때 집의 크기, 방의 수, 욕실 수, 무선인터넷 사용가능여부, 부엌 사용가능여부, 지하철이나 버스 등 연결교통편, 주차장 사용가능여부 등과 같은 다양한 특성과 더불어 숙소가 위치한 동네의 안전성, 소음여부, 공원/녹지 존재여부, 인근의 엔터테인먼트 여건, 쇼핑여건, 감각유산의 존재와 같은 주변 문화의 환경적 요소들도 고려하여 의사결정을 할 것이다. 헤도닉 가격모형의 핵심은 바로 공유경제 숙소의 임대가격이 이런 다양한 특성의 가격들에 의해 결정된다고 보는 데에 있다. 이러한 관계를 다음과 같은 헤도닉 가격함수를 통해 체계적으로 나타낼 수 있다.

$$P = P(Q_1, Q_2, \cdots, Q_i, \cdots, Q_m)$$

여기서 P는 공유경제 숙소의 임대가격, 그리고 Q_i, $i = Q_1, Q_2, \cdots . Q_m$은 각각 공유경제 숙소 임대가격을 결정하는 특성들을 나타낸다.

헤도닉 가격모형은 다음과 같은 3단계를 거친다.

제1단계: 헤도닉 가격함수 추정

헤도닉 가격모형이 원래 주택시장을 통해 환경재화에 대한 수요나 가치를 다루는 것으로 잘 알려지다 보니 미세먼지 농도와 같은 대기오염의 수준도 가격을 결정하는 한 요소로 다루어진다. 공유경제 숙소를 선택할 때 대기오염 정도를 거론하는 경우는 거의 없지만 숙소 주변의 소음수준을 중요하게 거론하기는 한다. 숙소 근처에서의 공사로 인한 소음 때문에, 숙소에 인접한 바나 클럽에서 나오는 소음 때문에 특히 주말에는 새벽까지 잠을 제대로 잘 수 없었다라는 후기가 남으면 당분간 그 숙소를 선택하려는 사람들은 없을 수도 있고 숙소 자체의 다른 매력이 크지만 소음부분으로 인해 선택의 의지가 약해질 수 있다. 감각유산의 존재도 하나의 변수로 추가되면 감각유산의 가치 추정이 가능해진다.

제2단계: 주어진 감각유산변수의 질에 대한 암묵가격 도출

헤도닉 가격함수가 선형이 아닌 이상, 제2단계에서 구해지는 암묵적 한계가격은 소음의 수준에 따라 변하게 된다. 또한 암묵적 한계가격은 소음이나 감각유산과 같은 주변 환경의 질이나 매력도의 개선을 위해 소비자가 숙소가격을 통해 지불해야 하는 가격을 나타내고 있으므로 소음개선에 따른 한계비용으로 해석된다.

제3단계: 감각유산변수에 대한 수요곡선 추정

제3단계는 다양한 사회경제적 특성을 갖고 있는 소비자들의 소음이나 감각유산에 대한 한계편익을 도출하기 위해 이루어지는데 소음이나 감각유산에 대한 역수요함수를 추정하게 된다. 다시 말해서 잠재적 한계가격, 곧 한계

지불 의사액을 종속변수로 놓고 소음이나 감각유산과 같은 환경변수와 소득 및 기타 여러 사회경제적 변수에 대해 회귀분석함으로써 얻어진다.

헤도닉 가격모형은 원래 주택시장이라는 대체시장을 통해 환경재의 가치평가를 시도하는 방법으로 소개되면서 많은 연구결과들이 축적된, 이론적으로도 정교한 방식이다. 하지만 광범위한 관련 데이터를 구체적으로 갖추지 않는 경우 가격에 큰 영향을 미치는 변수가 누락될 가능성, 여러 환경변수들 간에 다중공선성이 존재하는 문제, 함수형태의 결정문제 등 가격함수를 설정하는 과정에서 적지 않은 문제점들이 발생할 수 있다.(네이버 지식백과, 헤도닉 가격모형; 경제학사전, 2011)

4) 시장대응 감각유산 경영방식

이 방식은 감각유산관광객들이 방문하는 수준과 정도에 따라 감각유산을 소비하는 데 부과되는 요금을 수시로 변화시킴으로써 관광객 시장의 수요에 유연하게 대처하는 방법이다. 객관적으로 보면 감각유산의 미래 수요나 현재의 수요까지도 그것을 정확히 측정하기는 어려운 것이 사실이다. 감각유산 경험이나 일반 관광소비의 경우 모두 감각유산수요에 영향을 미치는 변수들이 무한히 많기 때문에 수요함수를 적용하거나 방문객들을 상대로 설문조사를 하여 수요를 예측하는 것도 나름대로의 한계를 갖고 있다.

감각유산 방문객 수가 계속 증가하는 경우는 요금 인상을 고려할 수 있다. 반대로 방문객이 급격히 감소하면 요금을 인하할 수도 있다. 감각유산을 관리하는 목표치(비용 회수나 이익 극대화 등의 관리목표)에 도달할 때까지 시장의 수요에 반응을 보이는 경영을 할 수 있는 것이다.

정부가 감각유산을 운영하는 경우에 민간방식의 경영을 적용하기 어려운 것은 사실이다. 공공부문은 보통 민간부문이 시장 변화에 대처하는 유연성을 갖지 못하기 때문이다. 그런 유연성을 적용할 수만 있다면 요금 책정의 권위를 분산시켜 시장수요에 반응하는 경영을 할 수 있는 강력한 힘을 갖출 수 있다.

참·고·문·헌

김경욱 · 이태희(2017). 한옥마을의 감각유산 인식이 러브마크와 트랜스포메이션 및 재방문에 미치는 영향. 관광연구저널. 31(2): 83-98.

이태희(2005). 관광브랜드기획론. 대왕사.

이태희(2012). 러브마크 감성행동론. 새로미.

이태희(2013). 리조트개발의 이해와 전략. 새로미.

이태희(2013. 지역관광을 살리는 새로운 시각: 지역 감각유산의 관리. 한국관광정책. 제54호: 31-38.

이태희(2014). 감성소비행동분석론. 백산출판사.

이태희(2015). 광주전남권의 아이덴티티 마케팅–감각유산 러브마크화 전략. 광주시 관광개발중장기전략수립 워크숍.

Baldares, M. J. and J. G. Laarman(1990). User Fees at Protected Areas in Costa Rica. Research Triangle Park, N. C.: Forestry Private Enterprise Initiative Working Paper. No. 48.

경제학사전(2011). 경연사. 네이버 지식백과. 헤도닉 가격모형(hedonic price model).

감각유산 러브마크화 전략 제6장

브랜드의 시대가 끝났다는 말은 결국 러브마크의 시대가 도래한 것을 알리는 신호다. 기억의 요소, 이미지의 요소로만 인식되는 브랜드는 이제 더 이상 크게 성장하지 못한다는 점을 부각시키는 말이기도 하다. 감성적으로 소비자 마음속 깊이 어필되지 못하는 브랜드는 경쟁에서 곧 도태된다는 점을 지적한 것이다. 이제까지의 브랜드가 필요(needs)한 것을 충족시켜 준 친구로 단순히 기억되는 경우였다면 미래의 브랜드는 '간절히 원하는 것(desire)'을 찾아서 충족시켜 주고 그 과정 속에서 감성적 경험, 친밀감, 사랑스러움을 충분히 느끼게 해주는 친구여야 하는 것이다.

제6장 감각유산 러브마크화 전략

1. 1차 성질에서 시작

춘천시와 자매도시인 일본 기후현의 가카미가하라와 춘천시의 인연은 1999년에 '자매결연'을 원한 춘천시가 기후현의 IT산업과 교류를 희망했던 것에서 시작된다. 기후현 내에서 IT가 발달한 가카미가하라시와 춘천시의 교류가 시작된 것이다. 그런데 춘천 일대를 무대로 촬영된 드라마 '겨울연가'가 일본 전역에 한류 바람을 일으키면서 오히려 가카미가하라시가 춘천시에 바라는 것이 생기게 된다. 2004년 춘천시와 자매도시 결연 1주년을 기념해 가카미가하라 시청 북쪽의 기존 가로수 길에 80그루의 메타세콰이아를 새로 심어 300m 규모의 '후유소나(겨울연가) 스트리트'를 조성해 놓은 것이다.

그 후 인구 14만 명의 이 작은 도시는 '겨울연가 페스티벌'도 열어 주말 이틀 동안 2만 명이 넘는 관광객이 몰리는 기염을 토해내기도 했다. 가카미가하라시는 원래 벚꽃이 필 때의 정취가 뛰어나 일본 백경(百景) 중 하나로 꼽히던 곳이었는데 벚나무 길을 가로지르는 메타세콰이아 길에 '후유소나(겨울연가) 스트리트'가 된 후에는 일본 속의 '겨울연가 도시'로 이름표를 바꿔 달게 되었다.

이 도시의 운명이 바뀐 것은 '겨울연가'에 나오는 남이섬의 메타세콰이아 가로수길과 느낌이 비슷하다는 데서 시작했다. 가카미가하라시는 메타세콰이아 화석의 발견지로도 알려져 있다. 기존에 있던 가카미가하라시의 메타세콰이아 길 끝에 겨울연가 주인공들이 첫 키스를 하던 벤치와 똑같이 생긴 벤치를 놓았다. 가로수길에 놓여진 벤치는 드라마를 그대로 재현하기 위해 한국에서 공수해서 들여왔다. 남이섬에 있는 벤치와 똑같이 작은 눈사람 2개를 장식해 놓은 이 벤치 주변은 벤치에 앉아 기념사진을 찍으려는 방문객들로 하루 종일 장사진을 이루고 있었다. 그렇게 큰 기대를 하지 않고 기획한 행사에 스폰서가 되겠다는 문의와 행사참가 문의가 쇄도해 시당국이 감당키 힘들 정도였다는 보도가 나오기도 했다.

겨울연가 포스터

'후유소나(겨울연가) 스트리트'(가카미가하라시)

2. 2차 성질: 감각유산의 복제

일본 기후현 가카미가하라(各務原)시는 작은 춘천이라 불려도 좋을 정도로 변신하기 시작했다. 가카미가하라 시립 산업 문화센터는 '겨울연가 춘천이야기' 전시장을 만들어 겨울연가의 주인공들이 나왔던 춘천의 명동거리 무대세트와 두 주인공의 지각장면에 등장한 춘천고교 담장도 만들어 담을 넘는 장면도 재현해 놓았고, 드라마 NG장면도 상영하고 있다. 겨울연가 상품코너는 물론 춘천의 특산물을 파는 시장도 세워 겨울연가 상품매장에는 머플러를 비롯해 남이섬에서 판매 중인 겨울연가 상품을 판매한다. 문화센터 8층에는 춘천 닭갈비 전문식당도 들어서 있다.

한국의 호반도시 춘천에 있는 러브마크를 일본 국내에 가까이 둬서 원할 때 언제든지 쉽게 가서 보고 체험할 수 있다는 장점 때문에 한국으로 올 일본 인바운드 60만 명이 일본의 기후 현으로 전환되는 현상을 보인 이 에피소드는 러브마크가 어떻게 만들어지는지를 여실히 보여준 사례라고 하겠다.

3. 러브마크의 개념

러브마크는 브랜드 중에서도 사랑과 존경을 받는 브랜드의 강자라고 할 수 있다. 감성라인으로 차별화되어 언제든지 옆을 지켜주는 든든한 친구 같은 고마움의 대상이다. 러브마크는 열정적 사랑, 지속적인 감정적 관계성, 기존의 명성 보유, 카리스마적 브랜드, 이성을 초월한 충성도, 브랜드의 대안, 감정의 공유, 쌍방향 충성관계 등의 특징으로 설명되는 개념이다(로버츠, 2004).

〈표 1〉 러브마크의 개념 정의

개념 정의	키워드
"러브마크는 사람들이 사랑하는 브랜드, 이벤트 경험이다. 단순히 좋아하거나 존경하는 것이 아니고 열정적으로 사랑하는 것이다."	열정적 사랑
"러브마크만이 소비자의 지속적인 감정적 연계성을 설명할 수 있다."	지속적인 감정적 관계성
"러브마크는 성과, 혁신, 평판, 정직 등의 기초하에 생성될 수 있다."	기존의 명성 보유
"러브마크는 사람들이 사랑하고 강력하게 보호하는 카리스마 브랜드이다."	카리스마적 브랜드
"러브마크의 강력한 감정적 매력은 이성을 초월한 충성도를 생성하며, 시간 지체나 실패를 용서할 수 있는 사랑의 하나이다."	이성을 초월한 충성도
"러브마크는 브랜드의 미래 대안이다."	브랜드의 대안
"러브마크의 언어는 인간감정이 공유된 언어이다."	감정의 공유
"러브마크를 창조하기 위해서는 소비자를 전환할 수 없게 하는 것이 아니라 저항할 수 없게 변화시켜야 한다."	쌍방향 충성관계

출처: 케빈 로버츠(2004).

러브마크의 개념은 결국 "소비자가 브랜드의 명성에 대한 믿음을 바탕으로 브랜드를 마치 자기와 같이 사랑하고 보호하고 지지하며 허물이 용서되는 이성을 초월한 소비자와 브랜드 간의 열정적인 감정적 관계"라고 할 수 있다.

소비자는 브랜드에 대한 감성을 매우 중요시한다. 브랜드와의 관계 속에서 형성되는 '의식'은 계측가능한 브랜드의 면모보다 더 강하게 소비자를 러브마크에 매료되게 만든다. 일본 기후현 가카미가하라시의 가로수길은 복제된 1차 성질이다. 형체를 그대로 복제해 놓았다고 해서 그 자체로 러브마크가 되는 것은 아니다. 이미 방문객들의 마음속에 있는 '사랑'이나 '친밀감' 같은 2차 성질의 감성적 '의식'이 존재하기에 '후유소나(겨울연가) 스트리트'는 그 '의식'을 확인시켜 주는 곳으로서 일본 내의 겨울연가 관련 러브마크 장소로 등극했다.

소비자가 느끼는 감성은 소비자를 브랜드에 대한 감각적 차원으로 끌어들이게 한다. 이는 소비자와 브랜드를 더욱 친밀하고 지속적인 관계로 발전시키게 한다. 이 관계를 통하여 소비자는 브랜드가 친밀하게 그들이 필요로 하는 것과 소비자의 문화적 성향을 상세히 이해해 주기를 바라게 된다. 이로 인해 소비자는 감성적 브랜드가 소비자에게 감각적이면서 개인적인 대화를 나눠주는 존재라 여기게 된다. 따라서 브랜드가 소비자와 지속적인 관계를 갖기 위해서는 감성을 기반으로 지속적인 감각 기반 커뮤니케이션을 통한 관계형성에 중점을 두어야 한다(Gobé, 2001).

브랜드의 시대가 끝났다는 말은 결국 러브마크의 시대가 도래한 것을 알리는 신호다. 기억의 요소, 이미지의 요소로만 인식되는 브랜드는 이제 더 이상 크게 성장하지 못한다는 점을 부각시키는 말이기도 하다. 감성적으로 소비자 마음속 깊이 어필되지 못하는 브랜드는 경쟁에서 곧 도태된다는 점을 지적한 것이다. 이제까지의 브랜드가 필요(needs)한 것을 충족시켜 준 친구로 단순히 기억되는 경우였다면 미래의 브랜드는 '간절히 원하는 것(desire)'을 찾아서 충족시켜 주고 그 과정 속에서 감성적 경험, 친밀감, 사랑스러움을 충분히 느끼게 해주는 친구여야 하는 것이다.

러브마크의 시대에서는 단순한 정보나 콘텐츠보다 소비자와 브랜드의 관계를 잡아주는 적극적인 스토리가 존재해야 한다. 감각유산의 경우도 정형화된 자극보다는 특별한 관계를 느끼게 해주는 맞춤화된 자극, 단순한 가치보다는 신비스러운 독특함을 제공하는 것이 중요하다. 이 근간에는 소비자의 감성이 있으므로 감각유산은 소비자와 브랜드 간의 감성적 관계, 친밀한 사랑의 관계를 이끌어내는 데 매우 중요한 역할을 하게 된다.

브랜드	→	lovemark
정보	→	관계
소비자에게 인지됨	→	대중에게 사랑받음
보편적인	→	개인적인
일반적으로 설명하는	→	러브스토리를 창조하는
품질에 대한 약속	→	감각적 터치
상징화	→	아이콘화
규정된	→	고취된
진술	→	이야기
속성을 규정하는	→	신비에 싸인
가치	→	마음
전문적인	→	열정적이며 창의적인
광고대행사	→	아이디어 컴퍼니

출처: Roberts(2003), Lovemarks(양준희 역(2004), 서돌).

[그림 1] 브랜드와 러브마크의 비교

사람은 80%의 감성과 20%의 이성을 가지고 있는데 이성과 감성의 가장 큰 차이는 이성은 결론을 유도하지만 감성은 행동을 유발한다고 하였다(Roberts, 2006). 즉 이것은 이성보다 감성을 소구하는 것이 훨씬 더 영향력 있게 행동을 유발한다고 할 수 있는 것이다. 소비자들은 인터넷을 통한 정보 획득 능력이 크게 향상되어 더 이상 전통적인 수단을 통한 기능적 편익의 소구만으로는 소비자를 유인하지 못하게 되었다.

이와 같이 감성의 중요성이 대두되는 것은 넘쳐나는 브랜드메시지와 시간적 압박, 선택을 기다리는 다양한 대안 속에서 선택해야 하는 스트레스로 인해 소비자는 더욱더 감성에 의존할 수밖에 없기 때문이다. 즉 인간의 관심이 관심경제시대의 중요 원천이었다면, 감성의 경제, 유인의 경제시대에서는 인간의 감성이 유인력의 주요 축이 된 것이다.

〈표 2〉 관심의 경제와 유인의 경제 비교

관심의 경제(Attention Economy)	유인의 경제(Attraction Economy)
중단(Interruption)	계약(Engagement)
관리자(Directors)	연결자(Connectors)
일방향(One-way)	쌍방향(Two-way)
소수에서 다수(One-to-many)	다수에서 소수(Many-to-one)
다수의 사용자(Heavy Users)	영감을 주는 고객(Inspirational Consumers)
투자수익률(Return on Investment)	관계이익률(Return on Involvement)
집중(Convergence)	확산(Divergence)

출처: Roberts(2004), Lovemarks(양준희 역(2004), 서돌).

이런 소비자의 감정을 이끌어내기 위해서는 놀라움을 통해 기쁨을 이끌어내고, 공감을 이끌어내고, 감각으로 리드하고, 훌륭한 디자인으로 유혹하며, 소비자와 상호 교류하고, 엔터테인먼트를 활용하며, 음악을 통해 감성을 자극하는 방안을 모색하여야 한다. 특히 모바일 세상에서의 유인의 경제는 손안의 작지만 거대한 장치인 '스크린'의 중요성과 관련될 수밖에 없다. 그래서 '시소모(sisomo)'라는 개념이 강조되는데, 시소모(sisomo)는 시각적 요소(sight), 청각적 요소(sound), 동적 요소(motion)의 세 단어에서 합성된 말로서 휴대전화, 컴퓨터, PDA, TV 등 일상에서 넘쳐나는 스크린들이 소비자의 감성을 자극하는 주요 도구가 되고 있음을 강조한 말이다. 즉 언제, 어디에서나 소비자는 사회적 관계 속에서 시소모를 통해서 상호교류와 영향을 이야기로 나눌 수 있는 것이다(Roberts, 2005).

4. 감각유산 러브마크화의 요건

러브마크는 사랑과 존경의 두 개념으로 구성된다(Roberts, 2006). 존경은 다시 신뢰, 평판, 성능으로 구성되고, 사랑은 신비감, 감각, 친밀감으로 구성된다. 기존 브랜드 개념과 차별화되는 것은 신비하고 감각적이며, 그래서 친밀감을 주는 사랑이라는 차원을 갖추고 있다는 점이다.

1) 러브마크의 사랑 차원

(1) 브랜드 사랑의 개념

사랑은 보통 ① 깊은 애정의 강렬한 느낌, ② 누군가에 대한 깊은 낭만적 혹은 성적 애착, ③ 무언가에 대한 큰 관심과 재미, ④ 사랑하는 사람이나 사물을 의미한다(askoxford.com, 2008). 사랑(Love)과 호감(Like)이 같은가에 대하여 두 개념이 질적으로 다르다고 한다면 사랑을 측정할 수 있는 요소를 만들어야 한다. 상대를 필요로 하고 늘 함께 아파할 줄 아는 애착, 상대에게 책임을 느끼고 상대를 위해서 무언가를 하고 싶은 배려, 그리고 상대를 신뢰해서 자신의 전부를 속속들이 드러나게 하는 자기개방성이 갖춰진다면 사랑은 호감과 구별될 수 있다(Rubin, 1970).

감각유산은 그 감각을 접하는 사람에게 자유원소를 불어넣어 시간의 구속으로부터 자유롭게 하고 시간의 지배자가 되는 순간 얻게 되는 심신의 좋은 변화를 통해 애착, 배려, 자기개방성을 모두 갖추게 하는 힘을 가진 자극으로서 러브마크 중 사랑차원의 2차 성질을 충분히 갖춘 자극이라 할 수 있다.

브랜드 사랑은 만족과는 다른 개념이다. 특정 자극에 대한 만족이 브랜드 사랑의 조건이 될 수는 있다. 하지만 브랜드 사랑은, 만족한 모든 소비자가 경험하는 것은 아니다. 만족한 다수 중에 일부 소수만이 경험하는 감정적 반응인 것이다(Fournier & Mick, 1999). 즉 브랜드 사랑은 특정 브랜드에 대해 가지는 열정적인 감성적 애착이라고 할 수 있다.

브랜드 사랑이 만족과 다른 점은 만족이 인지적 판단이라면 브랜드 사랑은 훨씬 강한 감정적 집중이라는 점이다. 또 만족이 전형적으로 교환거래관점이라면 브랜드 사랑은 브랜드와 소비자의 장기적인 관계의 결과라는 것이다. 셋째로 다른 점은, 만족이 흔히 기대-불일치 이론에 근거한다면 브랜드 사랑은 기대-불일치로부터 받는 영향은 적고 감성적인 반응에 주목하기 때문에 기대한 것을 받지 못했다고 큰 영향을 받지 않는다. 마지막으로 브랜드 사랑은 만족과정에서는 불필요한 이를테면 "이 브랜드를 사랑해요"와 같은 사랑을 적극적으로 표현하려는 의지를 갖게 한다는 점이다. 이런 네 가지의 차이점으로 인하여 브랜드와 소비자의 정체성을 통합(Caroll & Ahuvia, 2006) 시켜 브랜드와 나를 하나로 보는 브랜드 동일시의 수준에 이르게 한다.

감각유산의 궁극적인 종착점인 심신의 '좋은 변화'는 이런 브랜드 동일시와 무관하지 않다. 감각유산을 경험하면서 경험의 주체가 느끼게 되는 좋은 변화가 누적될수록 개인은 감각유산이 자신과 무관하지 않으며 감각유산에 대해 애착을 느끼게 되고, 본인을 위해 감각유산이 무언가를 배려하고 있다는 관계성 인식 속에 감각유산에 대한 신뢰와 개방성을 갖추게 되면 러브마크로서의 사랑을 인정하게 된다.

(2) 브랜드 사랑의 특징과 유형

심리학자 Sternberg(1986)는 사랑의 3가지 구성요소로 친밀감, 열정, 헌신을 제시하면서 사랑에 대한 삼각형 이론의 균형을 언급했다. Sternberg & Grajek(1984)은 사랑 경험이 있는 18세 이상 70세 미만의 남녀 85명을 대상으로 각자의 애정관계를 조사했는데 응답자들은 모두 낭만적 사랑, 우정, 단순히 좋아하는 마음, 매혹, 헌신 등의 상이한 감정이나 행태를 모두 사랑으로 지칭하였다. 아울러 친밀감, 열정, 약속/책임감이 사랑의 주된 요소임을 발견하였다. 이것을 브랜드를 대상성으로 적용할 경우 친밀감이란 사랑의 기초로서 오랜 기간 관계를 유지한 브랜드에서 느껴지는 친숙함을 뜻한다.

구매와 사용이 이루어지지 않더라도 친밀감은 광고 등 반복적인 노출을 통해 소비자와 접촉이 지속된 경우에도 형성된다(최순화, 2006). 이에 비해 열정은 친밀감보다는 강한 열망으로서 브랜드를 소유하거나 사용해 보고 싶다는 동기를 유발하는 욕구이다. 즉 다른 사람과 하나가 되고 싶은 강한 욕망의 상태를 말한다. 뛰어난 성능, 획기적인 디자인, 사회적 상징성 등을 보유한 브랜드에 대한 열망과 관련되기도 한다(최순화, 2006).

이때 자아존중감, 해당 브랜드에 대한 복종, 자아실현 같은 욕구들이 열정에 기여하기도 한다. Sternberg는 친밀감이 친한 관계를 유지시켜 주는 역할을 하는 데 비해 열정은 사랑 초기 사람들의 관계를 맺어주는 역할을 하기도 한다고 지적하였다.

헌신은 가장 성숙한 사랑에서 보이는 요소로서 소비자가 브랜드와 애정적 관계를 유지하겠다는 약속을 뜻하며, 자발적 · 비자발적 구매를 반복하는 행동적 충성도를 뜻한다. 그는 어떠한 사랑의 관계에서든 친밀감, 열정, 책임감과 같은 세 가지 요소 중 하나라도 강하게 나타나야 지속된다고 강조하였다. 또한 세 가지 요소의 상대적 강도는 시간이 경과함에 따라 변화하게 되므로 관계도 시간에 따라 변화한다고 언급하였다. Sternberg(1986)는 사랑의 세 구성요소의 균형과 정도에 따라 질적으로 다른 사랑의 유형을 제시하였고, 이러한 사랑의 유형이 상이한 관계의 특성을 설명해 줄 수 있다고 보았다.

'사랑이 아님'은 일상적인 상호관계이며, 친밀감도 열정도 헌신도 없다. '호감'을 가진 경우는 친밀감만 높고 관계를 더 진전시키기 위한 열정도 헌신도 존재하지 않는 상태이다. '짝사랑'은 열정만 넘치는 일시적인 사랑으로 열정은 강하지만 친밀감이 존재하지 않기 때문에 관계가 더 발전하지 않는다.

'낭만적 사랑'은 친밀감과 열정이 높으나, 헌신은 적은 사랑이며, 반대로 '공허한 사랑'은 관계를 유지하고자 하는 마음만 남은 사랑이다. '우애적 사랑'은 친밀감과 관계 유지의 마음은 높으나, 열정은 적은 사랑으로서 플라토닉 러브라고 할 수 있다. '허구적 사랑'은 열정과 헌신만 있는 사랑으로 사랑을 표현하지만 상호 공유하는 관계가 적은 경우를 의미한다.

마지막으로 완벽한 사랑은 모든 요소가 충만한 이상적인 사랑으로 관계성이 지속화되는 사랑이다. 러브마크의 개념은 Sternberg(1986)의 사랑의 유형 중 브랜드에 대한 친밀감, 열정, 헌신이 모두 강한 완벽한 사랑의 상태라고 할 수 있을 것이며, 상기 3가지 요소가 중요한 구성요인이 된다고 할 수 있다.

최순화(2006)는 Sternberg(1986)의 사랑의 유형 모형을 참고하여 브랜드 사랑 유형을 7가지로 분류하였다. 이는 브랜드 성장에 따른 사랑의 발전형태를 유형별로 분류한 것으로 소꿉친구 사랑, 탐닉적 사랑, 실리적 사랑, 낭만적 사랑, 가족 같은 사랑, 복종적 사랑, 완성된 사랑으로 분류하였다. 이 중 완성된 사랑이 가장 안정적이고 견고한 사랑의 형태로 이상적이라고 볼 수 있으나, 그 외의 사랑은 우열을 가릴 수 없는 사랑으로 각 브랜드나 제품의 특성에 따라 최적의 사랑 유형이 달라질 수 있다고 하였다.

〈표 3〉 사랑의 유형 분류

사랑의 유형	친밀감	열정	헌신
사랑이 아님	−	−	−
호감	+	−	−
짝사랑	−	+	−
공허한 사랑	−	−	+
낭만적 사랑	+	+	−
우애적 사랑	+	−	+
허구적 사랑	−	+	+
완벽한 사랑	+	+	+

출처: Sternberg(1986), A triangular theory of love, Psychological Review, p. 93.

(3) 러브마크의 사랑차원 구성요소

러브마크의 사랑차원은 세 가지 요건으로 신비로움(mysterious), 감각(sensuality), 그리고 친밀감(intimate)을 제시하였다. 이 러브마크의 세 가지 요건별 구성요소를 살펴보면 다음과 같다.

① 신비감(mysterious)

케빈 로버츠는 신비감을 위한 다섯 가지 구성요소를 다음과 같이 제시하였다.

첫째, 신비감은 브랜드 스토리로부터 나온다. 브랜드 스토리란 브랜딩을 위해 사용되고 있는 브랜드에 관한 모든 스토리이다. 이것은 광고 속의 스토리가 될 수도 있고, 브랜드의 역사성이 될 수도 있는데 마케터의 스토리뿐만 아니라 구전이나 경험을 통한 스토리, 뉴스, 가십으로 알려진 모든 것이 브랜드 스토리이다(김정은, 2008).

브랜드 관점에서 이야기는 브랜드에 대한 정체성을 6하원칙에 의거 설명할 수 있으며, 브랜드 스토리는 소비자와 브랜드 간의 관계 형성에 초석이 될 수 있다. 브랜드 스토리를 성공적으로 전개하기 위한 공식으로는 영웅이야기 같은 드라마성이 필요한데 영웅적인 고난 극복 일대기와 같은 내용이 소비자에게 브랜드에 대한 매력을 주기 때문이다.

현재 소비자, 향후 소비자, 그리고 주변인들에게 강력한 감각유산 브랜드 스토리를 심어주기 위해서는 감각유산 브랜드의 열정이 담겨 있어야 하고, 감각유산 브랜드의 가치를 반영하는 내용이 있어야 한다. 아울러 감각유산 브랜드의 비전을 심어주어야 하며 감각유산 브랜드에 대한 감정적인 반응을 일으킬 수 있도록 하여야 한다(Lepla & Parker, 2002).

감각유산 브랜드 스토리와 스토리텔링은 소비자의 심리를 깊게 이해하는데 중요한 요소로서 다음과 같은 5가지 관점에서 필요성이 대두된다. ① 사람들은 논쟁적인 것보다는 이야기 식으로 생각하는 것을 선호한다. ② 기억으로부터 추출돼서 저장되는 정보의 상당 부분은 사람과 사람, 사람과 브랜드 간의 특정주제에 대한 사건, 경험, 결과/평가에 대해 에피소드화되어 있다. ③ 복원되고 보호되고 반복되는 이야기는 아리스토텔레스가 이야기한 것처럼 적절한 즐거움인 '카타르시스'를 제공한다. ④ 소비자에게 해피엔딩과 같이 전형적으로 반복되는 이야기를 다시 듣게 함으로써, 정신과 육체적으로 소비자가 전형적인 좋은 변화의 행동이나 반응을 하게 할 수 있다. 사람은 다른 사람과 얘기하거나 자신이 되뇌이면서 전에 있던 사건이나 결과를 명확하게 정리하려고 하기 때문이다(Woodside, Sood, & Mille, 2008).

즉 스토리텔링은 소비자로 하여금 브랜드에 대해서 보다 쉽게 이해하고 장기기억으로 가게 하며 기존의 상징과 아이콘 등을 통해 전형적인 행동을 유도할 수 있다는 것이다. 감각유산 브랜드 스토리에 의한 새로운 의미, 관계, 감정은 러브마크 형성에 큰 역할을 하고, 러브마크는 강력하고 감동적인 이야기들로부터 힘을 얻으므로 감각유산의 러브마크화를 위해서는 고객이 사랑을 느끼게 하는 러브스토리를 만들어야 한다. 따라서 러브마크가 되고자 하는 감각유산 브랜드라면 직관적으로 듣는 기술을 개발할 뿐 아니라 고객의 경험으로부터 이야기를 얻어낼 줄 알아야 한다. 또한 감각유산 관련 이야기를 발굴해 내고 소중히 지켜야 한다. 이러한 이야기는 사람들과 개인들에 의해 전파되기 때문이다.

둘째, 감각유산의 신비감은 과거, 현재, 그리고 미래를 연결해야 한다. 즉 이것은 브랜드의 지속가능성(Brand Sustainability)이 있어야 한다는 것으로 환경 분야에서 이야기하는 지속가능성 개념을 차용한 것이다. 이것은 언제, 어느 지역에서라도, 즉 시간과 공간을 넘어서 감각유산 브랜드의 가치를 공감토록 하는 내용을 강조한 것이다. Nicholas(2003)는 브랜드 지속성을 강화하기 위한 5가지의 중요한 원칙으로 브랜드의 환경변화 적응성, 민감성, 맞춤성, 관계성, 시스템적 협력을 강조하였다. 그중 가장 중요한 것은 시스템적 협력으로 감각유산 브랜드 이해관계자들 간의 체계적 협력이 필요하다.

셋째, 신비감은 꿈에 동참하게 한다. 너무 많은 브랜드와 이에 따른 많은 정보 때문에 대해 소비자들은 종종 이 정보들을 무시하게 된다. 더 이상 합리적인 소비가 소비자의 심리적 만족을 충족시킬 수 없게 된 것이다. 따라서 소비자는 그들의 꿈과 환상을 경험, 실현하는 수단으로 감각유산 브랜드를 이용하려 한다.

넷째, 신비감은 신화와 아이콘이 있어야 한다. 이것은 감각유산 브랜드가 소비자의 스키마(배경지식)속에서 의식 혹은 무의식적으로 내재되어 있는 신화적인 환상이나 상징을 연상할 수 있는 표식물을 제공해 소비자에게 자연스럽게 감각유산 브랜드를 특정 전형으로 평가하게 해야 하는 것이다.

다섯째, 신비감은 영감을 주어야 한다. 옥스퍼드 사전에서는 영감(inspiration)을 감흥되는 과정이나 정도, 감흥을 불러일으키는 사람이나 대상, 갑작스러운 현명함이 적절한 아이디어에 몰입하는 과정이라 정의하고 있다(askoxford.com, 2008). 예를 들면 올림픽이라는 역사적인 행사에 대한 직, 간접적인 경험을 통하여 개막식, 시합 등을 통한 감정적인 흥분과 오륜기, 성화, 메달과 같은 상징적인 아이콘을 통해 여러 가지 감흥을 받게 되는 것이다(Roberts, 2004).

② 감각(sensuality)

러브마크화를 현실로 만드는 것은 시각, 청각, 후각, 촉각, 미각 등의 다섯 가지 감각을 통해 성취할 수 있다(Roberts, 2004). 감각유산 브랜딩은 감각을 통해서 브랜드와 소비자의 관계를 자극하는 것이 목적으로 충동적 참여를 유발하고 흥미를 불러일으키며, 이성적 사고를 지배하는 감성적 반응이다(Lindström, 2005).

Lindström(2005)은 브랜딩의 역사를 독특한 판매제안(Unique Selling Proposition: USP)에서 시작해 감성적 판매제안(Emotional Selling Proposition: ESP), 조직적 판매제안(Organizational Selling Proposition: OSP), 브랜드 판매제안(Brand Selling

Proposition: BSP)을 거쳐 자신판매제안(MPS)에 이르게 되었다고 주장한다. 그리고 브랜드의 미래세대를 총체적 판매제안(Holistic Selling Proposition: HSP)이 주도하게 될 것이라고 주장하면서 '브랜드의 해체'를 주장하였다.

여기서 '브랜드의 해체'라는 것은 기존의 브랜드 메시지가 로고나 브랜드 네임에 너무 치중되어 브랜드의 개성과 독특성의 상실에 따른 차별성 인지의 문제점을 지적한 것으로 브랜드의 메시지, 모양, 상징, 의식, 전통, 감각 등 전반적인 모든 고객 자극 접점을 활용하는 총체적인 브랜드 관리를 통해 진정한 브랜딩 효과와 충성도를 유발할 수 있다는 것이다.

오감 중심의 총체적 판매제안은 프로슈머 개념을 통해 기업이 브랜딩의 일부를 소비자에게 넘겨준 것처럼, 감각유산 브랜드의 소유권을 기업이나 공공부문보다 소비자에게 넘겨줌으로써 소비자들이 감각유산 브랜드를 주도적으로 만들어가게끔 하는 것이다. 이렇게 확보된 충성된 소비자들은 고유한 브랜딩 커뮤니티에서 해당 감각유산 브랜드와 삶을 공유하면서 감각유산 브랜드를 지속적으로 구매하게 된다.

스타벅스의 원목 인테리어 실내장식과 은은한 커피향/재즈음악, 코카콜라의 독특한 병 디자인, 비아그라의 파란 다이아몬드 모양 알약, 켈로그 콘플레이크의 바삭거리는 소리와 촉감, 마이크로소프트의 윈도 부팅 소리, MGM의 사자 포효소리 시그널, '새 차 냄새'를 내기 위해 출시되기 전 자신만의 냄새를 자동차 안쪽에 인공적으로 삽입하는 롤스로이스, 승무원들의 향수와 기내에서 사용하는 타월 및 기내에 뿌리는 향을 특별히 기획해 특허를 얻어 자신의 트레이드마크가 되게 한 싱가포르 항공, 기네스 맥주를 마시는 특별한 의식을 만들어내며 기네스의 열광적인 팬을 만든 기네스의 방법들은 인간의 오감을 자극하는 감각유산 브랜드 마케팅 전략이다.

기존 오감마케팅에서는 주로 시각과 청각을 중심으로 마케팅이 이루어져 왔는데, 실제적으로 고객충성도에 영향력이 큰 것은 미각, 후각의 순으로 나타났다. 이것은 오감마케팅의 총체적인 관리와 더불어 오감 간의 연계적 사용을 통한 공감각 효과를 통해 감각적 자극의 효과를 극대화하는 전략을 보여주는 내용이다(Lindström, 2005).

③ 친밀감(intimacy)

친밀감이란 상대방에게 자신의 사적인 정보를 기꺼이 노출시키는 것으로 주로 개인적인 감정과 정보를 허심탄회하게 제한하지 않고 노출하고 같이 공유하는 것을 말한다. 친밀한 상호관계는 파트너들 간에 존재하는 깊은 이해의 결과물이다. 이렇듯 소비자들은 강한 관계를 맺고 있는 브랜드에 대해서 보다 정교화된 지식구조를 보여주고 보다 더 큰 친밀감을 느끼며, 이러한 감정은 슬로건이나 브랜드 캐릭터 등의 광고, 개인의 경험과 관련된 기억 등에 의해서 발전된다(최상진, 2006). 예를 들면 과거의 서점은 책을 둘러보는 곳이었지만 현재의 많은 서점들은 의자를 제공하고 커피를 마시거나 케이크를 맛보면서 책을 볼 수 있도록 하는 감각유산적 배려를 통해 마치 친구와 같은 친근감을 형성하도록 노력하고 있다. Stem(1997)은 친밀감을 '독특한 의사소통과 감정적 특징들을 포함하는 중심적인 사회 심리적 과정'으로 볼 수 있다고 하였으며, 친근한 관계의 특징을 5가지 속성으로 나타냈는데 여기에는 의사소통(Communication), 돌봄(Caring), 몰입(Committment), 편안함(Comfort), 갈등해결(Conflict resolution)이 포함된다.

친밀감에 대해서 Roberts(2004)는 몰입(헌신), 공감, 열정의 3가지 요소로 규정하였다. Aaker(1991)는 브랜드 충성도 수준의 높은 단계를 몰입(committment) 단계로 설정하였으며, Pimentel & Reynolds(2004)는 소비자들이 특정 브랜드가 실망스러운 스캔들이나 나쁜 소문에 휩싸이더라도 강한 충성도를 보이는 소비자–브랜드 관계 유형을 브랜드 몰입으로 정의하였다.

소비자의 브랜드 몰입은 스포츠 팀이나 영화, TV시리즈에 대한 팬덤(fandom) 현상과도 비교될 수 있는데, 특정 축구팀을 열광적으로 응원하는 팬들은 팀의 성적이 나쁜 시즌에도 결속감을 가지고 재기를 기다리며 팀의 로고상품을 수집하는 경향이 있으며, 브랜드 몰입은 내적 동기를 유발하는 소비자–브랜드 간의 강력한 감정적 관계가 구축됨으로써 형성된다(Kozinets, 2001).

러브마크의 주인은 몰입하는 소비자라는 사실에 기초하여 행동하려면 근본적인 변화가 필요한데 그중 가장 근본적인 것은 친밀감에 마음을 여는 것이다. 친밀감을 통해서만 벽을 허물 수 있고 감각유산 브랜드는 러브마크가 될 수 있다. 친밀감을 통해 소비자의 감성을 이해하고 반응할 수 있다. 관계에는 두근거리는 감동과 떠들썩한 흥분이 필요하지만 동시에 편안함, 신뢰, 그리고 친밀감도 있어야 한다(Roberts, 2004).

2) 러브마크의 존경 차원

(1) 존경의 개념 및 특징

로버츠는 '존경'이라는 키워드를 손가락 사이로 빠져나가는 모래알처럼 감을 잡기 어려운 연구분야라고 했다(Roberts, 2006). 존경에 대한 사전적 의미는 사물이나 사람에 대해 느끼거나 보여지는 관심과 경의심이나 자부심을 말한다(Oxford English Dictionary, 1989). 필자는 '존경'을 '브랜드 존재의 든든함'으로 해석하고자 한다.

존경은 대인적 관계와 개인적 자아정체성에 중요한 측면으로서 Markus(2004)는 사람은 지위, 존경, 가치의식, 개인과 집단의 정체성을 필요로 한다고 하였다. Kovecses(1990)가 언어학적 분석을 통하여 존경이 감정의 차원과 관련이 있는가를 분석한 결과 대부분의 피조사자들은 감정으로 인식하지 않았으나 Kovecses는 이를 잠재적인 감성차원으로 규정하였고, 존경의 개념은 가치의 은유적인 인식에 기반한다고 하였다. 즉 존경은 구조적으로 태도, 인지, 행동적 경향으로 볼 수 있다(Frei and Shaver, 2002).

상대방에 대한 존경은 다시 존경으로 돌아오고 이것은 안전감과 상호신뢰를 증가시키게 된다. Wieselquist, Rusbult, Foster, & Agnew(1999)는 관계의 주기적 성장모델 연구에서 관계의 의존 및 헌신에 대한 파트너의 신뢰의 증가는 상대편의 의존 및 헌신에 대한 파트너의 신뢰의 증가에 영향을 준다고 언급했다. 이것은 말하자면 상호관계의 증가과정에서 상호 존경의 영향력도 증가한다는 것이다(Frei & Shaver, 2002). 존경은 브랜드가 성공할 수 있는 주요 요소로서 존경은 러브마크를 형성하는 첫 단계라고 할 수 있다(Roberts, 2004).

Roberts(2006)는 존경에 대한 12가지 질문 중 80% 이상의 점수를 확보한 브랜드만이 존경의 기초가 다져져 있다고 하였다. 12가지 질문에는 ① 경쟁브랜드 대비 실적의 우위, ② 사회적 공익성 기여여부, ③ 소비자 브랜드 친숙성 여부, ④ 기업의 비전, ⑤ 소비자 피드백에 대한 태도, ⑥ 문제대처능력, ⑦ 경영혁신에 대한 의지, ⑧ 브랜드 이미지의 실제 부합성, ⑨ 브랜드의 추천 가능성, ⑩ 약속이행을 위한 노력 여부, ⑪ 해당 분야 선도브랜드 여부, ⑫ 수익보다 약속이행에 대한 의지여부가 있다. Roberts(2004)는 브랜드에 대한 존경이라는 개념이 성과, 신뢰, 평판이라는 3가지 차원으로 구분되어 있다고 주장하였다.

(2) 러브마크 존경 차원의 구성요소

① 성과

Roberts(2006)는 성과의 차원을 브랜드에 대한 혁신, 품질, 서비스, 정체성, 가치에 대한 인식이라고 하였으며, 끊임없는 향상의 노력으로 혁신을 통한 가치 창출이 필요하다고 하였다. 많은 기업들은 브랜드 성과 측정지표를 모니터링하는 활동에서 보통 인식도, 지식도, 연상, 헌신도, 지각도 평가의 5가지 부문과 재무적 성과를 활용한다. 브랜드 지식도는 브랜드 연상에 의거 알고 있는 브랜드에 대한 구매행동과 브랜드 친숙도를 말하며, 브랜드 헌신도는 회사의 투자에 대한 브랜드의 충성도와 성과를 말한다(Rajagopal, 2007).

브랜드 성과는 제품이나 서비스가 고객들의 기능적 욕구를 충족시키는 방식과 관련 있는 것으로 제품이나 서비스의 고유한 특성을 말하며, 이 특성에는 ① 주요 특성/2차적 특징, ② 제품 신뢰성, 내구성, 편리성, ③ 서비스 효과성, 효율성, 공감성, ④ 스타일과 디자인, ⑤ 가격의 5가지가 있다(Keller, 2003).

Roberts(2004)의 정의와 브랜드성과 측정지표의 측정 개념을 토대로 성과에 대한 부분을 기존 연구에서 지각된 품질을 중심으로 파악해 볼 수 있다. Garvin(1987)은 지각된 품질을 브랜드, 제품이미지 그리고 광고 등에 의한 간접적인 평가 측면에서의 품질로서 소비자 각자가 느끼는 주관적인 품질이라 하였고, 제품의 품질은 성능(performance), 특징(features), 신뢰(reliability), 제품사양과의 일치성(conformity with specification), 내구성(durability), 서비스능력(serviceability), 그리고 제품의 마무리(fit and finish)의 7개 차원이라 하였다.

Aaker(1991)는 지각된 품질이 구매결정과 브랜드 충성도에 직접적인 영향을 미친다고 하였으며, 특히 구매자의 동기부여가 낮은 경우에는 지각된 품질이 구매결정에 결정적인 요인으로 작용한다고 주장하였다. 그는 혁신, 품질에 대한 추구, 환경에 대한 관심과 같은 기업의 특징은 새로운 브랜드나 신제품에 신뢰성을 부여한다고 주장하고 우호적인 평판을 받는 기업은 그렇지 못한 기업에 비해 유리한 위치를 갖고 있다고 하였다.

② 신뢰

브랜드 신뢰란, 브랜드가 가지고 있는 능력을 믿으려는 소비자의 의지로 정의된다(Chaudhuri & Holbrook, 2001; Christy & Matthew, 2000). 신뢰는 교환에 있어 확신을 가진 호의이며 교환 파트너의 믿음과 정직에 대한 확신 지각(Morgan & Hunt, 1994)이다. 따라서 신뢰의 개념에는 확신과 믿음이 매우 중요하고 믿음은 상대방의 성실, 정직에 대한 확신이다(Garbarino & Johnson, 1999).

감각유산 브랜드의 신뢰는 소비자가 감각유산 브랜드와의 상호작용을 통해 감각유산 브랜드가 소비자의 이익보장에 대해 신뢰감과 책임감을 갖고 있다는 것을 인식한, 안정된 느낌이라고 할 수 있다. 브랜드 신뢰는 다음과 같이 그 개념을 정의할 수 있는 데 첫째, 브랜드가 주는 가치의 약속에 대한 의존을 통해 소비자가 기꺼이 위험을 감수할 수 있는 것이다. 둘째, 확신감과 안정감의 감정이다. 셋째, 감각유산 브랜드 신뢰는 좋은 변화와 같은 긍정적 결과만을 가정한다. 넷째, 신뢰성과 의존성과 같은 것을 감각유산 브랜드에게 배치할 필요가 있다(Delgado-Ballester, Munuera-Aleman & Yague-Guillen, 2003).

감각유산 브랜드 신뢰에 대한 확신은 몰입이나 장기적인 관계형성으로 발전되는데, 관계에 대해 신뢰할수록 감각유산 브랜드 고객은 그 관계를 가치 있는 것으로 여겨 불확실성이 존재하는 새로운 거래 상대자를 찾기 보다는 그 관계 속에서 머물기를 원한다. 상호신뢰에 의해서 형성된 관계는 공유된 가치의 정도가 아주 높기 때문에 관계형성을 지속하려는 몰입의 정도가 높아지게 된다. 이는 감각유산 브랜드의 유능함, 정직, 공평함, 책임감, 유익함, 호의성 등과 같은 특성들과 관련된다.

신뢰가 형성된다면 합리성이 결여된 상황에서도 상대방이 자신에게 주어진 의무를 다할 것이라는 믿음과 향후 상대방의 행동을 확신할 수 있기 때문에 기회주의적 행동에 대한 탐색 대신에 서비스 제공자와 서비스 수혜자 간의 장기지향적인 관계를 형성할 수 있게 된다고 하였다(Morgan & Hunt, 1994). Garbarino & Johnson(1999)은 전문비영리 극장을 대상으로 한 연구에서 신뢰가 몰입을 매개로 하여 향후 재방문 의도에 영향을 미친다는 것을 밝혀냈다. 이러한 결과들은 소비자의 몰입과 관계지향성을 형성하는 데 신뢰가 중요한 영향을 미친다는 것을 시사한다. Robinette, Brand, & Lenz(2001)는 신뢰는 브랜드 자산과 밀접한 관계로 고객과 브랜드를 밀착시켜 주며, 신뢰를 통하여 소비자의 감성을 지속적으로 자극하여야 한다고 하였다.

Roberts(2006)는 앞으로 특정 브랜드는 트러스트마크(trustmarks)를 통한 신뢰 관계를 일단 형성한 후 소비자와의 감성관계를 통해서 러브마크로 발전할 필요가 있다고 하며, 러브마크 선행요소로서 신뢰의 중요성을 강조하였다.

아울러 신뢰의 요소로서 믿음, 편리성, 안전성, 개방성 등을 지적하였다.

③ 평판

Dowling(1986)은 평판이란 지난 행동의 결과로 타깃 그룹들이 제품 혹은 서비스의 질에 대해 경쟁회사들과 비교하기 위해 사용하는 브랜드 역사의 거울이라고 했다. 평판이란 시간이 지남에 따라 누적되는 브랜드와 관련된 이해집단의 판단이며, 사람들이 브랜드에 대해 지속적으로 '좋다'거나 '나쁘다'라고 보는 조직의 일반적인 특성이다. 즉 브랜드 평판은 다양한 이해관계자에게 조직의 장점을 전달하고 사람들을 만족시키며 경쟁브랜드에 비해 차별성을 갖는 것으로, 브랜드와 이해관계자 사이의 이성적이면서 감성적인 관계를 말한다(Fombrun & Shanley, 1990).

브랜드 평판(brand reputation)에 따른 효과는 동일한 제품이나 서비스라 할지라도 브랜드 평판에 따라서 소비자가 제품과 서비스를 구매할 것인지에 대한 결정이 이루어지는 고객들의 행위를 내포하고 있다(서창적 · 권영훈, 1999).

평판은 경영학, 조직이론, 마케팅 등에서 중요한 연구대상으로 삼고 있는 개념으로 지금까지 평판연구는 주로 기업평판에 맞추어서 진행되어 왔으며, 평판이 성과에 무형자산 역할을 하고 있는 것으로 증명되고 있다. 과거 한때 평창 동계올림픽 유치에 실패했었던 원인으로 평창이라는 도시에 대한 낮은 인지도, 즉 평판이 형성되지 못했음을 꼽고 있다. 이처럼 훌륭한 평판은 브랜드의 이해관계자들로부터 강력한 지지를 바탕으로 호의적인 행동을 유발시키는 데 영향을 미치므로 훌륭한 평판은 강력한 브랜드를 구축하며 이러한 평판은 브랜드의 기능보다 상위의 개념이다(한은경 · 오현정 · 이용진, 2007).

5. 감각유산 러브마크화 사례 I

'올레'는 제주 방언으로 좁은 골목을 뜻하며, 통상 큰 길에서 집의 대문까지 이어지는 좁은 길이다. 제주 올레길은 사단법인 제주올레에서 '걷는 이는 다소 불편해도, 자연을 보호하고, 사람과 소통할 수 있는 여행을 추구하는 제주올레의 정신' 아래 개발되었다.

2007년 9월 8일 제1코스(시흥초등학교에서 광치기 해변, 총 15km)가 개발된 이래, 2012년 5월까지 20코스까지 개장되었다. 각 코스는 일반적으로 길이가 15km 이내이며, 평균 소요시간은 5~6시간 정도이다. 주로 제주의 해안지역을 따라 골목길, 산길, 들길, 해안길, 오름 등을 연결하여 구성되며, 제주 주변의 작은 섬을 도는 코스도 있다.[1)]

사단법인 제주올레에서는 지속적으로 코스를 개발하고 있다. 기본적으로 기존 길을 탐사하고 걷기 좋은 길을 선별해서 서로 연결하여 코스를 만드는 형태이며, 필요한 경우 폭을 넓히거나 장애물을 제거하는 식으로 걷기 좋게 만들어주는 작업이 수행된다.

제주 올레길 14코스[2)]

계획적인 코스 개발과 홍보를 통해서 도보여행지로 성공한 제주 올레길은 전국적으로 도보여행 열풍을 가져왔다. 올레길의 성공 이후 전국에서 도보여행 코스들이 생겨나고 있다.

제주 올레길은 전 국민의 걷기 열풍 속에서 어느 정도 화제를 모을 것으로 예상되었으나 평균 17km 올레를 걷는 건 본래 대중적인 것은 아니었다. 익숙하지 않은 자연환경과 함께 마땅한 편의시설도 마련되지 않은 상태에서 평균 5~6시간을 걷는 건 아무래도 무리라는 것이 보편적인 생각이었기 때문이다.

그러나 올레는 여행을 통한 탐방객들의 심신의 치유와 정서함양 등 '힐링'을 콘셉트로 하는 새로운 트렌드로 각광받았다.[3)] 올레는 환경부와 문화체육

1) 네이버 지식백과, 제주 올레길(jeju olle); 두산백과.
2) 제주 올레길 14코스, instagram-bonbontorrent.
3) 관광협회, 안전하고 행복한 청정 올레길 조성에 앞장! 2014.

관광부 공동으로 발표하는 전국 명품 생태관광프로그램에 선정되기도 하였으며,[4] 2009년 레저부문 최고의 히트상품으로 선정되기도 하였다. 2010년에는 '한국관광의 별' 최종후보에 오르기도 하였다.

2007년 가을에 시작한 올레길은 2007년 3,000명, 2008년 약 30,000명, 2009년 251,349명, 2010년 746,900명, 2011년 109만 874명을 기록하며 급격한 성장세를 보였으며, 2012년 110만 8천522명, 2013년 119만 3천727명, 2014년 117만 6천133명, 2016년에는 1월부터 8월까지 제주 올레길에 방문한 관광객이 486,827만 명으로 꾸준한 성장을 보이고 있다.[6]

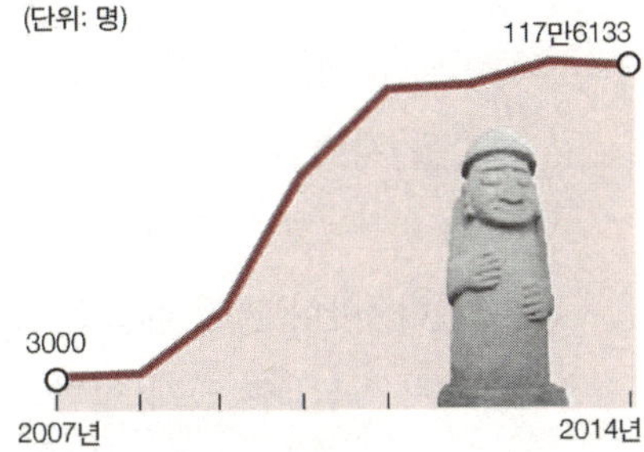

자료: 사단법인 제주올레

[그림 2] 제주 올레길 연간 탐방객 수

1) 러브마크 사랑차원 요소

① 신비감

- 브랜드 스토리: 제주 올레길은 '오직 스스로 걷는다'라는 스토리를 가지고 러브마크에 다가가고 있다. 원칙적으로 새로 조성된 휠체어 구간, 일부 해안도로, 마을 주민들이 이용하는 포장길 이외에 제주 올레길에서는 자전거를 포함해 어떠한 탈것도 들어올 수 없다. 자연을 훼손하지 않으면서 오직 두 다리로만 완주할 수 있는 제주 올레길의 단순하면서도 실존적인 스토리는 사람들을 지속적으로 올레길에 방문하게 만들고 있다.

---

4) 올레길 · 거문오름 '명품' 공인, 제주일보, 2009.
5) 제주 올레길 연간 탐방객 수, 사단법인 제주올레.
6) 올레 탐방객 현황, 사단법인 제주올레, 2007~2016.

② 감각: 러브마크가 되기 위한 필수적인 감각유산적 요소들을 제주올레는 충분히 만족시키고 있다.

- 시각: 자연을 최대한 고려하여 조성된 제주 올레길은 상상 이상의 풍경을 담아낸다. 인간이 도저히 꾸며낼 수 없는 자연현상이 절경을 만들어낼 수 있는데 제주 올레길의 코스마다 보이는 풍경들은 사람들의 시각을 사로잡는다.
- 청각/후각: 제주 올레길이 선사하는 풍경은 시각으로만 온전히 느낄 수 없다. 바다냄새, 파도소리, 새소리 등의 청각과 후각은 풍경을 감각적으로 느낄 수 있게 한다.
- 촉각: 제주 올레길에는 맨발로 올레길을 걸으면서 땀을 흘리는 사람이 많다. 이러한 촉각적 감각을 통해 사람들은 올레길을 완주했을 때 뿌듯함을 느끼고 다음 코스로 발걸음을 옮기게 된다.

올레길 모습

저마다 올레길을 찾는 이유와 목적은 다르지만 올레길에서 멋진 풍경을 보고 감각적인 활동을 하고 돌아가게 된다. 일상에서 벗어나 올레를 찾았던 사람들 중 좋은 변화의 체험을 통해 힘을 얻고 가는 '올레 힐링족'들은 제주올레를 단순한 관광지가 아닌 감각유산의 러브마크로 만들고 있다.

③ 친밀감: 사단법인 제주올레는 제주 올레길을 통해 돈을 벌지 않는 비영리 단체이다. 또한 제주올레는 입장료가 없는 감각유산이자 자유 도보 여행 길이다. 대신 제주올레는 후원금으로 운영되고 있다. 후원자를 '올레꾼'이라 부르는데 길을 걸은 뒤 입장료 대신 후원금을 내는 '올레꾼'이 되는 사람이 많다. 올레꾼이 되거나 제주올레의 상품을 사는 것만으로도 제주올레를 후원한다는 점에서 시민들은 제주올레에 좀 더 쉽게 다가가고 친밀감을 느끼게 된다.

2) 러브마크의 존경차원 요소

① 성과: 제주올레는 제주올레만의 독특한 프로그램인 '제주 패스포트'와 '할망민박'을 기획하여 감각유산 브랜드 성과를 올리고 있다. 제주 패스포트는 각 올레길마다 다른 스탬프를 찍어주어 완주하면 모든 스탬프를 모으게 되는 프로그램이다. 또한 할망민박은 제주도에 혼자 살고 계시는 할머니들의 적적함을 덜어드리고자 싼 가격에 방을 빌려주는 프로그램이다.

- 친구기업: 친구기업에는 올레를 후원하는 수많은 단체와 기업들이 있다. 현재 친구기업에는 17개의 단체와 기업이 존재한다. '이스타 항공'은 항공 할인을 지원해 주고 '제주 렌트카'는 제주올레와 함께 패스포트 할인, 올레스토어 기획상품 제공, 제주올레 업무차량을 지원해 주고 있다. 특히 'KT'는 제주올레를 정기적으로 후원하는 파트너로 올레길 그늘나무심기, 공식 가이드북 제작/배포 등 제주올레의 주요 활동에 함께하고 있다. 이외에도 '이니스프리', '한국공항공사 제주지역본부', '카카오', '벤타코리아', 'BGF 리테일' 등 많은 단체와 기업들이 제주올레와 친구기업으로 후원을 하고 있다. 제주올레는 현재도 친구기업 신청을 받고 있기 때문에 앞으로도 감각유산으로서 올레와 친구기업을 맺을 단체와 기업들이 늘어날 것으로 예상한다.

② 신뢰감

- 자연 친화적: 올레길은 새로운 인공적인 길을 조성한 것이 아니라 기존의 길을 걷기 편하게 만든 것이다. 자연을 훼손하지 않아 제주의 자연과 감각유산을 최대한으로 느끼게 하는 제주올레는 방문객들로 하여금 자연친화적이라는 신뢰감을 갖게 한다.
- 접근 용이성: 제주올레는 제주 전체 구석구석에 제주 올레길을 만들어 놓았다. 올레길은 제주 어느 지역을 가든지 쉽게 접하도록 편리한 위치에 조성되어 접근하기 용이하다. 또한 올레코스의 이정표 역할을 하는 간세(제주 방언 '간세다리'에서 따온 말로 '느릿느릿'이라는 뜻)와 제주올레 시작점 표지석, 리본 등을 이용하여 올레길을 걷는 데 불편함이 없도록 하여 편리성을 높였다.

  이러한 제주올레의 노력은 제주도 전역에서 올레길을 걷는 올레 사랑꾼들이 올레길을 방문하게 하고 올레에서 길을 잃지 않도록 도와준다. 간세는 갈림길에 세워져 있어 길을 안내하는 역할을 한다. 시작점에서 종점을 향해 정방향으로 걷는 경우 간세의 머리가 향하는 방향이 길의 진행방향이다. 또한 볼거리가 있는 곳에는 간세 몸통에 얹은 안장에 안내 문구가 쓰여 있다.

  제주올레 시작점 표지석에는 각 코스의 약도와 경로가 그려져 있어 이용객들이 쉽게 길을 찾을 수 있게 해놓았다. 주로 나뭇가지에 매달려 있는 파란색과 주황색 리본은 화살표로 표시하기 어려운 산길을 안내한다. 주로 사람의 눈높이보다 조금 높은 곳에 매달려 있기 때문에, 바람에 흔들리면 멀리에서도 잘 보이므로 길을 확인할 수 있도록 해놓았다. 또한 제주올레는 남녀노소 누구나 입장료 없이 해지기 전에 걸을 수 있도록 하여 개방성을 높이고 접근하기 쉽게 만들었다.

제주 간세

제주 표지석

③ 평판: 제주 올레길은 이미 위에 언급한 여러 가지 요건으로 인해 그 평판이 아주 좋은 편이다. 그 외에도 각 코스마다 보이는 풍경이 다를뿐더러 제주올레에서도 올레길을 찾는 사람들을 위해 지속적이고 철저한 홈페이지 관리를 하고 있다. 또한 제주올레는 주변의 숙소를 맛집들과 연계하여 패스포트 할인업체를 운영하고 있다. 제주올레는 먼저 경험한 올레꾼들이 추천한 숙소와 맛집 정보를 코스별로 홈페이지에 제공하여 평판을 높이고 있다.

우정의 길

제주올레는 후원을 받기만 하는 것이 아니고 마을과 지역사람들을 위한 길을 위해 후원을 하기도 한다. 그것이 바로 우정의 길이다. 우정의 길은 현재 '양평 물소리길'과 '규슈올레' 두 길이 있다. 양평 물소리길에는 (사)제주올레에서 코스 개발에 정식으로 참여하였다. 또한 규슈올레는 제주올레와 유사하게 기획되었다. 제주올레의 정신과 마스코트 등 여러 방면에서 유사점을 보이고 있다.

이와 같이 제주올레는 수많은 기업과 연계하여 사업을 기획할 뿐만 아니라 다양한 이해관계자들과 협조하고 있다. 제주올레는 후원을 받기도 하지만 후원도 하고 있다. 또한 국내뿐만 아니라 국외로도 제주올레의 정신을 펼치고 올레길을 만든다는 점에서 앞으로 제주올레의 가능성은 무궁무진하다.

자매의 길

제주올레는 걷는 이는 다소 불편해도, 자연을 보호하고, 사람과 소통할 수 있는 여행을 추구하는 정신을 가지고 있다. 이러한 제주올레의 정신은 세계 곳곳에 퍼져 있다. 그 예로 자매의 길을 들 수 있다. 현재 제주올레 길의 글로벌 프로젝트로 그리스, 일본, 서호주, 레바논, 스위스, 캐나다, 영국 등의 7개국과 8개의 자매의 길을 맺고 있다.

제주의 간세

규슈올레

6. 감각유산 러브마크화 사례 2

1) 홋카이도의 러브마크 시로이코이비토

시로이코이비토(白い恋人; しろいこいびと: 하얀 연인)는 1976년 12월에 이시야 제과에서 제조하여 출시된 일본 홋카이도 삿포로시에서 판매하는 랑그드샤 쿠키로 초콜릿을 사이에 넣은 과자인데, 화이트 초콜릿을 넣은 시로이코이비토 화이트, 밀크 초콜릿을 넣은 시로이코이비토 블랙 두 종류가 있다.

종이상자 포장 뒷면을 보면 상품명의 유래가 적혀 있으며, 상품은 전체적으로 흰색 계열로 홋카이도의 설경을 연상시키면서 하나의 컬러를 사용해 단일 이미지로써 감각유산이자 러브마크로서의 통일성을 부여해 준다.

원래는 홋카이도에서만 한정 판매하여 희소성을 부각시켜 출장이나 여행 때의 토산품으로 소비자들의 습관적 구매를 이끌어내었지만 현재는 공항 면세점에서도 구매 가능하고 통신판매를 통하여 구할 수도 있어서 매출은 더욱 증가하고 있다. 연간 2억 개 이상 판매되는 자타 공인 러브마크로서의 인기와 사랑을 받고 있는 이 과자는 홋카이도에 들르는 사람들의 선물은 반드시 시로이코이비토라는 공식을 만들어내며 명실상부 홋카이도를 대표하는 감각유산으로서의 자리를 굳건히 지키고 있는 러브마크이다.

2) 시로이코이비토의 브랜드 확장

(1) 시로이코이비토 테마파크

시로이코이비토 테마파크는 시로이코이비토라는 감각유산이자 러브마크인 과자에서 파생되고 확장된 테마파크이다. 이 테마파크는 과자의 제조과정을 견학할 수 있는 팩토리 워크와 시로이코이비토 과자만들기 체험공방, 초콜릿의 역사와 앤티크 컵에 관련된 전시물 등 다양한 감각유산의 집합체라 할 수 있다. 1950년대에 과자공장이 설립되었고 건물 사용과 중단을 반복하다 1995년대에 처음으로 시로이코이비토 파크로 오픈하였다. 현재의 테마파크 형태로 정착된 것은 2008년부터로, 건물 자체는 역사적인 의미를 충분히 느낄 수 있는 정취유산을 보존하면서도 내부 디자인과 프로그램들은 트렌디한 감각으로 꾸며내 고전적 정취와 신선한 감각유산적 이미지를 모두 갖추었다고 할 수 있다. 테마파크의 정원, 로즈가든은 여름이면 활짝 피어나는 꽃들로 아름다운 시각유산과 매력적인 향기유산을 콜라보로 연출해 내며, 증기기관차 '벤케이호'를 모델로 한 시로이코이비토 철도와 어린이들이 들어가서

놀 수 있는 걸리버 하우스, 기계로 된 동물들이 퍼레이드를 펼치는 초콜릿 카니발 등은 시각, 촉각유산과 정취유산의 콜라보로 다양한 감각적 흥미를 방문객에 제공하고 있다. 시로이코이비토를 판매하는 숍과 캔디아트 전문점인 '캔디 라보'도 갖추고 있는 이곳은 어린이들을 동반하는 가족 단위로 찾기 좋을 뿐만 아니라 어른들도 이곳에 몰입하여 동화의 나라에 온 것처럼 친밀하면서도 신비로운 체험을 할 수 있어서 러브마크로서의 감각유산의 전형적인 사례가 되는 데 부족함이 없는 경우다.

시로이코이비토 테마파크의 경우 현재와 같은 형태로 자리 잡은 지 10년을 경과하면서 다양한 감각유산을 경험할 수 있는 프로그램들을 보유하고 있기 때문에 저관여상태로 방문한 방문객들로 하여금 고관여적인 태도를 가지고 다양한 감각과 관련된 정보를 습득한 후 방문을 더 알차게 즐길 수 있도록 하고 있다. 과자의 경우 미각적 자극이 대부분이며 먹으면 소멸되어 사라지는 일시적인 성질을 가지고 있지만 테마파크의 경우 직접 과자 제조과정을 눈으로 보고 나만의 과자를 만들어보는 등 오감 체험과 관련해 시각, 후각, 미각, 촉각, 청각 등을 골고루 자극하여 오랜 기간 동안 기억에 남을 수 있는 이미지를 각인시켜 시로이코이비토에 대한 브랜드 충성도와 러브마크 인식 수준을 강화시키고 있다.

시로이코이비토 테마파크의 후기 인기순위

위 사진에 나와있듯이 트립 어드바이저의 후기에 삿포로에 있는 쇼핑, 패션관련 상업 31곳 중 2위로 랭킹되었으며 방문객의 평가는 매우 좋음이 87, 좋음이 215로 만족스럽다는 의견이 지배적이다. 아래 사진에 나타난 것처럼 삿포로시 테마파크 평가항목을 보면 만족도 랭킹 1위로, 만족도 5점 만점에 4.52라는 높은 점수를 받은 것을 볼 수 있다.

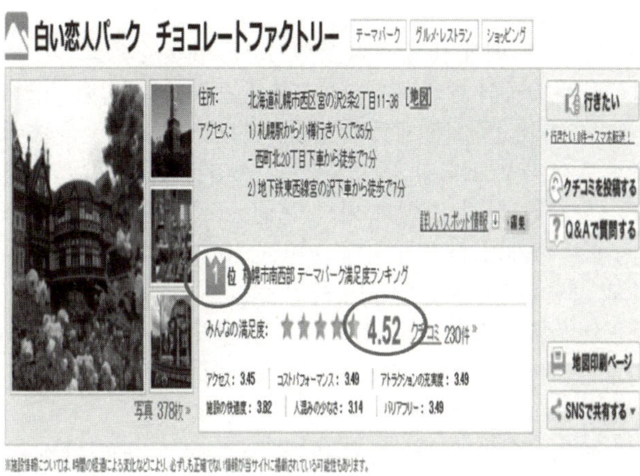

시로이코이비토 테마파크의 만족도

참·고·문·헌

고경순(2004). 경험마케팅. 서울: 도서출판대명.

김경욱·이태희(2017). 한옥마을의 감각유산 인식이 러브마크와 트랜스포메이션 및 재방문에 미치는 영향. 관광연구저널. 31(2): 83-98.

김남정(2005). 도시브랜드 이미지의 구성요소와 영향에 관한 연구. 경원대학교 박사학위논문.

김정희(2002). 점포선택행동과 소매업종별 고객만족도 비교연구. 마케팅관리학회, 7(1): 123-152.

박성연·배현경(2006). 매장 내 감각적 체험이 매장태도와 애호도에 미치는 영향: 소비감정과 만족의 매개적 영향을 중심으로. 마케팅관리연구. 11(3): 1-13.

박성연·황정은(2005). 매장내 체험적 경험이 브랜드 태도 및 구매의도에 미치는 영향: 디지털 체험관을 중심으로. 경영논총. 23(2): 69-93.

박인수(2006). 마케팅 환경 변화에 따른 브랜드 아이덴티티 개발 프로세스에 관한 연구: 마케팅 환경 분석에 소비자 감성 분석기법을 도입하여. 상명대학교 예술디자인대학원 석사학위논문.

삼성경제연구소(2006). 소비자의 브랜드 사랑. 서울: 삼성경제연구소.

손선미(2007). 연구논문: 체험지향성과 관광축제이벤트의 프로그램, 물리적 요소, 방문의도의 관계. 이벤트컨벤션연구. 6: 1-23.

양년화(2005). 제품 유형에 따른 경험 마케팅이 브랜드 로열티에 미치는 영향에 관한 연구: 고관여 이성제품과 감성제품의 비교를 중심으로. 경희대학교 석사학위논문.

양영순(2003). 체험마케팅이 브랜드인식에 미치는 영향에 관한 실증연구: 여성화장품 소비자를 중심으로. 서경대학교 석사학위논문.

오수희(2005). 감각, 감성, 인지 체험간 관계가 경험적 가치와 브랜드태도에 미치는 영향에 관한 연구. 이화여자대학교 석사학위논문.

원홍학·복지윤·오영경(2011). 제주 올레길 어디까지 가봤니? 소비자행동론 리포트.

유재하(2004). 브랜드 자산의 구성 요소에 관한 연구: 소비자와 브랜드간의 감성-관계를 중심으로. 성균관대학교 박사학위논문.

이보람(2005). 체험마케팅과 브랜드 퍼스낼리티의 적합성이 브랜드 로열티에 미치는 영향에 관한 연구. 부산대학교 석사학위논문.

이태희(2010). 러브마크이론을 적용한 전북 관광체험 가치의 평가 틀 도출 및 러브마크 가치 상향화 전략. 한국관광학회 제68차 학술연구 발표논문집. pp. 845-863.

이태희(2011). 러브마크감성행동론. 서울: 도서출판새로미.

최원주(2008). 소비자-브랜드 감성적 관계에 대한 사랑의 삼각이론적 접근. 한국언론정보학보. 44: 8-18

허은아(2008). 브랜드매너의 구성차원 및 고객기반의 브랜드 자산에 미치는 영향. 성균관대학교 박사학위논문.

Aaker, D. A.(1991). Managing Brand Equity. San Francisco: Free Press.

Bitner, M. J.(1992). Servicecapes the Impact of Physical Surroundings on Customers and Employees. Journal of Marketing. 56(1): 57-71.

Buchholz, A., & Wordemann, W.(2000). What makes winning brands different. New York: John & Sons.

Gobé, M.(2001). Emotional Branding: The new paradigm for connecting brands to people. NY: Allworth Press.

Gobé, M.(2002). Emotional Branding(이상민 역. 감성디자인 감성브랜딩. 서울: 김앤김북스).

Parasuraman, A., Zeithaml, V., & Berry, L.(1988). SERVQUAL a Multi-Item Scale for Measuring Perspectives of Service Quality. Journal of Retailing. 64(1): 12-40.

Robert, K.(2004). Lovemarks: The future beyond brands(양준희 역(2005). 브랜드의 미래. 러브마크. 서울: 서돌).

118 관광학연구. 제36권 제2호(통권 제98호).

Robert, K.(2006). Lovemarks effect: Winning in the consumer revolution(이상민 역(2007), 러브마크 이펙트. 서울: 서돌).

Schmitt, B. H.(1999). Experiential Marketing. NY: Simon & Schuster.

Zeithaml, V. A.(1998). Consumer Perceptions of Price Quality and Value: A Means-End Model and Synthesis of Evidence. Journal of Marketing. 52: 2-22.

제7장 감각유산과 트랜스포메이션

감각유산이 좋은 변화를 결과시키는 재화로서 위치하는 지역의 물리적·환경적 특성이나 해당 시설에서 사용하는 특화 재료는 트랜스포메이션이라는 구체적인 방향성을 띤 채로 감각유산 체험의 주체인 소비자들에게 중요하게 인식되어야 하는 부분이 된다. 따라서 트랜스포메이션 재화시대에 심신의 호전과 관련하여 지역 감각유산의 존재와 잠재력, 그 특성을 구분하고 그 다양화에 의미 있는 방향성을 제공하는 시도가 이루어진다면 지역밀착형 관광 활성화와 그 안정적 성장유지에 기여할 수 있을 것이다.

제7장 감각유산과 트랜스포메이션

I. 감각유산과 실존감

1) 실존에 대한 불안감

물질적 풍요와 정신적 빈곤의 혼돈 속에 현대를 살고 있는 현대인들은 자기 실존에 대한 불안정성에 늘 시달리며 살고 있다. 도시화, 개인화, 기계화된 사회관계 속에서 단절감, 무력감과 고독감을 느끼기 때문이다. 무차별적으로 들어오는 부정적이고 비인간적인 자극을 통해 인간 '감각'의 병리학적 둔화가 초래되고 있기도 하다. 또한 니체가 주장하는 '외적 규범의 노예'가 되어, 현대인들은 보이지 않는 타인의 시선, 말투, 행동을 의식하면서 자신의 본능적 판단과 사고체계를 외적 기준에 의존하는 과정(内田樹, 2002, 이경덕 역, p. 48)을 통해서 불안감을 느끼게 된다. 다시 말하면, 긍정적 감각이 둔해지고 부정적 감각이 예민해지면서 느끼게 되는 이런 현대인들의 불안은 존재와 인식 간의 괴리를 인식하게 되면서 나타나는 심리적 반응이다(백승균, 1994).

중심분리 혼동이론

멸치 똥을 제거하고 먹을 멸치몸통만 따로 모아놓기 위해, 혹은 땅콩 껍질을 벗겨 땅콩만 골라놓을 때 반복적인 분리수거 작업을 계속 하다 보면 정작 버려야 할 멸치 똥이나 땅콩 껍질을 그릇에 던지고, 입에 넣어 먹을 땅콩이나 국물 내는 데 쓰일 멸치를 쓰레기통에 넣게 되는 어긋난 분리경험을 해본 경험이 누구나 한 번 이상 있을 것이다. 필자는 이 어리석고 어처구니 없는 경우가 비유적으로 시사하는 우리들의 모습을 중심분리 혼동이론이라 명명했다.

삶의 기준과 중심을 내가 아닌 주변 사람, 타인에게 맞춰 놓다 보니 분리해서 버려야 할 도움이 안 되는, 쓰레기 같은 욕심의 잣대를 보물 같은 삶의 지표로 간직하고, 해시계처럼 믿고 따르고 있는, 바로 우리들의 자화상과 관련된 이론이다. 정작 보물과도 같은 사소한 행복의 기준과 가치는 쓰레기통에 처박은 채로 우리는 늘 자조적으로 우리의 삶에 대해 불만족스러워한다. 그리고는 스스로 내 삶의 질이 낮다고 징징댄다. 주식이나 가상화폐로 쉽게 큰 돈을 번 주변 사람들이 늘 크게 보이고, 우리의 우상이 되고 멘토가 되는 한, 우리에게 건강함은 사막의 수증기처럼 말라가고 증발해 버린다. 우리의 삶의 질을 낮게 만든 것은 스스로 허황된 삶의 잣대와 목표를 당차게 세우고 심각한 표정을 짓는 우리들 자신인 것을 모르는 채, 언제부턴가 인생 한 방이라는 당찬 삶의 모토를 삶의 좌우명으로 새기고 다니며 주변을 같은 허상으로 팽배하게 만드는 한 삶의 질이 낮다고 푸념을 토해낼 수 밖에 없다.

사람들이 말하는 삶의 질은 1차 성질을 수치화한 객관적 지표인 평균연봉, 1인당 주거공간, 공원면적, 녹지공간, 병원 수, 병상 수, 1인당 GDP, 복지지원금 등으로 표현되는 게 아니고 본인의 건강하지 않은 마음속 수치를 겉으로 표출해 낸 결과물일 뿐이다. 연봉이 우리의 1/10인 나라의 국민들보다 우리의 삶의 질 인식이 훨씬 불만족스럽고 피폐하다고 느끼는 건 우리가 갖는 중심분리 혼동의 사고와 그릇된 기준 때문이다. 무게중심을 자신에게 두지 않고 그 중심을 타인에게 두고 있으니 우리 주변의 사소하지만 큰 행복을 느낄 여력이 없어진다. 감각유산은 사소하지만 크고 건강한 행복, 자아존중의 근원이 되는 경험을 제공한다는 데서 그 의미를 찾는다. 그런 사소한 감각적 행복으로 인해 좋은 변화가 결과되지 않는다면 그 감각은 더 이상 감각유산이 아니다.

2) 실존적 안정감으로의 회귀본능

하이데거의 표현처럼 획일화된 삶의 변화로 인해 현대인은 실존적 안정감을 느낄 수 있는 본질적 자극과 그 감각적 자극들로 채워진 경험이 가능한 시·공간적 기회를 상실한 채 살아가고 있다. "인간은 이런 상실 속에서 부정적인 감정상태를 지니는 순간, 무의식 중에 긍정적인 감정상태로 나아가고자 하는 갈망을 확대시킨다(Hartmann, N. 1953)". 이러한 이유로 인해 현대인들은 실존적 안정감을 되찾을 수 있는 감각자극을 찾게 된다.

여행은 감각유산을 감각적으로 포착하는 '사람' 사이의 상호작용의 개념을 포함한다. 감각유산 체험은 여행을 통해 결과되는 인간과 감각유산의 교감을 통해 새로운 관계를 맺는 좋은 변화의 체험으로서 개인의 감각적 발견을 통해 특별한 삶의 의미를 찾아내고 실존감을 확인하는 계기를 마련한다.

3) 감각의 회복

지금까지 인간이 추구해 왔던 문명과 문화는 오히려 인간의 감각 둔화를 초래하여 실존감이 상실되는 환경을 조성해 왔다. 실존감 획득과 상실 사이의 간극을 좁힐 수 있는 감각유산 체험은 개인의 실존감 회복이라는 차원에서 여행이라는 행위와 시간을 재조명할 수 있다. 감각유산을 통한 체험이 인간에게 필요한 본연의 감각을 경험하고 통찰하는 과정을 통해서 실존감의 획득과 상실 사이의 간극을 최대한 좁혀주는 역할을 하는 것이다.

사람들은 여행 중에 전혀 새로운 감각을 체험하거나 접할 상황이 생길 때 살아 있음을 느끼게 된다. 감각유산 체험은 여행자에게 이런 새로운 감각을 체험하는 기회를 제공한다. 여행을 통해 감각기관으로 직접 감각유산을 감지하면서 특별한 삶의 의미를 생성시키면서 진정한 자신의 삶을 재구성하여 존재의미를 되찾거나 삶의 의미를 깨닫게 되는 것이다.

4) 실존주의

제주의 감각유산이자 러브마크인 올레길을 방문한 방문객 개인의 실존주의의 관계를 검토한 연구(송영민 · 강준수, 2014)를 토대로 감각유산의 특성을 고려하여 실존주의와 감각유산의 관계를 살펴볼 수 있다. 이를 위해서는 먼저 '실존'에 대한 명확한 이해가 필요하다. 실존철학이나 실존주의 심리치료 관점에서 '실존'의 개념을 '눈앞에 있는 현실적인 것', '존재자의 실존감', '인간 현존재에 대한 실존 실천 방식', '눈앞에 실존하는 개체' 등으로 다양한 정의를 하였다(Bollnow, 1943: 28; Zimmermann, 1977: 22; Yalom, 1980; Cooper, 2003: 34, 강준혁 2015). 즉 실존주의 철학은 '나는 누구인가?'라는 '자기 존재에 대한 물음'에서 시작하여, 개체인 나는 자신의 존재에 대한 관심을 갖게 되는 방법적 관점을 의미하므로(우미리, 2014) 인간의 실존과 자신에 대한 관심이 연관된다. 인간은 자신에 대한 관심이 생길 때 감각환생이 이러한 자신에 대한 깨달음과 연관성이 있기 때문에 실존주의와 감각유산 체험에서 결과되는 감각환생과의 관계를 이해할 수 있다.

실존주의가 몸, 죽음, 삶의 의미 등 인간의 실존감이 생길 수 있는 조건에 대한 관심을 강조하듯이 개인이 감각유산 체험을 통해 자신의 몸, 죽음, 삶의 의미 등에 대한 관심을 가지게 되면 실존감을 획득할 수 있다(Frankl, 1965; Yalom, 1980).

지친 일상생활에서 감각이 둔화된 사람은 자신의 실존에 대한 관심이 상대적으로 떨어질 수 밖에 없다. 그 이유는 바로 '눈앞에 있는 현실적인 것' 때문이다(Cooper, 2003: 34). 이 관념에서 언급한 '실존'은 과거에 대한 아쉬움도 아니고 미래에 대한 환상도 아니다. 실존은 바로 지금 내 앞에 펼쳐지는 갈매기 소리, 파란색 하늘과 바다, 잔디 향, 모래 감촉, 진한 커피향이 결국 감각이 둔화된 나에게 실존은 '지친 일상생활에서 벗어나 감각환생으로 자신에 대한 관심을 갖게 만드는 자극의 결과인 것이다. 따라서 감각유산은 실존주의 철학에 따라 인간의 감각에 작용해 감각환생을 일으킴으로써 '실존'이라는 트랜스포메이션 결과를 얻는 것으로 재조명할 수 있다.

2. 감각유산과 좋은 변화(Transformation)

과거에 소비자들이 의 · 식 · 주 위주의 육체적 욕구인 원초적 욕망을 원했다면 향후에는 마음의 안정, 정신적 치유, 영혼의 기쁨이 원초적 욕망을 대신하는 시대를 맞고 있다. 이러한 현상은 인간의 중요한 삶의 행위들이 구체적인 물질의 세계보다는 추상적인 사고와 이미지, 그리고 아이디어의 세계에서 이루어지기 때문이다. 제조중심 경제로부터 무형의 아이디어 중심 경제로 이행하는 과정에서 사람들은 과거보다 정신적 · 정서적인 문제에 더욱더 직면하게 될 것이고 이러한 문제들을 해결하는 데 더 많은 관심을 가진다.

1) 트랜스포메이션과 실존적 감각 재화

감각유산과 인간의 상호작용 과정을 통해 심신에 긍정적인 결과물을 결과시키는 감각유산은 인간에게 좋은 변화인 트랜스포메이션의 상태를 유도해낸다(이태희 · 유영준, 2017). 해당 지역의 감각유산 활용의 방향성은 심신호전을 목적으로 하는 트랜스포메이션 재화의 방향성이다. 사회구성원의 심신이 긍정적인 방향으로 변화하는 것이 트랜스포메이션 재화로써 감각유산이 갖는 의미이다(*Reisinger, 2013*). 이런 개인과 사회의 '좋은 변화'의 중요성과 필요성을 인식하는 사회 구성원이 트랜스포메이션 재화를 찾게 되면 트랜스포메이션 경제시대에 진입하는 계기가 된다(홍수장 · 이태희, 2013; 양제연 · 이태희 · 조민숙, 2013).

고유의 감각유산을 가지고 있는 지역은 감각유산을 관광객에게 제공하여 관광객이 단순한 체험에서 벗어나 감각유산 재화를 통해 영혼과 육체의 긍정적인 변화를 끌어내는 결과를 가져온다.

트랜스포메이션은 감각유산 재화를 활용하는 출발점과 목적이 되는 것이다. 관광객에게 제공되는 연속성, 일관성, 논리성이 있는 일련의 감각자극을 통하여 영혼과 몸의 트랜스포메이션이라는 결과가 나올 수 있다.

트랜스포메이션 경제시대에 다다르면서 인간은 그동안 의미를 두었던 단순한 체험 그 자체에 만족하지 않고 감각유산 체험을 통하여 심신의 긍정적 변화를 통해 자신이 성장하고, 발전하며, 개선되고 개혁되는 결과에 관심이 높아진다.

개인의 감각 되살리기의 한 가지 방향성으로서 트랜스포메이션 시대에 감각유산을 활용하여 관광객의 몸과 영혼을 호전시키는 목표나 목적을 달성할 수 있도록 유도하는 것을 들 수 있을 것이다. 감각유산을 보유하고 있는 지역은 결국 치유의 기능을 갖는 감각재화들을 선보여서 지역 고유의 특화재료나 감각자원 등의 형태로 지역의 감각유산을 소비자에게 제공할 수 있다. 단순한 감상이나 체험의 수준을 벗어나서 지속적으로 관리된 감각유산이나 감각재화의 상태를 유지하여 대중들이 특별한 목표를 갖고 의도했던 영혼과 육체의 좋은 변화효과를 끌어내도록 돕는 것이다.

이렇듯 트랜스포메이션을 염두에 둔 감각유산 재화의 수요와 공급에는 방문객을 위한 감각 되살리기 서비스의 주요 부분으로 체험되는 시설적 특성과 재료가 무엇인지가 중요한 변수 역할을 하게 된다. 체험의 내용이 손에 잡히는 구체적인 감각유산의 재료가 인지되어야 하는 것이다.

감각유산이 좋은 변화를 결과시키는 재화로서 위치하는 지역의 물리적 · 환경적 특성이나 해당 시설에서 사용하는 특화 재료는 트랜스포메이션이라는 구체적인 방향성을 띤 채로 감각유산 체험의 주체인 소비자들에게 중요하게 인식되어야 하는 부분이 된다. 따라서 트랜스포메이션 재화시대에 심신의 호전과 관련하여 지역 감각유산의 존재와 잠재력, 그 특성을 구분하고 그 다양화에 의미 있는 방향성을 제공하는 시도가 이루어진다면 지역밀착형 관광 활성화와 그 안정적 성장유지에 기여할 수 있을 것이다.

2) 트랜스포메이션 경제

장수의 개념이 '기대수명'에서 '건강수명'으로 바뀌고 있고, 기대수명과 건강수명의 격차가 8~9년에 달해 '삶의 연장'보다는 '삶의 질'로 소비자의 관심사가 부상하며 건강한 삶을 영위하기 위한 치유, 즉 예방과 관리의 중요성이 증대하고 있다.

세계보건기구 WHO의 정의와 같이 건강의 범위가 단순한 신체적 질환과 치료에 국한되지 않고 '정서적, 사회적으로 안녕한 상태' 그리고 예방적 차원도 포함하기 때문에 건강을 테마로 하는 관광활동의 개념도 건강관리관광(health care tourism), 웰니스관광(wellness tourism) 등을 포괄한다고 볼 수 있다.

1980	서비스 경제	Well-being	개인의 육체와 정신의 건강을 통해 행복한 삶을 추구
1990	체험의 경제	LOHAS	웰빙+자연의 중요성/생태계지속가능성 Person Wellbeing → Social Wellbeing 건강과 환경의 지속가능성을 고려한 소비활동 행복한 삶의 터전이 되는 지구환경에 대한 보전과 관심
2000	트랜스포메이션	Healing	LOHAS+변화, 자아실현의 욕구 개인과 사회의 건강 그리고 지구환경보호를 실천하는 라이프스타일 외에 변화에 대한 욕구가 더해진 것

[그림 1] 트랜스포메이션 경제적 특성과 건강 개념변화

건강을 주목적으로 하는 건강테마형 관광은 SIT(special interest tourism) 여행치유상품의 한 유형으로 건강과 치료를 목적으로 하는 여행행위로 볼 수 있다(이경환 · 주영환, 2003). 이제 경제는 서비스경제시대에서 체험경제시대를 지나 인간의 변화하고 싶은 욕구, 달라지고 싶어하는 욕구, 탈바꿈하고 싶

은 욕구를 충족하는 방향으로 소비행태가 변화하는 트랜스포메이션 경제시대의 도래를 맞고 있다(박종희, 2009; Pine & Gilmore, 1999).

트랜스포메이션이라는 패러다임으로 인해 관광분야도 치유목적의 여행을 새롭게 관찰할 필요가 있는데, 여행 중 치유를 원하는 소비자들은 자신이 변화하는 체험 가운데서도 육체적, 심리적, 정서적 치유를 체험할 수 있는 힐링(healing)에 높은 관심을 가지고 있기 때문이다(박종희, 2009).

치유 관광은 새로운 사회문화적 변화에 따른 적극적인 관광행위로써 건강상태를 개선시킬 목적으로 집을 떠나 행하는 일체의 관광활동으로 정의된다(유승각, 2011). 이러한 사회환경의 변화와 치유형 여행에 사회적 관심이 부각됨에 따라 우리나라에서는 병원치료에만 의존하는 기계론적 접근에서 벗어나 여행을 활용한 휴양과 치유에 대한 인식이 향상되고 있다.

생태탐방로, 슬로시티 등 친환경 여가활동이 확산되면서 몸소 체험하는 여행과 아울러 환경, 지역경제 등을 고려하는 책임 있는 여가활동이 증대하고 있으며 이는 곧 신체적, 정서적으로 건강한 삶을 영위하고자 하는 여행치유에 대한 사회적 요구 증대로 연결된다고 한다(이동훈, 2010).

〈표 1〉 트랜스포메이션 경제의 특성

구분	범용품 경제	제조품 경제	서비스 경제	체험 경제	트랜스포메이션 경제
경제	농업	공업	서비스	체험	트랜스포메이션
경제적 기능	추출	제조	전달	연출	안내
상품속성	대체기능	유형	무형	기억	효과
핵심적 특징	자연적	표준화	맞춤화	개인적	개별적
공급방법	대량저장	생산 · 재고	수요에 따라 전달	지속기간 나타냄	지속적 유지
판매자	거래자	제조업체	공급자	연출자	유도자
구매자	시장	소비자	고객	손님	열망자
수요요인	특질	특색	편익	감각	개별

출처: 박종희(2009), 관광 · 레저연구, 제21권 제2호, p. 360.

이와 같은 사회적 요구와 여가행태의 변화는 좋은 변화라는 효과성을 보유한 감각유산 치유 시설과 프로그램 개발 측면에서 우선적으로 고려되어야 한다. 수요자 중심의 감각유산 프로그램 개발과 운영이 이루어질 때 감각유산 치유 자원은 트랜스포메이션 경제에서 요구하는 힐링관광, 즉 인간의 육체적, 심리적, 정서적 상태가 긍정적으로 변화하는 체험을 제공하는 치유시설, 치유 프로그램 등의 콘텐츠로서 그 의미와 생명력을 지속적으로 유지할 수 있음은 물론 여타 관광 매력물과의 차별성도 동시에 지니게 될 것이다.

정신적 빈곤함과 심신의 질병에 시달리는 모순을 경험하는 현대인의 치유 욕망이 현실로 나타난 '힐링(Healing)'은 원래의 심신의 상태로 되돌려 놓음으로써 얻게 되는 온전한 자아실현의 욕구를 바탕으로 하는 것이라 할 수 있다. 심신의 치유를 통해서 얻게 되는 긍정적 변화의 힘은 바로 트랜스포메이션 재화가 갖는 근원적인 바탕이다. 이런 트랜스포메이션 재화는 진정한 자아찾기, 진정성 있는 치유에 대한 통제범위를 확대하는 주요 원천 역할을 하는 것이다. 결국 힐링은 '변화된 것'에 대한 '효과의 욕구'가 더해진 것이다.

Pine & Gilmore(1999)는 「The Experience Economy」에서 경제의 흐름은 서비스 경제에서 체험경제로 바뀌고 마지막으로 트랜스포메이션 경제(transformation economy)에 다다르게 될 것이라 주장한다. 트랜스포메이션 시대에 인간은 지금과 같이 단순하게 체험 그 자체로서 만족하는 것이 아니라 체험을 통하여 자신이 변화되는 새로운 자극을 받아 몸과 마음이 개선, 개혁되는 체험에 대한 욕구를 점점 더 강하게 가져갈 것이다.

이러한 트랜스포메이션 경제적 흐름 속에서 다양한 분야에서 힐링에 대한 관심과 상품개발에 관한 연구가 활발히 진행되고 있다. 힐링이 새로운 트렌드로 부각되기 시작하면서 전국적으로 힐링 관련 시설들이 브랜드화 하여 양산되고 있다. 시설별로 산림에 위치한 경우도 있고 바닷가에 위치하거나 어떤 경우 도시 내에 존재하여 다양한 효용을 잠재 소비자들에게 선보이고 있다. 소재나 위치하고 있는 환경상의 차이점뿐만 아니라 해당시설이 힐링에 사용하는 고유의 재료나 콘텐츠 또한 힐링시설별로 구분되는 주요 유인력이 될 수 있다.

과연 소재하고 있는 지역의 특성이나 힐링시설이 사용하는 재료나 콘텐츠의 특화성에 따라 해당 힐링시설의 기능이나 특화된 서비스가 트랜스포메이션 재화라는 차원에서 과연 구분이 되는 것인지를 살펴보는 것은 향후 트랜스포메이션 재화로서 힐링기능을 갖는 감각유산들의 지속가능성과 관련하여 매우 의미 있고 필요한 작업이라 할 수 있을 것이다.

라이프스타일로 정착되고 있고 힐링이라는 화두를 감각유산이라는 더 구체적인 원인자극 변수로 풀어내는 트랜스포메이션 재화적 접근은 관광차원이나 휴양차원에서 트랜스포메이션 재화로서 감각유산과 힐링이 어떻게 구분되어 설명되고 소비자에게 이해되어야 하는지에 대한 방향성을 제공할 수 있을 것이다.

3. 힐링과 트랜스포메이션의 이론적 배경

1) 힐링의 개념

힐링은 그리스어 'therapeai'(도움이 되다, 의학적으로 돕다, 병을 고쳐주다)에서 그 근원을 찾을 수 있다. 그러나 정신적인 질병을 대상으로 한 치료(therapy) 같은 정신의학 전문가에 의해 이루어지는 과정들을 포함하다(최미영, 2004) 보니 '치유'와 '치료'라는 두 가지 용어가 뚜렷한 경계 없이 혼용되고 있다.

치료는 과학적 테크놀로지와 환자의 신체적 초점에 맞춰진 반면, 치유는 영적, 경험적 그리고 인간으로서의 환자에 초점이 맞춰져 있다(Kaiser, 1994). 치료는 하이테크(high-tech)로 분류되고 치유는 하이터치(high-touch)로 분류되기도 한다. 치료가 의학을 통하여 질병을 고치는 차원이라면 치유는 그 외에 환경적, 심리적, 사회적, 문화적인 모든 영역의 것들을 통하여 질병의 치료뿐 아니라 질병 예방과 건강증진으로까지 확대된 의미라고 할 수 있다(유진아, 2005). 치료와 치유의 차이점에 관한 내용을 정리해 보면 〈표 2〉와 같다.

〈표 2〉 치료와 치유의 차이점

용어	치료(Curing)	치유(Healing)
구분	High-Tech	High-Touch
개념	의학을 통하여 질병을 고치는 것	환경적, 심리적, 사회적, 문화적인 것들을 통하여 질병의 치료뿐 아니라 질병 예방과 건강증진으로까지 확대
특성	과학적	영적, 경험적
대상	테크놀로지와 환자의 신체에 초점	인간으로서의 환자에 초점

출처: 신혜원(2011), 생태요소를 적용한 체험과 테마 중심의 치유공간에 관한 연구.

사전적 의미로 '치유하다'라는 뜻을 지닌 힐링은 맑은 에너지를 연결하여 어두운 잠재의식과 마음속 부정적인 감정들, 몸속 나쁜 습관들을 일깨워 몸과 마음을 정화시키는 것이다. 이 부분에서 감각유산이 트랜스포메이션 재화로서의 기능으로 중요한 의미를 갖는 경우가 된다.

힐링은 무한한 관심과 사랑의 마음으로 상대방 혹은 내 자신의 심신을 되살리는 치유법이라는 측면에서 '사랑주기'라고 표현하기도 한다. 힐링은 육체의 병을 고치는 것뿐 아니라 정신적인 병을 고치는 것도 포함하며 인격의 완전한 성숙을 저해하는 정신적 · 육체적 · 영적인 억압으로부터 자유롭게 하여 모든 삶의 영역에서 정상적인 상태로 회복하는 것이다(임도희, 2008). 프랜시스 맥너트(Francis Macnut, 1992)는 힐링의 대상이 되는 질병을 다음과 같은 세 가지로 분류하고 있다.

① 영(靈)의 질병: 개인적인 죄로 인하여 영혼이 병드는 것

② 감정의 질병: 과거의 고통스러운 상처로 인하여 상한 감정과 정서적 문제를 겪음

③ 육체의 질병: 질병이나 사고가 원인이 되어 신체에 병이 생김

질병이 일어날 수 있는 인간의 모든 영역이 힐링의 영역(John Wimber, 1992)이라고 정의내릴 수 있겠지만, 레슬리 웨더헤드(Leslie D. Weatherhead)가 지적한 것처럼 힐링이란 인간으로 하여금 그 육체가 물질적인 세계에서, 정신이 참된 이상의 영역에서 온전히 작용할 수 없게 왜곡된 상태로부터 벗어나 조화로운 삶을 되찾을 수 있도록 해주는 과정을 의미한다(양정하, 2005). 결국 힐링이란 존재를 온전하게 하는 것으로 인간을 구성하거나 인간이 속한 신체적 · 정신적 · 영적 · 사회적 및 환경적 차원들이 모두 온전하게 되는 것을 의미한다고 할 수 있다.

이처럼 인간의 생존을 위협하는 것은 더 이상 물리적인 것이 아닌 인간의 마음과 정신에 대한 공격이라는 것을 확인할 수 있으며(박종희 · 권영미, 2009) 이에 따라 건강한 심신의 유지와 균형에 대한 욕구 및 필요성 자각이 시대적 흐름의 영향을 받으며 힐링의 형태로 윤곽을 드러내기 시작한 것이다.

황혜경(2007)은 힐링의 대상에 따라 개인 차원에서 이루어지는 개인적 힐링과 사회적 차원에서 발생하는 사회적 힐링으로 구분하였으며 구체적인 내용은 다음과 같다.

- 개인적 힐링: 육체적 건강을 되찾게 하고 마음의 평안을 얻게 하며 자신의 본성을 찾게하여 원래의 모습대로 회복하게 해주는 것이다.
- 사회적 힐링: 모든 사람이 건강과 행복을 누리며 살 수 있는 문화를 창조하고 보급하는 것으로 이를 통하여 인구 · 자원 · 환경 · 제도 · 문화 등 모든 삶의 영역에 걸쳐 인류 문명이 지속될 수 있다.

호주 태즈메이니아 크레이들 국립공원의 스파시설

모든 생물체는 스스로 항상성(恒常性: Homeostasis)을 통하여 안정화(安定化)한다. 이 안정화를 저해하는 물질에 대하여 저항력과 면역력을 가지고 있는 것이 생명체 스스로의 자연치유력이라 할 수 있다. 따라서 인간의 질병의 원인은 자연으로부터 멀어져 자연의 파괴와 질서에 반하는 과학과 문명에 있다는 주장도 있는데(김진술, 2007) 힐링은 결국 자연으로부터 멀어진 인간을 자연으로 돌려보내는 과정이라 하겠다.

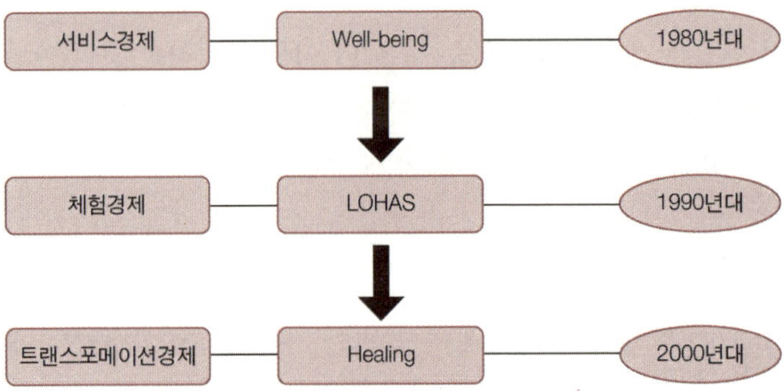

[그림 2] 힐링 콘셉트의 등장추이

2) 힐링 유사개념의 진화

[그림 2]에서와 같이 오늘날 힐링의 근간을 이루는 기본적인 생활양식이나 트랜스포메이션 재화를 소비하는 가치관은 이미 오래전부터 존재해 왔다. 웰빙이나 로하스(LOHAS) 등으로 명칭되었던 힐링의 선행 개념들은 결국 트랜스포메이션 재화의 범주 안에서 현실화되어 왔다고 말할 수 있다. 미국과 유럽에서는 여성들의 건강관리를 위한 복지정책으로 웰빙이라는 개념이 구체화되기 시작하여 1978년 미국 펜실베이니아의 웰빙센터(Center for Well Being), 아일랜드 더블린의 웰우먼센터(Well Woman Center) 등이 생겨났다. 이런 유형의 시설들은 건강해지는 특정의 서비스를 제공하는 기지의 성격을 갖는다

고 하겠다. 받는 서비스로서 프로그램의 중요성이 강조되는 경우이기도 하다.

또한 시간이 흐르면서 미국과 유럽 등지에서는 친건강, 친환경성을 지향하는 사회 대안운동이 역시 트랜스포메이션 재화의 뿌리로 정착되면서 1990년대 이후 웰빙이라는 라이프스타일과 함께 자연스럽게 생활 속에 스며들기 시작하였다. 일본 역시 1990년대부터 식생활을 중심으로 건강 붐이 조성되어 특정보건용 식품이 일본인 건강생활의 일부로 정착되기 시작하였다.

이후 서구사회를 중심으로 기존 웰빙에 환경 개념을 추가하여 개인의 육체와 정신의 건강, 행복한 삶을 추구하는 것에 그치지 않고 자연의 중요성, 생태계의 지속 가능성에 대하여 관심을 갖고 환경과 사회정의 및 지속가능한 소비에 높은 가치를 두고 생활하려는 라이프스타일인 로하스 개념이 등장하였다(Ray & Anderson, 2000).

웰빙은 환경의 중요성은 인지하고 있어도 실제로 친환경제품 구매까지는 연결되지 않으며 웰니스는 신체적 · 사회적 · 정서적 · 지적 · 정신적 부분까지 고려하나 개인적인 삶에 초점이 맞춰져 있다. 로하스는 이들과는 달리 환경보호를 위해서라면 생활의 불편을 감수할 뿐 아니라 더 높은 비용이 들더라도 친환경제품을 사용하려는 의지가 있는 것으로 사회적 웰빙으로 소비패턴이 확장되었음을 의미한다(노기배, 2011).

로하스는 건강이나 환경의 지속가능성을 고려한 구매활동을 하여 유기농, 친환경 상품 구매는 물론 자연친화적인 재생 에너지까지 깊은 관심을 나타내 단순히 개인의 체험영역에서 벗어나 개인이나 사회의 행태에 영향을 받는 환경적인 측면까지 고려하는 범위로 확대되게 된다(노기배, 2011). 유럽과 미국 그리고 일본에서 복지와 관련된 '사회적 웰빙'이 강조되어 왔다면 한국에서는 한때 복지와는 무관하게 '개인적 웰빙'을 위한 상품구매에 집중되는 경향이 짙었는데 개인의 체험 영역에서 벗어나 사회 전체의 긍정적 변화를 유도해 내는 트랜스포메이션 재화로의 진화가 경험되는 단계에 이르게 된다.

감각유산의 판매자는 결국 좋은 변화의 치유 기능을 갖는 시설, 서비스, 특화재료나 자원 등을 통해 소비자가 변화하고자 하는 방향으로 유도하는 유도자의 역할을 한다. 지속적으로 시설이나 서비스가 제공할 수 있는 것 이상의 상태를 유지하여 대중들이 특별한 목표를 갖고 의도했던 체험효과를 끌어내도록 도와야 하는 것이다(B. Joseph Pine II and James H. Gilmore, 1999).

4. 트랜스포메이션 재화로서 감각유산

1) 지역밀착형 감각유산

지역밀착형 감각유산 정착의 수단은 지역주민이 살아가는 방식과 무관하지 않다. 지역 감각유산 되살리기의 방향성으로 트랜스포메이션 방향성과 관련하여 사례를 언급하여 보면 특정 지역의 무공해 식자재 중심의 식생활 자체를 들 수 있다. 무공해 건강용 식품이 건강한 생활의 일부로 정착하도록 하는 형태의 생활방식 자체가 지역의 감각유산이면서 동시에 방문객이 추구하는 라이프스타일형 관광이 될 수 있다. 이 양자가 연결만 되면 지역밀착형 관광 체험으로서 감각유산의 인벤토리가 작성되는 것이다.

한 예로 대티골(경상북도 영양)은 자연치유 생태마을로 황토가옥에서 마을사람들과 함께 친환경농법의 채소 등의 재료로 만들어진 건강한 식사를 하는 체험 프로그램을 보유하고 있다. 대티골은 다른 여타시설들과는 달리 인위적으로 만들어진 시설이 아니다. 주민들이 오래전부터 건강한 먹거리를 주요 트랜스포메이션의 수단으로 내세워 자연치유 생태마을로 가꾸어왔다. 심신의 호전과 치유에 대한 욕구나 관심이 높아지면서 일반 방문객을 마을로 맞이하게 되었기 때문에 다른 시설들에 비하여 구성이 상업적이지 않다. 다만 방문객이 증가하면서 감각유산 체험 프로그램을 보다 체계적으로 운영하기 위한 노력을 기울이고 있는 경우에 해당된다(〈표 3〉 참고). 트랜스포메이션 재화로서 생태마을과 산을 감각유산의 환경과 배경으로 하고 있으며 야생화, 약초, 산나물, 토종꿀 등의 특화자원을 감각유산의 재료로 선보이고 유기농재배와 된장 담그기 등의 감각유산 체험재화를 선보이고 있다.

〈표 3〉 감각유산 관련 감각 되살리기 체험 프로그램

프로그램명	장소
일월산 등산	일월산
야생화 전시관 관람	대티골마을
고추따기 체험	대티골마을
산악자전거 타기, 풍물놀이, 야생꽃차 만들기와 다도, 야생화 음식 만들기, 토종꿀 벌집 체험 및 채취, 전통놀이체험	대티골마을
영양메주 된장 담그기, 산나물 채취 및 나물 요리, 약초술, 약초차 만들기	대티골마을
일월산 무속신앙 유적지 탐방	일월산
숲과 나무의 생태 배우기	일월산
산골 썰매타기 및 스케이트	일월산과 스케이트장
숲속의 향연	대티골마을과 휴양림
유기농 체험	–

2) 지역밀착형 감각유산 되살리기

지역주민이 관광을 통해 혜택받는 수혜자가 되는 길은 관광객들이 지역주민의 삶 속에 현재보다 더 깊이 들어올 때 가능해진다. 지역밀착형 감각유산은 현재 주민들의 삶의 방식에서 결과되는 체험이나 재화를 관광객에게 선보이고 관광객들이 신선한 느낌으로 그 체험과 재화들을 받아들일 때 긴 시간이 경과 후에도 살아남게 된다.

이미 언급한 감각유산 활용의 방향성으로 트랜스포메이션 재화와 다시 연결하여 보면, 종종 지역 주변에 자연발생적으로 형성되어 왔던 지역 고유의 산업이나 해당 산업의 재료가 되는 자원과의 연계를 모색할 수 있다. 이를 지역특화자원 활용형 감각유산 활성화라 칭할 수 있을 것이다. 해당 지역에 소금을 생산하는 염전이 산재하여 그 지역적 특성을 살려 만든 트랜스포메이션 기지가 있다면 이런 경우에 해당된다. 그 사례로서 전라남도 신안에 위치한 태평염전의 소금테마파크를 들 수 있다. 이는 단순히 테마파크적 체험수준을 벗어나 소금을 통한 좋은 변화, 트랜스포메이션 재화로서의 감각유산의 성격을 보유하는 경우에 해당된다.

소금을 통한 치유요법은 동유럽에서는 소금광산의 천연소금동굴이 1800년대부터 치료요법으로 사용되기 시작한 경우다. 현재는 인공소금동굴이 유럽 전역으로 확산되어 보편화되었다. 상온에서 미세한 소금입자를 마셔 호흡기 염증의 원인이 되는 불순물을 배출시키며 각종 질병의 원인이 되는 체내의 활성산소를 없애 심리적 안정까지 얻게 하는 경우다. 이는 해당 지역의 산업적 자원을 트랜스포메이션 재화로 연결해낸 감각유산 활용의 사례다.

3) 지역 감각유산 체험의 콜라보 조합

지역의 감각유산은 미각과 시각이 조합되거나 후각과 촉각이 조합될 수 있다. 예를 들어 영월에서 별을 관찰하는 것과 영월의 전통주 향기체험이 조합 가능한 감각유산이 된다. 감각유산이 매우 세밀한 체험 디테일을 바탕으로 하기 때문에 체험 시의 감각적 자극연출이 세련되게 진행되어야 함이 기존의 체험과 다른 내용이 된다. 감각적인 내용의 조합에 해설을 곁들이게 되면 금상첨화가 되며 관광객의 기억에 각인될 것이다.

트랜스포메이션의 방향성을 감각유산 스펙트럼의 패키징에 적용하여 본다면 심신을 원래 자연의 상태로 돌려보내는 과정, 원래 심신이 건강하던 상태로 되돌려 놓는 과정이 될 수 있도록 감각유산이 배치 조합되어야 할 것이다. 트랜스포메이션 재화가 갖는 특성을 그대로 반영하여 치유의 기능이 특화된 감각유산 서비스나 시설 혹은 프로그램 등의 면모나 기능을 결정하도록 하는 것이 중요하다.

안동소재 종택 한옥에서 헛제사 밥을 먹고 해 질 녘 병산서원 만대루에 앉아 앞에 흐르는 강 바라보기가 미각과 시각의 감각유산으로 조합되어 정신건강과 신체건강을 호전시키는 쪽으로 기여한다면 트랜스포메이션 재화로서 감각유산이 갖는 치유의 적극성 수준 역시 조합의 내용과 감각유산의 강도에 차이를 보이는 것을 알 수 있다. 결국 조합되는 감각유산의 조화와 균형, 특화성 등에 따라 감각유산이 트랜스포메이션 재화가 아닌 여타 체험재화와 차별화되는 방향성을 내포하는 것을 알 수 있다.

단순 관광이나 휴양의 개념을 벗어나서 몸과 영혼의 휴식을 감각유산의 조건하에서 진행할 수 있는 자원이나 브랜드가 엮어져야 한다. 또 그 속의 다양한 프로그램이 증가해서 결국 단순관광이나 단순휴양시설을 넘어선, 관광객에게 의미 있는 감각유산으로 인정받아 트랜스포메이션 재화와 같은 방향성의 줄기를 잡아 소비되는 트렌드를 보여줘야 하는 것이다. 트랜스포메이션 재화를 고려할 때 심신이 변화하는 속도나 강도를 어떻게 가져가느냐 또한 지역밀착형 관광활성화를 위해 지역의 감각유산이 활용되는 방향을 결정하는 내용이 된다.

〈표 4〉 트랜스포메이션 재화 방향성의 감각유산 사례

구분	특화 감각유산 내용	위치	감각유산 연결 콘텐츠
먹거리 자연치유형 감각유산	생태치유 생태마을 야생화, 약초	경상북도 영양 대티골	황토가옥의 자연치유생태마을에서의 휴식, 체험관광프로그램
주거체험형 감각유산	자연주택	전라남도 장성, 심원	자연건축자재, 건강먹거리 치유
오감체험형 감각유산	염전치유	전라남도 신안	소금동굴, 소금치유
후각 촉각형 감각유산	피톤치드 치유	제주도 서귀포시	한라산 야생약초로 천연입욕제와 차 개발, 편백나무 스파

5. 좋은 변화를 위한 감각유산의 사례

1) 좋은 변화의 신비로운 자극 '캉갈온천'

① 위치: 터키 중부지방 시바스(Sivas)시[1)]

캉갈온천은 아나톨리아[2)]의 중부지방, 갑바도기아의 북동쪽에 위치한 시바스(Sivas)시에 있다. 이 도시는 크즐르막(붉은 강) 기슭 산악지역에 자리 잡고 있으며, 터키의 수도 앙카라에서 동쪽으로 약 450km 정도 떨어져 있다.

[그림 3] 시바스시의 위치

- 이스탄불~시바스: 890km
- 시바스~캉갈: 96km
- 캉갈~캉갈온천(Balikli Kaplica): 13km

② 시바스시(캉갈온천)의 기후

기후는 지중해 연안지방의 전형적인 온난성 기후대에 속해 있지만 터키의 독특한 지형으로 인해 변화무쌍한 기후대가 나타나곤 한다. 또한, 캉갈온천이 위치하고 있는 시바스시는 자외선이 강한 지역이다. 과도한 자외선 노출은 피부질환을 일으키지만, 적정한 수준은 피부질환 치료에 많은 도움이 된다.

2) 감각유산으로서 온천의 치유능력

온천은 대표적인 촉각유산의 하나다. 유황온천이나 나트륨온천의 경우에

1) 터키 시바스주(州)에 위치한 도시이다. 인구는 25만 307명(2000년 기준)이다. 키질이르마크강의 상류부 해발고도 1,275m, 앙카라의 동쪽 약 350km의 지점에 위치한다. 소아시아 동부의 교통요지로 농산물을 집산하는 중요한 상업중심지이다.

2) 터키의 중부지역

는 후각유산과도 관련이 깊다. 감각유산과 관련하여 피부질환의 치료는 세계의 수많은 온천 가운데 오직 캉갈온천에서만 이루어질 수 있다. 현재 터키 보건부에서 온천을 의료기관(피부병 치료기관)으로 지정하여 관광상품으로서의 기능뿐 아니라 병원으로서의 역할도 하고 있다. 원래 캉갈온천은 1960년대까지만 해도 터키의 특권층만 이용하는 고급 온천이었지만, 현재는 대중탕으로서 모든 관광객이 이용할 수 있다.

① 촉각유산의 강화촉진제로서 닥터피시(Doctor Fish): 피부병을 고치는 물고기

피부병을 고치는 물고기를 닥터피시(Doctor Fish)라 하며, 터키 시바스(Sivas)주의 온천(Balikli Kaplica)에 서식하는 잉어류 물고기이다. 이들은 먹이감으로 치료받는 사람의 피부를 먹는 과정에서 사람들의 피부로 다가와 접근하게 된 것으로 보이며, 환자가 일단 온천 물속에 몸을 담그면 환자에게 몰려와서 상처 난 피부 주위의 각질을 먹는다.

② 치료효과: 건선(마른버짐)에 탁월한 치유효과

이곳의 온천수는 pH 7.8에 연중 35℃를 유지하며 마실 수 있는 식수이다. 이 온천수는 중탄산염(bicarbonate), 칼슘, 마그네슘 등을 함유하며 목욕을 하거나 마시면 신경통, 근육통, 피부병, 음주에 의한 배뇨계통의 병과 여러 질병의 치료효과가 있는 것으로 알려져 있다. 식전에 이 온천수를 5컵씩 마시면 위장병 치료에 특효가 있다고 보고되었다.

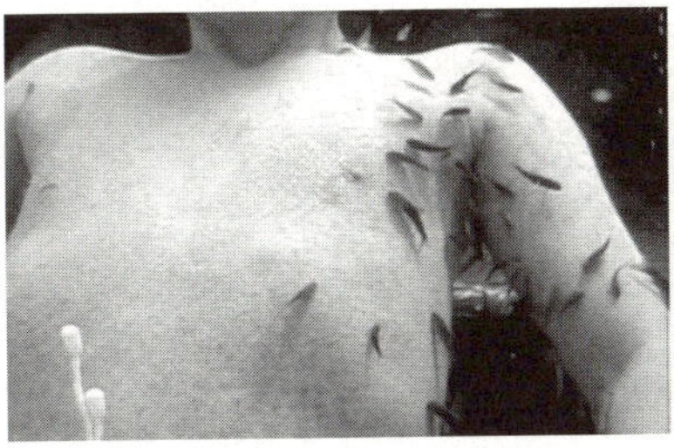

환자를 치료하고 있는 닥터피시

캉갈온천에서 치료받는 방문객

〈표 5〉 캉갈온천과 타 온천 비교

	캉갈온천	파묵칼레	벳푸온천	온양온천
온천 모습				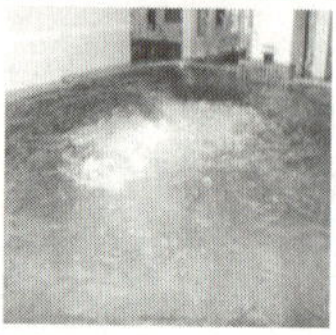
대상	• 고유 동식물 (물고기: 닥터피시) • 자연환경: 온천	석회암질로 둘러 싸인 자연환경: 온천(공통)	자연환경: 온천 (공통)	자연환경: 온천 (공통)
특성	• 피부치료 • 호기심 해결	• 정부의 control • 역사유적과의 Packaging	• 체계적인 관리 • 주변 관광지 Packaging • 편의시설	역사유적과의 Packaging
Spectrum	Pure Nature	Pure Nature	Pure Nature + Artificial Facilities	Pure Nature + Artificial Facilities

〈표 6〉 캉갈온천의 특화마케팅

마케팅	내 용
개인별 특화마케팅	캉갈온천에서는 사전예약을 통한 개인의 취향에 상품을 맞추는 프로그램이 부족하다. 일본 구로가와 온천의 경우 방문 전에 예약을 하면 개인의 취향, 취미 등의 정보를 수집하여 관광객에게 최대한의 편의 및 서비스를 제공한다(1인당 2만 엔~5만 엔).
Psycho Therapy 마케팅	캉갈온천에서는 피부질환 치료뿐 아니라 정신적 휴식 및 안도감을 제공한다. 각국에서 모여든 자신과 유사한 질환을 앓고 있는 사람과 접하여 대화를 하게 되고 공통적인 소재가 있어 유대감이 쉽게 형성, 피부병에 대한 스트레스를 풀게 된다. 즉 병을 치유할 수 있다는 안도감에서 비롯되는 심리적인 치유기능도 있다.
특화재료마케팅	세계에서 유일하게 캉갈온천에서만 볼 수 있는 닥터피시가 주된 상품이다.
전통적 테라피 (Traditional Therapy)	터키는 온돌과 같이 따뜻하게 데워진 대리석 위에 누워 마사지 및 때밀이 서비스를 받는 터키식 스파가 유명하지만 캉갈온천은 이와 같은 프로그램이 존재하지 않는다.
세분화된 프로그램 마케팅	캉갈온천은 피부치료가 가능한 온천욕은 즐길 수 있지만 그 외의 다양한 프로그램이 적다. 이를 보완하는 운영체계가 필요하다.

3) 치유대상의 시장세분화(Market Segmentation)

캉갈온천을 포함하여 감각유산으로서 온천이 갖는 치유대상 시장의 세분화는 다음의 표와 같다.

〈표 7〉 캉갈온천 치유대상자의 세분화

시장세분화 기준		시장세분화			
인구통계적 변수	소득	저소득층	중류층	고소득층	
	직업	충분한 여가시간이 보장되는 직업을 지닌 사람	여가시간이 짧은 직업을 지닌 사람		
	건강상태	건강한 사람	피부질환을 지닌 사람		
지리적 변수	지역별	접근성이 뛰어난 인접 지역	접근성이 보통인 지역	접근성이 떨어지는 지역	
심리분석적 변수	방문동기	피부질환 치료목적 방문객	호기심 해결 목적 방문객	주변관광 목적 관광객	타 방문객에 대한 군중심리
	라이프스타일	건강에 대한 관심이 큰 집단	건강에 대한 관심이 보통인 집단	건강에 대한 관심이 약한 집단	
행위적 변수	추구편익	피로회복	피부치료	저렴한 가격	높은 수준의 서비스
	사용률	고(Mania층)	중	저(최초 방문자)	

4) 감각유산의 표적시장 선정(selection of target marketing segment)

〈표 8〉 캉갈온천의 감각유산 표적시장

구분	내용
인구통계적 시장	방문객의 장기체류를 이끌어내야 하는 경우 시간적 여유가 있으며, 온천을 이용하는 데 경제적 무리가 없는 방문객
지리적 시장	터키의 지리적 위치를 고려하여 많은 관광객을 유인할 수 있는 인접 국가
심리분석적 시장	건강에 대한 일정수준의 관심이 있으며, 감각적 자극을 직접 체험하기를 원하는, 호기심과 신기성 수준이 높은 Allocentric형의 관광객
방문객 행동적 시장	좋은 변화를 위해 피로회복뿐 아니라, 피부건강을 위해 일정수준 이상 자주 방문하는 관광객

캉갈온천은 이미 두터운 마니아층이 형성되어 있어, 방문객의 재방문율이 높은 편이다. 또한 치유/치료목적의 관광객들로 인하여 장기체류형 방문객도 많다. 높은 재방문율과 장기체류형 관광객의 유인은 감각유산 브랜드 판매자의 입장에선 고수익을 올릴 수 있는 요인이 된다. 호기심 목적의 단기체류형 방문객을 장기체류형 관광객으로 변화시킬 수 있어야 한다.

캉갈온천은 자연의 특성인 온천수 및 닥터피시를 감각유산으로 활용하여 상품화하고 브랜드화에 성공한 면에서 감각유산으로서의 진수성이 높다. 감각유산 러브마크가 되기위해서는 방문객에게 제공되는 어메니티는 약한 편이어서 감각유산의 좋은 변화 효과를 높이기 위해서는 온천의 건축구조부터 시작해서 디자인까지 온천이 제공하는 시설적 쾌적함과 편안한 이미지를 높여야 할 것이다.

참·고·문·헌

강준혁(2015). 도박중독자의 회복과정과 실존체험. 성균관대학교 일반대학원 박사학위논문.

김경욱 · 이태희(2017). 한옥마을의 감각유산 인식이 러브마크와 트랜스포메이션 및 재방문에 미치는 영향. 관광연구저널. 31(2): 83-98.

김진술(2007). 자연치유의 학문체계와 그 개념정립에 관한 고찰. 서울장신대학교 석사학위논문.

김태혁(2009). 치유 디자인 개념을 적용한 욕실 공간 연구: 자연 이미지 디자인 연출이 뇌파에 미치는 영향을 중심으로. 경성대학교 석사학위논문.

노기배(2011). 로하스 소비양식이 로하스 소비목적과 소비행동에 미치는 영향. 숭실대학교 박사학위논문.

박종희(2009). 치유메카 경주. 경주연구. 18(2): 71-89.

박종희 · 권영미(2009). 트랜스포메이션 경제시대에 있어서 힐링의 관광 상품화 가능성에 대한 연구. 관광레저연구. 21(2): 357-374.

백승균(1994). 실존철학과 현대. 대구: 계명대학교출판부.

서경덕 역(2010). 푸코, 바르트, 레비스트로스, 라캉 쉽게 읽기. 서울: 갈라파고스.

서경현 · 양승애(2010). 심리적 스트레스 반응과 주관적 웰빙에 대한 자기애와 자존감의 역할. 한국심리학회. 15(4): 653-671.

서한서(2008). 한국 사회의 웰빙 소비 현상 연구. 한양대학교 석사학위논문.

송민영 · 강준수(2014). 도보여행의 효과에 대한 정신분석학적 고찰. 관광학연구. 38(7): 35-55.

양정하(2005). 한국에서의 내적 치유운동에 대한 연구. 고신대학교 석사학위논문.

양제연 · 이태희 · 조민숙(2013). 트랜스포메이션 재화 유형별 힐링시설 특성 연구─소재지역, 프로그램, 특화재료에 따른 특화성 차이. 한국사진지리학회지. 23(1): 25-37.

오은택(2011). 건강운동 참여가 체력수준과 건강위기감 및 건강증진행위에 미치는 효과. 중앙대학교 박사학위논문.

우미리(2014). 실존주의와 심리치료. 기독교 언어문화논집. 17: 155-187.

이태희(2013). 지역관광을 살리는 새로운 시각: 지역 감각유산의 관리. 한국관광정책. 제54호: 31-38.

이한구(2011). 중년 남성의 라이프스타일에 따른 건강증진행위에 관한 연구. 대구한의대학교 박사학위논문.

임완숙(2009). DISC행동유형과 건강증진행위 및 건강상태와의 관계. 경희대학교 석사학위논문.

장미숙(2010). 여성의 외모관리와 체형관리가 자기효능감과 자아존중감에 미치는 영향. 대구한의대학교 박사학위논문.

전영옥(2005). 웰빙 문화의 등장과 향후 전망. 삼성경제연구소.

최창환(2005). 성인의 건강지향태도와 건강통제행위가 건강증진행위에 미치는 영향. 조선대학교 박사학위논문.

하유진(2006). 자아 존중감 및 내외 통제성과 심리적 안녕감의 관계: 20, 30대 성인 남녀를 중심으로. 연세대학교 석사학위논문.

하지연(2004). 직장인의 자아개념과 여가스포츠활동 관여도 및 참여정도의 관계. 한국체육학회. 43(6): 845-862.

하지연(2005). 직장인의 여가활동유형과 자아개념, 여가태도 및 여가활동 관여도의 관계. 한국체육학회. 44(3): 721-734.

홍수장 · 이태희(2013). 힐링 트랜스포메이션 재화로서 산림치유시설 선택요인 중요도 인식연구. 한국사진지리학회지. 23(1): 97-106.

Cooper, M.(2003). Existential Therapies(신성만 · 가요한 · 김은미(역). (2013). 실존치료. 서울: 학진사).

Francis Macnutt(1992). The Power to Heal. 1st edition. Ave Maria Press.

Hartmann, N.(1953). Asthetik(전원배(역). (1995). 미학. 서울: 을유문화사).

John Wimber, and Kevin Springer(1991). Power Points, Harper Collins.

Melinda Davis(2002). The New Culture of Desire: The Pleasure Imperative Transforming Your Business and Your Life. 1st edition. Free Press.

Pine, B. J., II & Gilmore, J. H.(1998). Welcome to the experience economy. Harvard Review, July-August: 97-105.

____________________ (1999). The experience economy: Work is theatre and every business a stage. Boston, MA: Harvard Business School Press.

고창웰파크시티(www.wellparkcity.com)

꽃마을경주자연치유센터(www.nisiclinic.com)

대티골(www.daetigol.com)

리솜포레스트(www.resomforest.com)

매일신문(www.imaeil.com)

삼성경제연구소(www.seri.org)
조선일보(www.chosun.com)
조은리조트(www.joeunresort.com)
클럽모우(www.clubmow.com)
한국경제(www.hankyung.com)
헤럴드경제(www.heraldbiz.com)
힐리언스 선마을(www.healience.com)
힐링카운티(www.healingcounty.com)

감각유산기획의 플랫폼 제8장

성공한 플랫폼이라면 반드시 가지고 있는 것이 바로 킬러 감각유산과 서비스다. 그것은 '그 플랫폼이 어떤 플랫폼인가'를 결정짓는 가장 중요한 요소다. 사용자 경험(UX)이 사용성이라면, 플랫폼은 상품성이라고 할 수 있다. 두 가지가 스마트 생태계의 핵심이라 할 수 있고, 감각유산을 바라보는 사용자도 이 부분에 집중해 감각유산을 선택할 수 있어야 한다. 앞으로는 플랫폼과 UX의 상관관계를 이해하느냐 못 하느냐가 브랜드와 감각유산 생존의 주요 조건이다.

제8장 감각유산기획의 플랫폼

1. 플랫폼의 의미

플랫폼이란 말의 의미는 과거 산업혁명의 아이콘인 기차가 서고 떠나는 기차역에서 시작된다. 산업혁명으로 가능해진 대량생산의 결과로 인해 기차는 더 많은 물자를 날라야 했고 그 결과 기차역은 사람과 물류의 이동이 집결하는 장소가 되었다. 이때부터 기차역에 기차나 사람 혹은 물자가 대기하는 일정 공간이나 구획을 플랫폼이라 부르게 된다. 이처럼 공간적이고 구조적인 집합의 의미가 큰 플랫폼은 'plat(구획된 땅)'과 'form(형태)'의 합성어로 '구획된 땅의 형태'를 의미한다.

계획과 디자인에 의해 경계가 없던 땅이 다양한 이유로 모여드는 사람들을 위해 구획되고 집이 지어지고, 건물이 생기고, 도로가 생겨 용도에 따라 다양한 형태로 활용될 수 있는 공간으로서의 '장'이 된 것이 바로 플랫폼이다. 플랫폼 전략의 핵심은 바로 관련 그룹의 사람들을 '장(場)'의 역할을 하는 플랫폼에 모이게 하는 것으로부터 시작된다. 수요와 공급이라는 관계와 네트워크를 형성하게 하여 각 이해 관계자들이 모여들게 만들고 관계 형성이나 망 형성을 통해 각자의 이득과 효과를 노리는 새로운 사업의 생태계를 키워 나가게 되는 '장'인 것이다.

스마트 시대에 플랫폼은 장터나 정거장에 비유할 수 있다. 장터는 물건이 필요한 사람과 물건을 파는 사람들이 한데 모이는 곳이다. IT 생태계에서 플랫폼이 장터에 비유되는 것은 사람들이 모이는 곳, 사람들이 필요로 하고 원하는 서비스가 거래되고 사용되며 재생산되는 곳이기 때문이다. 다양한 사업자들의 이해관계가 만나는 장터 같은 접점과 사회적 관계망은 바로 플랫폼이 만들어내는 접점과 노드(node), 소셜 네트워크와 다를 바 없다. 결국 다양한 서비스와 콘텐츠를 제공하고, 많은 사용자가 거쳐가며 사용자들의 취사선택에 따라 자연스럽게 좋은 콘텐츠와 서비스가 선택되고 진화하는 선순환구조가 되는 곳이 바로 플랫폼이다. 건강한 생태계는 이 플랫폼이 잘 형성되어야 하며, 개방성을 근간으로 하는 스마트 생태계에서는 플랫폼의 역할이 더더욱 중요해진다.

정거장은 특정한 장소로 가고자 하는 사람과 물자와 이들을 실어 나를 운송수단이 모이는 곳이다. 어딘가 목적지로 떠나야 하는 사람을 태우기 위해 기차든 버스든 운송수단이 필요하고 플랫폼은 바로 사람과 운송수단이 만나는 접점, 혹은 사람과 운송수단을 연결해 주는 집합 지점의 역할을 한다고 볼 수 있다. 스마트 시대에는 콘텐츠 제공자, 사용자 등 다양한 주체들이 만나는 매개지점이 바로 플랫폼이다.

4차 산업혁명의 시대에 컴퓨터의 운영체제를 의미하던 플랫폼이 최근 하나의 장(場)이라는 광의의 의미로 확대된 것은 스마트 혁명 때문이다. 스마트 혁명의 주역들인 애플, 구글, 아마존, 트위터, 페이스북처럼 시장을 주도해 나가는 기업의 공통점은 바로 이들 모두가 플랫폼을 기반으로 성장한 기업이고, 자사만의 독특한 플랫폼 구축에 성공한 경우라는 것이다.

이젠 하드웨어로서 하나의 물건이 지닌 가치보다는 플랫폼의 일부로 지닌 가치가 더 중요해졌다. 플랫폼과의 연계 없이는 사용자의 절대적인 지지를 받기 힘들다. 콘텐츠와 소프트웨어, 하드웨어가 일체가 된 플랫폼 전략을 취해야 하는 것이다. 이로 인해 구글이나 애플과 같은 글로벌 기업이 국가 간 경계를 넘어 전 세계 시장을 지배하고 있는 것이다.

감각유산 플랫폼 사례 - 삿포로 라멘공화국

일본 삿포로역 앞에 일본 라멘을 만들어 파는 식당들을 한곳에 모아놓은 건물이 있는데 삿포로 에스타 백화점에 위치한 라멘 테마파크다. 이 건물 10층에 라멘거리를 만들어 라멘공화국이라 이름을 붙였다. 기본자극은 2차 성질의 미각이면서 1차 성질의 거리를 재현해 놓은 감각적 자극의 콜라보라 할 수 있다.

이곳은 삿포로 시내의 유명한 라멘식당 2호점은 물론 일본 전역의 라멘집을 라멘거리에 배치시켜 놓은 일종의 라멘 테마파크인 것이다. 삿포로 시내 여기저기에 분산되어 있는 라멘 맛집을 하나하나 찾아다닐 필요 없이 한곳에 모아놓으니 관광객이나 삿포로 시민이나 편하고 쉽게 라멘을 즐길 수 있다. 미각을 주제로 일본의 옛 거리를 재현한 인테리어의 감각타운이 만들어지니 시내에 명소 하나를 만든 결과도 가져왔다. 이곳에 입점하기 위해선 경쟁지원을 통해야만 한다. 맛에서 뛰어난 자극만을 선별하는 구도이다.

라멘공화국의 사례는 단순히 먹는다는 데 우선을 둔 체험이 아니라 마치 새로운 공간이나 마을에 들어와 있다는 느낌을 주는 경우라 더 의미가 있다. 맛에 정취가 더해져서 먹는 즐거움에 여행의 즐거움을 추가해 준다.

삿포로 라멘공화국의 거리화된 라멘 점포 배치

2. 감각유산 플랫폼의 구분

1) 감각유산 하드웨어 플랫폼

'하드웨어 플랫폼'은 다양한 제품들이 함께 사용하는 제조의 기반, 즉 하드웨어의 표준을 말한다. 자동차의 경우 폭스바겐의 티구안이 아우디의 플랫폼을 공유한다거나 현대자동차의 쏘나타와 기아자동차의 K5가 플랫폼을 공유하는 것도 모델 간에 자동차의 기본 틀을 포함한 상당 부분의 부품이 동일한 플랫폼이 유지된 상태에서 생산되기 때문이다. 제조사에게 '하드웨어 플랫폼'은 매우 중요한 의미인데, 플랫폼을 잘 만들면 만들수록 해당 플랫폼을 기반으로 다양한 모델의 제품을 신속하게 생산해낼 수 있기 때문이다. 신속하다는 것은 트렌드 변화나 시장욕구변화에 빨리 대처할 수 있다는 것이고 추가적인 모델의 제품 생산 시에도 모델별 설계 및 금형 제작 등 추가비용 절감에 큰 효과를 볼 수 있게 된다.

감각유산의 경우 실제 구획된 토지나 특정 건물의 구조가 하드웨어 플랫폼이 될 수 있다. 소리와 빛과 향기를 만들어내는 기술 관련 부품이 필요한 경우라면 이런 부품도 하드웨어 플랫폼에 의해 생산이 가능해진다. IKEA나 Costco 같은 매장들의 구조나 동선이 거의 대동소이한 것도 하드웨어 플랫폼이 일정하게 유지되는 경우다.

2) 감각유산 소프트웨어 플랫폼

소프트웨어 플랫폼은 형태가 없어서 드러나지 않는다는 점에서 하드웨어 플랫폼과 차이를 보이나 하드웨어 플랫폼과 크게 다르지 않다. Window, iOS 등의 OS처럼 운영체제를 소프트웨어 플랫폼이라 부른다면 이들은 제공된 공통적인 개발 환경을 기반으로 개발된 애플리케이션으로 기기와 상관없이 동일한 플랫폼을 사용하는 곳에서는 모두 실행이 된다. 웹브라우저 등과 같은 범용 플랫폼도 있지만, 특정 기기/환경에서만 작동하는 제한적 플랫폼도 존재한다(플랫폼 전문가 그룹, 2012).

감각유산 소프트웨어 플랫폼은 템플스테이와 수도원스테이의 비교를 통해 설명이 가능해진다. 불교사찰과 천주교의 수도원은 하드웨어 플랫폼에서도 구조적으로 차이가 나지만 종교라고 하는 거역할 수 없는 소프트웨어의 차이로 인해서 수도원에서 불교방식의 템플스테이를 적용하거나 절에서 가톨릭방식의 수도원 라이프스타일의 체험방식을 적용할 수 없는 이치가 소프트웨어 플랫폼을 설명해 주는 논리가 된다.

3) 감각유산 서비스 플랫폼

서비스 플랫폼은 플랫폼과 관련하여 정해놓은 최소한의 규정은 준수한다는 가정하에 누구나 참여할 수 있도록 하는 개방성이 유지되어야 한다. 이런 개방성을 바탕으로 서비스 플랫폼은 공급자와 수요자가 거래할 수 있는 기반을 마련하게 된다. 이렇게 강조된 개방성을 토대로 회원 관리, 빌링 및 기술 지원 등 주요 서비스 지원을 통해 다수의 사업자와 소비자가 쉽게 플랫폼에 참여하여 사업할 수 있는 환경을 만든 경우를 서비스 플랫폼이라 한다.

감각유산 서비스 플랫폼은

- 지속가능한(Long-tail) 콘텐츠/서비스를 고객에게 제공할 수 있는 환경을 만들어야 한다.
- 지속가능한(Long-tail) 콘텐츠/서비스는 고객들 사이에서 해당 서비스 플랫폼에 대한 네트워크 효과를 발생시켜 다수의 고객이 참여할 수 있는 기반을 만들어주기 때문이다.
- 이렇게 해야만 해당 플랫폼 내에서 다수의 공급자 및 수요자 간 거래를 통해 발생하는 서비스 수수료나 광고 수익 등의 사업모델 기반 플랫폼 사업의 가치가 높아지기 때문이다.

개방성은 유지하지만 지속가능한(Long-tail) 콘텐츠/서비스의 형성이나 이를 기반으로 한 네트워크 효과를 통해 일정규모의 수요와 공급이 발생하지 않아도 서비스 플랫폼이라 말할 수 있는 경우도 생긴다. 예를 들어, 스마트 TV 사업의 경우 개방을 통한 순수 서비스 플랫폼을 지향했음에도 불구하고 롱테일(Long-tail) 및 네트워크 연계효과(Network effect) 등이 발생하지 못했다. 매체의 특성상 여러 가지 이유가 있음에도 불구하고 기본적으로 개방성이라는 기본 원칙을 지켰기 때문에 서비스 플랫폼으로 분류될 수 있는 것이다(황병선, 2012).

감각유산의 서비스 플랫폼은 그 콘텐츠라는 것이 몇 가지의 감각적 자극으로 국한되다 보니 기존 IT분야의 서비스 플랫폼보다 상대적으로 단순한 형태를 보일 수밖에 없다. 예를 들어 갤러리의 감각유산 서비스 플랫폼은 그림과 음악, 그림과 음악과 음식, 그림과 향기와 음악 등 그 자극의 선택치(input)와 조합의 결과(combination output)가 몇 가지로 좁혀질 수 밖에 없다. 또 어떤 경우 감각유산이 공공재의 성격을 지니거나 '자원'의 성격이 강할 때에는 개방성을 유지하는 데에는 한계가 있을 수 밖에 없다.

구조물 형태의 감각유산이나 환경적으로 취약한 생태적 감각유산은 물론이고 축제형태의 감각유산의 경우도 선별되지 않은 콘텐츠에 개방되고 노출되었을 때 원래 감각유산의 기획취지가 훼손되고 왜곡되는 것은 물론 감각유산의 원형 자체가 파괴되는 결과 나올 수도 있다.

4) 감각유산 비즈니스 플랫폼

서비스 플랫폼에서 수요자와 공급자가 만나는 장(Stage)을 마련하면 플랫폼 제공자는 그것으로 자신의 할 일이 끝난다. 예를 들어 Airbnb는 숙박의 수요자와 공급자를 만나게 하고 연결만 할 뿐 상품을 직매하지는 않는다. 따라서 서비스 플랫폼이라 할 수 있다. 소셜커머스가 상품 자체를 직매하지 않았을 때는 플랫폼이었으나, 직매의 비율을 늘려가면서 커머스 서비스 플랫폼에서 커머스 서비스로 변해갔다. 이 두 가지를 모두 병행하고 있는 사업자들도 있으나 이럴 경우 사업의 핵심이 어느 쪽에 더 가까운지를 따져 서비스 플랫폼이라 부를지 비즈니스 플랫폼이라 부를지의 여부를 결정할 수 있다(황병선, 2012). 유튜브의 경우 기본적으로 플랫폼에 있는 콘텐츠를 '직매'하지 않는다. 따라서 영상 서비스 플랫폼이라고 볼 수 있다. 반면에 비즈니스 플랫폼은 공유 기반의 서비스 플랫폼보다는 하드웨어/소프트웨어 플랫폼의 성격과 더 가깝다. IPTV 등 유료방송이 대표적인 예가 될 수 있다. 유료방송을 플랫폼이라 부르지만 유료방송 사업은 콘텐츠를 직매하여 고객에게 판매하는 것이 주요 사업 모델일 뿐 제3의 사업자들이 자유롭게 참여할 수 있는 개방성을 유지하지 않는다. 그러나 유료방송 서비스/사업 자체는 광고, 커머스 및 다양한 부가사업을 추진하는 기반사업으로서 하드웨어/소프트웨어 플랫폼과 같은 의미로 사업적 관점에서 비즈니스 플랫폼이라고 부를 수 있다(황병선, 2012). 자사가 추진하는 다른 파생사업들의 기반이기 때문이다. 즉 하드웨어/소프트웨어 플랫폼과는 유사하면서도 서비스 플랫폼과는 전혀 성격이 다른 것이다.

감각유산의 좋은 변화와 관련된 비즈니스 플랫폼의 경우에 향기치유, 소리치유, 칼러치유 등의 공급자와 수요자를 연결시키는 플랫폼을 마치 Uber택시 플랫폼처럼 개방성을 유지한 상태에서 운영하는 경우도 가능할 것이다. 특별한 웨딩 역시 독특한 감각유산 환경하에서 치르고 싶은 커플들을 위해 전 세계의 유니크한 웨딩감각유산의 플랫폼을 열어 공급자와 수요자의 개방성 높은 연결을 시도할 수도 있다.

5) 감각유산 소셜 플랫폼

플랫폼이란 개념은 이미 과거에 소프트웨어 · 하드웨어 개발자가 이해했던 기계적 플랫폼의 의미를 넘어 전체 생태계에서 포괄적인 의미를 지니고 있고, 망이 점차 상용화(commodization)하며, 망-애플리케이션의 분리(decoupling) 현상이 가속화되고 있다. 정책적으로도 망 중립성이 시행되고, 산업적으로 애플리케이션과 서비스 부문의 경쟁이 치열해지며 고도화되는 상황에서 플랫폼은 망과 서비스를 유기적으로 연결시키고 산업적 경쟁력을 활성화시키게 된다.

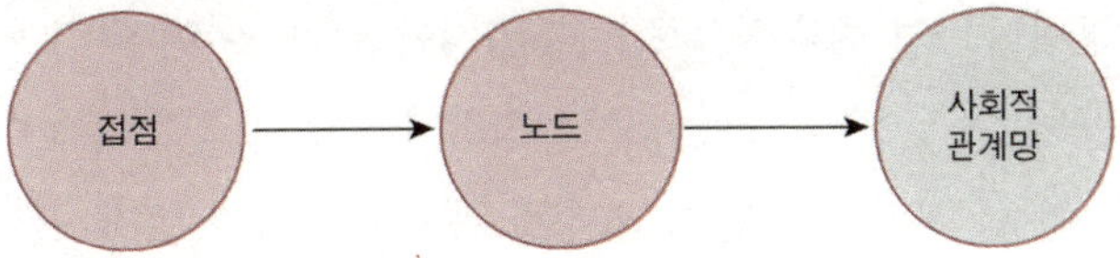

[그림 1] 소셜 플랫폼의 생태계 구축

감각유산 체험에 이 소셜 플랫폼 전략을 적용하는 경우라면,

- 우선 감각유산 앱을 통해 사용자와 접점을 형성한다.
- 그 접점들이 네트워크의 노드(node)로써 작용한다.
- 해당 노드를 통해 또 다른 사용자 집단들과 연결해 커다란 사회적 관계망을 이룬다.

이런 점에서 감각유산 플랫폼의 생태계 형성은 매우 중요하다.

감각유산의 경우에도 이미 생태계가 형성되어 있는 경우에는 그 생태계의 연결망을 더 촘촘하게 확대하거나 심화할 필요가 있다. 인지도나 선호도 면에서 생태계가 약한 감각유산은 접점과 노드 사회적 관계망을 더 구축하여 서비스 플랫폼을 강화할 필요가 있다.

스마트 기술이 계속 발전하고 바뀌기 때문에 특정 인터페이스나 기능 자체는 상황(context)이나 다른 더 나은 기술에 의해 언제나 바뀔 수 있다. 따라서 그런 가변적 기술과 상황적 인터페이스를 포용하고 담아낼 수 있는 소셜 플랫폼의 구축이 성공의 핵심요인이고 미래의 감각유산을 위한 스마트 인터랙션의 방향이다.

스마트 시대의 특징은 사람과 사람, 사람과 기계, 기기와 기기가 연결되는 환경이고, IT 생태계의 중심이 기존 하드웨어에서 콘텐츠 및 플랫폼과 같은 소프트웨어로 이동하는 것이다. 소프트웨어 플랫폼은 생태계 전반의 규칙을 정하는 룰 세터(rule-setter)로 부상했으며, 앞으로 스마트 생태계는 콘텐츠와 결합된 플랫폼 사업자가 주도할 것으로 예상된다. 그러나 하드웨어와 네트워크의 경쟁력에 비해 콘텐츠와 플랫폼의 경쟁력이 약하거나 미흡하지는 않은

지에 대한 모니터링이 지속적으로 이루어져야 한다. 이미 여러 기업이나 네트워크 플랫폼들이 글로벌 플랫폼으로 성장하지 못하고 도태된 이유는 능동적인 혁신성 부족, 창의적 콘텐츠 개발을 위한 시스템의 부재, 플랫폼의 전략적 활용에 대한 이해가 결여되었기 때문인데, 이는 감각유산 플랫폼 전략에도 시사하는 바가 크다고 할 수 있다.

3. 감각유산 플랫폼 구축을 위한 전략

플랫폼 전략은 혁신을 꿈꾸는 기업들이 공통으로 채택하고 있는 최첨단 경영전략이라 할 수 있다. 안드레이 학주와 히라노 아쓰시 칼은 저서 『플랫폼 전략』(2011)에서 플랫폼 구축을 위한 전략을 9단계로 나누어 단계적으로 설명하고 있는데 이에 감각유산을 접목시켜 단계별 전략을 전개해 보면 다음과 같다.

① 감각유산 도메인의 결정

사회의 변화, 개인 가치의 변화, 라이프스타일의 변화라는 큰 흐름을 파악해, 어떤 감각유산의 부류, 어떤 감각유산의 영역에서 어떤 가치를 제공할 것인가를 결정한다. 감각유산의 경우도 그 범위가 넓기 때문에 1차 성질의 배경적 자극에 어떤 2차 성질의 감각적 의식관계를 덧입힐 것인지 감각과 물리적 환경, 무대와의 콜라보 수준을 결정하여야 한다. 또한 서비스 플랫폼 영역인지 비즈니스 플랫폼 영역인지도 구분하여 결정해야 한다.

② 감각유산 타깃 그룹의 결정

감각유산을 통해 어떤 그룹과 어떤 그룹을 연결하는 플랫폼을 만들 것인가에 대해 검토해야 한다. 이를 위해서는 어떤 자극점을 특징으로 내세울 것인가도 매우 중요하다.

③ 플랫폼 내 그룹이 활발하게 교류할 수 있는 시스템

플랫폼이 존재하기 전보다 더 활발하게 그룹 간 교류가 이루어지도록 시스템을 만들어야 한다. 감각유산을 통해 '네트워크 효과'라는 입소문을 연쇄적으로 발생시킬 수 있는 구조야말로 성공하는 플랫폼의 특징이다. 이 구조가 만들어지면 선순환이 시작되면서 자가 증식을 하듯 감각유산 플랫폼은 확대된다.

④ 킬러 감각유산과 번들링 서비스

성공한 플랫폼이라면 반드시 가지고 있는 것이 바로 킬러 감각유산과 서비스다. 그것은 '그 플랫폼이 어떤 플랫폼인가'를 결정짓는 가장 중요한 요소다. 사용자 경험(UX)이 사용성이라면, 플랫폼은 상품성이라고 할 수 있다. 두 가지가 스마트 생태계의 핵심이라 할 수 있고, 감각유산을 바라보는 사용자도 이 부분에 집중해 감각유산을 선택할 수 있어야 한다. 앞으로는 플랫폼과 UX의 상관관계를 이해하느냐 못 하느냐가 브랜드와 감각유산 생존의 주요 조건이다.

⑤ 가격 전략과 비즈니스 모델의 구축

어떤 그룹으로부터 어떻게 수익을 얻을 것인가, 혹은 반대로 지원할 것인가를 결정해야 한다. 어떤 그룹의 참가가 감각유산 플랫폼에 유리한가를 파악해 천천히 가격 변동을 실시하면서 변화를 지속해 가는 것이 중요하다. 여러 감각유산 개발자 그룹에 금전적 지원을 비롯해 다양한 루트로 지원을 실시하는 경우에 금전적으로 마이너스 전략을 취하고 있는 것처럼 보이지만 이에 투입된 비용은 전부 라이선스 비용에 추가시켜 회사나 개인으로부터 회수하면 된다.

⑥ 가격 외 매력을 그룹에 제공

플랫폼에 대한 그룹의 애착도를 높이는 데는 가격도 중요하지만 감각유산 플랫폼의 매력을 강화하는 것도 하나의 방법이다. 이 전략은 가격 경쟁에 휩쓸리지 않기 때문에 일단 한 번 확립하면 강한 매력을 지니게 된다. 미국 최대의 옥션 사이트 이베이가 최초로 도입했고 지금까지 많은 사이트에서 활용되고 있는 판매자에 대한 평가 시스템이 대표적인 예다. 한 번 높은 평가를 얻으면 좀처럼 다른 사이트로 이동하지 않는다.

⑦ 플랫폼 규칙의 제정과 관리

규칙이 존재하지 않는 감각유산 플랫폼에서는 '악화가 양화를 구축하는' 사태가 일어날 위험이 있다. 일단 한 번 좋지 않은 이미지가 박혀버리면 그 그룹은 순식간에 사라져버린다. 이 경우 네트워크 효과는 실패의 소용돌이에서 벗어날 수 없게 된다.

⑧ 정부의 규제/통제/특허권 침해 등에 주의

플랫폼 전략은 하나의 기업이라는 기존 단위에서 벗어나 탈기업 활동을 통해 에코 시스템(생태계)을 구축하는 전략이기 때문에 하나의 기업을 전제로 한 지금까지의 법 제도나 정부 규제에 대해서 어떻게 대응해야 할지 고려해야 한다.

⑨ 항상 '진화'하기 위한 전략을 수립

진화라고 해서 단순히 새로운 서비스를 도입하기만 하면 되는 것이 아니다. 경우에 따라서는 새로운 서비스가 퇴화로 연결될 수도 있다. 중요한 것은 참가하는 그룹의 본원적 욕구는 무엇인가라는 근원적 질문을 절대로 잃어버려서는 안 된다는 사실이다. 그러기 위해서는 이 플랫폼이 무엇을 위해 존재하는가, 이 서비스나 제품은 언제, 누가, 무엇을, 어디서, 어떻게 이용하는가에 대한 질문을 늘 구체적으로 지속해야 한다. 감각유산 사용자의 입소문이 신속하면서도 광범위하게 확대됨으로써 감각유산 플랫폼이 진화하기 때문이다. 디지털 컨버전스의 진화, 즉 디지털 기술이나 통신 기술의 발달로 전화, 방송, 통신, 출판 등 지금까지 '출구'들은 어느 사이에 사라지고 전혀 새로운 미디어들이 통합되는 '미디어 수렴'이 일어나는 것을 감각유산 플랫폼 차원에서 주의 깊게 바라봐야 할 것이다.

4. eT 감성 테크놀로지(Emotion Technology)

테크놀로지 하면 보통 사람들은 IT와 같은 기술혁신에 의한 인간 삶의 근본적 변화를 이루어 내는 특정한 기술을 떠올린다. 사람의 몸과 마음을 치유한다는 관광분야에는 테크놀로지가 있는가, 그런 기술이나 공학적 접근이 과연 관광분야에 있을까라고 하는 관광분야에 테크놀로지가 있는지에 대해 의구심을 갖는 사람조차 드물다.

관광분야에는 비즈니스의 수단으로서 경영의 틀로서 시스템만 있을 뿐, 정작 관광에 필요한 테크노롤지가 무엇인지에 대한 진지한 고민조차 없어 왔던 게 사실이다. 관광에 있어서 테크놀로지는 사람의 감성을 다루는 감성테크놀로지가 아닐까 싶다. 1차 성질을 조절하는 테크놀로지가 아니라 2차 성질을 즉 의식과 감각을 제어하는 테크놀로지를 말하는 것이다. 수학적 공식에 따르는 테크놀로지가 아니어도 자극에 반응하는 사람의 감각적 행동을 감성적으로 공식화한다면 바로 그것이 관광의 테크놀로지가 될 수 있다.

테크놀로지라고 불릴 수 있으려면 공통적으로 혹은 반복적으로 적용가능한 모듈이 있어야 한다. 공통적이고 반복발생이 가능한 모듈의 매뉴얼화가 필요한데 보통 휴양을 위한 건축이나 서비스 차원의 매뉴얼이 있을 뿐 감각적 접근에 필요한 매뉴얼이 없어 왔던 게 사실이다.

유럽의 호텔들이 속옷 디자이너에게 호텔 인테리어의 디자인을 의뢰하기 시작했던 트렌드는 섬세한 감성을 호텔 내부의 디자인에 접목시키려 했던 시도였을 것이다. 이렇듯 관광 쪽의 테크놀로지는 체험디자이너 개인의 경험과 노하우였을 뿐 모듈화된 테크놀로지로 진화하지 못하였다.

하지만 감각유산의 경우 이런 감각적 체험을 공식화된 테크놀로지로 발전시키고 진화시켜야 한다. 하나의 브랜드에 국한되지 않고 한 지역이나 국가를 대표할 만한 감각유산이 러브마크가 될 수도 있기 때문이다.

5. 감각유산 플랫폼 자극선별

1) 감각유산의 스토리텔링 플랫폼 전개

스토리텔링 감각유산

스토리의 활용은 감각유산에게 일어난 시간적 흐름 속의 변화와 관계가 있기도 하다. 1910년에 지어진 LA 최초의 발전소 건물이 100년이란 세월이 지나면서 침수되고 버려진 채 방치되다가 현재는 LA 다운타운의 가장 핫한 Bar가 된 경우가 1차 성질의 유산이 2차 성질의 감각유산으로 변화한 사례가 될 수 있다. 2007년에 개장한 바이면서 클럽으로 유명한 이곳은 원래 사설발전소였던 곳의 분위기를 그대로 유지하면서도 그 분위기를 엔터테인먼트의 감각재화로 연결시키는 데 성공한 사례라 할 수 있다. 바로 Steampunk 데코의 강력한 현장을 보여주는 LA 다운타운의 명소이다. 발전소라는 원래 장소의 기능과 전혀 무관한 감성재화와 브랜드로 변화시킨 감성 리모델링의 극명한 사례이기도 하다. 이 에디슨 바/클럽의 감성지수를 매우 높게 평가할 수밖에 없는 것은 버려지고 잊혀지고 방치된 장소의 1차 성질을 감각적 유인력이 있는 2차 성질로 감각유산화하여 고부가가치의 명소로 전환시킨 창의력 때문이다. 이런 창의력과 표현된 2차 성질이야말로 감각유산의 기획을 감성테크놀로지(eT)라 표현할 수 있는 살아 있는 사례다. 공업적인 생산의 1차 성질을 엔터테인먼트 재화로 바꾸어놓은 테크놀로지가 바로 eT인 것이다. 원래의 성향을 잃지 않되 새로운 것을 품고 받아들여 전혀 새로운 성향의 감각과 자극의 장으로 만들어내는 것. 이것이 바로 감각유산의 eT 플랫폼일 것이다.

에디슨바의 실내

사설발전소였던 곳의 분위기

2) 감각유산 자극의 무대/배경감각 연출

(1) 1차 성질의 무대를 기본감각(base 자극)으로 채우기

감각유산은 기본적으로 감각적 자극을 다루게 되는 분야이다. 그 감각적 자극은 일종의 무대 배경을 필요로 한다. 감각이 놓이는 세트장이라고 할 수도 있고 음식이 담기는 그릇이라고 할 수도 있다. 바간의 사원을 배경으로 해가 지는 감각유산이라면 바간의 사원이 그 무대가 되고 세트장이 된다. 바간의 사원은 1차적 성질이고 지는 해를 바라보며 아름다움을 느끼는 건 2차적 성질이어서 감각유산의 기본적인 체험결과가 된다.

시각적인 경우 외에 미각과 관련된 경우도 배경과의 조화나 어울림은 매우 중요하다. 미각을 단순히 먹는 욕구의 대상자극을 체험하는 것으로만 단순화시켜 보는 것은 감각유산관리와 거리가 있다. 입체적인 미각관리의 중요성을 강조하며 만들어진 삿포로의 라멘공화국을 예로 들 수 있다.

(2) TAO의 감각유산: 동양의 신비로운 감각환경의 표현

TAO는 뉴욕 맨해튼의 뉴요커들에게 사랑받는 하이엔드 레스토랑인데 예약을 하기 위해서는 최저 가격 100불 이상을 예약 시 사전에 지불해야 하는 상당히 고압적인 레스토랑이다. 이 TAO를 언급하는 이유는 TAO가 표현해 내는 감각유산이 결국 레스토랑 전체의 이미지는 물론 부분적인 공간분할 시 해당 공간들을 하나의 연장선상에서 연결성을 가지고, 찾아온 고객들에게 환상성을 심어주기 때문에 사례로 소개하고자 한다.

훌륭한 맛의 음식을 양질의 서비스로 제공받는 것이 이미 식상한 경험이 되어버린 사람들에게 TAO는 다른 세상에서의 다이닝 체험을 제공받는 기대를 저버리지 않는다. 감각유산의 기본 테마는 레스토랑 이름에서 나타나듯이 상당히 동양적이고, 그 중심에 초대형 불상을 분위기 전달의 코아 수단으로 활용했다. 레스토랑은 크게 바(Bar) 공간과 다이닝 공간으로 구분된다. 바(Bar) 공간은 예약을 하지 않더라도 이용할 수 있고 예약을 하지 않고 찾아온 사람들이 자리가 날 때까지 한 잔 하면서 대기하는 용도로 쓰이기도 하는 곳이다. 다이닝 공간에 들어서면 초대형 불상의 모습에 고객들은 압도당한다. 1, 2, 3층을 터서 천장의 높이를 높인 부분에 들어선 이 불상으로 인해 TAO라는 이름과 연결이 되고 동양문화를 불교의 문화로 어설프게 대충 꿰어 맞추고 잘못 이해하는 미국인들에게 레스토랑은 명확한 정체성을 갖는 감각유산 공간으로 바로 접수되어 버린다. 중요한 것은 이 어설픈 테마의 감각유산이 매우 강한 유인력으로 작용하여 실제 음식 맛은 별로인데도 레스토랑은 유명세를 타서 사업이 승승장구하였다는 점이다.

다음에 소개된 TAO의 사진들은 타오 맨해튼점이 아닌 라스베이거스 베네치안 호텔에 있는 TAO점이다. 높은 천장 상단에 붓글씨체의 장식이 걸려 있는 것과 대형 불상이 무대 같은 벽면에 놓여 있는 것은 맨해튼점과 다를 바가 없다.

공간의 정체성을 좌우하는 TAO 레스토랑 천장의 붓글씨 장식물과 불상

TAO 클럽의 입구에 수조가 연출해 내는 종교적 신비감의 감각유산

TAO 클럽의 조각상들이 연출해 내는 신비감의 감각유산

그러나 베네치안 TAO는 클럽과 레스토랑으로 구분되는데 우선 진입이 시작되는 입구부분의 감각유산을 아래 사진이 보여주고 있다.

맨해튼 타오의 입구부분이 별다른 감각유산 없이 고객을 맞아들여 '별거 아니네'로 시작하여 대형불상과 천장의 붓글씨체 휘장을 접하며 탄식이 나오는 경우였다면 베네치안의 타오는 이런 감각유산 부조화를 처음부터 고쳐 잡아나간 경우라 하겠다.

입구에 놓인 수조는 '이 공간에 들어오기 전에 손과 발을 씻어서 너의 마음을 정갈하게 해라'라는 의미를 갖는 것을 고객들이 아는지 모르는지는 확신이 서지 않지만 한 개가 아닌 여러 개의 수조가 줄지어 늘어선 모습은 수조 대신 웨이터들이 줄지어 늘어선 국내의 클럽 진입부의 모습과 상당히 대조되는 풍경이다.

뭔가를 기대하게 만드는, 이 감각유산의 공간을 지나면 어떤 공간이 나를 기다리고 있을까 궁금하게 만드는 묘한 매력의 연장선상에 고객들을 줄 세우는 힘이 있는 감각유산 전개방식이라 할 수 있다.

클럽은 보통 모던하기 이를 데 없는 감각유산의 인테리어를 보이는 것이 보통인데 베네치안 TAO의 감각유산은 시안의 진시황 고분 속에 들어와 있는 듯한 정취를 연출해 냈다. 뻔하지 않은 감각유산 기획의 극명한 사례이자 맨해튼 TAO와의 자매관계에 있음을 고객들에게 다시 한 번 주지시키는 디자인이다. 클럽 내부에는 아래 사진에 나와 있는 조각상들을 포함해서 다수의 조각과 상들을 볼 수 있어서 박물관 내부를 클럽으로 전환시킨 로가닉 분위기의 디자인 면모를 엿볼 수 있다.

(3) 배경자극 선택하기

배경적 자극에서 가장 손쉬운 적용 사례는 야경이라 할 수 있다. 야경이 있고 없고에 따라 먹는 음식의 맛이 다르게 느껴지기도 한다. 야경은 시각적 감각자극이기도 하지만 정취적 감각유산으로 한몫하는 배경 자극이다. 야경은 야외 즉 오픈에어로 보이는 경우와 실내에서 창을 통해 보이는 야경으로 구분되고 조명에 의해 펼쳐지는 화려한 모습 말고도 건물고도나 자연적 고지대에 의해 전개되는 낮 경관도 배경적 자극이 될 수 있다.

(4) 근접자극과 배경자극의 구별

센트럴파크를 바라보는 주거시설이나 식음시설은 센트럴파크를 근접자극이나 배경자극으로 동시에 활용하는 경우라 할 수 있지만 근접이냐 배경이냐를 따지려면 해당 감각적 자극과의 물리적인 실제 거리가 어느 정도 떨어져 있느냐에 따라 구분이 될 수 있다. 샌프란시스코의 골든게이트 골프클럽의 경우는 특정 홀에서 멀리보이는 금문교를 조망하면서 골프를 즐길 수 있어서 골프클럽의 이름조차도 금문교를 따서 골든게이트라 지어졌다. 배경적 자극으로 활용된 경우다. 황리단 길의 피자 레스토랑에서 담장 하나를 사이에 두고 보이는 대릉원을 바라보면서 음식을 즐기는 경우는 근접자극으로 대릉원을 활용한 경우라 하겠다.

3) 개별감각/감각콜라보 만족도 모니터링

개별적인 감각적 자극들이 홀로 기능을 하기도 하지만 각각의 자극들이 조합되어 동시에 감각적 자극으로서 역할하는 것을 필자는 감각 콜라보라 표현했었다. 중요한 것은 불필요한 감각적 자극이 제 역할도 못하고 콜라보의 효과도 가져오지 못하며 포함되어 있지는 않은지, 너무 과한 것은 아닌지, 뭔가 부족한 감각적 자극이 있어서 콜라보가 필요한 것은 아닌지 지속적으로 모니터링해야 한다는 것이다.

(1) 웨버의 법칙 고려하기

개별 자극의 수준이 결정되어야 하는 이유는 첫 번째 자극이 강하면 할수록 그 뒤를 따르는 자극들이 더 강하지 않으면 사람들은 자극의 변화를 인식하지 못하기 때문이다. 바로 이것이 웨버의 법칙이다. 시간적 구분이나 차이를 두고 지속적으로 감각적 자극을 연출해야 하는 경우라면 웨버의 법칙을 고려하여 차순위로 적용되거나 연출되는 자극의 효과를 가정한 뒤에 감각적 자극이 투입되어야 할 것이다.

(2) 초기 자극과 후반 자극의 조화

결국 처음에 선보인 감각적 자극과 다음에 선보일 감각적 자극이 조화를 이룬 상태에서 감각적 자극을 선보이는 게 중요한데 한국민속촌을 사례로 들어보면 다음과 같다. 한국민속촌은 기존 전통한옥/관아/민가 중심의 자극에 변화 없이 경영을 하다 보니 2000년대 초부터는 방문객이 당연한 결과로 급

한국민속촌의 미각유산

격히 감소했다. 사람들의 기억 속에 지루하고 '감각적 자극이 없는 매우 단조롭고 정적인 놀이터'의 이미지가 각인되었기 때문이다. 결국 '죽은 민속촌'이라는 악명이 생길 정도로 사람들의 뇌리에서 잊혀지게 된다. 하지만 마치 심폐소생술처럼 감각소생술이 도입된 2012년 들어 민속촌은 과거의 무미건조함을 떨쳐내고 획기적인 감각적 자극의 변화를 시도하였다. '벨 누르고 도망가기'와 '수박서리' 등 감각적 체험을 통해 방문객은 다시 맥박이 뛰기 시작했다. 왁자지껄 골목길에서는 담벼락에 놓인 폐연탄을 차고 도망가는 관람객과 그를 쫓는 이놈아저씨 캐릭터의 추격전이 펼쳐진다. 겨울철 주전부리도 감각콜라보에 한 역할을 했다. 연탄불에 설탕을 녹여 만든 달고나, 장작불을 피워 즉석에서 구워낸 드럼통 군고구마, 달달한 군밤이 미각을 충족하는 것은 물론이고 방문객의 어린 시절을 떠올리게 하는 정취유산으로 감각콜라보에서 감각적 밀착성이 극대화된다.

(3) 네트노그라피에 근거하여 성장과 진화를 모니터링

한국민속촌의 새로운 감각적 자극들은 자발적 참여세대/p세대 혹은 콘텐츠세대/C세대로 통하는 젊은 층의 SNS를 통해 급속히 입소문이 퍼져나가기 시작했고 1장에서 언급된 인간-자극/감각 인터페이스(HAI/HSI)가 성공적으로 기능을 하여 소셜 미디어 플랫폼을 구축하는 데 성공했다. 이는 과거 사람들에게 주었던 '지루하다'는 사용자 경험을 깨트릴 수 있는 계기로 작용한 것이다. 이와 같은 새로운 민속촌의 감각적 자극추가는 2016년에 누적 입장객 약 10억 8800만 명의 경이로운 수치를 얻게 했다. 기본자극이 충족되지 않을 때 경종이 울리는 모니터링체계를 갖추는 것도 감각유산 플랫폼 구축의 일환이라는 것을 보여준 사례라고 할 수 있다.

(4) 메이저 사이트와 연동하기

예를 들면 트립어드바이저나 구글맵 등과 연동하여 감각적 자극의 위치, 사진, 후기, 프로슈머 의견 등의 내용을 연동한 플랫폼에 집어넣게 되면 감각유산 스스로는 넘기 힘든 산을 더 구체화되고 광폭의 연동된 정보를 통해 글로벌 플랫폼으로 성장 연계되도록 활성화시킬 수 있을 것이다.

4) 소유감각화 작업

현장에서 받은 감각이나 느낌을 이동 가능한 소장감각으로 전환하는 것은 감각유산의 경우 매우 중요한 플랫폼내용의 한 축이다. 가령 산토리니에 들렀을 때 작은 마트에서 유독 필자의 눈길과 손길을 끌었던 것은 산토리니 고유의 와인이나 기념품이 아니었고 염소젖으로 만든 치즈였다. 마치 산토리니에서의 황홀하도록 비현실적이었던 오감만족 여행을 총결집해 놓은 듯한 이 유제품은 산토리니의 살인적인 물가에 비하면 가격까지 착했다. 산토리니를 대표하고 상징하는 하얀 회벽과 푸른 돔 지붕이 포장에 찍혀 있는 이 마노우리 치즈는 산토리니 감각유산의 총집합이며 소유가능한 감각화 작업의 전형이라 할 수 있다. 같은 종류의 산토리니를 상징하는 돔 지붕 건물이 찍힌 라이터나 그 건물을 작은 조작으로 파는 기념품도 있지만 마노우리 치즈가 산토리니의 감각을 소유화하는 데 더 적합하다고 판단된 것은 해당 자극이 미각이라는 오감 중 하나를 포함하면서 산토리니의 맑은 공기와 흰색 회벽집들이 모여 있는 이아 마을이나 피라 마을 등 푸른 돔 지붕을 한 정취적 유산을 총체적으로 포함하는 감각적 자극이었기 때문이다.

새로이 변신한 한국민속촌에서 잊혀진 근대무형유산에 가까운 '찹쌀떡~ 메밀묵~' 외침소리와 함께 찹쌀떡을 판매하는 찹쌀떡 아저씨나 달고나 아저씨와 함께 기념사진을 찍는 것도 경험했던 민속촌의 감각을 소유화하는 과정이자 결과라 할 수 있다.

좋은 변화를 유도해 내는 감각유산이라고 해서 늘 행복하고 기쁜 내용만

산토리니 감각소유화의 사례: 마노우리 치즈 포장

을 다루는 것은 아니다. 종종 다크투어리즘이라 부르는 감각적 내용들도 감각유산에 속하게 된다. 예를 들어 서대문형무소 역사관을 둘러보고 일제시대에 일제에 항거한 분들의 영혼을 현장의 감각적 느낌과 더불어 그 고통과 회한을 호흡하게 된다. 독립운동가들이 사형장으로 가기 전에 지은 '애국시'를 반복적으로 시청각 장비를 통해 보여주거나, 옥중에서 '대한민국 만세!'를 외치는 당시의 처절했던 수감자들의 음성을 영상과 함께 복원해 들려주기도 한다. 반복되는 시각적 자극이 지루해질 시점에, 시각과 촉각의 강력한 콜라보 감각을 체험할 수 있는 지하 1층 고문실에 들르게 되면 실제로 고문이 자행되었던 장소를 복원해 당시 독립운동가들이 겪었을 신체적, 물리적 고통과 아픔을 공감하게 만든다. 이곳에서 느낄 수 있는 여러 가지 시각과 촉각의 자극들은 보통 사람들이 평소에는 느껴보지 못한 극한 자극이기에 더욱 큰 공포감을 동반한다. 직접 재현된 고문도구를 만져보거나 고문장치 안에 들어가 봄으로써 고문의 공포를 몸으로 직접 체감하고 느껴볼 수 있게 된다.

서대문형무소 독립운동가 고문육성증언

서대문형무소 독방체험관

이렇듯 역사관 곳곳에 전시되어 있는 당시 실제 수감표와 물건, 사진들은 방문자들에게 마치 그 당시로 시간여행을 하는 듯한 매우 의미 있는 감각유산의 경험이 된다. '유관순 열사'의 실제 수감기록표를 보거나 생존 독립운동가의 투옥증언영상을 보거나, 실제 사형이 집행되던 사형장과 시신을 운반하던 시구문 등은 깊은 감명을 주는 감각유산들이다. 이런 감각유산의 체험이 종료되는 시점에 당시 형무소 수감자에게 발급되었던 신원신분증을 본인의 사진과 이름 및 생년월일을 기입하여 제작해서 소유할 수 있다. 이 역시 항일투사 신분증 소유경험을 통해 정신과 육체적 고통, 고문실에서 고문받는 동지들의 통한의 비명소리, 어두웠던 시대의 공포감 등 서대문 형무소의 모든 2차적 성질의 감각적 경험을 신분증이라고 하는 1차적 성질의 한 개체에 모두 집약해 놓은 것이라 할 수 있다.

5) 실존감을 주는 플랫폼

감각유산을 체험브랜드로서 플랫폼화하는 경우에 이미 앞에서 언급된 내용들을 바탕으로 본다면 감각유산의 경우에는 선별된 감각유산을 플랫폼으로 구축하여 수요자에게 공급하는 경우이므로 관광이 성립되는 데 필요한 1박 이상의 개념은 무의미해진다. 시간적인 지속성이나 체류시간으로 선긋기보다는 그 시간 속에서 감각유산의 자극을 통해 어떤 질의 경험과 실존감/행복감을 느끼게 되는지가 중요한 점이 된다. 이 내용을 식으로 표현해 보면 다음과 같다.

$$Y = ax_1 + bx_2 - cx_3 + d$$

Y: 실존감/좋은 변화/자유원소
x_1: 감각유산 체험
x_2: 감각유산 플랫폼체험
x_3: 소모/탈진적 관광체험
d: 상수

감각유산 플랫폼의 경우에 소모적이고 탈진에 가까운 체험과 경험을 하는 것보다는 감각유산의 체험을 통해 얻게 되는 실존감이나 좋은 변화를 이뤄내는 플랫폼이 필요하다. 건강한 플랫폼이 있어야 승객들은 각자 원하는 곳으로 달리게 될 기차를 타고 떠날 수 있다. 역에 도착하고 그 역을 떠나는 기차들의 종류와 수가 많아질수록 기차역은 거대해진다. 기차 연결이 복잡하지 않고 간단한 역은 플랫폼이 하나인 경우가 많다. 번호나 문자로 구분되는 여러 개의 플랫폼이 있는 경우는 그 역에서 떠날 수 있는 목적지의 수가 많은 경우이다. 목적지까지 걸리는 소요시간이 1박 이상이냐 아니냐는 중요치가 않다. 플랫폼은 대량운송의 전초기지가 되어야 하는데 연결 플랫폼이 성공하면 대규모 공급과 대규모 수요의 연결이 가능해진다. 결국 플랫폼의 수는 승객들이 가고자 하는 목적지가 많고 적으냐에 따라 결정이 된다. 목적지의 수가 많아지면 플랫폼의 구분도 많아져야 하고 플랫폼의 수 자체가 늘어나게 된다. 감각유산 플랫폼의 설정이 의미를 갖기 위해서는 숙박을 전제로 한다는 고정관념은 과감히 떨쳐내고 플랫폼에 기다리거나 떠나려는 사용자들의 수가 많도록 원하는 결과치, 즉 위 식에서 Y가 되는 결과물을 분명히 사용자에게 보여주는 플랫폼이 되어야 할 것이다.

6. eT 감각유산 플랫폼의 구현

1) 초연결 심화이론: 장소경험의 증강

초연결 플랫폼을 기반으로 한 소비자와 감각유산을 직접 연결하는 것은 매우 중요한 플랫폼이다. 단순히 친구, 팔로워의 개념을 벗어나 취향과 라이프스타일이 비슷하여 찾고자 하는 감각유산이나 의견, 관심이 유사한 사람들을 연결시켜 특정 장소에서의 감각유산 체험을 하나라도 놓치지 않도록 해주는 초연결 플랫폼이 만들어지면 감각유산 수요시장의 증폭에 기여함은 물론 감각유산의 인지도를 높이는 데도 일조할 것이다.

이러한 초연결 심화에 따른 플랫폼 구현은 경험자들이 남긴 후기나 감정 표현을 근거로 취향과 기호의 유사성을 그룹화하는 것으로부터 가능해지는 데 이는 네트노그라피와 무관하지 않다. 결국 각 개인의 감각유산 소비이력, 체험이력, 감각유산을 통해 얻은 좋은 변화의 이력 등이 네트노그라피를 통해 추적되고 분석되어, 결과된 집단화의 내용을 바탕으로 심화된 초연결을 통한 감각유산 경험이 증대될 것이다.

2) 위치기반 데이터를 통한 추천기능 고도화이론

감각자극에 반응할 수 있는 감정유형을 더 세분화시켜서 단순히 나타난 감각자극에 대한 개인의 감정표현이나 평가뿐만 아니라 추천의지를 공유하고 제안하는 플랫폼의 활성화도 감각유산의 체험확대와 만족도를 공유하고 타 소비자에게 알려나가는 것을 확대할 것이다.

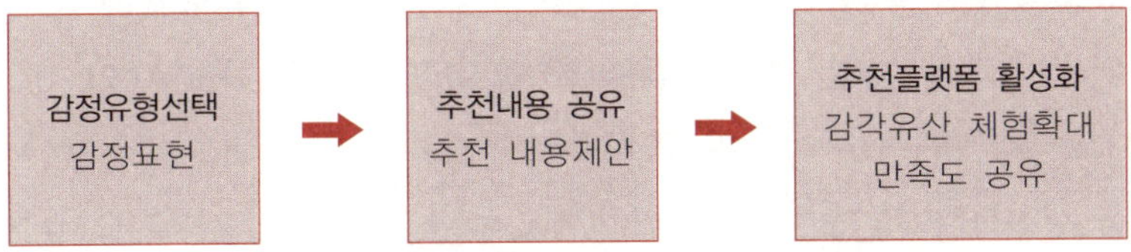

[그림 2] 감정표현에서 추천기능으로의 진화

예를 들어 스마트 온라인 환경 속 위치기반기능들로 친구의 행동과 활동을 확인하고 그 행동양식을 따라하는 데 시간차가 생길 수밖에 없지만 일정 시간 지나서 그 위치에서 그 참여활동 그대로 참여토록 트윈동선(Tmov: Twin movement)을 창출해 나가는 것은 매우 중요하다 하겠다.

3) 취향 및 수요분석의 고도화를 통한 사전 추천 및 감각자극 체험추천의 자동화

감각유산은 매우 섬세한 감각자극이기 때문에 그 기능을 놓치거나 그 기능이 있는지도 모르고 지나치기 쉬운 마이크로한 자극들이다. 따라서 기능과 편익의 존재는 물론 어떻게 그 편익과 기능을 소비자입장에서 섭취할 수 있는지 세심하게 알려주는 것이 여타 여행 매력물보다 더 필요하다. 만약 SNS 서버와의 연동을 통해 통합 위치 데이터를 구축하게 되면 사용자 프로파일(위치, 시각, 선호도)을 바탕으로 감각유산(POI: Point of Interest)을 추천해 주는 기능이 가능하다. 해당 추천이 빈도상으로 높아지면 인기 있는 감각유산(Popular Place)으로 집적되고 자동인식되어 인기 감각유산으로 포지셔닝되고 추천으로 이어질 수 있다(Search).

- Popular Place: 사용자의 현재 위치를 바탕으로 인기지역과 관련된 정보를 제공한다. 추천 알고리즘은 협업 필터링에 기반을 두고 있으며, POI별 평점은 메시지를 전송한 횟수에 따라 차등 부여한다. 사용자가 명시적으로 평점을 부여하는 방법은 사용자의 참여도가 낮기 때문에 메시지 전송 횟수와 같은 암시적인 평점 부여 방식을 채택함으로써 추천 데이터의 신뢰도를 높일 수 있는 장점을 가지고 있다(김남윤, 2012).
- Hot Spot: 최근(1시간 혹은 1일)에 가장 메시지 전송 빈도수가 높은 지역을 선정한다. 평가기간은 서버가 제어하는 파라미터로서 실제 서비스 상황을 파악하여 동적으로 제어한다.
- Search: 사용자가 입력한 태그를 바탕으로 주변 POI를 추천한다. 이 방식은 사용자 관심 사항과 위치에 대해 필터링을 수행한 후, 평점에 따라 랭킹을 결정하여 POI를 추천한다.

현재 시점에서 가장 활발하게 관심을 끌고 있는 감각유산에 대한 정보 제공(Hot Spot)은 태그 검색을 통해 POI를 추출한 후, 사용자의 프로파일에 기반하여 추천(Search)하는 것이 있다. 또한 스마트폰 앱 및 서버 개발을 통한 위치 서비스 플랫폼 구축으로는 서버로부터 수신한 정보들(지도, 사진)을 매시업하여 스마트폰에서 POI로 추천하는 방법이 있는데 모바일폰별로 앱을 제공하는 것과 위치 추천 서버를 구축하는 것이 필요하다.

감각유산 관련 메시지 전송 서비스를 통한 수익 창출 도모가 가능한 것은 감각유산의 위치/문자/사진 통합 메시지 서비스에서 위치 추천 기능을 제공한다면 고급화된 메시지 전송이 가능하기 때문이다. 고부가 가치 서비스 산업으로도 확산 가능한 이유는 위치 전송 서비스 플랫폼을 공개함으로써 다양한 응용 서비스 창출을 유도할 수 있기 때문이다. 예를 들면, 주변 식음업계, 렌터카/대리 운전, 프랜차이저 배달 등과의 연동을 통해 수익을 창출할 수 있다.

현재 기업용 메시지 시장은 SMS에 의존하기 때문에 통합 메시지 서비스는 향후 킬러 애플리케이션으로 성장 가능하다. 해당 기술의 이전으로 해외 시장으로 진출하여 고급 메시지 송수신 및 위치 정보 추천 서비스에 관한 원천기술을 바탕으로 해외에 기술 이전함으로써 높은 라이선스 비용을 획득할 수도 있는 것이다. 기술개발 결과 활용계획 POI에 대한 추천 기능을 제공함으로써 감각유산 고객은 쉽게 위치를 지정하고 정보를 획득할 수 있으며 감각유산을 기획하고 관리하는 입장에서는 새로운 마케팅 채널로써 활용이 가능하다.

4) 현실/가상 경계파괴 AR/VR 실감성 강화

가상현실(VR)은 지금까지 인간이 개발한 가장 포괄적인 감각지각/인지와 관련된 기술이다. VR이 진행되는 과정이나 VR이 완성도가 높아지는 과정을 통해 인간이 어떻게 감각적 자극을 인식하는지에 대한 수수께끼가 하나둘 풀려나가게 된다. VR은 결국 '개발된 기술'이 아니라 기술이 어떻게 지각 시스템과 상호 작용하여 '경험을 창출'하느냐인 것이다. 보통 VR하면 헤드마운트처럼 머리와 눈에 착용하여 가상현실을 맛보는 것을 떠올리지만 스마트폰이나 컴퓨터 모니터를 통해서도 체험이 가능하다. VR은 지각 시스템을 움직이는 원리로 시각, 음성, 촉각, 냄새, 맛 및 전정 감각과 같은 감각으로 시작한다. VR은 촉각, 향, 맛의 3가지를 구현하지는 않지만 가까운 미래에 이 부분까지도 구현될 수 있을 것이다.

시각적인 부분은 시야를 전체 인간 범위로 늘리는 것, 망막 제한에 대한 해상도와 선명도를 높이고 다이내믹 레인지를 실제 수준으로 높이고 적절한 초점 심도를 구현해야 하는 게 과제로 남아 있다. 청각적인 부분은 소리가 어디서 오는지, 전체 공간 전파처럼 사운드가 가상공간을 어떻게 움직이는지, 합성처럼 물리적 모션 및 충돌 모델링에서 사운드가 생성되는지에 대한 추가적인 개발여지가 남아 있다. 촉각 부분은 쉽지 않은 것이 가장 중요한 햅틱(haptic) 때문이다. 햅틱은 촉각과 힘, 운동감 등을 느끼게 하는 기술인데 손과 관련이 있다. 손은 우리가 세계와 상호 작용하는 주요 수단이다. 세상을 피드백하는 루프(feedback loop)로 햅틱을 사용하게 되는데 이 햅틱 부분은 가상을 현실감 있게 재현해 내는 게 만만치 않은 미션이다. 그러나 곧 가상의 물건들과 자연스럽게 상호 작용할 수 있는 헤드마운트와 콤비를 이루는 수술용 장갑 같은 VR용 장갑이 개발될 수도 있을 것이다.

① 스키닝과 텔레프레즌스

VR은 지각 시스템으로 가상 정보를 얻는 것 외에도 현실 세계를 감지하고 재구성하며 이해할 수 있는 기계 인식을 필요로 한다. 이를 통하면 내 앞에 놓인 테이블, 화병, 소파와 같은 실제 세계의 물건을 가상세계로 가져올 수 있듯이 다양한 종류의 감각유산을 스키닝(skinning)해 낼 수 있다. 현실 세계를 감각적 자극이 있는 그대로 가상 세계로 끌어들이는 것이 가능해지고 서로 다른 곳에 있는 사용자들이 감각적 자극을 한 공간에서 보고 만지고 향기를 맡으며 느끼는 원격 가상현실 현장감(telepresence)이 가능하게 될 것이다.

감각적 자극을 접하는 것을 통해 끊임없이 새로 태어나는 사람들이 새로운 자극에 대해 갖는 호기심과 신선한 욕구는 VR이 보다 넓고 빨리 보급되는 가장 중요한 요소이다. 가장 강력한 감각유산이면서 감각적 자극인 인간을 스키닝하여 가상 인간을 현실 그대로 활성화하는 작업은 VR분야가 갖는 최대 난제라고 할 수 있다. 어쨌든 VR이 진행되고 발전되어 완성도가 높아지면 높아질수록, 또 그 후의 진화수준에 따라 인간은 현실과 가상을 구분 못 하는 단계에 이를 수도 있다. 이런 단계에 이르면 이를수록 감각유산은 현실세계에서나 가상현실세계에서나 그 위치와 구도가 더욱 공고해질 것이며 두 가지 현실 사이의 연계와 연결고리는 더욱더 중요해질 것이다.

5) 구독형 감각유산 플랫폼 강화이론

감각유산 체험은 소유형 소비가 아니라 감각유산의 자유원소형 특질 때문에 구독형 소비라 할 수 있다. 감각유산이라는 카테고리 자체에 충성도가 높아져 지속적으로 감각유산의 감각적 자극을 잡지 구독하듯이 정기적으로 혹은 비정기적으로 받아서 감각유산 경험행동에 옮기게 된다는 가설이다.

이를 위해서는 개인별 감각자극 수요를 고려한 맞춤형 감각유산 큐레이팅이 필요하게 된다. 감각추구 큐레이션의 등장을 통해 13장에서 다루어지는 지역별 감각유산 큐레이터의 탄생이 가능해진다. 학예관들이 지역의 유산과 유적에 대해 설명하고 해설하듯이 감각유산 큐레이터들은 감각유산 플랫폼을 구축하고 해당 플랫폼에 더 많은 수요자와 공급자가 모여 관계망을 형성할 수 있도록 감각유산과 관련된 감각적이고도 트렌디한 정보와 예상 사용자 경험을 연출하거나 기획하여 감각유산 소비나 경험의 생태계를 구축할 것이다.

감각유산 큐레이터들은 감각유산의 구독시스템에 늘 활기와 생기를 불어넣는 정보제공자면서 크리에이티브 디렉터의 역할을 하게 될 것이다. 감각유산의 차원에서 민속촌의 변화나 서대문 형무소의 변화를 기획하거나 연출함은 물론 감각유산 자극의 구독자에게 실시간으로 추천과 정보제공 혹은 사용자 경험 극대화에 필요한 사용설명서를 수시로 제공하는 다양한 스펙트럼을 지닌 큐레이터가 될 것이다.

6) 감각유산 앱을 활용한 위치안내 및 최적이용시간 안내, 최적이용방법 안내

감각유산이 소재하고 있는 지역을 알고 찾아오는 방문객이나 감각유산의 존재를 모르고 찾아오는 방문객 모두에게 현장 혹은 현장 인접지역에서부터 감각유산의 앱이나 여타 관련 플랫폼으로부터 감각유산의 위치안내, 최적이용시간, 최적이용방법 등을 안내해 주는 정보와 가이드라인이 실시간으로 전달되고 제공되는 방식을 통해 감각유산을 찾고 감각유산으로부터 자유원소를 받아 시간 지배능력이 커진 개별 방문객으로 성장하는 수요가 점차 늘어날 수 있도록 할 수 있을 것이다.

7) 감각유산 추구 패턴 분석에 근거한 시공간초월 정보교류 확대

감각추구 패턴분석을 위한 정보를 필터링하고 가공하여 제공하는 새로운 개념의 지능성 서비스가 개발되면 인간-감각 인터페이스의 확고한 구축을 위해 필요한 데이터를 확보하는 작업도 수월해진다. 이러한 패턴분석은 스마트 환경하에서 훨씬 용이해진 것이 SNS에 다수의 사용자들이 그들의 감정을 부호나 후기로 남기기 때문이다. 이런 감각유산에 대한 다양한 반응을 스펙트럼별로 구분하여 정리하게 되면 감각유산 추구 패턴 분석에 근거한 감각유산에 대한 시공간을 초월한 정보교류 확대의 플랫폼 구축이 가능해진다.

8) 네트노그라피를 통한 오피니언 리더 추정

감각유산의 자극적 특성에 대한 온라인상의 반응을 네트노그라피를 통해 파악하는 경우 일반 다수 의견수용자들과 의견지도자(오피니언리더, Opinion Leader)의 구분이 안 된 채 분석이 이루어지는 경우가 있으나 오피니언 리더로 추정되는 개인들을 구분해 내는 방법을 고안해 내서 그들의 감각유산 체험 실태나 패턴을 후기처럼 의견 수용자들에게 전달하는 것도 감각유산의 사용설명서를 잠재 고객들에게 전달하는 방법이 될 수 있다. 혹은 게이트키퍼 인식장치(앱이나 SNS 자체기능)를 통해 오피니언 리더(OL)나 게이트 키퍼(GP)의 동선이나 체험순서를 따르는 감각유산 체험추적기, 예를 들어 Follow OL, Follow GP 등의 개발이 가능해질 것이다. OL이나 GP는 개인일 수도 있으나 에어B&B나 트립어드바이저처럼 기관이나 조직, 포털사이트 등 그 유형이나 성격이 다양해질 수 있다. 이런 OL이나 GP의 추천자극의 조합을 플랫폼화하는 것도 감각유산 플랫폼 구축의 효과를 극대화할 수 있다.

9) 인간-감각의 연결을 데이터화하는 작업이 필요

감각과 연계된 인간 활동에 대한 데이터 수집 및 제어도구의 개발은 앞에서 VR에 대해 언급하면서 '개발된 기술'이 목표가 아니라 데이터 작업을 기반으로 인간-감각의 인터페이스 연결 기술이 어떻게 지각 시스템과 상호 작용하는 '경험을 창출'하느냐에 궁극적으로 초점이 맞춰진 점이라는 게 중요한 포인트다. 감각유산이 인간에게 좋은 변화를 일으키는 감각회생의 테크놀로지로 인정을 받으려면 이와 관련된 데이터의 수집이 필수적이며 이를 바탕으로 좋은 변화의 폭이 확인되고 검증될 수 있다.

7. 감각유산 반응/후기 분석 플랫폼

1) 네트노그라피의 개념

소비자의 온라인 활동이 증가하면서 온라인상의 소비자 행동을 연구하기 위한 방법론으로 떠오른 것이 네트노그라피이다. 네트노그라피는 온라인 소비자가 소비대상인 자극에 대해 보이는 상징성, 의미성, 소비패턴에 관한 정보를 파악하고자 하는 질적 접근이다.

(1) 'Inter(net)'와 'ethnography'의 합성어

네트노그라피는 'Inter(net)'와 'ethnography'의 합성어다(Kozinets, 1997). 네트노그라피와 유사한 용어로는 '가상 문화기술지(virtual ethnography)', '웹노그라피(webnography)', '디지털 에스노그라피(digital ethnography)' 등이 사용되고 있는데, 네트노그라피는 한마디로 '온라인을 기반으로 한 참여 관찰기법'이라고 할 수 있다(Kozinets 2010a).

(2) 자극 경험자의 문화적, 상징적 정보 통찰

네트노그라피가 온라인 소비자의 상징성, 의미성, 소비패턴에 관한 정보를 파악하고자 하는 질적 접근이다 보니 소비자 스스로 드러낸 소비대상의 문화적, 상징적 정보의 통찰에 중점을 둔다(Kozinets, 1998). 인터넷 발달과 더불어 네트노그라피의 데이터수집의 원천은 CMC(컴퓨터매개커뮤니케이션; Computer-Mediated Communications)에 기반을 둔다. 이는 컴퓨터 네트워크를 통한 커뮤니케이션 활동을 총칭하는 것으로서 SNS, 메신저, 이메일, 채팅, 포럼 등의 소셜 미디어를 포함한다(Kozinets, 2010a).

(3) 감각적 자극 경험자: 감각적 자극 관계 심층적 접근

네트노그라피는 CMC를 활용하여 온라인 커뮤니케이션의 범주, 자극 및 반응에 대한 트렌드, 자극과 체험의 상징적 아이콘, 자극에 대한 명확한 이미지 등의 심층적 이해를 도울 수 있다. 또한 SNS, 후기, 블로그, 바이럴 등 감각적 자극을 선택하게 되는 자극경험자 선택의 영향원천 등 사회적 이해를 분석할 수 있게 한다. 뿐만 아니라 브랜드로서 감각적 자극의 디테일이 갖는 브랜드 의미, 다시 말하면 시각, 청각, 후각, 촉각 및 미각 분석을 포함한 감각이 감각경험자와의 중요한 소통 언어라는 관계시작과 소통의 수단과 과정을 해석하고 조망할 수 있도록 한다(Kozinets, 2010b). 또한 중요한 점은 네트노그라피를 통해서 감각유산 브랜드 커뮤니티, 감각유산 자극의 선택, 감각유산 인지도 관리, 감각유산 포지셔닝과 리포지셔닝, 소셜 미디어 관련 감각유산 분석 활용 등은 감각유산 경험자와 감각유산브랜드 관계에 대한 심층적 접근을 할 수 있는 기회가 된다.

2) 네트노그라피의 활용

네트노그라피는 최근 다양한 분야와 대상 유형에 활용되면서 본래 온라인 커뮤니티 마케팅의 활용 목적으로 시작되어 그 대상이 온라인 소비자 커뮤니티로 한정되었으나, 네트노그라피 연구 확대에 따라 [그림 3]과 같이 활용 영역이 질적 연구방법, 소비자 통합연구, 온라인 커뮤니티 연구, 웹 정보 검색 등을 포함하는 포괄적인 영역으로 확장되어 단순한 전통적 문화기술지의 온라인판이라기보다는 뉴미디어를 활용한 새로운 분석의 틀을 제시하는 방법이라 할 수 있다(정보통신정책연구원, 2013).

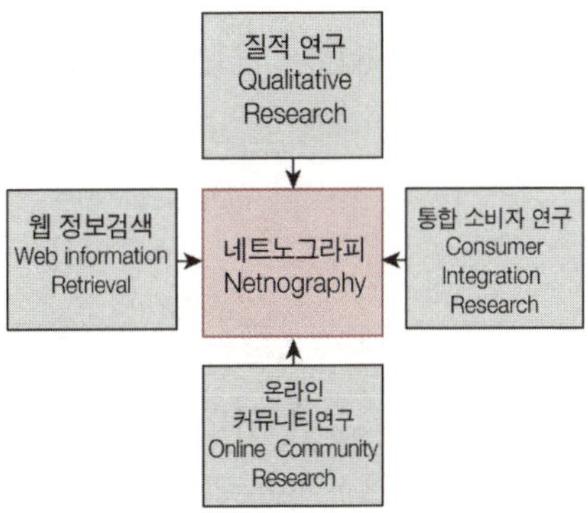

〈네트노그라피의 이론적 접점〉

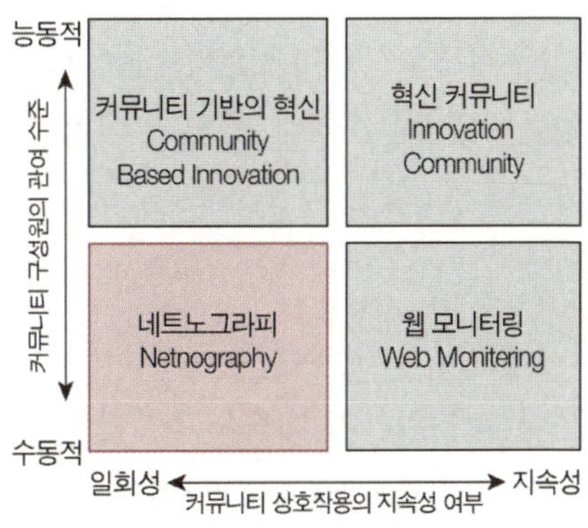

〈온라인커뮤니티의 연구방법 분류〉

출처: 정보통신정책연구원(2013), 온라인상의 민속지학 네트노그라피, ICT인문사회융합동향.

[그림 3] 네트노그라피의 이론적/방법론적 접근

또한 네트노그라피 연구 방법은 그 체계성이 확보된(Kozinets, 2002) 이후 급속한 증가 추세에 있는 복합적 연구방법으로 내용분석, 역사적 분석, 기호학적 분석, 해석학적 분석, 내러티브 분석, 주제적 분석 등 다양한 연구 방법과 기술의 조합으로 구성되고 있다(O'Reilly et al., 2007).

네트노그라피 연구는 분야별로 마케팅 연구가 대부분이지만 소셜 미디어의 확산과 이에 대한 연구, 조사의 필요성 증대로 인하여 관광, 사회학 등 다양한 분야에서도 연구 수요가 빠르게 확산 중에 있다. 네트노그라피의 혁신성과 장점에 따라 감각유산 연구 분야에서도 다양한 연구가 진행될 것이다. Björk & Räisänen(2012)은 여행자의 위험관련 온라인 대화 네트노그라피 연구에서 여행 리스크 유형별로 인지된 위험의 차이를 여행 소셜커뮤니티 사이트인 트립어드바이저 내 위험과 안전을 주제로 한 블로그를 통해 3개 관광도시에 대한 내러티브 내용을 정리, 분석하였다. 연구 대상 도시별로 위험인식 종류 및 수준이 상이하였으며, 온라인상의 리뷰 분석 결과를 바탕으로 관광도시의 리스크 유형별 감소와 이를 통한 브랜드 강화가 필요하다고 했다.

Rageh, Melewar, & Woodside(2013)는 소비자경험의 중요성이 증대되는 시점에 네트노그라피를 활용하여 트립어드바이저와 holidaywatchdog.com의 이집트 리조트 브랜드 관련 소비자 리뷰 889건을 추출, 내용을 탐색하여 소비자경험의 8가지 차원(편안함, 교육성, 쾌락성, 신기성, 인지성, 관계성, 안전과 아름다움)의 세부적인 개념과 관련된 결과를 제시하였다.

Osman, Johns, & Lugosi(2014)는 여행객 경험에 의해 발생되는 현상을 질적 분석하기 위하여 네트노그라피 방법을 사용하였다. 그들은 맥도날드의 '패스트푸드', '관광' 등 관련 키워드를 구글, 야후 등의 검색엔진을 활용, 내용분석 단계를 통하여 주테마별 보조테마로 카테고리를 세분화하여 문맥의 키워드를 분류하였고 맥도날드에 대한 여행객의 결속, 정체성, 진정성 등에 대한 경험적 인식 내용과 전략적 시사점을 제시하였다.

〈표 1〉 네트노그라피 연구

저자	연구목적	연구대상	연구내용
Chan (2008)	브랜드 사랑에 대한 개념 규명과 정립	lovemarks.com의 온라인패널 리뷰	• 네트노그라피 분석을 통해 소비자 - 브랜드 감성 관련 개념의 상세화 및 척도 보완 • 기업브랜드 230개의 기술문 콘텐츠의 내용분석, 브랜드 사랑 차원별 기술문 비율 빈도분석
Rageh, Melewar, & Woodside (2013)	소비자경험 차원별 개념의 세부적 탐색	트립어드바이저, holidaywatchdog.com의 이집트 리조트 브랜드 소비자 리뷰	• 추출 리뷰 중 부적절한 내용을 제거하고 분석 실시(수집된 889개 리뷰 중 최종 85개 리뷰 분석) - 소비자 경험의 8가지 차원의 세부적 개념과 관련된 내용분석 결과 제시
Björk & Räisänen (2012)	여행 리스크 유형별로 인지된 위험 차이 증명	트립어드바이저 블로그의 내러티브	• 위험과 안전을 주제로 한 블로그 내 3개 관광도시 블로그의 내러티브 내용분석 - 연구대상 도시별로 위험인식 종류 및 수준이 상이함 - 관광도시의 리스크 유형별 감소 전략 마련 필요
Cho (2011)	패션브랜드들에 대한 패널들의 러브마크 인식 진술물을 분석, 패션 러브마크 척도 개발, 차원 정의 활용	lovemarks.com의 온라인패널 리뷰	• 패션브랜드를 대상으로 러브마크 리뷰 내용분석, 러브마크척도 개발 및 차원 상세화에 보조적 활용
Osman, Johns, & Lugosi (2014)	글로벌 체인 브랜드인 맥도날드에서 여행객의 경험에 발생되는 현상을 질적 분석	구글 등 검색엔진 키워드 검색 데이터	• 주테마별 보조테마로 카테고리를 세분화하여 문맥 키워드를 분류 • 맥도날드에 대한 여행객의 경험적 인식내용과 전략적 시사점을 제시
최아영·나종연 (2010)	소비자의 온라인 소비자 커뮤니티 참여행동 분석	디지털카메라 브랜드 온라인 소비자 커뮤니티 게시글	• 게시판 본문과 댓글을 분석하여 소비자 참여행동을 분류, 유목별로 정리 및 빈도 분석 실시 • 소비자의 참여행동을 유형화하여 정의, 집단별 게시판 참여행동의 특성과 빈도분석 내용 제시

출처: 이승훈·이태희(2014). 네트노그라피 연구를 통한 관광 러브마크 개념 인식 분석. 한국관광연구학회. 28(9): 17-33.

Shakeela & Weaver(2014)는 몰디브 관광과 관련 소셜 미디어를 통한 고객들의 반응을 살펴보기 위하여 몰디브 관련 내용이 있는 신문아티클, 블로그, 게시판, 비디오사이트상의 코멘트를 수집, 질적 연구방법 툴인 Nvivo를 활용하여 분석했는데 그들의 연구는 네트노그라피를 통하여 탐색적으로 관광지 소셜 미디어 정보에 대한 반응을 측정한 부분에 의의를 두고 있다.

8. 감각유산 체험 요금설정 플랫폼

감각유산을 체험하는 데 필요한 요금을 부과하는 것은 모든 감각유산에 적용되는 것이 아니다. 감각유산이 상업적 시설이거나 사유재산일 경우에는 당연히 이용과 경험에 필요한 요금적용이 이루어진다. 문제는 공공재적 성격을 갖는 감각유산인 경우에 과연 요금이 부과되어야 할 명분과 타당성을 갖추고 있는지에서 시작하여 감각유산이 공공부문에 의해 기획되고 관리되는 경우라던가 보호되어야 할 사안의 우선순위나 시급성이 높아 관리/보호차원에서 재원이 소요될 때 요금이나 재원확충에 대한 고려가 뒤따라야 한다.

1) 감각유산체험 요금설정의 기본 원리

감각유산 체험의 요금을 정하는 데에는 다음과 같이 몇 가지 일반적 원칙이 필요하다.

(1) 모든 목적물에 요금을 부과할 필요는 없음을 인식

수요 수준이 낮거나 운영비가 높은 곳에서는 단순히 요금을 징수하는 것만으로 비용이 효율적이지 못할 수가 있다.

(2) 감각유산보호를 위한 재원확충의 수단

감각유산을 개발하고 관리하는 데 있어 중요한 사실 중 하나는 취약한 감각유산을 제대로 보호하기 위해서는 상당규모의 예산이 필요하다는 것이다.

그러나 이런 규모의 예산을 뒷받침할 수 있는 재원의 조달은 쉽게 해결되지 않는 문제다. 일반적으로 대중들이 알고 있는 것과는 달리 명목상의 요금을 받는 것만으로는 실질적인 감각유산보호를 이룰 수 없다. 감각유산보호의 실효를 거두기 위해 실질적인 체험요금이 설정되어야 한다.

요금징수로부터 나오는 수입의 극대화에는 현실적인 명분이 필요하다. 그 중 가장 중요한 명분은 명확한 보호의 필요성이 있는 감각유산의 보호다. 감각유산이 보호되어야 관광의 대상이 존속한다. 체험하고 경험할 수 있는 자원이 있어야만 감각유산관광이라는 용어를 쓰는 이유가 존재한다. 따라서 체험의 요금은 감각유산을 존속시키기 위한 방편으로서 그 목표를 달성할 수 있는 차원에서 설정되어야 한다.

방문객의 규모가 증대하여 보다 집중적인 관리 시스템이 요구되고 감각유산의 보호를 위한 새로운 시설투자가 필요한 경우 요금의 인상이 불가피하다. 날로 증가하는 관광객의 유입과 확장으로 초래된 기본 시설비 및 운영비의 증가는 기존의 요금에 의존한 경영 활동으로는 감당하기 어렵다. 공공부문에 의해 운영되는 감각유산자원이라면 관광요금을 통한 수입의 증대나 그 안정성이 자원보호의 강화나 효율성 제고와 전혀 무관할 수 있다. 이런 경우 자원보호의 수준은 정부 재정의 안정성과 무관하게 악화될 수도 있다. 감각유산으로부터 나오는 수입은 반드시 해당자원의 보존에 직결되어 사용되는 경영구조를 갖도록 해야 한다.

(3) 수입의 일부는 수입이 창출된 감각유산에 재투자

공공부문의 경우 특히 우리나라의 경우는 예산지출의 적법성만을 따지는 경우가 허다하다. 공공부문도 경영방식에 따라 예산지출의 결과가 큰 차이를 보일 수 있다. 그렇다면 적극적인 경영활동으로 생산된 수입증가분이 해당 감각유산 관리자에게 의미를 갖도록 하는 관리여건을 향상시켜 주어야 하는데 그런 사례를 국내에서 특히 찾아보기 힘들며 쉬운 일이 아니다. 공공부문도 경쟁의 여건을 조성하여야 한다. 수입을 많이 올리는 감각유산지역은 그 수입 중 일부가 해당 감각유산에 재투자되어 감각유산보호와 관련된 기본시설이나 운영에 사용되어야 한다. 지역 내 감각유산 해설기능을 강화할 수도 있으며 감각유산 체험에 필요한 최소한의 시설을 조성하는 데 쓰일 수도 있다. 합리적이고도 경쟁력 있는 경영에 의해 관광객 수가 늘거나 감각유산자원의 이용이 늘어날 때는 그런 결과를 가져온 관리자들이 보람을 느낄 수 있는 향상된 시설과 서비스를 갖추도록 해야 한다.

(4) 획일화된 요율 적용보다는 감각유산 특성에 맞게 개별적으로 결정

감각유산관광의 대상과 유형은 매우 다양하다. 같은 감각유산지역이라 할지라도 감각자원의 특성에 따라 관리나 보호는 물론 도입되는 시설의 종류가 천차만별로 달라질 수 있다. 감각유산관광의 대상이 되는 감각자극의 희소성도 그 수준이 각양각색이다. 따라서 요금의 설정도 감각자극원의 특성과 수준은 물론 그에 따른 수요 정도에 따라 다르게 설정되어야 한다. 개별적인 감각유산관광지역을 관리하는 주체는 요금설정에 유연성을 두어야 한다. 감각유산관광에 대한 수요 변화는 물론 감각유산 자극원의 특정 조건을 근거로 하여 요금을 정해야 한다. 공공부문이 갖는 획일성의 한계 때문에 감각유산보호와 감각유산관광의 이용적 측면에서 관리 측 효율성과 관광객의 만족이 희생될 수는 없다. 타 지역에서는 볼 수 없는 감각유산이 나타나는 지역의 경우 단순한 감각유산지역보다 높은 요금을 설정할 수 있다.

(5) 정확한 회계 및 재무분석 시스템에 기초한 요금 운영

수요에 근거하고 감각유산보호에 드는 비용에 상응하는 요금을 정하기 위해서는 감각유산관광의 기회를 창조하는 데 드는 비용과 요금으로 창출되는 수입의 양면을 분석하여야 한다. 그러한 정보들이 체계적으로 분석되어 결정과정에 반영되어야 한다. 이런 경우 비용차원에서 감각유산의 손실과 사회적 영향에 대한 정보가 분석될 수 있다면 더욱 바람직할 것이다.

2) 감각유산체험 요금설정의 과정

감각유산체험 요금 결정을 위한 첫 번째 단계는 비용 회수, 이익 극대화, 또는 선택 기준과 관련된 요금 부과의 목적을 선정하는 것이다. 두 번째 단계에서는 수입이 비용을 충분히 감당할 수 있는가 하는 것을 판단하는 것이다. 그것이 가능하다면 가격을 적정수준에서 정한다. 그것이 불가능하면 결정권자는, 경제적 손해를 감수하면서라도 지역 주민을 고용하거나 감각유산 관련 레크리에이션 기회를 부여하는 등의 준비가 감각유산관광 기회 부여의 충분한 근거가 되는가를 판단해야 한다. 만약 그렇다면, 추가적인 재정을 확보하여 부족분을 메꿔야 한다. 목적이 결정되어도 결과를 모니터하여 목적에 맞는가를 판단한다.

3) 감각유산의 사회적 가치와 경제적 가치

감각유산의 경우도 사업을 경영한다는 차원에서만 접근하게 되면 오직 경제적 비용과 이익에만 관심을 둘 수밖에 없다. 즉 경제적 내부 회수율(EIRR)은, 시장 가격이라는 것이 항상 실경제 비용이나 사회적 이익을 반영하는 것은 아니라는 개념에 근거한다. 시장가격이 부분적으로는 공공부문으로부터 받는 보조금으로 구성될 수도 있기 때문이다. 또 세금이 차지하는 비율에 따른 가격형성의 변화도 생길 수가 있다. 그 결과 EIRR은 시장 가격보다는 '경제적' 가격을 중시한다.

두 번째 방법은 사회적 이익-비용 분석(SBCA)이다. 이는 사회적으로 중요하지만 시장에서 사고파는 의미의 '경제적' 가치와 무관한 이익 혹은 비용도 있다는 인식하에 경제적 내부 회수율(EIRR)을 확장 적용한 것이다. 결국 감각유산지역의 공공 재원은 주로, 보호해야 할 감각유산의 지속가능성을 높인다는 사실에 의존해서 조달된다.

그런 이익들은 물론 요금 수입보다 가치 평가가 어렵지만, 평가하려는 노력이 많이 향상되었다. 미래에까지 영향을 미치는 이익과 비용이 산출되면, 그 프로젝트는 NPV 또는 IRR을 기준으로 분석되어야 한다. 그러나 사회적 프로젝트를 위한 할인율은 재정 프로젝트에 사용되는 비율보다 낮은 것이 보통이다. 따라서 IRR이 10퍼센트인 사회적 프로젝트는 추진 가치가 있는 것이지만, IRR이 10퍼센트인 재정 프로젝트는 그렇지 않다.

4) 감각유산을 통한 주민혜택의 수치화

위에서 언급된 대로, 입장료 수입으로 상쇄할 수 없을 정도로 비용이 많이 들더라도 주민들의 수입보장을 위한 감각유산 체험과 향유의 이점을 제공하는 것은, 감각유산 자극 개발에 타당성을 부여하게 된다. 그러나 이 타당성은 명확해야 하고 주민들에게 실제 이익이 얼마나 돌아가는지가, 여행 경비 또는 부수적 가치 분석 등과 같은 기술적 방법을 동원하여 가능한 한 수치화되어야 한다.

그리고 자연지역이 재정적인 감각유산관광으로부터의 이익과 재정적 수치와 무관한 전통적 이익을 제공한다는 사실은, 토지의 얼마나 많은 부분을 자연상태로 유지할 것인가를 결정하는 데 중요한 역할을 한다. 첫째, 감각유산관광은 전통적인 자연 보호 이익을 보충함으로써 경제적 균형을 증가시킨다. 둘째, 자연보호와 관련된 감각유산으로부터의 이익은 관광 이익을 보충함으로써, 관광 가능성이 없거나 희박한 곳까지도 자연 보호가 계속 정당화되도록 한다.

재정 소스

실행 가능한 프로젝트는 재정 담당자를 통해 검토하게 한다. 재정 소스는 매우 다양해서 그중 일부는 재정 충당을 정당화하기 위해서 비교적 적은 금융 또는 이익 분석이 필요하다. 보다 일반적인 재정 소스가 여기에 기록되어야 한다.

재정적으로 지속 가능한 감각유산관광 프로젝트는 지역 은행이나 투자자들의 투자 관심을 끌 수 있다. 그러한 재정적 소스가 없을 경우에는, 정부의 개발 프로그램, 국제 개발 은행, 또는 합작 원조 기관 등으로부터 재정을 충당하는 것이 보통이다. 이런 소스는 종종 개인 투자 부문 경영을 보장하는 대가로 자금을 창출한다.

경제적으로는 지속 가능성이 없지만, 보다 큰 사회적 이익 때문에 경제적으로 생존 가능한 프로젝트는 정부 당국, 합작 원조 기관, 또는 유산 보호 단체와 선진국의 재단 등으로부터 자금지원을 받을 수 있다. 정부가 지원을 제공하기도 하는데, 그렇게 되면 프로젝트가 금융지원 차원에서 타당성을 확보하게 된다.

예를 들어 정부는 세율을 인하해 주거나 주어진 면세기간(tax holiday)[3]에는 세금에서 수입 부문을 삭제해 줄 수도 있고, 감각유산과 관련된 목적을 가지고 있는 정부 토지 대부분을 자연 그대로 유지 경영한다는 조건으로 불하해 줄 수도 있으며, 감각유산관광/자원 보호 프로젝트를 위한 토지 기부자에게 세금 혜택을 줄 수도 있고, 수입 관세 삭제, 저리(低利) 대출 등의 지원을 적용할 수 있는 것이다. 감각유산관광과 자연 보호 프로젝트를 위한 재정 확보를 원하는 정부는 그와 유사한 재원을 찾을 수 있다. 세계은행이 추진하는 지구 환경 설비 프로그램과 같이 정부가 나서야만 확보 가능한 소스 외에도 자연 보호 재단 등의 소스를 찾을 수 있다. 감각유산 자원 확보 캠페인을 하려면 자원 조달 계획을 세운다. 계획을 세우면 계획을 충족시키려 노력하게 된다. 계획은 다각화되어야 하고, 추진되는 자본 개발 비용뿐만 아니라 특별 활동(예; 연구 및 여행)에 소요되는 부가 운영비까지 조달할 수 있도록 장기적인 소스를 찾아야 한다. 감각유산 자원성 변화에 따른 부채 또는 관광세

3) 기술선도기업이나 투자규모가 일정액수 이상으로 큰 사업이나 투자계획금액의 최소 10% 이상을 지역 내 은행에 예치하고 투자계획 실행 이전에 인출하지 않은 기업 대상으로 투자우대를 해주는 세금우대방법

등과 같이 보다 혁신적인 재정 소스를 개발할 수도 있다.

5) 감각유산 요금의 유형과 요금 징수

전반적인 요금 정책이 결정되면 특별 요금이 부과될 상품과 서비스를 정하고, 어떻게 징수할 것인가를 정해야 한다. 용어에 있어서 약간의 중복이 있지만, 아래 사항은 요금의 일반적인 범주이다.

(1) 입장료(Entrance fee)

감각유산, 보호지역, 그 외 민간소유의 감각유산지역이나 장소로 들어갈 때 부과되는 요금. 감각유산 내의 특정 시설로 입장할 때 별도의 요금을 지불해야 하는 경우도 있을 수 있다.

(2) 별도 입장료(Admissions fee)

입장료(Entrance fee)와는 별도로 지불해야 하는 요금, 가령 감각유산 방문객 센터나 감각유산 체험 테마파크와 같은 특정 시설에 들어갈 때 부과되는 요금.

(3) 사용료(Use fee)

감각유산관광이 이루어지는 곳에서 쌍안경이나 안전장비와 같은 특정 물건을 사용하는 경우에 지불하거나 가이드와 같은 특별서비스 또는 감각유산 체험 부대시설로서 캠핑장과 같이 특정 장소의 사용에 따라 지불하는 요금.

(4) 면허 및 허가료(License or permit)

사용료와 유사한 개념이 될 수 있으나 감각유산 지역 영내에서 사냥이나 낚시를 즐기려는 경우 해당행위에 대한 허가를 받기 위해 지불하는 요금.

(5) 판매권 및 매점 수입(Sales and Concessions)

감각유산 관리주체가 직접 기념품을 판매하거나, 숙박시설을 운영하여 이용료를 징수할 수도 있다. 혹은 그 운영을 민간에게 양여의 방식으로 위탁 운영케 하는 경우 양여계약에 대한 계약금을 받을 수 있다.

요금 징수의 방법에는 아래의 방법외에도 연간 입장권과 같은 대체 시스템도 포함시킬 수 있다.

① 현장 징수(Direct on-site collection)

방문객들로부터 직접 요금을 징수하는 가장 일반적인 방법이다. 감각유산에 진입할 때 특정 게이트가 있는 경우라면 보통 정문에서 징수하거나 물건을 사고팔거나 혹은 서비스를 제공받는 장소에서 징수한다. 제공된 서비스에 대해 직접 확인가능한 요금이 부과된다는 것과 감각유산 관계자가 직접 관광객을 상대하면서 정보를 얻기 쉽고 요금징수에 대한 규제가 용이하며, 방문자 수를 헤아릴 수 있는 장점이 있다.

② 여행사를 통한 간접 징수(Indirect collection)

감각유산 방문객이 이미 패키지 요금으로 지불한 경우라면 그중 일부를 여행사를 통하여 징수한다. 이 방법은 비록 감각유산 관계자와 방문객 간의 직접적인 대면은 없지만, 감각유산과 여행업계 간의 협력에 공헌한다. 운영비를 많이 들이지 않고도 방문 수준을 모니터할 수도 있다. 또 다른 장점은 여행 패키지 비용에 요금이 '숨겨져' 있기 때문에, 높은 요금으로 인해 방문의사나 수요에 미칠 수 있는 부정적 인식의 영향을 줄일 수 있다는 것이다. 여행사를 통해 징수함으로써 관광객들이 감각유산 체험요금에 민감하게 반응하는 것을 방지하는 기능을 하고 있다.

③ 관광산업의 기타 부문을 통한 간접 징수

호텔 또는 교통세를 통하여 요금을 징수하는 이 방법은 여행사를 통한 요금 징수 시스템과 비슷한 장점을 지니고 있다. 그러나 해당 산업이 감각유산 사용과 밀접한 연관성이 있어야 참여할 수 있다는 점이 핵심이다. 예를 들어 감각유산 근처의 호텔들은 감각유산 경영을 돕기 위해 비용을 지불하는데, 사실 호텔이 감각유산에서 멀리 있는 경우에는 종종 감각유산 관리 측에서는 그런 요금을 징수해 달라고 하기 힘든 경우가 생길 수 있다.

입장료나 요금을 부과하기 힘든 감각유산의 경우 기부나 헌금 등 부가적인 수입원에 의한 재원마련이 적절한 수준에서 활용될 수 있다. 예를 들어, 감각유산의 경험 기회를 제공받은 것에 대한 대가를 다른 방식으로 지불하게 하면 감각유산이 소재하는 지역에 이익을 창출시킴으로써 감각유산의 운영/관리비에 보탬이 된다. 이 메커니즘도 결국 실제적인 수입을 창출해 내는 경우이며, NGO 등 비정부 조직과 함께 추진하기에 적합하다. 예를 들어, 감각유산 관리 혹은 보호단체가 특정 감각유산 연구소에 기부한다는 명분으로 방문객을 대상으로 하는 기부나 헌금을 호소하는 경우, 감각유산 방문객의 60퍼센트가 그들이 방문하는 지역의 감각유산 보존을 위해 만 원을 지불할 용의가 있고, 20퍼센트가 2만 원을 지불할 것이라고 할 수 있는 것이다.

어떤 특정 감각유산이든지 가장 바람직한 요금 체계는 방문의 유형(개인 대 그룹), 주변 산업과의 협력 차원, 관료적 능률, 그리고 기타 관련 요소를 기반으로 하게 된다. 예를 들어 감각유산을 관리하는 매니저는, 서로 다른 그룹들에게 그들이 받는 특정 서비스에 대한 비용을 함께 지불하도록 하는 합작 요금 방법을 이용할 수 있다. 입장료를 낮게 부과하고 가이드 요금을 상대적으로 높게 부과하면 실제적인 수입이 창출될 것이다. 부유한 방문객은 편의상 가이드를 고용하려 할 것이고, 지방 여행사는 보다 덜 부유한 방문객들을 상대하게 됨으로써 지역 경제에도 도움이 될 것이다. 그러나 차이가 나는 요금의 종류는 최소한으로 유지하여 감각유산 방문객들이 혼란을 느껴 불평하는 것을 피해야 한다.

어떤 요금 시스템이 선택되든지, 감각유산관리자는 요금의 유형이나 방문 규모의 변화를 주시하여 그에 따라서 감각유산의 요금을 결정해야 한다. 그리고 감각유산 방문자들에게 그들이 내는 요금이 감각유산의 보존과 보호에 얼마나 중요하게 기여하는지 알게 하면 그들의 지원 태도는 긍정적으로 향상된다.

9. 소멸성 감각유산 플랫폼 설정의 사례

1) 키루나 아이스 호텔

키루나 아이스 호텔

키루나 아이스 호텔은 아이스 호텔이란 이름 그대로 온통 얼음과 눈으로 덮인 아주 특별한 숙소이다. 일반적으로 호텔이라 하면 럭셔리하고 차분하며 따뜻한 이미지를 갖기 마련이다. 그러나 아이스 호텔은 이러한 호텔의 고정적인 이미지를 탈피하여 감각유산을 통한 신선한 체험에 의해 긍정적인 충격을 주고 있다. 꽁꽁 언 얼음을 반듯하게 자른 '얼음벽돌'로 만든 1.2m 두께의 얼음벽은 항상 실내온도를 영하 2~5도로 유지시켜 준다. 뿐만 아니라 크리스털처럼 반짝이는 얼음 샹들리에, 얼음기둥, 얼음조각 등 호텔 내부 역시 얼음으로 꾸며져 있기 때문에 신비감을 추구하는 관광객들에게 큰 즐거움을 선사한다. 스웨덴 키루나(Kiruna)시에 있는 유카스 야르비 아이스 호텔의 큰 장점은 비수기 극복이라 할 수 있다.

세계에서 몇 안 되는 얼음호텔로, 얼음침대에서 잘 수 있는 객실이 100여개 마련되어 있다. 눈과 얼음으로 외부는 물론, 내부의 등을 비롯하여, 각종 얼음조각품, 침대 등이 모두 얼음으로 만들어져 있다.

호텔 내부에 특별히 얼음 바도 있는데, 이곳에서는 얼음 잔에 술을 따라 마시는 특별한 경험을 할 수도 있으며, 얼음 예배실도 마련되어 있는데, 심지어 성경책까지 얼음으로 되어 있어서 독특한 감각유산을 체험할 수 있다.

보통 영하 2~3도의 기온이 되면 공사를 시작하여 겨울철 내내 사용하다가 봄이 되면 자연히 녹아 없어지는 자연 그대로의 호텔인 셈이다. 한 해 평균 6,000여 명의 투숙객이 묵어가며, 관광객도 5만 명 정도가 다녀간다. 해마다 얼음이 어는 시기에 새로 짓는 이 호텔은 11월에 영업을 개시해 이듬해 4~5월 봄 얼음이 녹을 때 문을 닫는데 지금까지 1만여 명이 넘는 관광객들이 투숙했고 4만여 명이 방문할 정도로 인기가 높다. 시골마을의 호텔 하나가 관광객을 끌어모으는 구심점이 되고 있는 것이다.

※ 일반 아이스 호텔 룸 기준으로 1박에 약 55만 원

2) 캐나다 동부 퀘벡: 아이스 호텔

지역의 비수기를 극복하는 감각유산 플랫폼의 가장 모범적인 사례는 캐나다 퀘벡(Quebec)의 유명한 겨울축제(Winter Carnival)의 아이스 호텔(Hotel de Glace)에서 찾아볼 수 있다. 계절적 변수를 극복하려는 시도로서 새로운 감각유산을 통해 비수기를 관광시즌으로 창출해 냈다는 점에서 그 가치가 크다. 이 축제의 유래는 1950년대로 거슬러 올라간다. 퀘벡시의 연중 2월과 3월은 전통적으로 이 도시의 중요한 경제수입원인 관광의 비수기일 뿐만 아니라 이 지역 경제가 가장 침체되는 시기였다. 이 지역 비즈니스 단체들에 의해서 1954년 퀘벡 겨울축제가 근대적 형태를 갖추고 시작되었는데, 이후 이 겨울축제는 아이스 호텔의 명성으로 퀘벡시가 연간 벌어들이는 관광수입이 80여 억 원에 달하고, 매년 70여 개의 새로운 일자리를 창출해 지역발전에 큰 역할을 하고 있다.

북미에서 유일한 아이스 호텔이자 세계에서 두 번째로 지어진 아이스 호텔은 2001년도 겨울에 퀘벡에서 탄생되었다. 이러한 고정관념을 탈피한 아이

스 호텔의 성공으로 인하여 퀘벡시에는 비수기가 존재하지 않게 되었다. 추위와 얼음으로 뒤덮인 불모의 땅을 겨울철 인기 관광지로 탈바꿈시킨 성공적인 예로 꼽힌다. 추위라는 감각적 플랫폼을 감각유산의 체험대상으로 활용하여 캐나다 국내외에서 30만 명 이상의 관광객이 찾아오는 아이스 호텔이야말로 고정관념 탈피의 성공적인 감각유산 플랫폼 전략의 사례이다.

(1) 감각유산의 배경

중세 프랑스의 분위기가 곳곳에서 배어나오는 퀘벡주는 인구의 약 80% 이상이 프랑스계로 구성되어 있는 '캐나다 속의 프랑스'이다. 퀘벡의 활기와 풍요로움은 불어권으로 세계에서 두 번째로 크고 바쁜 도시 몬트리올이나 세인트로렌스강이 흐르는 고풍스런 옛 도시 가스펠 마을 어디서나 느낄 수 있다. 초현대적 빌딩군이 운집한 신시가지에서 몇 블록 떨어지지 않은 곳에 성벽으로 둘러싸인 올드 몬트리올이 공존하는 몬트리올은 퀘벡의 독특한 모습을 잘 나타내고 있다. 주의 수도 퀘벡시는 좁은 길과 오래된 성벽으로 이루어진 낭만적인 도시이다.

- 면적: 1,667,926㎢(영국의 7배로 캐나다에서 가장 큰 주로 캐나다 전체 면적의 1/3)
- 산업: 어업, 광업, 제조업, 관광업
- 관광산업: 관광산업은 주요 산업으로 매년 2,000만 명의 관광객이 40억 달러를 소비하고 있다. 몬트리올과 퀘벡시를 중심으로 역사적인 유적지와 종교적 명소들이 많다.

(2) 기후 조건

퀘벡의 겨울은 영하 17도까지 내려가는 추운 날씨인 반면 여름은 비교적 온화한 편이다. 퀘벡은 캐나다 최고의 주로 1,667,926㎢의 면적을 차지하며 프랑스의 3배. 영국의 7배나 된다. 영토의 70%가 산악지방이며 퀘벡주를 흐르는 세인트로렌스강은 대서양과 5대호에 연결되며, 백만 개의 호수와 강으로 이어진다. 대표적인 도시 몬트리올의 1월 평균기온은 -10℃, 7월은 20℃로 기온의 편차가 크다. 북쪽에는 아직도 에스키모가 살고 있다.

(3) 감각유산 하드웨어

퀘벡 아이스 호텔은 이름 그대로 얼음과 눈으로만 된 호텔이다. 꽁꽁 언 얼음을 반듯하게 잘라 만든 '얼음벽돌'로 골격을 세운 뒤 벽체를 쌓고, 지붕을 얹어 만든다. 여기에 눈이 쌓여 한층 푸근한 지붕곡선이 만들어진다. 수많은 관광객을 불러 모은 스웨덴의 아이스 호텔을 본떠서 만든 퀘벡의 아이스 호텔은 매년 겨울이 되면 새 눈과 얼음으로 짓는다. 공사기간은 5주 정도로 1만 2천t의 눈과 4백t의 얼음이 들어간다고 한다. 보통 1월에 문을 열어 얼음이 녹기 시작하는 4월까지 손님을 맞는다.

호텔의 평면 면적은 9백 평. 객실은 32개다. 일반객실이 19개이고, 힐튼 퀘벡 스위트, 허드슨 베이 컴퍼니 스위트 등 13개의 테마별 스위트룸을 두고 있다. 하룻밤 수용인원은 최대 80명이다. 객실에는 사슴털을 씌운 얼음 침대와 북극에서나 볼 듯한 두툼한 침낭이 준비돼 있다. 얼음 속이라 몸이 얼지 않을까 걱정하지 않아도 된다. 1.2m 두께의 얼음벽은 실내온도를 영하 2~5도로 유지시켜 준다.

바깥 기온이 영하 18~28도로 떨어져도 실내는 항상 영하 4도를 유지한다는 것이다. 그런 추위도 참지 못하는 사람이라면 크리스털처럼 반짝이는 얼음조각, 얼음 샹들리에, 얼음기둥 등 호텔 내부를 둘러보는 것만으로도 큰 즐거움을 맛볼 수 있다.

객실만 있는 것이 아니라 호텔로서의 부대시설도 갖추고 있다. 나이스 클럽으로 이름 붙여진 리셉션 홀은 콘서트 등 각종 이벤트가 열리는 장소이다. 한꺼번에 4백 명을 수용할 수 있을 정도로 넓다. 2개의 전시실도 두고 있다. 2백 명이 들어가는 '앱솔루트 아이스 바'는 얼음으로 만든 잔으로 각종 음료수 및 주류를 판매하고 있어 인기다. 몸을 녹이고 싶은 이들을 위해 호텔 밖 눈 위에 만들어놓은 자쿠지 스파시설도 눈길을 끈다. 영화관과 예배당도 있다. 예배당은 특히 이색적인 결혼식을 준비하는 전 세계 커플들이 주목하는 곳이다.

- 아이스 호텔의 내부 온도: 호텔의 1.2미터 두께의 얼음벽이 지속적인 온도를 유지하게 하고 보온병의 역할을 함. 호텔의 내부온도는 -2~-5℃, 외부온도가 더 낮아져도 온도가 더 이상 떨어지지 않음
- 아이스 호텔의 면적: 400톤의 얼음과 1,200톤의 눈으로 이루어진 3,000㎡의 공간
- 어린이 동행: 어린이들도 이용 가능, 온가족이 즐길 수 있음
- 욕실 이용: 아이스 호텔 객실 내에 있는 따뜻한 시설들을 편리하게 이용할 수 있음

(4) 위치플랫폼: 퀘벡다운타운에서 30분 거리, Touristique Duchesnay역에 위치

(5) 가격 플랫폼

- 아이스 호텔의 관광과 방문 입장료
  아이스 호텔은 일반인들에게도 오전 10시부터 개방된다. 11시부터는 관광가이드가 동반하게 되는 투어를 30분 동안 진행하며 아이스 호텔에 대한 다양한 정보와 재미있는 사실들을 설명해 준다. 투어가 끝나고 남은 시간에는 스스로 관람할 수 있다.

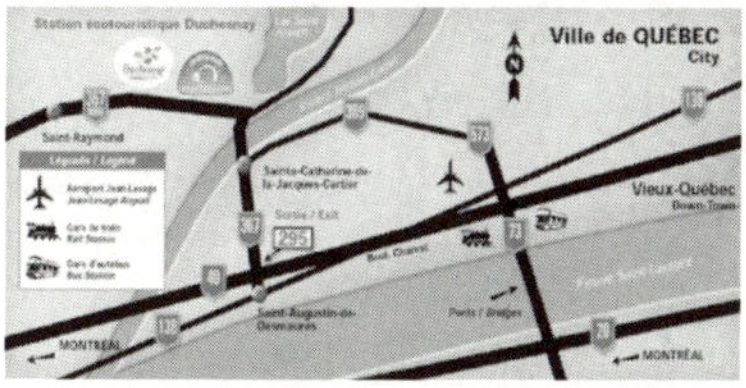

[그림 4] 퀘벡 아이스 호텔의 위치

- 아이스 호텔의 숙박요금 $210에서 $500까지 5까지 유형의 객실이 사용가능하다.

〈표 2〉 퀘벡 아이스 호텔의 입장료와 이용가격

입장료					
10:00 AM~ 8:00 PM	어른	$14.00	8:00 PM 이후	어른	$10.00
	노인/학생	$12.00		노인/학생	
	6~15세	$7.00		6~15세	$7.00
	5세 이하	$0.00		5세 이하	$0.00

스노모빌 렌트		1인 기준	2인 기준
	1시간	$80	$85
	2시간	$120	$130
	3시간	$150	$165
	1일	$199	$220
	2일	$380	$425

개썰매	1시간 반	$70.00
	3시간	$95.00

(6) 감각유산 운영 소프트웨어

아이스 호텔은 객실 서비스 외에도 일반호텔이 제공하지 않는 다양한 체험의 기회를 제공하여 더욱 이색적인 호텔 분위기를 만들고 있다.

① 객실

독특한 감각유산 명소답게 뻔한 숙박개념을 탈피하기 위해 테마별 스위트룸을 제공하면서 고객이 아이디어를 제안하는 경우 아이디어룸을 제공한다.

② 고객맞춤식 서비스 제공

아이스 호텔은 겨울에만 이용할 수 있는 특이한 감각유산 경험으로 매년 다른 디자인과 시설들로 구성되어 새로운 모습으로 재탄생되며 고객의 요구에 부합하는 최상의 서비스를 제공한다.

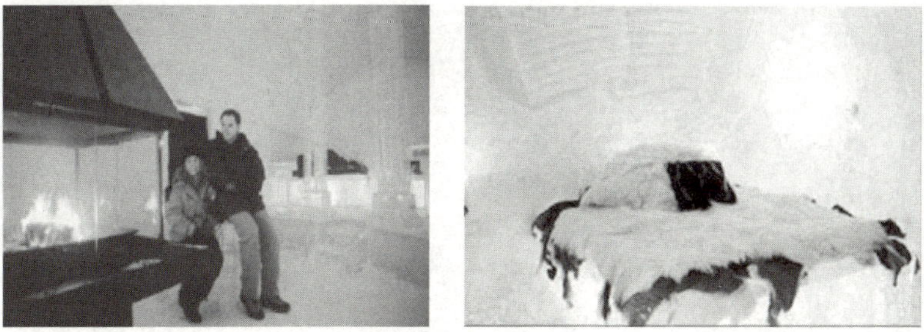

아이스 호텔의 객실 내부

③ 얼음 갤러리

전시관은 캐나다 그린란드 에스키모 민족의 장인이 만든 것으로 이누이트양식이 특징인데 갤러리에는 30여 점의 조각품들이 전시되어 있다.

④ 웨딩 패키지

매지컬 웨딩(Magical Wedding), 이국적 웨딩(Exotic Wedding), 목가적 웨딩(An idyllic Wedding)의 3가지 중 하나의 패키지를 선택하여 아이스 교회에서 매주 일요일마다 결혼식이 열린다.

⑤ 아이스 영화관

60개의 의자와 스크린을 얼음으로 만들었다.

아이스 호텔의 웨딩

⑥ '앱솔루트 바'

얼음 잔에 앱솔루트 보드카를 넣어 마실 수 있는 바를 제공한다. 마신 후 얼음 잔을 던져서 깨버린다. 이것은 관습화되어서 아이스 호텔에 오면 꼭 해봐야 할 감각유산 체험이다.

아이스 호텔의 바

3) 루미린나 스노 캐슬

(1) 체험 플랫폼

스노 캐슬 루미린나는 핀란드의 남쪽 항구도시 케미(Kemi)에 위치하고 있다. 루미린나는 1996년 이탈리아의 조각가 Luca Roncoroni에 의해 만들어졌다. 케미 시내에 위치한 루미린나는 수만 평 규모의 스노 캐슬이다. 스노 캐슬은 세계의 여러 성들을 모델로 하고 있으며 매년 그 모습을 달리한다. 그래서 루미린나를 방문하면 매년 다른 특별함으로 다가온다.

스노 캐슬이기 때문에 일 년 내내 운영하는 것이 아니라 보통 12월부터 이듬해 4월까지 운영한다. 10월이나 11월부터 보통 스노 캐슬 제작에 들어가는데 두 달 정도의 시간이 소요된다.

루미린나 스노 캐슬의 독특한 외관

루미린나 스노 캐슬을 체험하는 방법에는 두 가지가 있다. 하나는 호텔에 투숙하는 것이고 하나는 입장료를 내고 관람티켓을 구입하는 것이다. 입장료는 성인 5유로, 어린이 2.50유로(만 5~12세)이고, 관람은 오전 10시부터 오후 6시까지만 가능하다.

(2) 기후 조건

대개 핀란드의 기후는 북극 온대성 기후라고 하며 다양한 기후를 나타낸다. 여름의 평균기온은 16℃ 정도이며, 겨울의 평균기온은 -3.6℃이다. 백야현상을 보이는 핀란드는 5월부터 8월까지 낮의 길이가 19시간이며, 반대로 겨울은 밤의 길이가 매우 길다. 매우 다양한 기후를 보이는데, 여름은 따뜻하고, 봄과 가을도 온화한 편이다.

겨울은 11월부터 이듬해 3월 중순까지로 매우 길고, 북부지역의 경우 10월 중순부터 이듬해 5월 중순까지 눈을 볼 수 있다. 전반적으로 습기가 적어 실제 기온보다 체감온도는 따뜻하다. 북극지역은 백야현상으로 여름에는 낮의 길이가 16시간 지속된다. 겨울에는 태양이 없는 약간 어두운 낮이 계속되는 현상이 나타나며, 북부지역의 경우 이러한 현상이 2달간 지속된다.

(3) 교통 여건

보통 케미로 가는 가장 빠른 코스는 암스테르담까지 간 후에 암스테르담에서 케미까지 가는 것이다. 헬싱키까지 가서 케미로 가는 방법도 있다. 헬싱키에서 국내선을 이용할 경우 약 1시간 20분이 소요되고, 기차는 특급을 이용하면 8시간이 소요된다. 공항에서 얼음 호텔까지 얼음 호텔은 시내 외곽에 자리 잡고 있으며 택시를 이용하면 10분, 버스를 이용할 경우에는 20분 정도 걸린다. 요금은 택시가 20유로, 버스 5유로 수준이다. 케미 시내 혹은 얼음 호텔에서 항구까지 버스는 운행되지 않기 때문에 렌터카를 이용하거나 택시를 이용해야 한다. 소요시간 약 20분, 요금은 50~60유로이다.

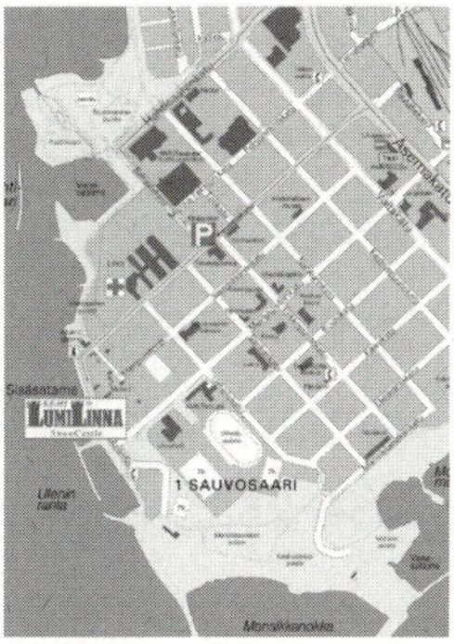

루미린나 스노 캐슬의 위치

4) 이색적 감각유산 체험을 위한 하드웨어 플랫폼

(1) 시각/촉각 체험 플랫폼: 감각객실

감각객실은 싱글, 트윈 룸을 비롯하여 트리플과 허니문 룸 등 총 17개의 객실로 구성되어 있다. 각 방마다 색다른 디자인의 조각들과 얼음 조명들이 준비되어 있다. 스노 캐슬 외부뿐 아니라 객실 내부 역시 감탄을 자아낸다. 호텔 내부에는 어떠한 난방장치도 없으며 침낭, 얼음침대에 깔린 모피 그리고 가벼우면서도 보온성이 뛰어난 이불이 전부이다. 자는 동안에는 추위를 느끼지 못하나 아침에 일어나는 순간에는 역시나 춥다고 한다. 그래서 호텔에서는 아침에 투숙객들이 일어나 움직이기 시작하면 가장 먼저 따듯한 차와 정성이 가득 담긴 아침식사를 제공한다. 또 투숙객들은 핀란드 통나무로 만들어진 사우나를 이용할 수 있다. 전체 객실은 투숙을 하려면 사전 예약이 필수다. 숙박요금은 1인 기준으로 100~150유로, 방의 형태에 따라 가격 차이가 있다.

- 감각객실 내부의 온도는 -5℃
- 침낭은 매서운 추위에 적합하며 편안한 양털과 보온성이 뛰어난 리넨을 포함
- 겉옷을 보관하는 장소는 침낭 사이에 있으며 체온을 따뜻하게 유지
- 짐을 보관하는 보관소 마련
- 관람시간에는 감각객실이 관람객들에게 관람을 목적으로 개방될 수 있음

루미린나 스노 캐슬의 객실

- 리셉션 스태프는 24시간 대기
- 핀란드인을 제외한 손님들은 숙박카드 작성을 위해 여권이 필요
- 객실 내 흡연 금지
- 객실에는 화재경보 시스템이 각 방마다 설치
- 통로와 비상구는 유사시에도 알아볼 수 있도록 표시

(2) 미각체험 플랫폼: 레스토랑

레스토랑 역시 손님들에겐 잊지 못할 특별한 경험이 될 것이다. 테이블은 얼음으로 만들어졌고 의자는 털가죽을 씌운 나무로 만들어졌다. 메뉴는 다양한 종류가 준비되어 있어 취향에 따라 선택할 수 있다.

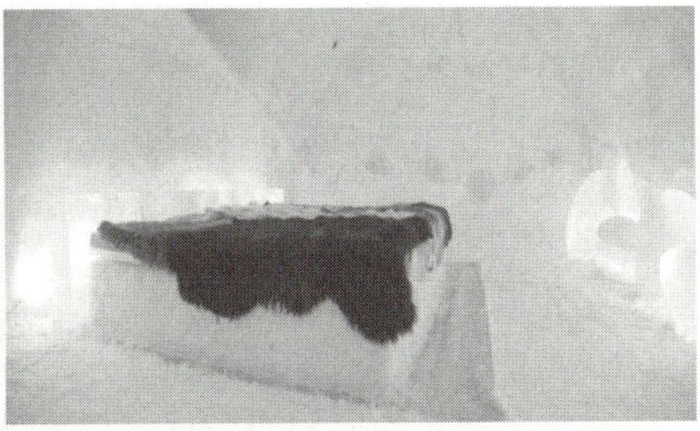

루미린나 스노 캐슬의 외관과 객실 내부

루미린나 스노 캐슬의 레스토랑 내부

메뉴의 종류는 Gulf of Bothnina, Snow queen's, Lord of the Castle's, Snow Castle, 그리고 Vegetarian 등인데 다섯 개 스타일의 음식 중 하나의 메뉴를 선택하면 그 속에서 자신이 먹고 싶은 음식을 골라서 먹을 수 있다. 이외에 특별히 준비되는 A la Carte(일품요리) 코스도 있다. 모든 디너는 2일 전에 예약해야 한다.

(3) 기타 감각유산 시설

- 정취감각유산: 예배공간

  Snow Castle이 개장한 이래로 항상 지어지는 시설이다. 예배소에는 50좌석이 마련되어 있고 모든 크리스트교의 예배가 가능하여 누구든지 평화로운 시간을 가질 수 있다. 결혼식도 가능하여 지금까지 전 세계에서 다수의 커플이 이국적인 감각유산환경 속에서 결혼식을 올렸다.

- 미각과 촉각: 바

  바에서는 핀란디아 보드카를 위주로 다양한 주류를 판매하고 있으며 이는 역시 얼음 잔에 제공된다. 이 역시 특별한 경험이 아닐 수 없다. 또한 매해 세계 칵테일 축제를 개최하여 세계 각국 바텐더들이 보여주는 특별한 경연과 핀란디아 보드카를 사용한 다양한 칵테일 음료 등을 즐길 수 있는 기회를 준다.

루미린나 스노 캐슬의 예배당

루미린나 스노 캐슬의 바

루미린나 스노 캐슬의 갤러리 입구

• 시각콜라보: 갤러리
갤러리에는 눈과 얼음을 이용한 각종 조각들이 전시되어 있어 하나같이 섬세하고 아름다워 보는 사람으로 하여금 탄성을 자아내게 한다. 스노 캐슬 안에 있는 얼음조각들은 화려한 조명 아래 자태를 뽐내며 북유럽의 정취를 한껏 느낄 수 있게 해준다.

(4) 두 달만 존재하는 소멸적 감각유산

지상 어느 곳에서도 찾아볼 수 없는 얼음으로 만든 성은 사람들에게 충분히 좋은 변화를 유도해 내는 감각적으로 자극적인 소재이다. 수만 평에 이르는 넓은 공간에 만들어지는데 그 감각유산적 매력은 실제로 보지 않고는 상상할 수 없다.

① 거대한 예술품: 엄청난 중장비와 수많은 인력이 투입되어 만든 하나의 예술적 감각유산 작품으로 호텔로 사용하는 공간과 저마다 독특한 분위기를 연출하고 있는 부속건물들 모두 어마어마한 규모와 감각유산적 자극으로 사람들을 압도한다.

② 매년 다른 건축 디자인: 얼음호텔이 매년 다른 모습으로 다가오는 이유는 얼음으로 만든 한시적인 성이란 이유도 있지만 진짜 이유는 한 번 건축한 모양을 다시는 만들지 않는다는 원칙 때문이다. 눈이 내리기 시작하는 11월 중순부터 다음해 2월 중순까지 작업하여 만든 이색적인 얼음성은 2월 중순부터 4월 중순까지 딱 두 달 동안만 문을 연다. 이로써 고객들은 매년 어떤 건축물이 나올지 기대하고, 다시 방문할 수 있도록 유도된다. 늘 새로움을 추구하는 이 얼음성이 오히려 매력적인 감각유산 요소로 작용한다.

③ 이국적인 얼음성: 지구촌에 현존하는 성을 모델로 만들어지는 얼음성은 실제 성과 매우 흡사하다. 이 얼음성의 건축가 Luca Roncoroni는 이탈리아 건축가로 예술계의 거장으로 자부심이 대단하다.

(5) 엔터테인먼트적 감각유산

호텔을 이용하는 고객들에게 편의를 제공하는 환대적 역할의 장소로써, 고객의 만족을 높이기 위하여 호텔 입구에 있는 프런트에 그치는 것이 아니라 리셉션 건물을 따로 마련하여 다양한 방식으로 서비스를 제공하고 있다.

① 고객들은 인터넷을 이용하여 게임이나 채팅을 할 수 있고, 순록의 피부로 덮여 있는 침목이 마련된 따뜻한 공간에서 쉴 수 있다.

② 고객들의 짐을 보관하는 보관실이 마련되어 있으며, 고객들이 옷을 갈아입을 수 있는 탈의실이 마련되어 있다.

③ 편안하고 아득한 카페테리아가 있어서 따뜻한 차와 스낵을 즐길 수 있다. 박하향 차에 초콜릿을 넣어 마시는 것은 야외활동 후 따뜻함을 느낄 수 있는 좋은 방법이다.

④ 스노 캐슬의 기념품이나 핀란드 물품을 살 수 있는 기념품점이 있다.

(6) 이벤트적 감각유산

루미린나 주변 부대시설을 이용한 다양한 체험 활동의 제공뿐만 아니라 특별행사를 유치하여 유인물의 요소로 만들 수 있다. 행사의 경우, 루미린나 자체의 행사를 해마다 다른 형식으로 열거나 관광청 및 지자체와의 연계를 통해 지역 또는 핀란드 고유의 행사를 유치하여 다양성을 제공한다.

① The Kemi Snow Castle 이벤트는 루미린나의 10주년과 20주년을 기념하는 행사였고 이 행사는 페스티벌 형식으로 전시회도 마련하여 루미린나의 20년간의 모습을 보여주었다. 또한 국제 핀란드 보드카 컵(The International Finlandia Vodka Cup)대회가 열려서 핀란드의 자연성과 라

프란드만의 신비주의와 미각/후각/촉각적 감각유산을 혼합한 이벤트를 개최하였다.

② 샘포(Sampo) 크루즈는 루미린나의 연계상품으로 스노 캐슬에서의 추위 체험을 확대하여 겨울 바다 속에서의 체험을 하는 동시에 항구 주변의 자연경관을 감상할 수 있다.

(7) 강점

① 얼음성의 희소성과 감각유산 체험관광: 매년 새로운 모양의 스노 캐슬을 방문객들에게 보여줌으로써 방문객들의 재방문을 유도하고 있으며, 주변의 고유한 감각유산 환경을 이용하여 그에 맞는 감각유산 체험을 통해 감각유산의 부가가치를 극대화한다.

② 다양한 부대시설을 갖춘 종합 휴양지: 기본적인 관광여건의 구비는 물론 특별한 감각유산 체험을 중심으로 한 종합 관광휴양지로 마련되어 있다.

③ Mania층의 형성 및 존재: 루미린나를 처음 가보는 관광객뿐만 아니라, 재방문객들이 루미린나를 방문하고 있다. 비록 재방문객 즉 mania층이 소수이지만, 이들의 구전을 통하여 루미린나의 홍보효과를 가져올 수 있으며 꾸준한 수익을 확보할 수 있다.

④ 연계관광 활발: 루미린나 주변에는 산타마을, 크루즈, 겨울 스포츠를 즐길 수 있는 다양한 관광상품들이 있으며 이러한 주변 상품을 이용한 연계관광이 활발하게 이루어지고 있다.

(8) 기회적 요인

① 특이점을 찾는 젊은 여행객의 증가

잠재 방문객의 71%를 차지하는 젊은 방문객들은 색다른 체험하기를 원한다. 반복되는 똑같은 일상을 지루해 하는 현대인들이 부쩍 늘고 있다. 얼음성처럼 특이한 소재는 특별한 경험을 원하는 사람들에게 충분히 매력적인 감각유산이다.

② 지정학적 위치

감각유산에 있어서 내부적인 요소 못지않게 중요한 것이 외부적인 요소이다. 얼음성의 배후시장은 여러 관광지를 고루 갖춘 유럽으로, 세계 여러 관광객들이 찾아올 수 있도록 하는 이점을 가지고 있다.

③ 산타마을 등 주변 겨울감각유산과 연계하여 Package 상품화

핀란드는 산타마을 등 겨울을 이용한 감각유산으로 유명한 곳이다. 이를 이용하여 감각적 자극을 러브마크화한다면, 겨울을 느끼고 싶은 많은 사람들에게 매력적인 겨울휴양지로 자리 잡을 수 있을 것이다.

참·고·문·헌

김남윤(2012). 지오태깅과 웹 2.0을 이용한 위치기반 추천 서비스. 한성대학교.

신동희(2012). 스마트 TV 시장 활성화 방안. 신문과 방송. 497호.

아쓰시 칼·안드레이 학주 저. 천채정 역(2011). 플랫폼 전략. 더숲출판사.

이승훈·이태희(2014). 네트노그라피 연구를 통한 관광 러브마크 개념 인식 분석. 한국관광연구학회. 28(9): 17-33.

최아영·나종연(2010). 네트노그라피를 활용한 소비자의 온라인 소비자 커뮤니티 참여행동 분석. 소비자학연구. 21(1): 1-31.

플랫폼전문가그룹(2012). 플랫폼을 말하다. 클라우드북스.

황병선(2012). 스마트플랫폼전략. 한빛미디어출판.

Bengry-Howell, A., Wiles, R., Nind, M., & Crow, G.(2011). A Review of the Academic Impact of Three Methodological Innovations: Netnography, Child-Led Research and Creative Research Methods.

Björk, P., & Kauppinen-Räisänen, H.(2012). A netnographic examination of travelers' online discussions of risks. Tourism Management Perspectives. 2: 65-71.

Chan, K.(2008). Three studies on understanding customer relationship management in services: Customer-firm affection, customer-staff proximity, and customer co-production. Ph.D. 0820937. University of Hong Kong.

Cho, E.(2011). Development of a brand image scale and the impact of lovemarks on brand equity: Iowa State University. Graduate Theses and Dissertations.

Kozinets, R. V.(1998). On netnography: Initial reflections on consumer research investigations of cyberculture. Advances in consumer research. 25(1): 366-371.

Kozinets, R. V.(2002). The field behind the screen: Using netnography for marketing research in research in online communities. Journal of Marketing Research. Vol. XXXIX: 61-72.

Kozinets, R. V.(2010a). Netnography-Doing Ethnography Research Online. Sage Publications.

Kozinets, R. V.(2010b). Netnography: The marketer's secret weapon. Netbase Solutions, Inc.

Osman, H., Johns, N., & Lugosi, P.(2014). Commercial hospitality in destination experiences: McDonald's and tourists' consumption of space. Tourism Management. 42: 238-247.

Rageh, A., Melewar, T. C., & Woodside, A.(2013). Using netnography research method to reveal the underlying dimensions of the customer/tourist experience. Qualitative Market Research: An International Journal. 16(2): 126-149.

Shakeela, A., & Weaver, D.(2014). The Exploratory Social-Mediatized Gaze Reactions of Virtual Tourists to an Inflammatory YouTube Incident. Journal of Travel Research. 0047287514532369.

http://blog.naver.com/wannyplan/220988520222

제9장 감각유산 연출/인코딩

감각유산의 인코딩에서 중요한 점은 무엇이 감각유산 사용자나 고객에게 그린버튼으로 인식되는지 시작점을 알려주는 요령에 대해 미리 고민하는 것이다. 반대로 레드버튼(Red Button)의 경우는 사용자가 원하지 않는 상황이나 상태가 발생하게 되는 경우로 사용자나 고객들은 이런 레드버튼의 상황을 회피하려 한다. 특히 사용자의 몰입이나 좋은 변화에 방해가 되거나 장애요소로 작용하는 상황 자체를 회피하려 하는 것은 당연한 일일 것이다.

제9장 감각유산 연출/인코딩

1. 감각유산 기획의 핵심가치 인코딩(Encoding)

새로운 감각유산의 기획에 있어서 가장 중요한 점은 감각유산 브랜드가 처음으로 시장에 모습을 알리게 될 때 출시된 감각유산 브랜드에 대해 감각자극의 실체가 무엇인지 감각유산 브랜드 기획자나 연출자, 혹은 감각유산 큐레이터는 잠재소비자에게 명확하게 답을 주고 이해시킬 수 있어야 한다. 그 실체가 손에 잡히고 귀에 쏙쏙 들어와야 해당 감각유산 브랜드는 향후 시장에서 지속적으로 성장하며 생명력을 발휘할 수 있다. 그 감각유산 브랜드의 핵심가치가 무엇인지가 핵심 감각의 인코딩을 통해 분명하게 전달되어야 한다. 파리의 암흑식당은 해당시장에게 생활암흑이란 것이 어떤 의미인지, 인생암전이 사람들에게 가져오는 감각적 변화가 무엇인지를 시각 장애인이라는 감각이입을 통해 암흑식당 감각유산 브랜드의 핵심가치를 정확히 전달했기 때문에 이를 디코딩(decoding)한 해당시장은 지속적인 반응을 하게 된 결과 파리뿐만 아니라 세계 주요 대도시에 같은 형태의 감각유산이 운영되고 있는 것이다.

따라서 감각유산 기획 시 핵심가치의 인코딩은 감각유산이 다음과 같은 단계를 밟아 창조, 성장, 확장, 진화한다는 것을 명심하고 이루어져야 하는 작업이다. 이런 단계의 작업은 감각유산의 인코딩을 결국 감각구조공학(Sensory Inheritance Structural Engineering)이라고도 부를 수 있는 밑바탕이 될 수 있을 것이다.

① 감각창조(Create)
② 감각성장(Build)
③ 감각확장(Leverage)
④ 감각진화(Evolve)

이 네 가지 단계의 수순을 밟았던 사례로 영국의 대표적인 스토리이자 이젠 전 세계의 감각유산이 되어버린 해리포터를 들 수 있다. 하나의 문학작품을 창조하고 영화를 통해 성장했으며, 그 이후 뮤지컬, 체험 테마파크, 캐릭터 상품 등으로 확장하는 데 성공했다. 그에 이어지는 진화로 영국은 이미 해리포터 스튜디오, 킹스크로스역의 9와 3/4승강장, 옥스퍼드 호그와트 투어 상품 등 해리포터 관련 감각적 유산들을 지속적으로 상품으로 시장에 내놓고 있다. 2017년 해리포터 20주년을 맞아 도시 곳곳에 해리포터의 감각유산을 진화/추가한 것인데, 각종 감각적 체험과 이벤트, 콘서트, 전시회 등을 해리포터의 스토리를 바탕으로 진행하였으며, 풍성한 볼거리와 즐길 거리를 제공해 많은 관광객에게 즐거움을 선사하였다. 추가적인 감각유산을 더해 새로움(Novelty)을 선사한 것이다.

이러한 상품들은 해리포터 '영화'에 기반을 둔 감각체험상품이며 따라서 감각유산 인코딩을 이해할 필요가 있다. 해리포터 마니아들의 영국 방문 이유 중 하나인 '해리포터 영상관광 체험'인 것이다. 여기서 해리포터 감각유산 체험이란 앞서 언급하였듯 해리포터와 관련된 촬영지, 스튜디오 체험, 뮤지컬 체험 및 기타 관련 감각유산 체험 등을 포함한다.

권선징악, 우정과 인간관계의 신뢰와 안정, 사랑의 영원성, 다양성의 수용, 편견과의 투쟁과 같은 해리포터의 핵심가치는 현실에서 찾을 수 없는 모습을 대신 충족시켜 주었고, 삶의 방향성을 제시해줌으로써 해리포터가 인코딩한 다양한 감각유산의 감각적 자극이 현실로 재현될 수 있는 밑바탕을 만들었으며 해리포터에 대한 감각유산 브랜드 충성도를 높이는 데 기여하였다.

2. 감각유산의 핵심가치와 몰입(flow) 이론

몰입(flow)은 이미 인간행동을 연구하는 여러 학문분야에서 광범위하게 사용되고 있는 개념이다. 몰입의 개념은 학문분야와 관심 영역에 따라 상이하게 정의되어 사용되고 있으며, 강조하는 의미에 따라 몰입이라는 용어는 commitment, involvement, flow 등으로 다양하게 사용되고 있다. 이 중에서 플로(flow)는 '개인이 자신의 행위에 완전히 몰두하여 최적의 체험(optimal experience)을 갖게 되는 상태'를 의미하는 개념으로, Csikszentmihalyi(1975)에 의해 처음 언급되었다. 그가 말하는 몰입 개념에서는 몰입의 대상보다는 몰입의 주체인 개인을 강조하고 있다. 자신의 관점에 완전히 몰두하여 최적의 기능을 수행하는 상태 또는 개인이 특정 행위에 완전히 몰두하고 있을 때 느끼는 물아일체의 상태(holistic sensation)로 정의되기도 한다(이범재, 2009).

개인이 자신의 기량에 맞는 어떤 활동을 할 경우 몰입이 발생할 수 있다. 개인이 몰입을 할 경우에 나타나는 특징은 다음과 같다. 첫째, 정신집중이 이루어지며 둘째, 시공간 개념이 불식되고 셋째, 인지력이 증강되며 넷째, 불안감이나 제약감이 불식된다(Csikszentmihalyi, 1975). 감각유산에 의해 몰입이 일어나고 그로 인해 한 개인에게 좋은 변화가 일어난다는 가설에 플로의 상태가 최적화되어 있음을 알 수 있는 대목이다. 따라서 감각유산을 통해 몰입을 하게 되면 어떤 감각적 자극의 경험에 깊이 몰두하여 외부적인 보상이 없더라도 감각유산 경험활동 그 자체가 기쁘고 점차 주위에 신경을 쓰지 않으며, 시간 가는 줄도 모르고, 마침내 그 감각유산 경험의 심리적 활동에 자신이 일체화되어 심리/신체행동의 흐름이 물 흐르듯 자연스럽게 나타나는 현상이 된다(Jackson & Csikszentmihalyi, 1999).

플로의 개념은 자신이 하는 일에서 즐거움을 느끼는 것뿐만 아니라 자신의 능력과 창의력을 발휘하는 것에서 출발했다. 이는 자아실현과 행복에 초점을 맞추고 있기 때문에 감각유산의 좋은 변화 이론과 직결되어 있고 긍정 심리학(positive psychology)의 개념과 그 맥락을 같이한다(Seligman & Csikszentmihalyi, 2000). 주위를 신경 쓰지 않으며, 시간 가는 줄 모르고, 결국은 활동에 자신이 일체화되어 행동이 물 흐르듯 자연스럽게 발생하는 현상을 비유적으로 표현해 낸 것을 플로라고 할 수 있다(Jackson & Csikszentmihalyi, 1999). 플로가 갖는 특성은, 그게 무엇이던 그 활동에 대한 완전한 집중과 집중을 통해 즐거움을 얻는 과정과 결과상태라고 할 수 있다.

감각유산 역시 본인이 원하는 감각적 자극을 의식적이든 무의식적이든 고도의 집중상태에서 경험하게 되는 경우 플로라는 몰입상태에 접어들게 되는데 이 플로의 수준은 인코딩된 감각자극 체험의 방식과 연출에 좌우된다.

플로에 대한 연구자들은 보통 현상학적 특성을 조명하는 데 초점을 맞추곤 했다. 그러다가 정량적으로 플로를 측정하려는 시도가 이어졌고 대부분의 플로 관련 연구자들은 플로 구성요소를 관여도, 도전감, 숙련도, 각성, 통제, 최적 자극수준, 상호작용, 주의집중, 원거리 실재감, 즐거움, 긍정적 감정, 탐색적 행동, 시간왜곡으로 제시했다. 이 요소들 중에서 새로운 도전감, 도전대상 자극에 대한 본인의 이해도/숙련도, 본인의 주의집중을, 플로 상황이 발생하는 것을 설명할 수 있는 핵심변수로 가장 많이 사용하였다(이태희 · 유재경, 2009). 이는 플로를 경험하는 본인의 도전감과 숙련도가 어느 정도 일정수준을 유지해야만 플로에 이르게 되는 점과 새로운 자극에 대한 도전 외에 관련 없는 상황이나 자극에 신경을 쓰지 않고, 오로지 그 자극 자체에만 집중하여 주목해야 한다는 점 때문이다.

일반적으로 플로의 인과적 모델은 그 대상이 인터넷뿐만 아니라 관광목적지, 여가활동 차원까지 다양하게 적용되고 있고, 최근에는 여러 대상에 대한 플로의 인과적 모델을 넘어 소비자의 구매행동과 같은 플로의 결과변인들과의 관련성을 파악하는 탐색적 대안구조모델(exploratory/alternative/structural model) 등의 확장모델에 대한 연구들이 진행되고 있다. 결국 플로의 인과적 모델 연구는 플로의 배경변인, 선인, 관련변인, 결과변인 등을 구성개념으로 사용하되 관련변인인 즐거움을 중심으로 확장되는 구조를 보이는 것이 특징이다.

1) 감각유산과 플로의 연관성

감각유산 체험은 특별 관심 분야에 대한 경험을 목적으로 관계된 지역을 방문하는 특별 관심 관광(SIT: Special Interest Tourism)의 한 형태로서, 보통 정신적 · 신체적 · 적극적 참여활동을 필요로 한다. 감각유산은 인간, 기술, 자연, 환경 속에서의 지루함, 뻔하고 유해하며 무의미한 자극들의 한계를 감각적 자극으로 극복하는 여행형태라는 점에서 가장 기본적인 체험인데도 불구하고 체험 인코딩에서 고려가 미약했던 경우라 볼 수 있다.

감각유산은 단순히 관광객이 관광목적지를 경유하여 관람만 하는 것이 아니라 자발적으로 새로운 감각적 자극체험을 통해 좋은 변화를 경험하는 행태를 의미한다(이태희 · 유영준, 2017). 감각추구를 통해 방문객의 능동적 · 적극적 참여를 요구하기 때문에 이러한 특성을 갖는 감각유산 활동에 대한 관광객의 플로 경험을 인코딩해 넣는 것은 현재 증가하고 있는 다양한 관광활동의 추세를 비교해 봤을 때 중요한 기획과제라고 할 수 있다.

2) 플로 관련 인코딩

몰입은 주의집중의 현상인데 주의집중은 즐거움을 전제로 하고, 결국 긍정적 감정과 시간이 멈춘 듯한 시간왜곡을 결과시킨다. Csikszentmihalyi(1975)가 주창한 플로의 개념은, 구성개념으로 즐거움이 직접적으로 언급되지는 않았지만, 즐거움이 확장되고 형식을 갖춘 개념이 플로라고 제시하였다. 이후 Novak, Hoffman, & Yung(1998)은 1차원적 즐거움의 구성개념은 플로의 중심요소이므로 도전, 기술 등과 관련이 있다는 것을 구조적으로 밝혔다.

플로는 주어진 자극이나 활동에 대한 도전 정도와 자신의 기술 수준이 일치하는 상황에서 발생하는 주관적 경험으로서, 감각유산 환경에서는 플로의 선행변인인 새로운 도전감과 이를 해결하고 즐거움의 상태에 이르는 본인의 몰입도가 플로에 영향을 미치도록 하는 감각유산의 인코딩이 필요하다. 플로 경험에 대한 구조적 검증을 통해 새로운 자극에 대한 시도의 도전감, 해당 자극에 대해 본인의 조절능력이 얼마나 있는지의 숙련도, 그리고 본인의 주의집중이 플로로부터 나오는 즐거움이란 결과에 긍정적인 영향을 미치고, 즐거움은 다시 해당 자극에 대한 긍정적 감정과 시간왜곡에 영향을 미치는 것을 인코딩을 통해 확인할 수 있다.

이태희 · 유재경(2009)의 경우 한류관광객의 플로 수준을 검증하면서, 도전, 기술, 주의집중을 즐거움을 설명하는 선행변인으로 제시하였고, 이태희 · 김홍렬 · 윤설민(2009)은 테마파크 방문객의 플로 수준을 검증하면서, 주의집중과 즐거움, 즐거움과 시간왜곡 간에 긍정적 영향관계가 나타남을 검증하였다.

3) 플로 색단추 이론

감각적 자극에 몰입하는 사용자가 플로 상태를 경험하는 것은 일종의 무아지경에 가까워서 현실을 잊기에 아주 적합한 상태이다. 이런 무아지경의 시작은 사용자가 원하는 상황과 지경에 이르는 것을 인지하기 때문이다. 감각유산 사용자가 원하는 이런 상태나 상황 발생의 시작을 색과 물건으로 표현하자면 그린버튼(Green Button)이라고 할 수 있다. 해당 자극을 찾을 때마다 녹색버튼을 누르게 되면 사용자는 플로를 경험하기 위한 준비와 자극을 찾는 지속성을 유지할 수 있다. 따라서 감각유산의 인코딩에서 중요한 점은 무엇이 감각유산 사용자나 고객에게 그린버튼으로 인식되는지 시작점을 알려주는 요령에 대해 미리 고민하는 것이다. 반대로 레드버튼(Red Button)의 경우는 사용자가 원하지 않는 상황이나 상태가 발생하게 되는 경우로 사용자나 고객들은 이런 레드버튼의 상황을 회피하려 한다. 특히 사용자의 몰입이나 좋은 변화에 방해가 되거나 장애요소로 작용하는 상황 자체를 회피하려하는 것은 당연한 일일 것이다. 바람직하지 않은 상황을 피하려는 이런 시도를 레드버튼이라 표현한다. 레드버튼의 경우도 감각유산의 인코딩에서 무엇이 감각유산 사용자나 고객에게 레드버튼으로 인식되는지 그 시작점을 알려주는 인코딩 방향에 대해 미리 파악해야 한다.

4) 플로와 동기

몰입에 관한 여가관련 연구들을 보면 몰입은 내적 동기 및 외적 동기와 밀접한 관련성이 있는 것으로 나타남을 알 수 있다(김송희 · 장순용, 2003). 몰입은 동기와도 연동되는 개념으로 심리학적으로 동기는 어떠한 행동을 이해하고 설명하는 데 사용되기 때문에 동기를 이해하는 것은 특정 행동분석을 가능하게 하는 것을 의미한다(박유진 · 김재휘, 2002). 감각유산 체험동기는 감각유산 소비행동의 생성에 필요한 심리적 원동력이자 욕구로서, 감각유산 방문행동을 이끄는 심리적 에너지라 할 수 있다.

이처럼 동기는 관광행동을 도모하는 주요한 요소로서, 이에 대한 연구는 주로 추진요인(push factor)과 유인요인(pull factor)으로 접근되고 있다. 추진요인(push factor)은 일상으로부터의 탈출욕망, 휴식, 휴양, 명성, 건강, 모험, 사회적 작용 등 관광객의 내재적 동기로 설명되는 반면에 유인요인(pull factor)은 해안, 관광시설 등 눈에 보이는 자원이나 이색적 문화 등의 관광지 매력성으로 설명된다.

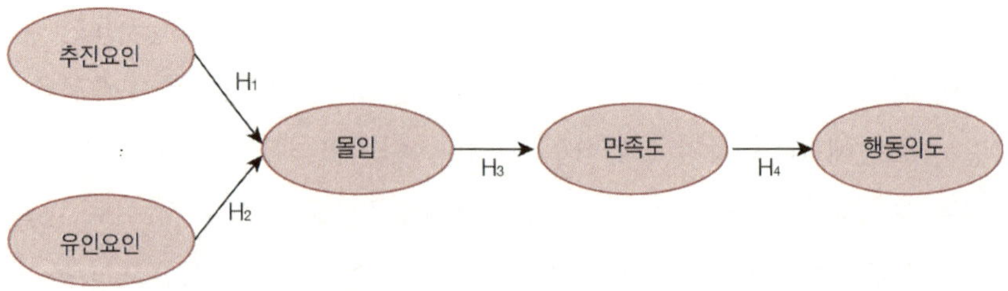

[그림 1] 감각유산 체험의 추진(push)/유인(pull) 동기/몰입 간 영향관계

이러한 추진요인과 유인요인의 접근은 다수의 연구를 통해 이루어진 상태이고 체험관광의 동기와 몰입의 관계 역시, 만족도/행동의도 간 영향관계와 함께 [그림 1]과 같은 모형들이 검증되곤 했다.

플로의 즐거움이 만족도에 영향을 미치는 관계는 기존 연구의 결과에서 나타난다. 즐거움은 더 느끼거나 덜 느낄 수 있는 지극히 개인적인 상황으로서, 즐거움은 긍정적 감정(예: 만족도)과 같은 주관적 경험에 영향을 미치게 된다. 결국 사람들의 감정상태를 의미하는 즐거움과 만족도는 선순환 구조를 이루기 때문에 감각유산의 참여 속에서 즐거움을 지속적으로 줄 수 있는 요소를 인코딩하는 것이 가장 중요하다. 이미 앞의 장에서 언급한 화천산천어축제는 계절성을 충분히 활용한 축제로서, 감각유산의 대상인 산천어를 중심으로 잡고, 굽고, 먹는 감각적 행위 외에도, 얼음, 눈, 추위 등 겨울과 관련된 다양한 소재를 감각유산의 즐거움으로 인코딩하여 성공한 경우라고 할 수 있다.

5) 감각유산 플로와 상호작용성

감각유산 상호작용성은 감각유산과 고객과의 관계 형성의 토대이고, 상호작용성 없이 고객과의 관계를 형성한다는 것은 불가능하다. 상호작용성이란 개인과 특정 사물 또는 특정 상황과 연관된 개체 간의 유기적인 커뮤니케이션 정도를 의미하는 개념으로서, 소비자들이 서로의 정보, 생각, 경험 등을 교류할 수 있도록 하는 역할을 한다. 감각유산의 경우에는 인간에게 주어진 감각자극 환경 속에서 인간 대 감각자극, 인간 대 감각유산 간에 주고받는 모든 일련의 행위를 감각유산 상호작용이라고 한다. 유·무형의 감각적 자극이 복합적으로 묶인 감각유산의 소비 현상에 대한 상호작용성 연구는 대인적 요소와 기계적 요소로 구성된 컴퓨터 및 인터넷 환경에서의 인터페이스 연구로 활발하게 진행되어 왔다. 이미 1장에서 이와 관련된 내용을 언급하였다. 플로의 개념적 모델에서 상호작용성은, 공간적으로 떨어져 있지만 특정한 가상의 공간에서 감각적으로 가상경험을 하는 원격 현장감인 텔레프레즌스

(telepresence)와 함께 플로 경험을 유발하는 요인으로 제시된다. 상호작용성은 결국 플로 상태의 주관적인 강도를 강화시키는 요소로 설명된다. 한편, 플로 이론과 기술수용모델(TAM: Technology Acceptance Model)을 토대로 플로 경험 구조를 설명하는 경우도 상호작용성은 고객관계를 구축함에 있어서 마케팅 성공의 핵심요소로 주목받아 왔다.

감각유산의 소비고객은 감각유산의 서비스를 이용하는 사람이면서 감각유산의 파트너라고 할 수 있기 때문에 감각유산 고객에게 어떠한 서비스를 제공해서 감각유산 브랜드/감각유산 서비스에 대해 긍정적인 상호관계를 형성시키는 것은 매우 중요하다. 즉 유형적 감각자극과 사람, 또는 무형적 감각자극과 사람 간의 상호작용성이 형성될 수도 있고, 유 · 무형 감각자극이 결합되어 고객과의 상호작용성이 발생할 수도 있다.

활동형 체험 자극이 많이 구축된 감각유산의 경우에 감각유산이 제공하는 체험자극의 내용과 고객 간 상호작용성이 형성되어 감각유산 고객들의 태도 변화가 긍정적으로 일어날 것이다. 활동형 감각유산은 참가자들이 능동적으로 참여할 수 있게끔 감각적 자극체험의 내용을 인코딩해야 하며 자극체험의 다양성이나 원활한 자극체험을 위한 적정 회전율의 확보는 중요한 부분으로 작용한다.

6) 유인력을 불러오는 상호작용성 인코딩: 즐거움/만족도

감각유산은 감각적 자극–사람의 관계 속에서 상호작용성을 경험하게 되는 감각환경이므로 사람들의 즐거움이나 호기심을 감각유산 인코딩을 통해 유발하여 긍정적 감정을 통해 만족감을 형성해야 한다(Novak et al., 2000). 이러한 관점에서 무형적인 대상과 유형적인 대상 간 상호작용을 통해 즐거움이라는 감정적 반응이 발생한다.

공통적으로 즐거움과 만족도에 영향을 미칠 것으로 판단되는 상호작용성은 주어진 감각유산의 환경 속에서 특정 감각적 자극과 감각유산 고객 간 관계를 통해 형성된다(Lombard & Snyder-Dutch, 2001). 유 · 무형의 감각적 자극들이 공존하는 감각유산 분야 역시 사람－사람, 사람－대상 간 상호작용성이 발생하며 이는 결국 사람들을 끌어들이는 감각적 요소가 어떻게 배치되고 인코딩되느냐에 따라 인코딩에 따른 인터페이스와 유인력이 달라진다.

감각유산의 경우 이용자가 감각유산을 수용하기 위해서는 상호작용성과 같은 감각유산 이용활성화에 절대적인 고유의 특성이 필요(Chung & Tan, 2004)하니 그 고유의 특성을 인코딩해서 넣어줘야 한다. 감각유산에서 감각적 자극의 소비자들은 대부분 즐거움이나 호기심 같은 긍정적 감정을 이 인코딩된 고유 특성으로부터 얻어가려 한다. 이 과정에서 감각유산의 감각체험과 인코딩된 고유의 감각적 자극은 서로 적극적인 상호작용을 이뤄내야 한다. 감각유산 관련 상호작용성은 주로 사물이나 물건/건물/자연과 같은 유형적인 감각요소가 인간이라는 대상과 상호관계를 형성하거나 소리/향기/맛/촉감 등 무형적인 감각과 사람이 상호작용성을 나타내므로 무형적 감각요소 간의 결합이 효과적으로 인코딩되는 것도 매우 중요하다. 그 방법에 대해서는 다음 3E/F4/좋은변화 치유 전략을 다루는 절에서 다루기로 하겠다.

감각유산을 다룬 연구는 아니지만 기존 연구 중에도 템플스테이 감각유산 체험을 위해 준비된 감각적 자극 인코딩이 방문객과의 상호작용을 통해 심리적 안정의 최적감을 경험할 수 있도록 유발했음을 밝힌 경우가 있다. 뮤지컬 관람, 프로야구 관람, 템플스테이 체험은 모두 다른 대상자극들이지만 공통적으로 공급자가 제공하는 감각적 자극 내용의 인코딩을 통해 소비자들은 이들과 상호작용을 하고 감정적 반응을 보이게 된다는 공통점을 갖는다. 따라서 감각유산 환경에서도 감각적 자극의 인코딩이라는 무형성이 강조되기 때문에 감각유산 프로그램과 방문객 간 상호작용성이 원활하게 발생할 수 있도록 인코딩 방안이 다음에 나오는 내용들처럼 강구되어야 한다.

3. 몰입/즐거움을 위한 감각유산 인코딩과 3가지 E의 기능

새로운 감각유산의 인코딩 기획에 있어서 가장 중요하게 고려되어야 할 것이 바로 감각적 자극의 '차별화'이다. 차별화는 감각유산의 감각적 자극에 '독특함'을 부여할 수 있으며, 감각유산 방문객의 체류시간을 연장시킬 수 있고, 수요발생시기를 다변화시킬 수 있으며, 신규 시장에 침투할 수 있는 기회를 제공한다. 또한 새롭고 이질적인 감각체험에 대한 이해를 도모시킬 수 있다. 감각유산의 차별화를 위해서는 감각적 자극에 3E를 인코딩하려는 의지와 고려가 무엇보다도 필요한데, 3E는 교육적인 흥미(Education), 즐거움의 배가(Entertainment), 환상적 흥분상태(Excitement)를 의미한다.

감각기관을 통한 체험 →	감각 마케팅
감정과 느낌을 통한 체험 →	감성 마케팅
창조적/인지적 사고를 통한 체험 →	인지 마케팅
신체, 행동, 생활양식을 통한 체험 →	행동 마케팅
준거집단, 문화접촉을 통한 체험 →	관계 마케팅

[그림 2] 전략적 체험모듈

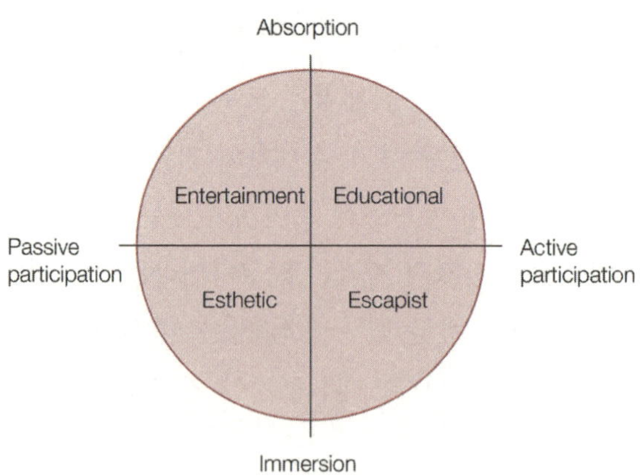

[그림 3] Pine과 Gilmore(1998)의 4가지 체험 영역

Gilmore & Pine(2002)은 체험을 활용한 환대(hospitality)산업의 차별화 전략을 제안하며 더 이상 서비스를 판매하는 것만으로는 부족하다고 강조했다. 그들은 체험을 개인의 참여 정도와 주위 환경과의 관계 등의 두 차원에 따라 엔터테인먼트 체험, 교육 체험, 현실도피 체험, 미적 체험의 4가지 영역으로 나누고 있다.

1) Education

감각유산을 기획하고 감각적 자극을 인코딩하는 데 있어 가장 먼저 고려해야 할 점은 방문객들에게 감각유산에 대한 이해를 도모할 수 있는 교육적 효과를 보여주는 것이다. 여기서 교육적 효과라 함은 진부하고 지루하며 딱딱한 내용을 담는 주입식 교육이 아니라 방문객의 상황과 아이덴티티에 맞춰진 상호작용성을 불러일으키는 사용자/감각적 자극 간의 의미 있는 인터페이스 역할을 하게 될 유용한 지식과 정보를 의미한다.

이미 앞절에서 언급한 내용 중 새로운 자극체험 동기와 몰입 간의 영향관계를 검증해 본 연구결과들을 보면, 추진요인(push factor) 중 '교육성'이 몰입을 설명하는 데 있어서 월등히 중요함을 알 수 있다. 체험적 가치가 큰 감각유산의 경우에 해당 자극의 소비가 갖는 의미 있는 교육성에 더 많은 관심을 가지게 하는 것은 감각유산 방문의 동기발생은 물론 감각유산 소비자의 내재적인 만족을 높이는 결과부분에도 중요한 내용이 된다. 따라서 감각유산 체험 인코딩에서 방문객의 몰입을 지속적으로 이끌어내기 위해서는 교육적인 부분에 무엇보다도 많은 비중을 두어 인코딩을 해야 한다. 감각유산 체험관광에 있어서 교육적 가치를 가지고 있는 참신한 감각유산을 인코딩한 감각유산 체험 프로그램을 개발한다면 충분히 감각유산 체험 관광객의 만족 · 감동을 결과시키는 디코딩을 유발해 낼 수 있다.

교육적 효과는 일반적으로 다양한 종류의 '해설기능'을 통하여 이루어지기도 하는데, 해당 감각유산의 특성 및 역사, 전해져 오는 이야기, 숨겨진 라이프스타일, 감동을 주는 스토리 등 전반적인 내용에 대하여 재미있고 유익하게 구성되어야 한다. 해설기능은 브로슈어나 책자 등으로 출판되어 일반 대중에게 널리 알려져 있는 경우도 있지만, 대체적으로 지역에서 오랫동안 살아온 주민에 의해서 구전으로 이루어지는 경우도 많다. 해설기능이 약하면, 감각유산 체험의 감동 전달이 약해질 수 있으며, 이러한 감각유산의 경우는 방문객의 기억에 오래 남지 못할 수도 있다. 소리와 맛과 시각적 감각유산 자극이 강한 오스트리아에서는 주민해설원 제도를 도입하고 있는데 사실적이고 순수한 해설의 전달을 통해 많은 방문객들에게 숨겨진 즐거움을 인코딩해 전달하고 또한 지역에 대한 이해를 돕는 데 큰 기여를 하고 있다.

현대에는 무엇보다도 방문객에 의한 자발적인 온라인 정보교환을 통해 몰랐던 새로운 지식과 정보를 접하는 것이 더 큰 의미를 갖게 되었다. 따라서 감각유산의 기획, 감각적 자극의 인코딩 단계에서부터 교육적 화제성을 염두에 두고 감각적 자극을 연출하는 것은 매우 중요하며 단순히 오락적인 즐거움 외에도 의미 있는 것을 알게 되었다고 하는 느낌을 줄 수 있도록 지식과 정보제공의 프레임을 전달해야 한다. 암흑식당의 원조 격인 파리시의 암흑식당이 단순히 암전상태의 어둠 속에서 식사하며 이색데이트를 한다는 즐거움 말고도 시각장애자들의 입장이 되어보는 감정이입의 체험에서 시작되었다는 것을 알게 되면 칠흑 같은 암전상태의 감각유산 체험을 하는 의미를 깨닫게 되어 방문객에게 좋은 변화를 가져오게 될 확률은 더 커진다.

2) Entertainment

새로운 자극체험 동기와 몰입 간의 영향관계를 검증해 보면 방문객들을 끌어당기는 유인요인(pull factor) 중 엔터테인먼트적 체험의 내용이 몰입에 크게 영향을 미친다는 점을 알게 된다. 즉 방문객 대부분이 거리가 멀고 교통이 다소 불편해도 즐거움을 체험하는 내용이 있으면 그것이 큰 유인력으로 작용하여 방문을 유발시키게 된다. 즐거움이란 본질이 그 무엇보다도 훨씬 중요하게 고려됨을 의미한다. 감각유산에 인코딩된 엔터테인먼트적 체험 내용과 방향이 감각유산 방문객 욕구를 충족시킬 만큼 만족스럽다면 감각유산의 잠재고객들은 기꺼이 방문할 의향을 밝힐 것이다.

결국 체험재이자 경험재라는 특징을 지니는 감각유산은 방문객들에게 다양한 경험과 체험을 제공해 줄 수 있도록 구성되어야 하는데 이러한 구성요소로써 갖추어야 할 덕목 중의 하나가 바로 즐거움을 배가시킬 수 있는 엔터테인먼트(Entertainment) 요소이다. 예를 들어 불친절을 체험하는 불친절 테마가 있는 홍콩의 테마 레스토랑의 경우는 고도의 친절에 익숙한 백인 고객들이 광동사람들이 내뿜는 특유의 퉁명스러움을 경험하러 온다. 마치 욕쟁이 할머니 맛집에 들러 할머니의 손맛과 욕맛을 동시에 경험하려는 심리와 다를 바가 없는데 여기서 중요한 것은 불친절을 경험하고 욕을 듣고도 즐겁다는 결과물이 나온다는 것이다. 방문객들에게 직간접적으로 재미와 즐거움 등을 유발시킬 수 있는 효과를 가져오는 것이 중요한 점은 감각유산 체험 방문객들이 일상에서 그다지 재미있고 즐거운 환경을 접하지 못하고 살아왔다는 이유 때문이다.

감각유산을 통한 감각적 자극 도입을 통해 새로운 유인력 창출에 성공한 한국민속촌에는 다양한 캐릭터들이 존재하여 방문객들에게 커다란 즐거움을 선사한다. 도도한 양반집 규수 콘셉트의 속촌아씨 캐릭터, 관상을 보고 위트 있는 이름을 지어주는 '작명가', 다른 캐릭터와 관람객에게 곤장을 치는 '나쁜 사또', 벨을 누르면 쫓아오는 '이놈 아저씨', 빈둥대는 '꽃거지', 비오는 날의 '광년이', 애교쟁이 '구미호', 끼 부리는 '기생', 거상 '부채 장사꾼', 야바위 '도깨비' 등등 다수의 개성 넘치는 캐릭터가 시즌마다 분장과 역할을 바꿔가며 마을 안을 돌아다녀 민속촌 전체에 활기를 불어넣고 방문객들에게 일상에서는 찾기 힘든 즐거움을 배가시켜 준다.

또한 민속촌에는 움직이는 캐릭터들도 많아서 관광객들에게 마치 숨어 있는 감각유산을 발견하는 것 같은 재미도 부여한다. 이는 방문객으로 하여금 색다른 재미를 부여한다. 또한 매년 고객을 대상으로 캐릭터 인기투표를 시행하여 수상한 직원을 발표하고 혜택을 주는데 이는 자체적인 엔터테인먼트 유인력 강화전략으로 볼 수 있다. 인기가 많은 캐릭터들은 직접 인스타그램 계정을 만들어 고객과 소통한다. 이들은 오디션을 통해 선발된 직원이며 은퇴 후에도 종종 민속촌을 방문하여 캐릭터 후배나 알아보는 사람들과 마주치는 보람을 느끼기도 한다. 캐릭터의 형성과정과 비밀스러운 부분을 대중에게 가감 없이 공개하는 것인데, 이조차도 엔터테인먼트의 요소로서 화제성과 호기심을 불러일으킨다.

엔터테인먼트(Entertainment) 요소를 감각유산에 인코딩시켜 방문객을 유치하는 사례로서 한류 열풍을 타고 한국 스타와의 만남을 목적으로 방한하는 동남아 및 중국, 일본의 단체 방문객들에게 드라마나 영화에 나왔던 감각유산을 경험시키는 경우가 그것이다. 이들은 드라마, 영화와 같은 영상매체를 통하여 알게 된 국내 스타들을 만날 수 있다는 특별한 경험 및 체험을 감각유산 체험과 함께하는 새로운 경험을 하게 되는 주요 시장이라고 볼 수 있다.

3) Excitement

일반적으로 방문객들이 구매하는 감각유산은 지역적, 국가적인 차이에 대하여 나타나는 상대적 차이를 경험하는 것이라 할 수 있는데, 방문객들은 방문하고자 하는 목적지가 자신들이 생활하는 공간과 별 차이가 없다면 그 지역이나 국가를 찾는 데 큰 의미를 갖지 못할 것이다. 환상적 흥분의 경우 문화적인 방식과 가치가 국가 또는 지역에 따라 다르게 나타날 때 결과되는 현상이다. 이러한 문화차이가 미치는 영향을 교차문화적 영향이라 하고 이것은 관광산업에 있어서 중요한 요인으로 작용하고 있다. 만약에 교차문화가 존재하지 않는다면, 다른 지역이나 다른 나라를 방문하려는 관광객 수는 지금보다 훨씬 더 줄어들게 될 것이다. 우리가 여행이나 관광을 하는 가장 큰 목적은 우리 주변에서 보지 못했던 새로운 것들을 보고, 듣고, 느끼기 위해서이다.

즉 상대적인 차이에 대한 경험을 통하여 흥미를 유발할 수 있는 감각유산을 개발해야 한다는 것을 의미하는 것으로 안동에 있는 김씨 종손 고택 지례예술촌의 경우 외국인에게 있어 안동 고유의 헛제사밥과 한국의 전통적인 한옥을 체험할 수 있는 흥미로운 장소가 될 수 있으며, 동대문의 야간 쇼핑 문화의 경우 번화함과 다양한 시각적 볼거리, 미각적 먹거리 등을 제공할 수 있는, 흥분을 유발하는 교차문화상품이라 볼 수 있다.

한류는 교차문화를 유인력의 근원으로 삼은 대표적인 사례로서 해외 시장이 큰 관심을 아직도 보내고 있는 대장금, 별에서 온 그대, 해를 품은 달, 성균관 스캔들, 육룡이 나르샤, 광해, 이산, 관상 등 다수 드라마·사극의 촬영지였던 한국민속촌은 한류시장을 위해 해당 드라마 포토존과 세트장을 개방해 운영하고 있다. 봄·가을 시즌에는 사극 의상체험 프로그램을 운영하여 한류고객뿐만 아니라 내국인 방문객의 몰입도를 높이고 있으며, 자체적으로 한복을 공수해 입고 오는 방문객에게는 할인제도를 시행한다.

이를 통해 고객 관여도를 끌어올리며 한국 고유의 감각성을 향상시키는 일거양득의 효과를 거두고 있다. 외국인에게는 한류에 대한 환상을 강화해 주는 더할 나위 없이 매력적인 감각유산 체험의 장이기 때문에 최근 한국민속촌의 소재지인 용인이 파주를 제치고 경기도 외국인 관광 1번지로 선정되는 데 큰 역할을 담당하였다(2017년 기준 110만 명, 문화체육관광부).

4. F4전략 인코딩

F4전략은 감각유산을 인코딩할 때 고려해야 할 점들을 4가지로 구분한 것인데 각 요소의 이니셜을 따서 F4전략이라 부르게 되었다. F4전략의 인코딩은 다음 〈표 1〉과 같은 내용으로 구성된다.

〈표 1〉 F4전략의 주요 내용

F4전략	
Feel	감각유산 방문객이 감성적인 인터페이스를 찾아내 성공적으로 느끼게 되는 감각적 자극의 느낌이 존재하는가.
Foot	걷고 즐길 수 있는 동선적인 요소가 기승전결의 흐름으로 연결성이 있는가.
Fun	즐거움을 가져다주는 재미의 요소가 들어 있는가.
Food	감각유산과 조화되는 지역고유의 음식이 미각으로 경험되는가.

1) Fun

감각유산은 소멸성이 있어서 보호하고 보존해야 할 취약한 감각적 자극이지만 소비자들의 관심과 사랑을 받으려면 재미의 요소가 인코딩되어야 함은 두말할 필요가 없는 고려사항이다. 재미를 주는 감각적 자극이어야 함을 인코딩시키는 경우를 Fun요소라 할 수 있다. 아무리 좋은 변화를 불러일으키는 감각유산이라 하여도 재미가 없으면 그 실효성은 떨어지고 화제성을 불러일으키지 못하며 재방문과 추천의사도 급감하게 되는 것이다. 한국민속촌의 경우는 이런 재미부여의 기본기를 충실히 지키며 재기에 성공한 경우다. 민속촌에 새로 등장한 7080 감성적 밀착형 체험의 문방구 앞에는 잉어엿 뽑기와 보글보글 오락기 등 어린 시절 묘한 승부욕을 자극했던 게임기가 설치되어 있다. 왁자지껄 골목길에 들어서면 느닷없이 담벼락에 놓인 폐연탄을 발로 차고 도망가는 관람객과 그를 쫓는 이놈아저씨 캐릭터의 추격전이 펼쳐진다. 대문에 붙어 있는 벨 누르고 도망가기도 새로운 유형의 타임머신형 재미체험/감각체험을 제공한다.

2) Feel

감각유산 방문객이 감성적인 인터페이스를 찾아내 성공적으로 느끼게 되는 감각적 자극의 느낌이 존재하여야 한다. 감각적 자극이 갖는 의미는 자유원소이론이나 시간지배의 이론처럼 감각을 접하고 난 후의 좋은 변화를 경험하는 과정의 느낌이라는 것이 분명히 존재하여야 한다. 그 느낌을 통해 실존감도 갖게 되고 교육적인 효과도 자각하게 된다. 이를 통해 자아존중감, 자아효능감, 자아통제감 등의 정신적으로 좋은 변화의 결과를 갖게 될 수 있다.

3) Foot

걷는다는 것을 연상시키는 Foot요소 인코딩은 꼭 발걸음에 의한 동선의 마련을 의미하는 것은 아니다. 걷는 주체인 사람이 경험하는 감각들이 만들어 내는 통로의 기승전결 과정을 의미한다고 볼 때 감각유산 인코딩에 주는 역할을 더 기대할 수 있다. 다양한 감각유산과 여행의 즐거움을 제공하는 요소들이 선적인 연결과 흐름으로 사용자에게 시간적 순서와 연계성을 갖고 나타날 수 있도록 하는 인코딩이 필요한 경우라 하겠다.

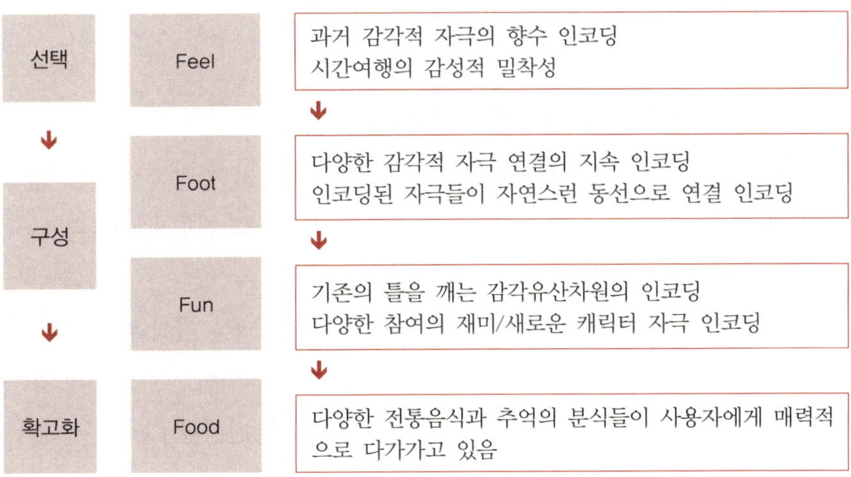

[그림 4] 한국민속촌의 F4전략 인코딩

4) Food

미각적 감각유산의 대표 격인 음식이 갖는 의미는 매우 크다. 중요한 것은 음식/미각의 집합과 분산, 혹은 개별 미각의 독특함과 상생집결의 수준인데, 미각자극들이 한곳에 모이거나 다양한 지점으로 흩어지는 묘미가 감각유산 인코딩을 통해 힘을 발휘하느냐가 관건이다.

변신에 성공하여 재기를 이룬 한국민속촌의 감각유산 인코딩의 내용을 F4 전략으로 풀어서 살펴보면 [그림 4]와 같다.

5. 감각유산 좋은 변화 치유요인의 인코딩

감각유산 치유는 힐링(Healing)인데 치유는 하이터치(High-Touch) 영역이다. 즉 감각유산과 관련된 인간의 환경적/심리적/사회적/문화적인 내용을 고려하여 영적인 감각유산 치유를 통해 인간 자체의 감각환생과 실존감 찾기에 초점을 두고 접하는 개념이라고 할 수 있다.

1) 감각유산 좋은 변화 체험의 인코딩

감각유산 체험에 의한 치유는 의학적 치료와는 달리 감각적 자극을 접하고 변화되는 개인의 심리적 안정과 신체의 건강을 통해 질병의 치료뿐 아니라 질병 예방과 스트레스 관리 및 건강증진을 도모할 수 있다는 의미를 갖는다. 이 같은 개인의 심리/심신적 좋은 변화의 치유효과는 감각유산 체험 치유기술을 개발하는 중요한 준거점이 될 수 있으며, 심리/심신적 치유의 효과성을 확보하여 감각유산 치유체험 기술의 인코딩을 진행할 수 있다.

〈표 2〉 감각유산 치유체험활동과 관련된 좋은 변화 프로그램 및 시설

구분	감각자극 유형	감각활동	감각유산 시설
감각유산 활동	후각/촉각/시각적 감각유산 체험	산림의 맑은 공기 흡입하기	체조시설, 삼림욕장, 산림욕로
		특수 향으로 방향욕	방향식물원
		식물촉감과 시각/후각 원예치료	방향식물원, 화훼원
	촉각/시각적 감각유산 체험	일광 흡입 태양배쓰	잔디광장 및 와상의자
		광천 스파체험, 용천수 체험	용천수탕
		강물 느끼기/바닷물에 몸 담그기	인근지역 활용, 해수탕
	시각적 감각유산 관찰	식물관찰	관찰로(산책로)
		야생조수관찰	관찰전망대
		별자리	관찰전망대
		곤충	수집소

〈표 3〉 감각유산 접목을 통한 치유요소 인코딩 프로그램

감각유산 구분	주요 세부 감각유산 프로그램
정취유산적 인코딩	치유 산책과 삼림욕, 가벼운 오침 및 휴식, 숲 가꾸기 체험
바람 촉각적 인코딩	용눈이오름에서의 풍욕 체험
수면을 통한 오감요법	피로회복을 위한 수면치료
색깔·향기 인코딩	색깔의 파장과 진동수 치유
물 접촉 감각유산 인코딩	용천수탕 오캐물에 냉천욕
	낙수를 이용한 음이온 체험
시각/촉각/후각 지압 인코딩	능선을 활용한 걷기 프로그램
미각 인코딩	고랭지 채소 식단 체험하기
촉각운동 인코딩	맨발산책, 신체수준별 체력단련시설, 흥미와 신체회복의 운동치료
명상용 정취유산 인코딩	숨비길 산책, 독립공간에서 명상 및 대화 숲속의 일출과 일몰 감상

〈표 4〉 해외 감각유산 치유센터별 특징 비교

감각유산 치유 인코딩 유형	해외 치유형 감각유산 센터/기술 보유수준	감각유산 치유효과 모니터링
리조트형 감각유산 치유 체험 기술개발	태국 치바쏨리조트 치유체험상품 재료, 명소, 프로그램을 통한 감각유산 치유센터, 감각유산 치유프로그램의 치유체험 특성화 및 브랜드화	감각유산 치유기술 보유한 치유 센터와 치유 프로그램의 활용 감각유산 치유의 유형별, 목적별 구체적인 기술 보유
전문 감각유산 치유체험 기술 진단도구 개발 및 효과측정가능	쿠바의 폴리클리니코 메디코 데 패밀리아 치유센터, 치유프로그램의 치유기능 효과 측정: HRV변화폭 + WSRI감소폭	HRV테스트와 WSRI 테스트 감각유산 치유욕구 측정도구를 패키징화
감각유산 치유체험 기술을 통한 치유여행 프로그램 개발 및 시범운영	일본 시나노마치 세라피기지 도출된 감각유산 치유 프로그램별로 대중성과 수익성, 치유효과성을 극대화하는 개발 및 운영 기술 보유	성인 치유 및 청소년 치유 · 창의체험 및 치유형 기업HRD 시장 감각유산 치유프로그램 감각유산 치유체험을 원하는 시장의 맞춤형 프로그램의 모델을 개발 · 보유

2) 감각유산 좋은 변화 인코딩 핵심요인

감각유산 치유체험 기술을 개발함에 있어 가장 중요한 요건은 개발된 기술이 트랜스포메이션 재화로서의 구체성을 띤 채로 좋은 변화 체험의 주체인 소비자들에게 얼마만큼 심신이 긍정적으로 호전되는지 그 실효성을 보일 수 있는가이다.

이때 특성화된 기술은 감각유산 서비스의 부분으로서 체험하고 소비되는 시설적 감각유산 특성과 재료가 무엇인지가 중요한 역할을 하게 된다. 즉 감각유산 체험의 내용이 손에 잡히는 구체적인 재료나 물리적인 환경으로 인식할 수 있는 여건을 구성하는 것이 감각유산의 좋은 변화를 위한 인코딩에 있어 핵심요인이 되는 것이다.

따라서 감각유산 치유체험 기술을 감각유산 치유재료 특성화 기술, 치유감각유산 명소 특성화 기술, 감각유산 체험프로그램 특성화기술로 세분화하여

각 기술파트별로 구체적인 감각유산 좋은 변화 치유 인코딩을 목표로 연구개발을 수행할 수 있다.

감각유산 치유는 의학적 치료와는 달리 개인의 심리적 안정과 휴식을 통해 질병의 치료뿐 아니라 질병 예방과 스트레스 관리 및 건강증진을 도모할 수 있다는 특징이자 장점이 있다.

감각유산 치유 재료 특성화 인코딩	좋은 변화 효과 인정된 지역 특산재료 발굴
좋은 변화 명소 특성화 시설 인코딩	좋은 변화 기술 보유한 치유센터의 활용
좋은 변화프로그램 특성화 인코딩	치유강화 프로그램의 선정 체험연결

[그림 5] 감각유산 치유체험 인코딩

〈표 5〉 감각유산 좋은 변화 관련 재료, 프로그램 및 시설

구분	감각유산 재료	감각유산 프로그램	감각유산 시설
감각유산 활동	산림/화훼재료 감각유산	산림정취유산, 향기유산	체조시설, 삼림욕장, 산림욕로
		향기유산 인코딩	방향식물원
		원예자극 감각유산	방향식물원, 화훼원
	음이온	음이온 자극	분수원, 노단분수원
		음이온 감각유산	화훼연못/분수대
	정취유산 인터페이스	명상 · 사색 인코딩	포켓공간
		수면 감각유산	해먹, 와상의자
		음악 치유 감각유산	숲속 감상실, 실내 감상실
	지형요법	산책 인코딩	자연산책로
	자연소재 감각유산 인코딩	식물자극 감각 인코딩	자연 관찰로/산책로
		야생조수관찰 시각유산	관찰전망대
		별자리 시각유산 인코딩	관찰전망대
		곤충 시각/촉각유산 인코딩	수집소

출처: 김기원(2004) 재구성.

이 같은 개인의 심리 · 심신적 치유효과는 감각유산의 좋은 변화를 위한 인코딩 기술을 개발하는 중요한 준거점이 될 수 있으며, 심리적 치유의 효과성을 확보하여 감각유산에 의한 좋은 변화 인코딩을 진행할 수 있다.

3) 감각유산 좋은 변화 세부 프로그램의 인코딩

감각유산 치유여행이라는 개념 자체가 관점에 따라서는 광범위한 경우가 될 수 있는 여지가 있다. 감각유산 치유여행을 위해 기존의 프로그램도 엄청난 수로 시행되고 있다. 따라서 어느 한쪽에 치우치지 않는 가장 보편적인 감각유산 치유 프로그램을 선정하여 시범 감각유산 운영에 적용할 수 있을 것이다(〈표 6〉 참조).

이미 국내에는 감각유산 치유유형별로 희망하는 치유프로그램을 선택하는 경우가 존재하므로 파일럿 프로그램을 시장유형별로 구분하여 장기적으로는 맞춤형 감각유산 치유 프로그램으로 정착될 수 있는 가능성을 분석할 수 있을 것이다.

〈표 6〉 감각유산 자극구분에 따른 인코딩

감각유산 자극 구분	주요 치유 인코딩
산림자극	숲 치유 감각유산, 숲 가꾸기 심리체험
기후자극	풍욕 치유, 냉온의 반복치유
수면자극	명상과 수면의 연결
색깔·향기자극	색깔의 파장과 아로마 치유
물자극	계곡수에 발을 담가 냉천욕, 제주 용천수 치유
	낙수를 이용한 음이온 치유
지형자극	능선을 활용한 정취유산 치유
미각자극	휴식을 겸한 먹거리 치유
근육신경자극	맨발산책, 신체수준별 체력단련시설, 흥미와 신체회복의 운동치유
명상치유	독립공간에서 명상 및 대화, 숲속의 일출과 일몰 감상

심리적 치유효과와 좋은 변화를 준거로 한 감각유산 치유 인코딩 유형

- 천연자원활용 치유시설(소금동굴힐링센터)
  소금동굴힐링센터의 미세한 소금입자를 마시면 호흡기 염증이 완화되고 불순물도 배출되며 각종 질병의 원인이 되는 체내의 활성산소를 제거시킬 뿐 아니라 심리적 안정까지 얻을 수 있다. 천식, 기관지염, 부비강염(축농증) 등의 호흡기 감염증과 알레르기성 비염, 꽃가루과민증, 알레르기성 피부염, 신경성 피부염, 습진, 아토피 등의 피부질환, 이명(귀울림), 편두통 등의 순환기질환, 근육통, 류머티즘, 3차 신경통, 불면증, 수면장애, 만성피로증후군, 스트레스 해소 등의 효과가 있는 것으로 알려져 있다.

- 감각유산 치유 리조트
  감각유산형 리조트 부지 내에 수백여 종의 수목과 야생화 군락지로 둘러싸여 숲에서 나오는 음이온, 피톤치드, 세로토닌 등과 같은 천연치료제를 통해 별도의 치유 프로그램 없이도 자연 속에서 몸과 마음이 스스로 정화되고 치유의 효과를 체험할 수 있는 환경이 조성되어 있는 리조트 유형의 치유시설을 말한다.

- '파워스팟' 치유 체험
  태백산 정상, 지리산 노고단 등 파워스팟의 건강하고 좋은 기를 받아 심신이 충전되고 정화되는 일종의 힐링 경험의 인코딩이다.

4) 감각유산 좋은 변화 체험을 통한 치유 인코딩 개발

(1) ADDIE모형에 기초한 치유프로그램 인코딩

감각유산 치유프로그램 전체 모델을 투입, 과정, 산출로 이어지는 일련의 순환과정으로 보고, 프로그램에 포함된 치유 콘텐츠 각각의 구성요소들 간의 상호작용을 통해 의도된 프로그램 목표하에 참여대상으로 하여금 가능한 최선의 참여결과를 성취할 수 있도록 하는 체계적 접근방법, ADDIE모형을 풀어서 제시하면 〈표 7〉과 같다.

〈표 7〉 ADDIE모형에 기초한 치유체험 인코딩

단 계	내 용	세부목표
분석 (Analyze)	감각유산 좋은 변화체험 인코딩 내용을 수요자, 환경, 과업에 맞게 정의	• 감각유산 좋은 변화 체험 참여자의 요구분석, 체험참가자 분석, 좋은 변화 체험 환경분석, 프로그램 과업분석이 이루어짐
설계 (Design)	감각유산 좋은 변화 체험 인코딩 방법론을 구체화하는 과정으로 수행목표를 진술하고 평가도구를 개발하며, 진행전략 및 매체 선정이 진행됨	• 프로그램 목표설정: 감각유산 치유체험 참가자의 신체적, 정신적, 사회적 상태를 고려하여, 요구 및 욕구의 우선순위로 함 • 인코딩 개발: 감각유산 좋은 변화 체험 인코딩 목표설정 후 요구도 충족을 위한 인코딩 개발(정신요법, 물요법, 운동요법, 지형요법, 산림요법, 식이요법) • 인코딩 편성: 감각유산 체험 참가자의 특성, 감각유산시설상황, 기후 및 환경조건을 고려하여 단기형, 중기형, 장기형으로 구분하여 편성함
개발 (Develop)	실제로 감각유산 좋은 변화 체험 인코딩 자료를 제작하는 과정으로 개발한 인코딩 교보재를 평가 및 수정하는 단계	• 운영매뉴얼: 감각유산 좋은 변화 체험 인코딩의 제목, 목표, 의도, 준비물, 활동(도입/전개/정리) 및 평가 등 일련과정에 대한 운영매뉴얼을 작성
실행 (Implement)	감각유산 좋은 변화 체험 인코딩을 실제로 현장상황에 적용하고 실행 및 유지 · 관리하는 단계	• 진행과 점검: 감각유산 좋은 변화 체험 인코딩이 운영메뉴얼에 맞게 진행되었는지를 확인하는 과정으로 운영내용, 현장상황, 개선점 등을 활동기록표로 작성하여 수정보완단계에 활용함 • 인코딩 평가: 참가자의 개선 및 회복과정을 객관적, 정량적으로 평가하기 위한 도구를 활용하여 참가자 직접서술 또는 관찰자 모니터링 방법으로 평가함
평가 (Evaluate)	총괄적으로 감각유산 좋은 변화 체험 인코딩의 적절성을 평가하는 단계	• 목표달성평가: 감각유산 좋은 변화 체험 인코딩 사전사후 평가 (Pre-Post Test)

(2) 감각유산 좋은 변화 체험 인코딩 개발 모델 사례: 정서치유 인코딩의 적용

■ 감각유산 인코딩의 목적

- 정서치유 인코딩의 구체적 방향을 자아에 대한 회복의 개념으로 규정하고 본 인코딩을 통해 참가자들이 자기존재의 잃어버림, 자기존재의 되돌아봄, 자기존재의 드러남, 자기존재의 채움, 자기존재의 새롭게 태어남의 과정을 거칠 수 있도록 구성한다.

■ 감각유산 좋은 변화 체험 인코딩 적용모델

- '살아 있는 생명체'에 대한 감각유산 좋은 변화 체험 치유의 특징은 감각기능과 정서능력을 되살리고 삶에 대한 희망과 의욕이 생기게 하고, '한가로운 공간 속의 여유 있는 감각유산 좋은 변화 체험시간'으로 인도하는 데 있다.
- 치유의 결과로 압박감이 풀리고 편안해지거나 자신을 새롭게 인식하게 한다. 결과적으로 생기는 '받아들임'의 특성은 타인을 포용하는 태도, 순응하는 삶 및 더불어 함께하는 삶에 대한 영적인 변화를 도모하는 것이다. 또한 '있는 그대로의 아름다움'에 대한 인정으로서의 치유의 특성은 자신 존재의 가치를 깨닫게 하는 영성을 회복하게 한다. 그 결과 자아존중감, 자아효능감, 자아통제감이 기저가 되는 좋은 변화의 결과를 달성할 수 있다.

6. 암흑식당(Dans le Noir): 교육/오락/흥미/흥분의 감각 인코딩 사례

프랑스 파리에 위치한 암흑식당 'Dans le Noir'는 코앞에 있는 자신의 손도 보이지 않을 정도의 어두운 상태에서 식사를 하는 레스토랑이고, 종업원은 모두 시각장애인이다. 인간은 정보의 80% 이상을 시각에서 받아들인다고 한다. 암흑식당 'Dans le Noir'는 이런 시각에 의존하는 우리의 사고에서 탈피하여 시각 외의 다른 감각을 강조한다.

또한 장애인은 무언가 정상인의 도움이 필요하고, 일반인은 장애인에게 도움을 주는 입장이라는 고정관념을 탈피하여, 그 반대로 역할이 뒤바뀐 체험을 하게 된다는 점에 주목하였다. 방문객들은 암흑식당에서 장애인 종업원의 도움 없이는 화장실도 가지 못하고, 식사도 제대로 하지 못한다.

런던에 본사를 두고 있는 'Dans le Noir'는 감각유산 체험마케팅과 감각마케팅을 이용해 감각유산을 정확히 인코딩한 사례이기도 하다. 사람들은 기능적 특징과 편익, 품질, 그리고 긍정적인 브랜드 이미지는 당연하다 여기며, 그 이상의 것을 기대한다. 자신의 감각에 특별히 호소하고 가슴에 와 닿는 감각적 체험을 원하는데. 'Dans le Noir'는 평소에 잘 쓰이지 않는 감각들을 예민하게 발동시켜 감각을 깨우는, 그래서 살아 있다는 실존감을 주는 엄청난 감각적 체험을 하게 해준다.

1) 암흑식당 감각유산 인코딩의 계기

인간에게 세상에 존재한다는 것 자체가 감각을 계속 탐색해 나가는 긴 여정이라 볼 수 있는데 우리의 감각은 이런 감각적 일상에 지극히 습관화되어 있다. 그래서 그것이 감각 탐색이나 감각적 반응이라 생각하지도 않고 당연하게, 그저 그렇게 매일을 산다. 이런 일상의 감각이 그대로인 상태에서, 인간의 지배적인 감각인 시각만 몇 시간 동안 암전 속에서 제 기능을 못하게 되면 청각, 촉각, 미각, 후각의 역할은 전혀 다른 역할과 기능을 하게 될 것이다. 파리에 있는 암흑식당 Dans le Noir는 이러한 감각유산 관련 가설에 포인트를 맞춰 Andreas Heineke(독일)나 Michel Reilhac(프랑스) 같은 연구자들이 어둠 속의 식당, 바, 촉각과 청각의 전시회, 예술 공연 등을 운영하고 개최해 봤던 경험을 바탕으로 운영을 시작했던 감각유산 레스토랑이다.

"Le gout du noir?"란 어둠 속의 정찬 인코딩을 개발한 Paul Guinot재단(프랑스의 두 번째 맹인협회)의 1999년 설립 후 프랑스에서 발전

↓

Michel Reilhac이 시각장애인을 포함한 두 신문기자가 진행하는 완벽한 어둠 속에서의 TV 쇼를 제작하는 데 영향

↓

Ethik 투자 + Paul Guinot 재단이 노동과정에 시각장애인을 포함시키는 것에 관심을 가지고 'Dans le Noir' 탄생시킴

↓

투자 회사의 목표는 기업의 이익을 의미 있고 유용한 목적에 재투자하기 위함
좋은 목적의 투자를 발전시키기 위해 개발 동기를 정립
장애에 대한 인식 개선이 주된 혁신적 활동

↓

2000년 스위스 취히리에 Blinde Kuh가 열리고 성공적으로 운영됨
독일 베른린에서 Unsicht-Bar가 시작됨

↓

2007년 런던 암흑식당이 만들어진 지 11년 경과
2018년 기준 현재 오클랜드, 파리, 바르셀로나, 마드리드, 생페테르부르그, 니체, 낭트에서 프랜차이즈로 운영되고 있음

주: 도덕적 투자란 뜻의 Ethik 투자는 사회적인 책임을 지는 공정무역, 협력자에 의해 경영되는 독립조직

[그림 6] 암흑식당 개발과정과 성과

2) 감각 인코딩 콘셉트

감각적 특이점 체험을 통해 믿을 수 없는 경험을 감각유산으로 판매하는 콘셉트는 완벽한 어둠 속에서 먹고 마시는 행위를 통해 고객의 감각을 일깨우는 상태로 진행해 나간다. 이런 특이 감각체험이 인코딩된 감각유산 레스토랑은 다음과 같은 단계를 거쳐 하나의 감각유산 브랜드로 자리 잡는다.

- 1단계 → 지배적인 시각적 감각의 상실과 그에 따른 압박감, 극도의 낯선 불편함에 의해 고객들은 이런 경험이 어색하게만 느껴진다.
- 2단계 → 시각장애자 직원들의 도움으로 메뉴를 선정하고 요리를 맛보고 없던 감각을 동원해서 어둠 속에서 제공된 맛과 향기와 질감을 세심하게 느끼며, 본인이 소비하고 있는 것의 실체는 과연 무엇인가를 추리하고 파악하는 과정을 통해 맛과 향의 감각적 관념을 완전히 재평가, 재구성하게 된다.
- 3단계 → 파리의 심장에 감각적 혁신과 결속을 경험하는 완전히 새로운 세계에 눈을 뜨고 관심을 갖게 된 사람들의 사교의 장소로 재탄생한다.

3) 감각 인코딩 팀

암흑식당이라는 독특한 감각유산은 어느 순간 갑자기 시장에 나타난 것은 아니다. 암흑식당 단스 르 누아르의 감각유산 인코딩은 파리, 런던, 뉴욕, 그리고 동경 등지에서 이미 어둠과 관련된 이벤트 마케팅을 해본 경험이 있는 어둠 속 이벤트 팀이 기획한 산물이라 할 수 있다.

Edouard de Broglie

무역관계단체와 Ethik투자의 회장
오락, 이벤트마케팅, 신기술, 의사소통 방면의 회사설립
Young & Rubicam, Havas 마케팅회사에서
15년간 마케팅 혁신과 도덕 경영의 컨설턴트를 함
2002년 Pearson지 "La marque face à l'éthique"
(도덕을 향한 마케팅)의 저자

Etienne Boisrond

파리, 뉴욕 맨해튼 은행 경제 분석가.
Y&R Asia and Europe 파리 Ogilvy and Y&R 회장

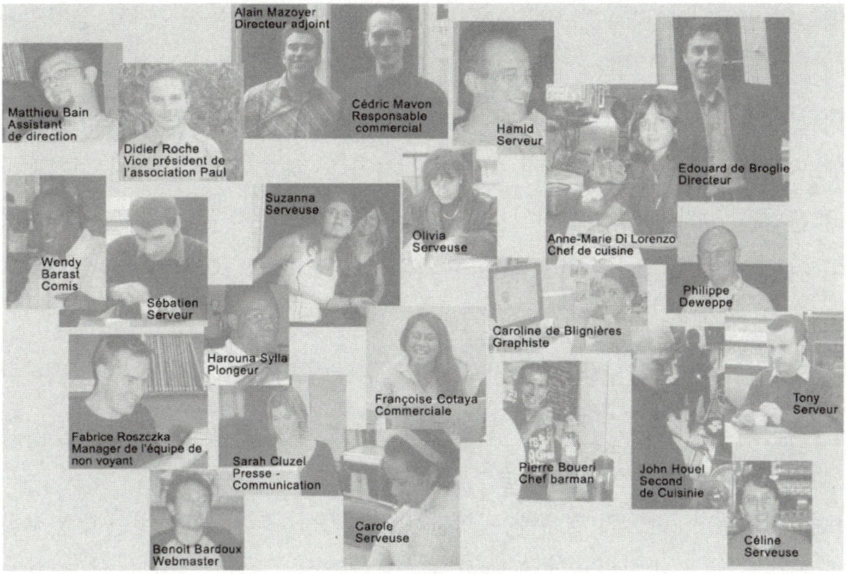

암흑식당 연출/기획팀

4) 감각유산 인코딩의 요소들

암흑식당 단스 르 누아르의 감각유산 인코딩은 Bar와 레스토랑으로 구분된 감각유산 환경으로 구분된다. 레스토랑은 식사 시작 45분 이후에는 입장이 불가하며 예약은 2달~3일 전에 가능하고 Bar는 예약을 받지 않는다. 시청, Beaubourg 현대미술박물관 옆으로 조용한 역사적 거리인 파리의 중심에 위치하고 공공교통의 주요 교차점에 놓여 있어 유명관광지로부터 접근성이 매우 좋다. 공공 주차장이 확보되어 있다. 매달 첫 일요일처럼 정기적으로 시각장애인 독서연합단체와 어둠 속의 독서 이벤트를 열기도 한다.

5) 인코딩 주요 동기와 프랜차이즈 여건/수익성

암흑식당 인코딩의 동기는 장애인의 노동 참여 선도와 함께 기존 기업의 이익을 장애관련 영리시설에 재투자하는 것이었다. 설립 후 투자발전을 위해

애초의 인코딩 동기를 견지했고, 장애인에 대한 편견을 불식시키고 장애인에 대해 입장 바꿔보기라는 주요 인코딩 동기를 유지하다 보니 사실 경영이익은 대단치 않아 스위스와 독일의 암흑식당이 문을 닫는 경우를 지켜보게 된다. 연도마다 달랐지만 60,000유로 이상의 적자가 난 해도 많았다. 흑자를 기대하고 운영을 하지만, 상업적인 시설이 아니라고 부인하지 못하니 공공재 성격이 아닌 경우의 감각유산 브랜드가 지속성을 보장받는다는 게 쉽지 않다는 것을 알 수 있다.

희망하는 타 국가나 도시에 프랜차이즈점을 받아들이려고 노력하고, 감각유산 인코딩 사업을 세계로 확장하면서 런던, 상파울루, 브뤼셀에 2005년에 개장하였다. 2007년에는 일본, 중국, 한국 등 아시아에도 진출하려는 프로젝트를 시도했다. 한국의 경우에는 프랜차이즈가 성사되지 않아 런던에 본부를 두고 있는 암흑식당과 별개의 사설 레스토랑들이 운영되고 있다. 단순 프랜차이즈 계약만으로는 'Dans le Noir'의 철학과 상표사용권 획득이 불가능하고 지역사회와의 관계 속에서 암흑식당 사업에 기여가능성이 높고 목표달성과 성취과정이 신속할 투자자에게 우선권을 주고 있다. 레스토랑의 일상적 경영을 포함하여 본사의 영업행위 지침을 엄격히 따라야 함은 물론이다. "Dans le Noir" 바, 레스토랑, 라운지의 설립은 지역적 특수 조건에 따라 조사단계에서 사업의 채산성을 살피고, 필수 투자, 경제 자료와 재무 예측을 포함한 조사 보고를 제공하도록 하고 있다. 암흑식당 상표와 서비스 허가는 9년의 권리와 서비스 설정 기간을 둔 다음 3년 갱신이 가능하도록 하고 있다.

6) 감각 콜라보 메뉴: 서프라이즈 인코딩

암흑식당은 와인 전문가인 소믈리에를 두어 음식메뉴와 와인의 페어링(paring)에까지 철저함을 기하고 있다. 2018년 기준으로 라팔 자렘바(Rafal Zaremba) 셰프의 진두지휘하에 서프라이즈(Surprise) 메뉴를 현지 재료를 중심으로 해서 향기감각과 미각이 조화를 이루는 독특한 조리기법으로 선보이고 있다. 책의 앞부분에서 여행을, 잃어버렸던 감각을 되찾는 과정이라고 정의내린 것처럼 암흑식당의 경우도 어둠이라는 매개환경을 통해 미각, 후각, 촉감을 되찾아주는 기회를 제공한다는 목표로 감각유산이 인코딩되고 있다.

Dans le Noir의 메뉴는 계절성에 충실하기 때문에 기본적으로 3개월마다 바뀐다. 만약 Dans le Noir를 방문해 본 경험이 있는 고객이라면 이전 방문 시 어떤 음식을 먹었는지를 미리 알려주면 전혀 다른 서프라이즈 메뉴를 다시 맛볼 수 있게 된다. Dans le Noir의 서프라이즈 메뉴는 기본적으로 4종류가 있다. 화이트 메뉴는 완전한 서프라이즈 메뉴로 생선, 갑각류나 독특한 육류를 재료로 하여 만든다. 레드 메뉴는 육류를 근간으로 한 서프라이즈 메뉴이다. 블루메뉴는 생선과 갑각류 중심의 부분 채식주의(pescatarian) 음식을 선보이는 서프라이즈 메뉴이다. 그린 메뉴는 완전한 채식주의자를 위한 메뉴를 선보인다. 테이블에 나온 메뉴를 알아내고 인식하기 위해선 코와 미뢰(taste buds: 미각세포가 몰려 있는 혀의 부위)와 손가락을 이용하는 것 외엔 다른 방도가 없다. 식사가 끝나면 불이 켜지고 자신이 먹은 음식이 무엇인지 알게 되는 순간이 온다. 어둠 속에서 음식을 먹으며 생각했던 재료와 메뉴에 대한 고객의 추측이 맞아 떨어졌는지에 대해 알게 되는 것은 물론, 맛있게 먹었던 메뉴가 자신이 혐오했던 식재료였다면 경악을 금치 못할 수도 있다. 특정 식재료에 알러지나 소화기계통에 문제가 있는 경우라면 메뉴 선택 시 스태프에게 미리 요청해 두면 어떤 문제도 발생하지 않도록 만전을 기하고 있다.

'Dans le Noir'의 'surprise' 메뉴는 사전정보의 부재로 음식이 무엇인지 알아내기 위해서는 손으로 더듬거나 냄새를 맡고 맛을 보면서 최대한 시각 외의 감각을 동원해야 한다. 이를 통해 음식의 근본적인 맛을 보게 할 뿐 아니라, 기대치 못한 맛의 세계로의 여행을 제공하며 한 차원 높은 감각적 자극의 플로(flow)에 빠지게 된다.

지금은 없어졌지만 스위스 암흑식당의 경우는 재즈 콘서트와 오리엔탈 집시 음악회 등 작은 음악회나 감각알기 코스를 병행하여 단순한 메뉴로 인한 미각의 단조로움을 음악회를 병행하여 어둠 속에서 예민해진 귀가 잡아내는 선율과 소리를 경험하게도 했다. 또한 개인의 파티를 열 공간으로 바가 있는 라운지를 140명 수용할 수 있는 개인의 이벤트를 위해 임대해, 어둡거나 조명이 있는 무대로 사용할 수 있게 했다. Bar뿐만 아니라 라운지만 (레스토랑은 제외) 단독으로 임대할 수도 있었다.

미국 암흑식당에서는 파티기획자 제로미 챠스케스의 기획으로 월드컵경기 중 골이 들어가면 옆 사람과 키스하듯이, 암흑식당 내의 어둠을 틈타 옆 사람에게 도둑키스를 하는 이벤트를 열기도 했다. 이 진행방식은 이 암흑식당에서 파티가 열릴 때 우연찮게 애인을 만드는 흥미로운 방법이다. 행사의 일부로 옆 사람에게 키스하는 키스타임을 제공하며 불이 켜지면 옆 사람을 확인하고 파티가 계속되다가 곧 마무리된다.

'Dans le Noir'의 큰 문제는 일회성 방문 경험에 그친다는 점이다. 고객데이터 활용을 통해 고객 충성도를 이끌어내는 것이 과제이다. 이벤트적 측면에서도 다른 업체와 같은 독특한 감각유산을 추가로 인코딩하여 감각적 아이디어를 접목해 새로운 수요에 대한 유인력을 창조해야 할 것이다.

7) 가격 인코딩

감각유산 가격 인코딩은 원가의 의미가 아닌 고객이 지각하는 가치를 인코딩하는 게 필요하다. 그러므로 고객이 지각하는 감각유산 가치가 유지되는 상태에서 고객 이탈이 없는 수준의 품질을 유지하여 경쟁우위 요인을 갖게 하는 인코딩 정책과 조율이 필요하다. 암흑식당의 가격은 2018년 기준 가장 간단한 코스메뉴의 경우 46유로이고 4종류 와인과 1종류의 샴페인 테이스팅을 할 수 있는 5가지 코스요리 메뉴가 99유로이다. 3종류의 치즈 테이스팅을 할 수 있는 12유로의 별도 메뉴도 선보이고 있다.

8) 내부마케팅

'Dans le Noir'의 직원들은 모두 시각 장애인들이다. 암흑식당의 감각유산 인코딩은 고객들을 위한 감각적 자극 인코딩도 있지만 그 고객들을 대하는 스태프들의 정신적인 결과물과도 연동된 인코딩이 작동된다. 종업원은 불편한 어둠 속에서 손님을 안심시키고 도와주는 일을 하면서 특히 만족감을 느낀다고 한다. 보통 일주일에 20시간 일하고, 도시에 따라 다르지만 한 달에 대략 950유로에서 1000유로를 받는다. 많은 월급은 아니지만 월급보다는 오히려 처음 만나는 알 수 없는 사람들을 격의 없이 친하게 대할 수 있다는 사실에 종업원들의 만족도가 높다고 한다. 암흑이라는 공통분모가 고객과 스태프들을 하나의 공동체로 만든 것이다. 감각유산을 통해 결과되는 사람과 사람의 공동체, 감각적 자극과 사람의 공동체, 자극 간의 공동체는 이미 앞장에서 언급하였던 인터페이스라는 단어와 함께 이해되고 인코딩되어야 하는 중요한 사안이 된다. 이는 다른 유형의 감각유산 인코딩의 경우에도 의미 있게 적용되는 시사점이라 하겠다. Dans le Noir는 매우 특이한 상황 속의 식사라는 불편한 진실을 극복하지 못하는 시장의 냉대 속에서도 갈수록 성업 중이어서 주말에는 150~220명의 손님이 방문하는 수준에 올라 앞으로 더 많은 스태프 인력이 요구되고 있다. 또한 런던 이외에도 브뤼셀까지 매장을 오픈할 예정이어서 시각 장애인의 고용은 앞으로도 계속될 것으로 보인다.

종업원 만족도가 고객의 만족으로 이어짐을 인식하고, 미리 앞선 종업원을 위한 인터페이스 인코딩이 필요하다. 장애인을 노동인력으로 활용함에 있어 주목받고 있는 만큼 업무 만족도뿐 아니라 급여 만족도도 높여 업무몰입 또한 유도해야 할 것이다.

참·고·문·헌

김근우(2004). 지역축제 방문동기가 만족도에 미치는 영향분석: 청도소싸움 축제를 중심으로. 관광학연구. 31(1): 405-420.

김기완·김남조(2007). 체험관광 구성 요인 분석: 서천군 금강 하구둑의 탐조관광객 중심으로. 관광연구. 22(2): 153-172.

김미경·이희찬(2007). 농촌관광 시장세분화와 수요결정요인 연구. 관광학연구. 31(3): 153-170.

김송희·장순용(2003). 대학생들의 여가동기와 몰입경험과의 관계에 관한 연구. 한국여가레크리에이션학회지. 25: 69-85.

김진술(2007). 자연치유의 학문체계와 그 개념정립에 관한 고찰, 서울장신대학교 석사학위논문.

김태혁(2009). 치유 디자인 개념을 적용한 욕실 공간 연구: 자연 이미지 디자인 연출이 뇌파에 미치는 영향을 중심으로. 경성대학교 석사학위논문.

노기배(2011). 로하스 소비양식이 로하스 소비목적과 소비행동에 미치는 영향. 숭실대학교 박사학위논문.

류인평(2010). 지역축제의 참여동기와 만족, 행동의도에 관한 연구: 고창청보리밭 축제를 중심으로. 관광연구. 25(3): 337-352.

박상현(2003). 관광지 웹사이트에서의 플로우(FLOW) 선행변수와 결과변수에 관한 연구. 관광·레저연구. 14(3): 229-247.

박석희(2005). 관광, 체험, 변화의 개념과 유형에 관한 철학적 천착. 농촌관광연구. 12(1): 17-49.

박영아(2011). 박물관의 정보기술 용이성, 상호작용, 즐거움이 방문객의 만족도 및 재방문에 미치는 구조적 영향관계에 관한 연구: 국립 중앙박물관을 중심으로. 관광학연구. 35(9): 183-202.

박유진·김재휘(2002). 여가정체성 현출성에 따라 여가경험이 여가 및 생활만족에 미치는 영향. 한국심리학회지. 21(2): 141-161.

박일우·이태희(2011). 전라북도 체험 가치의 성공화 전략을 위한 러브마크 모니터링 항목도출. 한국사진지리학회지. 21(2): 17-32.

박종희(2009). 치유메카 경주. 경주연구. 18(2): 71-89.

박종희·권영미(2009). 트랜스포메이션 경제시대에 있어서 힐링의 관광 상품화 가능성에 대한 연구. 관광레저연구. 21(2): 357-374.

박준범(2011). 지역축제 참가동기 집단 유형에 따른 만족 및 행동의도 영향관계 연구: 2010 세계대백제전을 중심으로. 관광경영연구. 46: 43-64.

박한식(2004). 모험관광 경험에 따른 플로우(flow) 변수 차이 검증: 최초방문자와 재방문자를 중심으로. 관광연구논총. 16: 217-232.

박한식 · 김남조(2008). 모험관광객의 플로우(flow) 경험구조: 래프팅 참여자를 중심으로. 관광연구. 23(1): 191-207.

변수녀 · 최병길(2007). 관광의 동기, 만족 및 관광지 충성도간의 관계 구조모델: 제주 휴양관광객 대상. 관광 · 레저연구. 19(3): 29-48.

서경현 · 양승애(2010). 심리적 스트레스 반응과 주관적 웰빙에 대한 자기애와 자존감의 역할. 한국심리학회. 15(4): 653-671.

서한서(2008). 한국 사회의 웰빙 소비 현상 연구. 한양대학교 석사학위논문.

성현선 · 임재국(2008). 지역축제 서비스품질이 방문객의 감정, 만족 및 행동의도에 미치는 영향: 풍기인삼축제를 중심으로. 호텔경영학연구. 17(4): 247-263.

성현선 · 최현규 · 임재국(2006). 지역축제 방문객의 참여동기와 만족 및 행동의도에 관한 연구. 서비스경영학회지. 7(4): 201-223.

송광인(2006). 농촌관광의 방향성에 관한 연구. 사회과학논총. 22: 111-126.

송대효(2005). 농촌관광의 추진요인과 유인요인 측정. 농촌관광연구. 12(2): 117-144.

양정하(2005). 한국에서의 내적치유운동에 대한 연구. 고신대학교 석사학위논문.

양제연 · 이태희(2011). 재방문 여부에 따른 동남아시아 리조트 선택속성 IPA 평가에 관한 연구. 한국사진지리학회지. 21(2): 159-172.

오민재(2006). 드라마 촬영지 관광객의 이미지에 따른 관광동기 유형별 포지셔닝연구. 경희대학교 박사학위논문.

오상훈 · 송재호 · 이성은(2008). 지역축제 참가자의 플로우 체험에 대한 탐색적 연구: 용연야범재현축제를 대상으로. 탐라문화. 34: 219-255.

오은택(2011). 건강운동 참여가 체력수준과 건강위기감 및 건강증진행위에 미치는 효과. 중앙대학교 박사학위논문.

오정근(2008). 축제의 체험속성과 환경단서가 방문객 만족에 미치는 영향: 체험형축제와 관람형축제의 비교분석을 중심으로. 관광학연구. 32(4): 301-324.

유재경(2006). 한류(韓流)관광객의 몰입(flow) 결정요인에 관한 연구: TV드라마 촬영지 중심으로. 경희대학교 박사학위논문.

유재경(2007). 몰입(Flow)경험이 만족도에 미치는 영향: 드라마촬영지 관광객을 중심으로. 관광연구저널. 21(1): 389-400.

유철우 · 최영찬(2009). 인터넷 쇼핑몰에서 충성도와 동일시, 지각된 즐거움, 신뢰, 상호작용의 구조적 관계에 관한 연구. e-비즈니스연구. 10(3): 3-24.
윤설민 · 정희진(2012). 플로우 경험의 구성요소, 만족도, 그리고 행동의도 간 구조적 관계: 템플스테이 방문객을 중심으로. 관광연구. 26(6): 227-246.
이범재(2009). 축제 방문객의 체험동기와 프로그램의 체험몰입, 축제성과 간의 영향관계. 세종대학교 박사학위논문.
이상덕 · 전민주(2004). 모험 스포츠 참여 동기가 몰입경험 및 자아성취감에 미치는 인과 관계. 한국스포츠리서치. 15(4): 343-352.
이선정(2004). 대구약령시축제의 매력속성이 방문자만족과 재방문 및 추천의도에 미치는 영향. 계명대학교 석사학위논문.
이태정(2004). 몰입 경험이 진로 태도 성숙 및 진로 결정 효능감에 미치는 영향. 홍익대학교 박사학위논문.
이태희(2013). 지역관광을 살리는 새로운 시각:지역 감각유산의 관리. 한국관광정책. 제54호: 31-38
이태희(2011a). 러브마크감성행동론. 서울: 새로미.
이태희(2011b). 축제러브마크화전략론. 서울: 한올출판사.
이태희(2014). 감성소비행동분석론. 백산출판사.
이태희 · 김흥렬 · 윤설민(2009). 테마파크 방문에 대한 플로우 구성개념 간 영향관계 및 특성에 관한 연구. 서비스경영학회지. 10(4): 143-171.
이태희 · 유재경(2009). 몰입경험구조 결정 요인연구: 한류 브랜드 몰입경험을 중심으로. 국제지역연구. 13(3): 461-480.
이태희 · 정민채(2011). 역사 · 관광학적 관점을 통한 강화도 전적지에 관한 연구: 병인양요, 신미양요, 운양호 사건을 중심으로. 한국사진지리학회지. 16(1): 47-59.
이한구(2011). 중년 남성의 라이프스타일에 따른 건강증진행위에 관한 연구. 대구한의대학교 박사학위논문.
이형룡 · 이보미(2008). 온라인 여행상품 구매의도에 관한 연구: 전형성, 관여도, 플로우 개념을 중심으로. 관광연구. 23(2): 283-304.
임완숙(2009). DISC행동유형과 건강증진행위 및 건강상태와의 관계. 경희대학교 석사학위논문.
장미숙(2010). 여성의 외모관리와 체형관리가 자기효능감과 자아존중감에 미치는 영향. 대구한의대학교 박사학위논문.
전영옥(2005). 웰빙 문화의 등장과 향후 전망. 삼성경제연구소.

정은주 · 박수정 · 윤채빈(2009). 스노보드 참여자의 장소애호도 결정요인 탐구. 한국여성체육학회지. 23(4): 185-196.

조태영 · 서태양(2009). 안동 하회마을 문화관광체험이 관광만족과 행동의도에 미치는 영향. 한국콘텐츠학회논문지. 9(7): 361-370.

지주은 · 김소영(2009). 뮤지컬 관객의 플로우(flow)경험 구조모델에 관한 연구. 문화경제연구. 12(2): 87-114.

최성범 · 김호순(2009). 해양레저스포츠 참가자의 재미, 몰입경험, 참가 후 지속 행동의 관계. 한국여가레크리에이션학회지. 33(2): 189-199.

최용길 · 최동춘 · 이성수(2007). 온라인 커뮤니티의 상호작용성 구성요인이 관계 품질과 고객충성도에 미치는 영향에 관한 연구. 품질경영학회지. 35(4): 123-139.

최윤택 · 장영대(2006). 모험스포츠 참가와 운동정서의 관계. 한국스포츠리서치. 17(3): 199-206.

최창환(2005). 성인의 건강지향태도와 건강통제행위가 건강증진행위에 미치는 영향. 조선대학교 박사학위논문.

최환진(2000). 웹사이트의 상호작용성을 중심으로 본 인터넷광고의 효과과정. 광고연구. 47: 61-89.

케이와이엠(2012). 광치자연휴양림 힐링프로그램 개발.

하유진(2006). 자아 존중감 및 내외 통제성과 심리적 안녕감의 관계: 20, 30대 성인 남녀를 중심으로. 연세대학교 석사학위논문.

하지연(2004). 직장인의 자아개념과 여가스포츠활동 관여도 및 참여정도의 관계, 한국체육학회. 43(6): 845-862.

하지연(2005). 직장인의 여가활동유형과 자아개념, 여가태도 및 여가활동 관여도의 관계. 한국체육학회. 44(3): 721-734.

한국녹색문화재단(2010). 산림기반형 현대문명병치유상품개발.

한국녹색문화재단(2010). 알콜의존자를 위한 숲치유프로그램 개발 및 효과연구.

허승은(2009). 스노보더의 여가활동 참여동기에 따른 각성추구 성향분석. 한국여가레크리에이션학회지. 33(4): 127-134.

Gursoy, D., Chi, C. G., & Dyer, P.(2010), Locals' attitudes toward mass and alternative tourism: The case of Sunshine Coast, Australia. Journal of Travel Research. 49(3): 381-394.

Ahn, T., Ryu, S., & Han, I.(2007). The impact of Web quality and playfulness on user acceptance of online retailing. Information & Management. 44(3): 263-275.

Davis, R., & Sajtos, L.(2008). Conceptualizing and measuring consumer interactivity in response to campaigns-coupling the mobile and television media. Journal of Advertising Research. 48(3): 375-391.

Davis, R., & Wong, D.(2007). Conceptualizing and measuring the optimal experience of the eLearning environment. Decision Sciences Journal of Innovative Education. 5(1): 97-126.

Ding, D. X., Hu, P. J. H., Verma, R., & Wardell, D. G.(2010). The impact of service system design and flow experience on customer satisfaction in online financial services. Journal of Service Research. 13(1): 96-110.

Fiore, A. M., Niehm, L., Oh, H. M., Jeong, M. Y., & Hausafus, C.(2007). Experience economy strategies: Adding value to small rural businesses. Journal of Extension. Vol. 45. No. 2. Article number 21AW4: 1-13.

Francis Macnutt(1992). The Power to Heal. 1st edition. Ave Maria Press.

Francis Macnutt(1992). The Power to Heal. 1st edition. Ave Maria Press.

Gibson, S.(2005). The hospitality industry: Hostility and inhospitableness in Britain. Conference Abstracts, Mobilising hospitality: The ethics of social relations in a mobile world. Lancaster University.

Jeong, S. W., Fiore, A. M., Niehm, L. S., & Lorenz, F. O.(2009). The role of experiential value in online shopping: The impacts of product presentation on consumer responses towards an apparel web site. Internet Research. 19(1): 105-124.

John Wimber, and Kevin Springer(1991). Power Points. Harper Collins.

Johnson, G. J., Bruner II, G. C., & Kumar, A.(2006). Interactivity and its facets revisited. Journal of Advertising. 35(4): 35-52.

Jones, M. A., Reynolds, K. E., & Arnold, M. J.(2006). Hedonic and utilitarian shopping value: Investigating differential effects on retail outcomes. Journal of Business Research. 59(9): 974-981.

Jurowski, C.(2009). An examination of the four realms of tourism experience theory. International CHRIE Conference-Refereed Track. Paper 23(July 29 2009). http://scholarworks.umass.edu/refereed/Sessions/Wednesday/23

Lin, C. S., Wu, S., & Tsai, R. J.(2005). Integrating perceived playfulness into expectation-confirmation model for web portal context. Information & Management. 42(5): 683-693.

Lin, K. M., Chang, C. M., Lin, Z. P., Tseng, M. L., & Lan, M. L.(2009). Application of experiential marketing strategy to identify factors affecting guests' leisure behaviour in Taiwan hot-spring hotel. WSEAS Transactions on Business and Economics. 5(6): 229-240.

Melinda Davis(2002). The New Culture of Desire: The Pleasure Imperative Transforming Your Business and Your Life. 1st edition. Free Press.

Pine, B. J., II & Gilmore, J. H. (1998). Welcome to the experience economy. Harvard Review, July-August: 97-105.

________________(1999). The experience economy: Work is theatre and every business a stage. Boston, MA: Harvard Business School Press.

Ryu, K., Han, H., & Jang, S.(2010). Relationships among hedonic and utilitarian values, satisfaction and behavioral intentions in the fast-casual restaurant industry. International Journal of Contemporary Hospitality Management. 22(3): 416-432.

Ryu, K., Han, H., & Kim, T. H.(2008). The relationships among overall quick-casual restaurant image, perceived value, customer satisfaction, and behavioral intentions. International Journal of Hospitality Management. 27(3): 459-469.

Schlosser, A.(2000). Harnessing the power of interactivity: Implications for consumer behavior in online environments. Advances in Consumer Research. 27(1): 79.

강원일보, 2005.07.01.
뉴스메이커, 2005.07.08.
주간한국, 2002.11.22.
한국경제신문, 2003.01.30.
edaily, 2003.07.30.

http://blog.empas.com/march3047
http://blog.naver.com/fire2007
http://blog.naver.com/meetnet
www.aanr.com

www.castawaystravel.com
www.paradiselakes.com

감각유산 브랜드 포트폴리오 제10장

브랜드 포트폴리오란, 일반적으로 기업 또는 그룹 내에 존재하는 브랜드 간의 역학관계, 즉 기업 수익성 차원, 브랜드 이미지 차원에서 브랜드 간의 관계를 검토하는 것을 의미한다. 예를 들어 제주도의 경우 올레길, 용눈이 오름, 김영갑 갤러리, 성산일출봉, 오설록 박물관 등 제주도 내 감각유산 브랜드 간의 역학관계를 분석하여 브랜드의 체계, 브랜드 시스템 및 시스템의 효율성 등 브랜드를 구성하고 있는 다양한 감각유산의 속성들을 향후 어떻게 배치하는 것이 효율적인가에 대하여 살펴보는 것을 의미한다.

제10장 감각유산 브랜드 포토폴리오

I. 감각유산 브랜드 포트폴리오의 개념

1) 브랜드 포트폴리오의 개념

브랜드 포트폴리오란, 일반적으로 기업 또는 그룹 내에 존재하는 브랜드 간의 역학관계, 즉 기업 수익성 차원, 브랜드 이미지 차원에서 브랜드 간의 관계를 검토하는 것을 의미한다. 예를 들어 제주도의 경우 올레길, 용눈이 오름, 김영갑 갤러리, 성산일출봉, 오설록 박물관 등 제주도 내 감각유산 브랜드 간의 역학관계를 분석하여 브랜드의 체계, 브랜드 시스템 및 시스템의 효율성 등 브랜드를 구성하고 있는 다양한 감각유산의 속성들을 향후 어떻게 배치하는 것이 효율적인가에 대하여 살펴보는 것을 의미한다.

2) 브랜드 포트폴리오의 목적

감각유산 브랜드 포트폴리오는 다음과 같은 목적을 지니고 실시하게 된다.

첫째, 기업(국가, 지역 등) 또는 공동 브랜드(Umbrella Brand)의 영속성을 확보하기 위하여 실시한다.

둘째, 특정 마켓(Market)에서의 마켓리더(Market Leader)의 역할과 지분을 유지하기 위하여 실시한다.

셋째, 감각유산 브랜드 간의 시너지 효과(Synergy Impact)의 극대화를 위하여 실시한다.

넷째, 보다 강력한 감각유산 브랜드 파워 구축을 마련하기 위하여 실시한다.

다섯째, 감각유산 자원 배분의 효율성을 극대화시키고 경영상의 위험(Risk Management)을 감소시키기 위하여 실시한다.

3) 감각유산 브랜드 포트폴리오 구축을 위한 선행 요건

성공적인 감각유산 브랜드 포트폴리오 구축을 위해서는 다음과 같은 선행 요건을 고려하여야 한다.

첫째, 브랜드 포트폴리오를 통해 구체적인 감각유산 경영의 방향과 비전(Vision), 이미지 등의 목표를 설정하여야 한다.

둘째, 해당되는 감각유산 카테고리(Category)의 특성을 정확히 파악하여야 한다. 예를 들어, 공공재적 성격의 감각유산과 상업적으로 구축된 감각유산 브랜드의 브랜드 가치는 다르기 때문에 이러한 두 카테고리 간의 특성차이를 정확히 이해하여야만 브랜드 포트폴리오의 목표를 달성할 수 있다.

셋째, 감각유산의 브랜드 그룹화(Brand Grouping), 요소 통합, 브랜드 분할, 분리, 아이덴티티 강화, 리포지셔닝 등의 실천적 작업을 위한 감각유산 브랜드 포트폴리오 평가 시스템을 구축하여야 한다.

넷째, 브랜드 중심의 감각유산 조직 설계를 위하여 감각유산 브랜드 경영(Brand Management) 시스템을 구축하여야 한다.

다섯째, 브랜드 포트폴리오를 전담하여 기획 · 관리할 수 있는 감각유산 브랜드 전략가를 양성하여야 한다.

2. 감각유산 브랜드 포트폴리오의 구축

1) 감각유산 브랜드 포트폴리오 구축의 어려움

(1) 감각유산 브랜드 자산의 가치 측정에 대한 어려움

감각유산 브랜드는 소멸성 혹은 공공재적 성격의 개입으로 명확한 자산가치 측정에 대한 기준 설정이 어렵기 때문에 정확한 가치의 측정이 어렵다.

(2) 감각유산을 브랜드라고 인식하지 않는 편견의 존재

감각유산의 경우 기존에 없던 새로운 개념의 브랜드이다 보니 브랜드로 받아들여지기 쉽지 않은 경우의 수가 많은 게 현실이다. 그러나 감각유산의 지속가능성을 위해서는 감각유산도 브랜드로 다루어지고 그 브랜드들이 모여서 체계와 시스템을 구축한다면 감각유산이 속한 지역이나 국가의 매력도는 훨씬 높아질 것이다.

(3) 감각유산 브랜드를 구성하는 브랜드 집합의 정의가 어려움

일반 여행상품의 브랜드 집합처럼 감각유산 브랜드를 구성하는 브랜드 집합을 정의하거나 브랜드 간의 관계를 설명하는 데 어려움이 있다. 그러나 이 역시도 여타 관광브랜드와 마찬가지로 접근하면 그 해법은 쉽게 도출될 것이다.

2) 감각유산 브랜드 포트폴리오 구축 시 선행 요건

(1) 구체적이고 명확한 감각유산 감각자극의 범주화

방문객들이 접하는 감각유산의 범위는 이미 앞의 장들에서 다룬 것처럼 매우 다양하게 정의될 수 있기 때문에 구체적이고 명확하게 감각유산의 감각적 자극의 범위를 한정하여 정의해야 한다.

(2) 감각유산의 특성을 파악

감각유산을 브랜드화하기 위한 감각유산 상품의 특성을 정확히 파악하여야 한다. 즉 유형의 상품인지 무형의 상품인지를 정확히 파악하여야 하며, 감각유산이 지니는 혜택과 장점 등을 정확히 이해하여야 한다.

(3) 전략적인 감각유산 조직의 구성

지자체, 중앙정부, 지역주민, 기업의 긴밀한 협력을 통하여 목표 달성을 위한 전략적인 감각유산 조직과 운영 시스템을 구성하여야 한다.

(4) 감각유산 평가시스템의 구축과 전문가의 양성

지속적인 보완과 구체적인 계획 및 전략을 수립하기 위하여 감각유산 평가시스템을 구축하여 적시적소에 감각유산과 관련하여 필요한 정보를 보완할 수 있어야 하며, 이러한 시스템을 관리 감독할 수 있는 전문가를 양성해야 한다.

3) 감각유산 브랜드 포트폴리오를 위한 공동마케팅

감각유산은 혼자서는 판매되지 못하는 한계를 지니고 있다. 즉 여행사, 운송 관리 기업, 숙박업, 요식업 등과 연계되어 있어 이러한 다양한 주체와의 연계를 통하여 하나의 감각유산이 판매되고 소비되는 것이다. 또한 감각유산을 판매하는 감각유산 업체들은 대부분 영세하고 소규모로 운영되는 경우도 있기 때문에 강력한 브랜드 파워를 구축하기 위해서는 관련 산업과 업체 간의 협력이 필요하다. 즉 감각유산 업체 간의 협력이란 곧 '공동마케팅'을 의미하며, 감각유산은 서로 파급되는 효과가 높은 분야와 산업이므로 공동마케팅을 통하여 브랜드 간의 시너지(Synergy) 효과를 높일 수 있다.

감각유산브랜드란, 결국 총체적인 지역 감각유산이나 국가 감각유산 브랜드 이미지를 형성하는 데 목적이 있으므로, 이러한 종합적인 감각유산 브랜드 형성을 위해서는 감각유산과 관련한 다양한 주체들의 협력하에 공동마케팅이 이루어져야 가능하다.

3. 감각유산 브랜드 포트폴리오 관리

1) 감각유산 브랜드 포트폴리오 관리

감각유산 브랜드 포트폴리오 관리 전략의 주요 내용을 살펴보면 먼저, 경영에 있어서 주요경영(Primary Management) 전략과 세부경영(Secondary Management) 전략으로 구분하여야 하며, 신흥시장(Emerging Management)을 위한 경영전략 또한 마련해 두어야 한다.

또한 주요 경영전략을 중심으로 시장별 감각유산 방문객유치 전략(Yield Strategies)과 함께 감각유산 시장의 성장유도 및 시장 성장 전략(Volume Strategies)을 구체적이고 명확하게 설정하여야 하며, 마지막으로 감각유산 목표시장(Target Market)을 주요 시장(Primary Market)과 2차 시장(Secondary Market)으로 분할하여 각 시장에 따른 세부적인 감각유산 경영전략(Secondary Management)을 실행하여 목표한 바를 성취하도록 노력해야 한다.

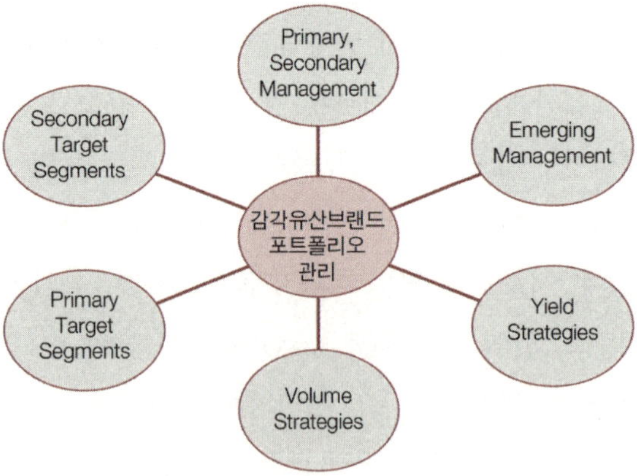

[그림 1] 감각유산 브랜드 포트폴리오 관리

2) 감각유산 브랜드 포트폴리오와 계층구조 관리

(1) 브랜드 차이(GAP)를 이용한 계층화

감각유산 포트폴리오 내 감각유산별 차이(GAP)를 이용한 계층화란, 감각유산 간 최소한의 겹침을 허용하여 최대 시장을 포괄하는 것을 의미한다. 특정 자동차 브랜드 시리즈 3, 5, 7의 구분은 하위시리즈에서 상위시리즈 브랜드 개념을 명확히 구분하여, 그에 따라 상품을 구매하는 시장의 계층을 구분하는 GAP 전략의 사례라 할 수 있다. 감각유산의 계층화는 마치 항공사의 좌석을 이코노미석, 비즈니스석, 일등석으로 구분하여 시장을 계층화한 것처럼 기획/연출 시에 브랜드 계층구분을 통해 감각유산 시장을 함께 계층화하는 전략이 필요하다.

(2) 감각유산 브랜드 품질/가격의 논리적 순서와 계층화

감각유산 가격은 고객이 제품의 가치를 측정하는 가장 기본적이고 대표적인 기준이라 할 수 있다. 즉 감각유산 품질의 수준을 가격으로 사전에 구분할 수 있거나 예측할 수 있다는 의미로, 호텔에서 일반 객실/디럭스 객실/이그제큐티브 객실 등의 가격구분을 통해 서비스와 시설의 차이를 두는 사례처럼 감각유산 고객은 사전에 그 감각유산을 이용해 보지 않았어도, 가격에 의한 구분만으로 감각유산의 품질을 어느 정도 예측할 수 있다.

(3) 주니어(Junior)와 시니어(Senior) 개념

예비시장(Junior)이 현시수요확보시장(Senior)의 수준을 수용할 수 있는 계층이 되었을 때, 시니어 브랜드(Senior Brand)로 바로 연결될 수 있도록 브랜드를 연습시켜야 한다. 다시 말해서, 현재의 브랜드에 대한 가치를 수용하는 계층이 충분히 확보되었을 때, 즉 쥬니어 계층이 시니어 계층으로서 충분히 성장하였을 때, 이러한 계층들에게 차기 브랜드를 선보여 브랜드 가치 수준을 지속적으로 높이는 것을 의미한다.

4. 감각유산 브랜드 가치 측정

1) 브랜드 자산의 정의와 의미

브랜드 자산이란, '소비자가 인지하는 브랜드에 대한 지식'이라 정의할 수 있는데, 이는 '브랜드의 이름 및 상징을 통해 나타나는 자산과 부채의 총체 또는 한 브랜드에 대하여 고객이 인정하는 재무적인 의미의 정도'라 할 수 있다. 다른 의미에서 브랜드 자산이란, '소비자들이 갖는 신뢰/관계의 차이 정도가 경쟁우위의 수준으로 평가되어져 경쟁 브랜드와 비교 대상이 되는 것'을 의미한다.

이러한 브랜드 자산은 특정 브랜드를 구매하도록 소비자들의 의사결정에 매우 큰 영향을 미치기 때문에 특정 브랜드의 마케팅 전략을 개발하는 데 있어 매우 중요한 요소로 작용하고 있다. 또한 브랜드는 기업의 가치를 측정하는 가장 중요한 요소로 인정되면서 브랜드 가치를 높이기 위하여 치열한 경쟁을 하게 된다.

2) 감각유산 브랜드 가치를 측정하는 방법

(1) 브랜드를 기준으로 한 '비교평가법'

'비교평가법'은 동일한 상황에서 제시된 경쟁 브랜드만을 보고 소비자들이 판단하는 방법으로 마케팅에서 기본적으로 사용하고 있는 4Ps(Product, Price, Place, Promotion)를 같은 기준으로 설정했을 때, 브랜드만을 비교대상으로 하여 소비자들이 선택하는 수준을 보고 브랜드의 가치를 평가하는 방법이다.

(2) 마케팅을 기준으로 한 '비교평가법'

경쟁브랜드들을 놓고 마케팅프로그램을 변화시켰을 때, 소비자들이 반응하는 것으로 감각유산 브랜드의 가치를 평가하는 방법이다. 즉 경쟁브랜드들을 놓고 가격이나 프로모션, 유통전략 등의 마케팅 전략을 변화시켰을 때 소비자들이 어떠한 브랜드를 선택하는가를 살펴보는 방법이라 할 수 있다.

(3) 컨조인트 분석(Conjoint Analysis)

컨조인트 분석(Conjoint Analysis)이란, 브랜드가 지니는 여러 속성(가격, 디자인, 크기, 희귀성 등)을 조합하여 소비자들이 많이 선택하는 것에 높은 가치를 부여하는 방법이다. 즉 다양한 면모의 조합여부에 따른 감각유산 브랜드 선택 기준을 개발하여, 소비자들의 선택이 많은 브랜드 기준에 높은 가치를 부여하는 방법이다.

(4) 잔여법(Residual Analysis)

잔여법이란, 회계학에서 정의하는 기업의 전체가치에서 측정 가능한 자산을 제하고 최종적으로 남은 자산을 브랜드 자산으로 평가하는 방법으로, 가장 현실적인 브랜드 가치 측정방법이라 할 수 있다.

이외에도 대체원가에 의한 분석방법, 주가를 이용한 분석방법, 로열티(Royalty) 분석방법 등을 이용하여 브랜드 가치를 측정할 수 있다.

3) 감각유산 브랜드 가치를 결정하는 요소

(1) 감각유산 인지도

'감각유산 인지도'는 방문객이 감각유산 목적지를 선택하는 데 있어 영향을 미치는 기본적인 요소이다. 만약 사전에 특정 감각유산에 대한 정보가 충분하다면 관광객은 본인이 잘 알고 있는 감각유산을 선택할 가능성이 높다. 따라서 인지도가 높은 감각유산은 브랜드 자산가치가 높다고 판단할 수 있다.

(2) 감각유산 선호도

일반적으로 사람들이 선호하는 감각유산은 여행목적지로 선택될 가능성이 높은데, 이는 방문객들이 감각유산에 대한 대중적인 선호도를 믿고 해당되는 감각유산을 방문할 의지가 발생하기 때문이다. 특히 인바운드 방문객의 경우 이러한 '선호도'에 따라 해당 국가를 방문하게 되는 경우가 많기 때문에 감각유산의 매력을 높여 선호도를 증가시킬 필요가 있다.

(3) 감각유산의 품질/방문가치

감각유산의 품질은 '그곳에 방문할 가치가 어느 정도인가'에 의해 결정이 난다. 즉 교육적 효과가 높다거나, 정신/육체건강 회복에 큰 도움이 된다거나 하는 등의 이유는 이러한 방문가치를 충분히 높여줄 수 있는 요소라 할 수 있다. 따라서 방문할 가치가 높다고 인정되는 곳일수록 감각유산 브랜드 가치는 높다고 할 수 있다.

(4) 감각유산의 개성/독특함

감각유산이 지니는 독특한 개성은 다른 의미에서 살펴보면, 감각유산이 지니는 차별성이라 할 수 있다. 타 지역에서 흉내 낼 수 없는 매력물이 있는 감각유산이라면 브랜드 가치는 당연히 높아질 것이다.

(5) 감각유산 방문가격 프리미엄

방문가격 프리미엄이란, 더 저렴한 비용으로 방문할 수 있는 감각유산이 있는데도 불구하고 가격의 부담을 감수하더라도 특정 감각유산을 방문하고자 할 때 생기는 가격 차이를 의미한다. 따라서 가격에 대한 프리미엄이 있는 감각유산은 브랜드 파워와 브랜드 가치가 매우 높다고 할 수 있다.

4) 감각유산 브랜드 가치 관리

(1) 감각유산 브랜드 자산 원천 모니터링

감각유산 브랜드가 원래 취지와 목표로 했던 내용을 달성하고 있는지를 지속적으로 모니터하는 것이 필요하다. 그렇지 않은 경우에 감각유산 브랜드에 변화를 주고 원래 가려던 방향으로 조정해 주고 변화된 트렌드에 맞게 수정해 주어야 한다.

(2) 감각유산 브랜드 상황진단(Brand Audit)

감각유산 브랜드에 대하여 정기적으로 현재 감각유산 브랜드의 상황을 진단하기 위해 정교하게 분석/조사하고 그 분석/조사의 결과를 확인해야 한다.

(3) 감각유산 브랜드 트래킹(Brand Tracking)

감각유산 브랜드의 인지도, 포지셔닝, 신뢰도, 충성도 고객 규모, 경쟁력 등 감각유산 브랜드의 현재 위치를 파악/평가/분석하고 브랜드의 방향성과 잠재적 가치를 판단하기 위해 감각유산 브랜드 소비자의 인식 변화를 늘 감지해야 한다.

(4) 감각유산 브랜드 생명주기(Brand Life-Cycle)

감각유산 자체가 소멸성이 있기에 보호와 관리가 더 필요하다고 앞장에서 언급한 것처럼 감각유산을 브랜드화하고 관리할 때 마치 사람처럼 감각유산 브랜드도 브랜드 출시 후 생애 어떤 주기에 있는지 파악하여야 한다. 감각유산 브랜드도 라이프사이클상의 어느 위치에 있느냐에 따라 마케팅 전략이 달라져야 하기 때문이다. 감각유산 브랜드 BLC는 감각유산 브랜드가 어떤 전략적 이슈를 가지고 있고 이 이슈를 해결하거나 관련 목표를 달성하기 위해서 마케팅 활동을 어디에 집중해야 하는지 선택할 수 있게 해준다.

BLC는 새로운 브랜드 단계(new brand), 성장 브랜드 단계(growth brand),

성숙한 브랜드 단계(mature brand), 재생브랜드 단계(revival brand)로 구분하여 이루어진다.

- 1단계 새로운 감각유산 브랜드(New Brand) 도입기
감각유산 브랜드가 처음으로 시장에 모습을 알리면 출시된 감각유산 브랜드에 대해 시장은 보통 해당 감각유산 브랜드의 실체가 무엇인지 이해하려든다. 이 의문과 이해단계에서 감각유산 브랜드 관리자나 마케팅 담당자는 명확하게 답을 주고 이해시킬 수 있어야 그 감각유산 브랜드는 향후 시장에서 지속가능하게 성장하며 생명력을 발휘할 수 있다. 그 감각유산 브랜드의 핵심가치가 무엇인지를 분명하게 전달하여야 한다. 파리의 암흑식당은 해당시장에게 해당 감각유산 브랜드의 핵심가치를 정확히 전달했고 이를 디코딩한 해당시장은 새로운 브랜드의 존재를 정확하게 인지하기 시작했다.

- 2단계, 감각유산 브랜드 성장기(Growth Brand)
도입기에서 성공적으로 정착한 브랜드는 당연히 얼리 어댑터(Early Adopter, 남들보다 먼저 신제품을 사서 써보는 사람) 사이에 알려진 브랜드 명성을 활용하여 좀 더 큰 시장에서 성장할 기회를 엿보게 된다. 충분히 가능한 일이나 신중하고 조심스런 접근이 요구되는 시점이다. 우선, 도입기에 가졌던 핵심가치를 절대 놓치면 안 된다.
다시 말해, 큰 시장에서의 단기적인 이익에 급급해 얼리 어댑터들로부터 지지를 받았던 핵심가치가 희석되는 실수를 경계해야 한다.

- 3단계, 감각유산 브랜드 성숙/확장기(Mature Brand)
도입기, 성장기를 성공적으로 거친 감각유산 브랜드는 어느 시점부터 성숙기에 진입하게 된다. 대부분의 사람들이 해당 감각유산 브랜드들의 이름과 핵심가치에 대해 알고 있다. 그러나 성숙기에 접어들면서 성장의 둔화는 필연적으로 나타나게 되고, 이를 극복하기 위해 브랜드 확장

이 시도된다. 이러한 확장이 기존 감각유산 브랜드의 포지셔닝을 약화시키는 결과를 낳지 않도록 해야 한다. 감각유산 브랜드 파워를 활용하고, 감각유산 브랜드 포지셔닝의 희석을 막으면서 감각유산 브랜드 확장에 성공하려면 새로운 감각유산 브랜드 도입기에 보유했던 해당 감각유산 브랜드의 핵심가치에 인접한 감각으로의 확장이 이루어져야 한다.

- 4단계, 감각유산 브랜드 재생기(Revival Brand)

  시간이 지나, 여러 형태의 모습으로 확장된 감각유산 브랜드는 초기에 보여준, 매력적이라 생각하게 만들었던 독특함과 희귀함을 점점 잃어가면서 이전에 없던, 정말 내게 딱 맞는 감각적 브랜드라는 느낌을 방문객들에게 더 이상 주지 못하게 된다. 이는 소비자와 감각유산 브랜드 사이의 연관성이 약해지다 보니 관계와 관여의 수준이 매우 미약해져서 해당 감각유산 브랜드에 열광하고 지지하는 소비자층이 없어진다는 의미가 된다.

  이런 문제점을 해결하는 솔루션으로서 긴 시간이 지나도 소비자들에게 여전히 의미를 주는 핵심가치를 찾아야 한다. 그동안 변화된 경쟁상황이나 시장의 추세(Trend), 소비자 사고방식 등을 고려하여 핵심가치를 재해석하여 감각유산 브랜드와 소비자와의 연관성을 높여야 한다. 만약 이미 다수의 감각유산형태로 확장된 상태라면 특정 감각의 속성이나 혜택에서 벗어나 소비자의 감성을 자극할 수 있는 새로운 방향에서 재해석되고 재정립된 핵심가치가 창출되어야 한다.

5) 감각유산 브랜드 가치 평가

감각유산 브랜드 가치 평가를 위해서는 다음과 같은 내용들이 고려되어야 한다.

- 브랜드 인지도 창출 관리

감각유산 브랜드들의 성장시점과 변화시점에 맞춰 인지도 창출을 위한 전략을 수립해야 한다.

- 감각유산 브랜드 관리 모델

  감각유산 브랜드 자산에 대한 주기적인 평가를 위하여 브랜드 자산 평가 모델의 개발이 필요하다.

- 감각유산 브랜드 자산 평가기준 개발

  감각유산 브랜드 자산을 평가할 수 있는 객관적인 평가기준을 개발하여야 한다.

- 감각유산 브랜드 차별성

  지속적인 감각유산 브랜드 관리를 통하여 브랜드 가치를 상승시킴과 동시에 브랜드의 차별성을 높이기 위한 전략을 수립하여야 한다.

- 로케이션 브랜딩(Location Branding)

  로케이션 브랜딩(Location Branding)은, 감각유산의 '종합적인 인지도 관리 모델'이라 할 수 있다. 이는 정량 · 정성적인 인지도 조사(Perception Management)를 시작으로 이루어진다. 즉 Location Branding을 위해서는 자신들의 현재 위치와 상황을 정확하고 객관적으로 살펴볼 수 있는 연구 조사를 실시하여, 그에 따라 나타난 결과를 바탕으로 핵심적인 요소를 중심으로 전략을 수립하는 것이 성공의 가능성을 높이는 것임을 나타내고 있다.

6) 소비자인식에 근거한 브랜드 자산평가(CBBE) 모델의 개념

'소비자관점의 감각유산 브랜드 자산(customer-based brand equity)' 개념은 브랜드 자산이 소비자의 관점에서 비롯된다는 시각으로, 감각유산 브랜드의 힘은 소비자가 브랜드에 대해 인지하고 있는 것에 달려 있다고 가정한다. 이 입장에서는 상품의 종류나 시장의 유형에 관계없이 감각유산 브랜드 자체를 강력하게 만드는 인식적인 공통요소가 무엇인지를 파악하고 그러한 요인을 토대로 한 감각유산 브랜드 자산 평가척도를 제안하고 있으나 소비자를 기반으로 한 감각유산 브랜드의 힘이 결국 무엇이며 감각유산 브랜드 자산이 어떤 차원으로 구성되어 있는가 하는 점에 있어서는 다양한 시각이 존재한다.

Aaker(1991)는 브랜드 자산(brand equity)을 다차원적인 개념으로 보면서, 이 개념이 '브랜드 인지도(awareness)', '브랜드 충성도(loyalty)', '지각품질(perceived quality)', '브랜드 연상(associations)', '시장 행동(market behavior)'의 5가지 범주로 구성된다고 보았다. 이 중 지각품질은 '브랜드평판(esteem)' 차원으로, 브랜드연상은 '차별성(differentiation)' 차원으로 이해된다. 그는 또한 '브랜드'가 추상적 가치를 넘어 금액으로 환산할 수 있는 자산(assets)의 가치를 가졌다고 지적하면서, 브랜드의 자산(assets)을 측정하기 위해서는 기업의 소득이 브랜드 때문에 발생한 부분을 분리할 수 있어야 하는데, 이때 유용하게 사용될 수 있는 방법이 '브랜드인지도'나 '지각품질', '브랜드연상' 등과 같은 브랜드의 힘을 측정하는 것이라고 지적한다.

결국 감각유산 브랜드 자산은 '오직 감각유산 브랜드에 의해서만 원인을 찾을 수 있는 마케팅 효과'로 그 기본적인 원천을 소비자의 '감각유산 브랜드 지식(brand knowledge)'에서 찾을 수 있다. 브랜드지식은 크게 두 부분으로 구별되는데, 하나는 인식(recognition)과 회상(recall)으로 구성되어 있는 '브랜드인지(brand awareness)'이고 또 하나는 소비자가 기억 속에 보유하고 있는 브랜드연상의 집합인 '브랜드이미지(brand image)'이다.

강력한 브랜드 자산을 구축하기 위한 새로운 통합적 접근법으로 CBBE(Customer Based Brand Equity) Model을 제안한 Keller(2003)는 그의 모델에서 브랜드 파워는 그 브랜드에 대해서 고객들이 시간을 두고 경험한 결과로서 학습하고, 느끼고, 보고, 들은 것에 따른다는 가정에 기초했다.

즉 다르게 표현해서 브랜드 파워는 '고객들의 마음속에 남아 있는 것에 따른다'는 것이다. 이러한 관점에서 정의하기를 CBBE란 "브랜드 지식이 그 브랜드의 마케팅에 대한 고객의 반응에 대해 차별적 영향을 미치는 것"으로 정의된다. 이러한 차별적 영향이 고객이 시간을 두고 경험한 브랜드에 대한 지식에 의한 것이어야 하며, 그 브랜드에 대한 마케팅의 모든 관점에서 영향을 주는 것이다.

CBBE Model에 근거해 보면 감각유산 브랜드 자산은 고객의 지각에서 네 단계를 거쳐 형성된다. 첫 번째 단계에서는 고객이 감각유산 브랜드를 인식함으로써 적절한 브랜드 정체성을 확립하게 된다. 두 번째 단계에서 감각유산은 고객에게 적합한 브랜드 의미를 창조해야 하는데 이를 위해 감각유산은 브랜드의 이미지를 창조하고 그것에 의해 브랜드를 특성화해야 한다. 이 단계에서 여러 가지 유형의 감각유산 브랜드 연상이 가능하지만 크게 감각유산 브랜드의 기능적인 성능과 관련된 부분과 보다 추상적이고 이미지와 관련된 부분으로 구분할 수 있다. 세 번째 단계는 감각유산의 마케팅 활동과 여러 정보들에 대해 고객의 올바른 브랜드 관련 반응을 이끌어내는 것으로, 이는 고객들의 이성적 판단과 감성적 느낌으로 구분될 수 있다. 최종적인 네 번째 단계에서 감각유산은 고객과 적합한 브랜드 관계를 구축함으로써 브랜드와 고객 간의 교감이 공명되는 가장 확고한 브랜드 자산을 구축하게 된다. 이처럼 CBBE Model의 4단계는 브랜드 현저성, 브랜드 성능, 브랜드 이미지, 고객 판단, 고객 감정, 고객-브랜드-공명의 6가지 브랜드 형성요소(brand-building block)로 구성된다. 일종의 브랜드 사다리 형태의 CBBE Model이 이전 단계의 발전을 기초로 다음 단계로 발전하는 과정을 거쳐 감각유산 브랜드 자산의 궁극적 형태인 브랜드-고객 공감을 형성한다는 것은 감각유산 브랜드 정보가 구체적인 수준에서 추상적 수준으로 발전한다는 개념을 기초로 한다.

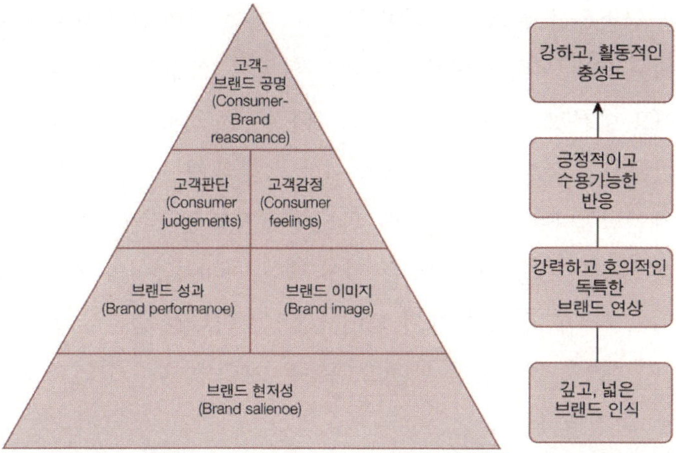

출처: Keller, K. L.(2003), Strategic brand management: Building, measuring, and managing brand equity, 2nd ed.

[그림 2] Keller의 CBBE 모델

CBBE모델은 브랜드 현저성(brand salience), 브랜드 성과(performance), 브랜드 이미지(Brand image), 고객판단(Consumer judgments), 고객감정(Consumer feelings), 고객–브랜드 공명(Consumer-Brand reasonance)의 6가지 브랜드 구축요소(brand building block)로 이루어지는데 이는 곧 감각유산 브랜드 자산의 구성요소가 되며 이들의 특징을 살펴보면 다음과 같다.

(1) 감각유산 브랜드 현저성(Brand Salience)

고객에게 감각유산 브랜드가 적절한 정체성을 지니게 하기 위해서는 우선 감각유산 브랜드가 현저해야 한다. 감각유산 브랜드 특징은 브랜드 인식과 관계되어 여러 다양한 환경과 상황에서 얼마나 자주 그리고 쉽게 그 감각유산 브랜드가 환기되는가, 그 감각유산 브랜드가 회상되거나 인지되는 정도가 어느 정도인가, 어떤 유형의 감각유산 단서들이 필요한가, 이러한 감각유산 브랜드 인식이 얼마나 고객에게 침투되어 있는가 등을 의미한다.

감각유산 브랜드 인식이란 결국 고객이 그 브랜드를 회상하거나 인식하는 능력이다. 감각유산 브랜드 인식이 구축되었다는 것은 감각유산 브랜드가 경쟁하는 제품 또는 서비스 범주를 고객이 확실히 이해하고 있으며, 또한 감각유산 브랜드 이름과 제품이 확실히 연결되었다는 것을 의미한다. 또한 좀 더 넓은 의미에서는 감각유산 브랜드에 대한 고객의 욕구가 만족되도록 감각유산이 디자인되었다는 것을 고객이 확신하고 있다는 것을 의미하기도 한다. 그러나 감각유산 브랜드 인식의 두 가지 핵심차원은 깊이와 폭으로 감각유산 브랜드는 고객에게 '최초 상기'가 되어야 할 뿐 아니라 충분한 인지율을 확보해야 한다. 따라서 감각유산 브랜드 특징은 브랜드 범주 확인과 욕구인식의 두 가지로 측정된다.

(2) 감각유산 브랜드 성과(Brand Performance)

고객이 강한 감각유산 브랜드 충성도를 형성하는 '고객–감각유산 브랜드 공명'에 도달하기 위해서 감각유산 브랜드는 고객들의 제품에 대한 기대를 충족시킬 수 있어야 하므로 감각유산 브랜드성능은 감각유산 브랜드 자산의 가장 핵심적인 부분이다. 이는 고객의 직간접경험이나 감각유산 브랜드의 고객에 대한 약속에 의해 주로 영향을 받는다. 기능적인 감각유산 브랜드성능의 속성과 편익은 다양하지만 일반적으로 다음의 다섯 가지로 구분될 수 있으며 이러한 성과의 차원들에 의해 감각유산 브랜드는 차별화될 수 있다.

첫째, **감각유산의 주요 특성**으로 이는 고객들이 감각유산을 경험함으로써 기대하는 가장 큰 일차적 특성과 이를 보완하는 그 밖의 감각유산 특성에 대한 신념이다.

둘째, **감각유산 신뢰성**으로 방문이나 경험 시에 일정시간이 경과하는 동안에도 성능이 유지되는 감각유산에 대한 신뢰와 감각유산에 기대되는 경제적 수명인 심리적 내구성, 감각유산 인지부조화에 대한 심리적 보상 등이 필요할 때 심리적 보상 서비스를 쉽게 받을 수 있는 감각유산 서비스성에 의해 형성된다. 이러한 감각유산 성능에 대한 지각은 감각유산 매력에 대한 인지의 신속성과 정확성 등과 같은 요인에 영향을 받는다.

셋째, **감각유산 서비스 효용성**으로 감각유산 브랜드가 고객의 서비스에 대한 요구를 완벽하게 만족시키는 정도이며, 효율성은 서비스가 이뤄지는 신속성과 응답성이고, 감정이입은 감각유산 서비스 제공자가 진실하고 사려 깊어 소비자가 감각유산 브랜드에 대해 관심을 갖게 되는 것이다.

넷째, **감각유산 디자인**으로 감각유산의 기능적 측면 이외의 사이즈, 형태, 재료, 색상과 관련된 미학적 측면이다. 감각유산 성과는 이러한 감각유산의 모양이나 느낌, 심지어는 소리나 냄새와 같은 감각적 측면에도 의존한다.

다섯째, **가격**(Price)이란 감각유산 브랜드의 가격정책에 대한 고객의 판단으로 이는 가격인하의 빈도나 적절한 가격수준과 관련된 연상들이다.

(3) 감각유산 브랜드 이미지(Brand Image)

감각유산의 외재적 특성들을 통해서 고객이 추상적인 심리적, 사회적 욕구를 지니거나 충족하게 되는 측면이다. 이미지는 다음과 같은 내용이 포함된다.

첫째, **감각유산 사용자 이미지**로 이는 감각유산 사용자의 특성이나 정신적 이미지를 고객에게 부여하는 것이다. 전형적이고 이상화된 감각유산 사용자 특성은 인구통계 요소(성, 연령, 인종, 수입)나 보다 추상적인 심리적 요소(삶에 대한 태도, 경력, 소유물, 사회적 이슈, 정치적 조직)에 기초한다.

둘째, **감각유산 사용상황에 대한 연상**은 유통경로의 유형(온라인/인터넷 구매, 오프라인 구매)이나 감각유산을 소개받은 특정사이트, 구매의 용이성이나 보상과 관련되어 있다. 감각유산 사용상황의 연상은 감각유산 브랜드가 사용되는 장소나 시간 또는 감각유산 브랜드가 사용되는 곳의 활동유형에 따라 형성된다.

셋째, **감각유산 개성과 가치**는 보다 서술적인 감각유산 사용 이미지와 관련되지만, 또한 감각유산에 관련된 상황적 정보들도 포함된다.

넷째, **감각유산 브랜드 전통과 경험**은 자신이나 다른 사람들의 행동 또는 경험을 통해 형성되는 역사나 유산, 경험에 대한 연상으로 보다 구체적이고 특정한 감각유산 브랜드 이미지를 형성한다.

(4) 감각유산 고객판단(Consumer judgements)

감각유산 고객판단은 감각유산 브랜드성능과 이미지에 대한 연상을 기초로 하여 고객에게 형성되는 감각유산 관련 개인적 견해나 의견을 의미한다.

첫째, **감각유산 품질**에 대한 판단은 감각유산 브랜드에 대한 일련의 태도로 주로 지각된 품질과 밀접하게 연관되어 있다. 감각유산 품질과 관련된 그 밖의 태도들은 가치나 만족의 지각으로 나타난다.

둘째, **감각유산 신뢰성**에 대한 판단으로 감각유산 브랜드의 전문성(유능함, 혁신성, 시장선도), 진실성(믿을 수 있는, 고객의 마음속에서 관심을 지속시킬 수 있는), 호감(즐겁고, 흥미있고, 가치있는)의 세 가지 차원에서 감각유산 브랜드를 신뢰할 만한가에 대한 판단이다.

셋째, **감각유산의 판단**은 고객들이 감각유산 브랜드를 적절하고 자신에게 의미 있는 것으로 생각하여 방문이나 사용상황에서 그 감각유산 브랜드를 선택 대안으로 고려하는 것이다.

넷째, **감각유산 우위성**의 판단은 그 감각유산 브랜드를 다른 감각유산 브랜드에 비해 유일하고 우월한 것으로 간주하는 것이다.

(5) 감각유산 고객감정(Consumer Feelings)

정보처리 이론에 따르면 소비자들은 감각유산이 제공하는 속성정보를 평가하고 이를 결합하여 감각유산 선택을 한다. 그러나 많은 연구결과들을 통해 브랜드에 대한 평가와 선택에 영향을 미치는 것은 속성 정보뿐만 아니라 감정이나 기분(mood)도 중요하다는 것을 제안하고 있다. 고객감정이란 감각유산 브랜드에 대한 정서적 반응으로 감각유산의 마케팅 프로그램이 감각유산 브랜드와 관련하여 어떠한 감정을 어떻게 환기시킬 것인가를 결정하게 된다.

(6) 고객-감각유산 브랜드 공명(Consumer-Brand Reasonance)

CBBE Model의 마지막 단계에서는 고객과 감각유산 브랜드의 관계가 강조된다. 고객-감각유산 브랜드 공명은 고객이 감각유산 브랜드와 관련하여 지니게 되는 심리적 깊이로 이는 감각유산 브랜드 전환이 일어나지 않는 감각유산 브랜드 몰입과 강력한 감각유산 브랜드 충성도가 형성된 단계이다. 고객-감각유산 브랜드 공명은 다음의 네 가지 태도로 측정될 수 있다.

첫째, **행동적 충성도**(behavioral loyalty)로 감각유산이 이윤을 얻기 위해서 감각유산 브랜드는 충분한 구매빈도와 구매량을 지니고 있어야 하기 때문이다. 감각유산 브랜드의 재구매와 고객점유율은 감각유산 브랜드 충성도의 주요 속성이다.

둘째, **태도적 애착**(attitudinal attachment)으로 감각유산 브랜드 공감을 창조하기 위해서는 보다 광범위한 맥락에서 어떤 특별한 것을 제공할 수 있어야 한다. 예를 들어 감각유산 브랜드를 고객이 '사랑'한다고 언급하거나 좋아하는 소유물로 묘사한다거나, 그것을 바라보고 있으면 작은 기쁨을 느낀다고 한다면 이미 태도적 애착이 많이 형성된 것이다.

셋째, **공동체적 느낌**(sense of community)의 형성으로 감각유산 브랜드 커뮤니티는 감각유산 브랜드와 관련하여 다른 사람들과 친숙한 관계를 형성하는 것이다. 이러한 관계에서 감각유산 브랜드 사용자들은 감각유산의 직원 또는 감각유산 고객의 대표자가 될 수도 있다.

넷째, **적극적 참여**(active engagement)로 감각유산 브랜드 충성도의 가장 강력한 확실한 측면은 고객이 감각유산 브랜드를 방문하거나 소비하는 동안 감각유산 브랜드에 대해 자신의 시간과 금전 및 다른 자원들을 기꺼이 투자하는 것이다.

감각유산 CBBE요소로 측정가능한 항목을 언급한 것을 정리해 보면 다음 〈표 1〉과 같이 정리할 수 있다.

〈표 1〉 소비자 기반 감각유산 브랜드 자산의 측정 가능 항목

차 원		구 성 항 목
중요성		감각유산 브랜드 연상, 감각유산 브랜드 인지, 감각유산 브랜드 선호
성과		기능 수준, 소비자 욕구반영, 특화성, 신뢰성, 서비스성, 미적 만족, 비교우위성
심상		감각유산 브랜드 사용자 위신 평가, 평판, 이미지와 부합성, 범용성, 즐거움 연상, 감각유산 브랜드 자아연관
판단	품질	전체적 평가, 품질평가, 필요충족 정도, 감각유산 브랜드 가치
	신용도	생산자의 지식, 혁신성, 신뢰성, 소비자 의견/요구 반영, 감각유산 브랜드 애착, 감각유산 브랜드 존경
	고려	타인에 추천, 타 감각유산 브랜드와 비교, 감각유산 브랜드 관계성
	우월성	독특성, 경쟁적 이익, 비교우월성
감정		감각유산 브랜드에 대한 느낌(따듯함, 재미, 흥미, 안전, 사회적 승인, 자존심)
공명	충성도	계속적 구매, 감각유산 브랜드 유일성, 감각유산 브랜드 중요성, 감각유산 브랜드 관계 결속
	애착	감각유산 브랜드 사랑, 감각유산 브랜드 향수, 감각유산 브랜드 관여도, 감각유산 브랜드 자아연관
	공동체	사용집단과 일체감/관계 인식, 주변인과 감각유산 브랜드 공유
	약속	감각유산 브랜드 스토리텔링, 감각유산 브랜드 정보탐색, 감각유산 브랜드 과시욕, 감각유산 브랜드 지식

출처: Keller, K. L.(2003), Strategic brand management: Building, measuring, and managing brand equity, 2nd ed. 내용 참고하여 저자 작성.

5. 감각유산 브랜드 경험적 가치의 개념

가치(value)는 사전적으로는 '대상에 대한 중요성, 유용성을 인정하는 상태로 행동의 기준이 되는 원칙'이라 정의되고 있다(oxforddictionaries.com,

2014). 소비자 가치에 대한 초기 접근은 인지적이고 기능적인 가치에 초점을 두었는데, Zeithaml(1988)은 지각된 가치를 자극에 대한 지각에 기인한 상품의 유용성에 대한 전반적인 평가라고 하며 이와 같은 관점에서 소비자 가치를 바라보았다. 이후 쾌락적 가치나 경험적 가치와 같은 감성적 가치에 대한 관심이 생겼는데, Babin & Darden(1995)은 경험적 가치를 실용적 가치와 쾌락적 가치로 구분하였다. 실용적 가치는 외재적 가치이며 경험을 통한 기능적 혜택 인식으로 특정 기능아이템을 획득할 때 발생되며, 쾌락적 가치는 내재적 가치로서 재미, 신기성과 같은 내재적 경험을 통해 얻을 수 있는 혜택에 대한 가치를 말한다.

이와 같은 경험적 가치는 궁극적으로 매우 중요한데 경험적 가치를 기준으로 소비자가 재구매를 할지 결정하기 때문이다(Holbrook, 1986). 경험의 중요성 인식 증가에 따라 Holbrook(1994)은 가치는 상호 관계적 선호 경험이라고 정의하며, 내재적/외재적 가치, 자기지향/타인지향을 기준으로 4개의 경험적 가치 차원인 심미성, 유희성, 고객투자 수익성, 서비스 우수성으로 구분하였다.

Mathwick, Malhotra & Rigdon(2001)은 경험적 가치를 소비자의 경험을 통해 지각하는 혜택의 정도로 정의하며 경험적 가치에 대한 이론적 확대를 시도하였다. 그는 경험적 가치의 차원을 〈표 2〉와 같이 심미성(aesthetic), 유희성(playfulness), 고객투자 수익성(consumer return on investment), 서비스 우수성(service excellence)으로 정의하고 하위 세부 구성요소로서 시각적 소구(visual appeal), 엔터테인먼트 가치(entertainment value), 일상탈출(escapism), 내적 즐거움(intrinsic value), 효율성(efficiency), 경제적 가치(economic value)를 제시하였다. 또한 이들은 상기 차원 정의를 바탕으로 경험적 가치척도(Experiential Value Scale)를 개발하고 쇼핑객을 대상으로 한 실증분석을 하였다.

직접 경험이 아닌 간접적 경험을 통해서도 감각유산 브랜드에 대한 기대적 가치를 가질 수 있는데, 이 기대된 가치는 감각유산의 직접 경험을 통해 지각된 경험적 가치를 형성할 수 있다. 감각유산의 지각된 가치는 '감각유산을 방문하면서 체험한 상호적, 관계적, 선호적 경험을 통해 형성된 가치'로 정의할 수 있는데 감각유산의 지각된 가치 형성에 있어서 사전 경험의 영향 여부는 매우 중요하다.

〈표 2〉 경험적 가치 구조 및 차원

경험적 가치 구조		가치 설명
심미성 (aesthetic)	시각적 소구 (visual appeal)	감각유산의 디자인, 물리적 매력성과 아름다움에서 기인한 가치
	엔터테인먼트 가치 (entertainment value)	감각유산이나 서비스 경험이 스펙터클하여 기운이 나게(pick me up) 하는 감정이 반영된 가치
유희성 (playfulness)	일상탈출 (escapism)	감각유산을 통해 소비자가 모든 것에서부터 일시적으로 벗어나는 자유로움을 경험하는 가치
	내적 즐거움 (intrinsic value)	유희적 교환 행동을 통해 얻을 수 있는 것으로, 그 자체가 목적이 될 수 있으며, 실용적 고려사항들이 없어도 가능한 가치
고객투자 수익성 (consumer return on investment)	효율성 (efficiency)	시간 관리 측면과 접근 용이성 등 감각유산과의 교환과정의 효율성
	경제적 가치 (economic value)	재정적 투자에 대한 수익을 말하며 감각유산의 적정가격의 품질을 지각함으로써 얻게 되는 가치
서비스 우수성 (service excellence)		감각유산 서비스 제공자의 전문성과 서비스의 전반적인 우수성에 대해 반응적으로 지각하는 과정을 통해 얻는 가치

출처: Mathwick, C., Malhotra, N. K., & Rigdon, E.(2001), Experiential value: Conceptualization, measurement and application I the catalog and internet shopping environment, Journal of Retailing, 77(1): 39–56.

기대된 감각유산의 실용적 가치와 쾌락적 가치가 지각된 실용가치, 쾌락적 가치에 긍정적 영향을 주는지 여부도 연구로 검증되어야만 하는 내용이다. 김용만(2010)의 연구에 따르면 사전 경험을 통한 소비자의 기대가치가 실제 경험의 지각가치와 연계되므로 감각유산 방문소비과정에서 총체적인 경험 관리방안 마련이 필요하다.

가치 개념들이 서로 유사하듯이 경험적 가치는 소비자 가치와 개념적 유사성이 있다. 감각유산의 경험적 가치로서 상기 연구를 바탕으로 감각유산의 경험가치는 '방문객이 감각유산에 대한 실제 경험을 통해 인식, 평가한 가치'라고 정의할 수 있겠다.

[그림 3]과 같이 소비자의 지각된 가치의 차원을 규명하고 가치가 소비된 후 감동, 만족에 미치는 영향을 검증한 연구(황미진, 2014)를 보면 지각된 선행변수로 소비자 체험, 브랜드 연계성 인식을 분석한 결과 소비자 체험, 브랜드 연계성 인식은 지각된 가치에 긍정적 영향을 미쳤으며, 지각된 가치는 소비 후 감동, 만족에 긍정적 영향을 미쳤다.

〈표 3〉 경험적 가치와 관련된 연구

저자	연구대상	연구내용
황미진(2014)	고관여, 저관여 제품	소비자 체험, 브랜드 연계성은 지각된 가치에 긍정적 영향, 지각된 가치는 소비 후 감동, 만족에 긍정적 영향
Chen & Huan (2014)	노스탤지어 테마 레스토랑	노스탤지어 인식은 경험적 가치, 구매의도에 긍정적 영향
Wang & Lin(2010)	TV 드라마 시청 방문 방문객	TV 미디어를 통한 관광지 간접경험은 관광지 경험가치에 영향을 미침
박재환·김용만 (2008)	스포츠 소비자	감성적 소비자 가치 중 심미성과 쾌락성은 브랜드 동일시에 유의, 감성적 소비자 가치 중 심미성과 상징성은 브랜드 충성도에 유의함
이은미(2010)	패밀리레스토랑 이용객	경험적 가치는 감정반응, 소비자-브랜드 관계에 유의한 영향 미침

출처: 선행연구를 바탕으로 연구자 작성.

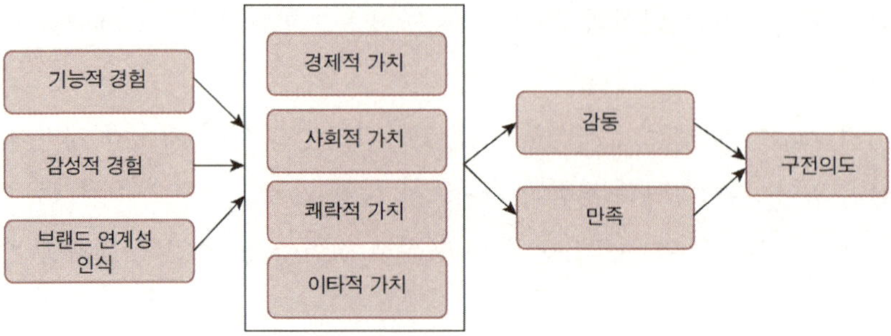

출처: 황미진(2014), 지각된 가치 측정 도구 및 소비 후 감동, 만족 창출을 위한 인과모형의 개발－이타적 가치를 중심으로, 소비자문제연구, 45(1): 1–23.

[그림 3] 경험, 지각된 가치, 소비 후 감동, 만족 관계 모형

참 · 고 · 문 · 헌

박성연 · 배현경(2006). 매장 내 감각적 체험이 매장태도와 애호도에 미치는 영향: 소비감정과 만족의 매개적 영향을 중심으로. 마케팅관리연구. 11(3): 1-13.

박성연 · 황정은(2005). 매장내 체험적 경험이 브랜드 태도 및 구매의도에 미치는 영향: 디지털 체험관을 중심으로. 경영논총. 23(2): 69-93.

박수경 · 박지혜 · 차태훈(2007). 체험요소(4Es)가 체험즐거움, 만족도, 재방문에 미치는 영향: Pine과 Gilmore의 체험경제이론(Experience Economy)을 중심으로. 광고연구. 가을(76): 55-78.

신상무 · 김도훈(2010). 체험마케팅이 브랜드 자산에 미치는 영향에 관한 연구: 브랜드 홍보대사를 중심으로. 한국의류학회지. 34(2): 242-251.

최아영 · 나종연(2010). 네트노그라피를 활용한 소비자의 온라인 소비자 커뮤니티 참여행동 분석. 소비자학연구. 21(1): 1-31.

Björk, P., & Kauppinen-Räisänen, H.(2012). A netnographic examination of travelers' online discussions of risks. Tourism Management Perspectives. 2: 65-71.

Chan, K.(2008). Three studies on understanding customer relationship management in services: Customer-firm affection, customer-staff proximity, and customer co-production. Ph.D. 0820937. University of Hong Kong.

Cho, E.(2011). Development of a brand image scale and the impact of lovemarks on brand equity: Iowa State University, Graduate Theses and Dissertations.

Berry, L. L., Carbone, L. P., & Haeckel, S. H.(2002). Managing the total customer experience. MIT Sloan Management Review. 43(3): 85-89.

Bigné, J. E., Andreu, L., & Gnoth, J.(2005). The theme park experience: An analysis of pleasure, arousal and satisfaction. Tourism Management. 26(6): 833-844.

Bigné, J., Mattila, A. S., & Andreu, L.(2008). The impact of experiential consumption cognitions and emotions on behavioral intentions. Journal of Services Marketing. 22(4): 303-315.

Brakus, J. J., Schmitt, B. H., & Zarantonello, L.(2009). Brand experience: What is it? How is it measured? Does it affect loyalty? Journal of Marketing. 73(3): 52-68.

Chang, P., & Chieng, M.(2006). Building consumer-brand relationship: A cross-cultural experience view. Psychology & Marketing., 23(11): 927-959.

de Rojas, C., & Camarero, C.(2008). Visitors' experience, mood and satisfaction in a heritage context: Evidence from an interpretation center. Tourism Management. 29(3): 525-537.

Eroglu, S. A., Machleit, K. A., & Davis, L. M.(2003). Empirical testing of a model of online store atmospherics and shopper responses. Psychology & Marketing. 20(2): 139-150.

Fiore, A. M., Jin, H. J., & Kim, J.(2005). For fun and profit: Hedonic value from image interactivity and responses toward an online store. Psychology & Marketing. 22(8): 669-694.

Floyd, M. F.(1997). Pleasure, arousal, and dominance: Exploring affective determinants of recreation satisfaction. Leisure Sciences. 19(2): 83-96.

Gobé, M.(2001). Emotional branding: The new paradigm for connecting brands to people. NY: Allworth Press.

Keller, K. L.(2003). Strategic brand management: Building, measuring, and managing brand equity. 2nd ed.

Osman, H., Johns, N., & Lugosi, P.(2014). Commercial hospitality in destination experiences: McDonald's and tourists' consumption of space. Tourism Management. 42: 238-247.

Pine, B. J., II, & Gilmore, J. H.(1998). Welcome to the experience economy. Harvard Review. July-August: 97-105.

Rageh, A., Melewar, T. C., & Woodside, A.(2013). Using netnography research method to reveal the underlying dimensions of the customer/tourist experience. Qualitative Market Research: An International Journal. 16(2): 126-149.

Ryu, K., & Jang, S.(2008). Influence of restaurants' physical environments on emotion and behavioral intention. The Service Industries Journal. 28(8): 1151-1165.

Schmitt, B. H.(2001). Customer experience management. Hoboken, NJ: John Wiley & Son, Inc.

Schmitt, B. H.(1999). Experiential marketing: How to get customers to sense, feel, think, act and relate to your company and brand. NY: Free Press.

Shakeela, A., & Weaver, D.(2014). The Exploratory Social-Mediatized Gaze Reactions of Virtual Tourists to an Inflammatory YouTube Incident. Journal of Travel Research. 0047287514532369.

Tsaur, S. H., Chiu, Y. T., & Wang, C. H.(2006). The visitors behavioral consequences of experiential marketing. Journal of Travel & Tourism Marketing. 21(1): 47-64.

van Dolen, W., de Ruyter, K., & Lemmink, J.(2004). An empirical assessment of the influence of customer emotions and contact employee performance on encounter and relationship satisfaction. Journal of Business Research. 57(4): 437-444.

Wright, L. T., Newman, A., & Dennis, C.(2006). Enhancing consumer empowerment. European Journal of Marketing. 40(9/10): 925-935.

Yuan, Y. H., & Wu, C.(2008). Relationships among experiential marketing, experiential value, and customer satisfaction. Journal of Hospitality & Tourism Research. 32(3): 387-410.

Yüksel, A., & Yüksel, F.(2007). Shopping risk perceptions: Effects on tourists' emotions, satisfaction and expressed loyalty intentions. Tourism Management. 28(3): 703-713.

Zarantonello, L., & Schmitt, B. H.(2010). Using the brand experience scale to profile consumers and predict consumer behaviour. Journal of Brand Management. 17(7): 532-540.

제 11 장 감각유산 마케팅 커뮤니케이션

감각유산 마케팅은 결국 감각적 체험을 기반으로 하는 마케팅이고 감각체험마케팅의 소비자는 이성적이면서 감성적인 존재이기 때문에 감성적 측면에 대한 강조가 필요하다. 경험적 수레바퀴(experiential wheel)라는 용어는 소비자의 체험이 원래 고유한 구조 및 과정을 가지고 있고, 그 체험의 효율성 및 극대화 방안을 도출하기 위해서 소비자의 경험을 총체적(holistic)으로 판단하는 일련의 과정을 말한다.

제11장 감각유산 마케팅 커뮤니케이션

1. 감각유산 경험적 수레바퀴의 의미

감각유산이 사유재성격의 상업적인 감각적 자극을 포함하고 있다는 이유만으로 마케팅과 소비자 커뮤니케이션을 언급해야 하는 건 아니다. 공공재적 성격을 지니는 감각유산의 경우도 적극적인 마케팅과 커뮤니케이션을 통해 인지도를 높이고 방문가치를 확장함에 따라 소멸성이 강한 감각유산을 더 지속적으로 보호/관리할 수 있기 때문이다. 감각유산의 마케팅은 체험적 마케팅의 의미가 강한 분야이다. 전통적 마케팅 전략이 소비자의 구매 당시 선택에 초점을 맞추고 있다면, 체험적 마케팅 전략은 구매뿐만 아니라 이용 당시의 소비행위 자체에 의미를 부여한다. 마케팅 효과 역시 체험마케팅과 전통적 마케팅은 차이가 있다는 것을 염두에 두어야 한다. 체험마케팅의 핵심은 제품의 특성이나 편익/서비스만을 판매하는 것이 아니라 소비경험을 판매하는 것을 의미한다. 이미 1장에서 사용자 경험(UX)을 바탕으로 감각유산과 사용자 인터페이스를 구축/강화해야 한다고 제시한 내용과 맥락을 같이하는 부분이다.

감각유산 마케팅은 결국 감각적 체험을 기반으로 하는 마케팅이고 감각체험마케팅의 소비자는 이성적이면서 감성적인 존재이기 때문에 감성적 측면에 대한 강조가 필요하다. 경험적 수레바퀴(experiential wheel)라는 용어는 소비자의 체험이 원래 고유한 구조 및 과정을 가지고 있고, 그 체험의 효율성 및 극대화 방안을 도출하기 위해서 소비자의 경험을 총체적(holistic)으로 판단하는 일련의 과정을 말한다(Schmitt, 1999).

체험마케팅의 궁극적 목적인 소비자의 총체적 체험 제공은 감각, 감성, 인지, 행동, 관계와 같은 전략적 체험 모듈(SEMs: strategic experiential modules)을 통해 형성된다. 각각의 체험 요소를 이용하는 독자적 마케팅기법이 존재(예: 감성 체험–감성마케팅, 관계 체험–관계 마케팅 등)한다면 체험은 감각유산 마케팅 전략의 주요 부품으로 활용하는 것이 바람직하다. 다시 말해서 총체적 감각유산 체험의 조화 속에 소비자–감각유산 브랜드 간의 지속적·호의적 관계를 형성시키는 것이 감각유산 체험마케팅의 핵심이다. 따라서 전략적 체험 모듈을 구성하는 각각의 요소들을 감각유산 소비자가 경험하도록 하는 것이 경험적 수레바퀴라 불리는 총체적 체험이라 할 수 있고, 이를 소비자에게 제공하는 전략이 감각유산 체험마케팅이다.

감성체험마케팅의 구성요소를 살펴보면, 첫 번째 감각(sense) 체험은 제품이 미학적·시각적으로 예쁘고 세련된 정도로서, 인간의 5가지 감각기관을 통해 체험되는 것을 의미한다. 따라서 정서적 제품을 통해 감각적 체험의 창출을 유도하는 브랜드는 감각적인 요소를 강조하면서, 모든 제품을 감각화시키는 데 주력한다(Pine & Gilmore, 1998). 즉 감각 체험에는 심미적, 감각적 특성들이 포함된다(Bloch, Brunel, & Arnold, 2003).

두 번째로 감성(feel) 체험은 제품이 마음에 들어 언젠가는 꼭 구매해 보고 싶은 느낌을 의미한다. 예를 들면, 스타벅스는 상품에 대한 경쟁력을 확보하고 있으면서도 감성적 자극을 통해 새로운 경험을 제공하여 고객과의 유대관계를 강화시킨다(Gobé, 2002). 이러한 감성 체험은 소비자와 브랜드 간 상호작용에 의해 발생되는 것으로서, 이것이 장기적으로 발생하게 되면 브랜드에 대한 정서적 유대관계가 형성되게 된다(Thomson, MacInnis, & Park, 2005).

세 번째로 인지(think) 체험은 배움이 있는 체험으로서 사람들의 사고적 호기심을 자극하여 생각하도록 유도하는 체험을 의미한다. 예를 들면, 애플 매장은 소비자들이 애플의 제품을 체험할 수 있도록 진열하여 창조적·인지적

과정을 통해 창의적 사고를 할 수 있도록 유도한다.

네 번째로 행동(act) 체험은 제품을 직접 만져보고 편리함과 라이프스타일의 변화를 실감하도록 유도하는 것을 의미한다. 예를 들면, 스포츠 선수의 간접 체험을 통해 제품을 착용하고 구매하도록 유도한다. 마지막으로 관계(relate) 체험은 앞서 언급한 4가지를 모두 포함한 개념으로서, 사회적 집단과 연결되는 것을 의미한다(Schmitt, 1999). 예를 들어 할리데이비슨이라는 오토바이 브랜드는 유형적 제품에 그치지 않고, 사용자 간 동질감, 관심, 상징, 전통 등을 공유할 수 있는 단단한 커뮤니티가 형성되어 있고, 이는 할리데이비슨에 소속된 사람들과의 체험을 가능하게 해준다.

이처럼 체험마케팅은 체험을 체계적으로 분류하였다는 점에서 주목받아 왔다. 즉 기존 소비가 기능적 · 인지적 · 합리적 과정을 우선시하였다면, 총체적 체험은 감성, 감각, 인지, 행동, 관계 등이 상호작용하여 통합적 체험의 시너지 효과가 나타남을 의미한다. 특히 감각유산과 같은 무형적 서비스의 경우 사전 체험이 불가능하기 때문에 총체적인 체험이 강조되어야 할 것이다. 예를 들면, 싱가포르 항공사는 시각적으로는 세련되고 우아하면서(감각), 친절과 정성이 담긴 서비스를 제공하고(감성), 혁신적 · 창조적이며(인지), 서비스 및 행동지향적이고(행동), 싱가포르적이면서도 국제적인 것으로서(관계)의 목표를 가지고 있는데, 이는 완전히 총체적 체험을 제공하고 있다고 할 수 있다(최지원 · 김현칠, 2010).

마케팅 관점에서 총체적인 체험 영역을 충분히 활용했을 때, 체험을 제공하는 수단에 따라 소비자가 느끼는 호감은 상이할 수 있기 때문에(오선영 · 강해상, 2011) 마케팅적 관점에서 총체적 체험을 활용하는 것은 중요하다. 한편, 감각유산 체험마케팅은 소비자에게 풍부한 체험요소를 제공하기 위해 두 개 이상의 감각적 자극 체험요소들이 혼합되는 것이 일반적이다. 감각콜라보라고 제시했던 조합으로 제공되는 복합적 체험만이 진정한 감각유산 소비상황에서의 감각유산 소비자 체험에 대한 자극반응을 파악할 수 있다(이지연, 2005).

2. 감각유산 경험적 가치의 전달

과거 개인의 감각유산 경험은 현재와 미래의 감각적 환경추구나 감각적 경험추구에 지대한 영향을 미친다. 한국민속촌의 경우나 미국 르네상스 페스티벌의 경우도 과거 감각적 자극환경에 대한 향수를 기반으로 고객들의 감각 자극추구와 연계한 사례라 할 수 있다. 감각유산의 경험적 가치를 구현한 경우 중에서 유인력 있는 미각의 음식을 감각적 테마환경에서 맛볼 수 있는 테마 레스토랑도 중요한 감각유산의 범주에 든다고 할 수 있다. 고객의 과거나 특정 감각환경여건에 대한 향수를 테마로 하는 노스탤지어 테마 레스토랑을 대상으로 연구한 결과(Chen & Huan, 2014), 노스탤지어 인식은 감각유산의 경험적 가치와 구매의도에 긍정적 영향을 미쳤으며, 이 경험적 가치는 감각유산의 이미지 인식에 긍정적 영향을 미쳤다.

간접광고(PPL)의 경우도 소비자 감각유산의 경험적 가치를 알리고 간접경험을 시키는 데 중요한 역할을 한다. 간접광고는 소비자 직접 경험으로 이어지게 하는 데 영향을 주는 중요한 마케팅 기법 중 하나이다. 최근 템플스테이에 대한 관심도가 높아지게 된 배경 중 하나로 다양한 TV프로그램에서 대표적인 감각유산의 하나인 템플스테이를 TV 프로그램의 일부로 내보내면서 대리적 학습효과로 대중들이 해당 프로그램대로 템플스테이를 모방해서 직접 경험하는 수요가 크게 늘어났다. 이는 템플스테이라고 하는 감각유산의 경험적 가치를 미디어에서 알리고 이를 수요층인 시장이 긍정적으로 받아들였다는 의미로 볼 수 있다. 연예인이나 유명인의 경험을 보고 이해하고 받아들여서 감각유산의 잠재고객들이 템플스테이에 대한 호기심과 신뢰도를 높게 받아들여 직접경험과 방문으로 이어지게 되는 것이다. 유명 TV 드라마를 통해 가오슝을 간접경험한 가오슝 방문객들을 대상으로 TV 미디어를 통한 관광지 간접경험과 관광지 경험가치, 만족 간의 영향관계를 살펴본 연구(Wang & Lin, 2010) 결과, TV 미디어를 통한 감각, 관계경험은 경험적 가치

요소인 투자수익성, 유희성, 심미성, 서비스우수성 모두에 긍정적 영향을 미치고, 인지경험도 투자수익성, 심미성, 서비스우수성에 대해 긍정적인 영향을 미쳤고 행동경험은 유희성에도 긍정적 영향을 미치는 것으로 나타났다.

[그림 1]과 같이 감성적 소비가치와 브랜드 동일시, 소비자-브랜드관계, 충성도의 구조적 관계를 규명하고자 한 연구 결과(박재환 · 김용만, 2008), 소비자의 감성적 소비가치 중 심미성과 쾌락성은 브랜드 동일시에 유의하였으나 상징성은 브랜드 동일시에 유의하지 않은 것으로 분석되었다. 또한 감성적 소비가치 중 심미성과 상징성은 브랜드 충성도에 유의하고 쾌락성은 유의하지 않은 것으로 분석되었다.

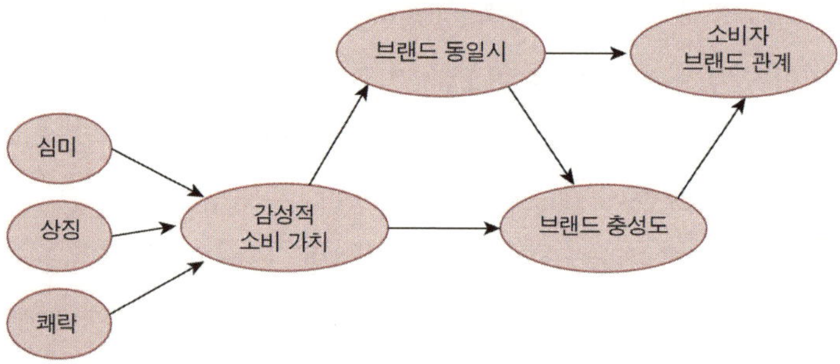

출처: 박재환 · 김용만(2008).

[그림 1] 소비가치와 브랜드 동일시 모형

고객의 경험적 가치와 감정반응, 소비자-브랜드 관계, 브랜드 로열티 간의 영향관계를 규명하고자 한 연구 결과(이은미, 2010), 경험적 가치는 고객 감정반응에 긍정적 영향을 미쳤으며, 특히, 서비스 우수성과 유희성 등이 중요한 요소로 나타났다. 경험적 가치와 감정반응은 소비자-브랜드 관계에 유의한 영향을 미치는 것으로 나타났으며, 경험적 가치의 경우, 전반적으로 경제적 가치가 중요한 요소로 나타났다. 세부적으로는 만족, 신뢰 같은 이성적 관계에는 서비스 우수성이, 친밀감, 애착 같은 감성적 관계에는 재미 요소가 중요한 것으로 나타났다.

〈표 1〉 감각유산 상황별 경험적 가치

상황	연구내용
고관여, 저관여 제품	소비자 체험, 브랜드 연계성은 지각된 가치에 긍정적 영향, 지각된 가치는 소비 후 감동, 만족에 긍정적 영향–황미진(2014)
노스탤지어 테마 레스토랑	노스탤지어 인식은 경험적 가치, 구매의도에 긍정적 영향–Chen & Huan(2014)
TV 드라마 시청 방문 관광객	TV 미디어를 통한 관광지 간접경험은 관광지 경험가치에 영향을 미침–Wang & Lin(2010)
스포츠 소비자	감성적 소비자 가치 중 심미성과 쾌락성은 브랜드 동일시에 유의, 감성적 소비자 가치 중 심미성과 상징성은 브랜드 충성도에 유의함–박재환 · 김용만(2008)
패밀리레스토랑 이용객	경험적 가치는 감정반응, 소비자-브랜드 관계에 유의한 영향 미침–이은미(2010)

출처: 선행연구를 바탕으로 작성.

3. 감각유산 신규고객의 유치 전략

감각유산의 경우 원래 사람들이 알아서 찾아오던 곳도 있고 사람들이 몰라서 안 오다가 알려지면서 관심을 갖게 되는 곳도 있어서 기존고객이나 잠재고객의 경우의 수는 다양하다. 일반적으로 마케팅은 고객의 분류와 신규고객을 유치하기 위한 전략적인 방법의 활용을 의미한다. 기존 고객의 유지 및 관리를 통한 '관계 마케팅(Relationship Marketing)'은 관계배태성을 언급하는 단계에 이를 정도로 고객경험관리(CEM: Customer Experience Management)에서 고객관계관리(CRM: Customer Relationship Management)의 방향으로 전환된 지 이미 오래다. 브랜드의 기능과 평판 등의 존경축에 감성, 신비, 감각 등의 사랑축을 덧입혀 기존/신규 고객 모두에게 좋은 평가와 사랑을 받기 위한 감성 마케팅 등은 현대에 일반적으로 가장 널리 이용되고 있는 마케팅 전략이다.

감각유산의 경우에도 다양한 형태로 나타나는 기존고객과 신규고객 유형의 정확하고 올바른 고객 분류는 감각유산을 통한 '매출 기여도'를 파악하는 데 큰 도움이 될 수 있다.

〈표 2〉 감각유산 고객의 분류와 매출 기여도

고객 분류			의 의	매출기여도
기존 고객	현재 고객	귀빈고객	현재의 방문이 활발한 고객	S
		철새고객	잊어버릴 만하면 다시 오는 고객	A
		꼬리고객	점점 발길이 줄어드는 고객	B
	과거 고객	휴면고객	잠시 겨울잠을 자듯 방문을 멈추고 있는 고객	B
		이별고객	뭔가 불만이 있어 떠나버린 고객	C
		변심고객	다른 브랜드가 좋다고 가버린 고객	C
잠재 고객	신규 고객	희망고객	앞으로 계속 올 것 같은 고객	A
		유보고객	언젠가 꼭 올 것 같은 고객	B
		혜성고객	한두 번 왔지만, 다시는 안 올 고객	C
	미래 고객	미지고객	몰라서 안 오는 고객	B
		오해고객	잘못 알아서 안 오는 고객	B
		주저고객	알지만, 망설이며 안 오는 고객	B

출처: 홍성태(1999).

미래고객의 행동특성

감각유산의 경우는 미래고객을 신규고객으로 옮기는 게 중요한데 해리포터의 미래고객을 중심으로 설명해 보면 다음과 같다. 기존의 해리포터 유저와는 다르게 해리포터 관광상품에 대해 모르거나, 잘못 알거나, 알지만 망설이는, 미온적/냉소적인 태도를 지닌 미래고객도 있다. 그에 대한 이유는 다음과 같다.

〈표 3〉 해리포터 비고객(Non user)의 성향

원인	설명
비싼 가격	해리포터 스튜디오 체험 가격: 5만 4천 원
태도 유지 성향(관광)	영국의 유명한 건축물 및 박물관 체험을 원함
나와 무관	해리포터 시리즈를 접하지 않았을 경우
홍보 부족	해리포터 영상관광지가 관광객들에게 홍보되지 않음
안전 추구 라이프스타일	판타지에 빠지기보다는 현실적으로 살겠다.
시장의 변화	해리포터는 출간한 지 20년 된 오래된 콘텐츠이다.

우선 해리포터 스튜디오 입장권은 1인당 5만 4천 원이다. 평균 관람시간은 3시간 정도이며 시설 내 부가서비스(사진촬영, 굿즈 구매) 추가요금이 소요된다. 해리포터 미래고객에게는 이와 같은 금액이 큰 부담이 될 수 있다. 해리포터 Non-user에게 영국은 유명 건축물과 박물관, 뮤지컬이 확고하게 자리잡고 있기에 수많은 명소들을 뒤로한 채 해리포터라는 브랜드에 시간과 비용을 투자하기에는 그 가치가 충분치 못할 수 있다. 해리포터 세계관을 접해보지 않은 관광객들, 혹은 접했다 하더라도 감동으로 이어지지 않은 미래고객들은 해리포터 관광지를 자신과 무관하다고 생각한다. 혹은 해리포터를 읽어보았고 어느 정도 관심을 가지고 있다 하더라도 정보가 부족하여 해리포터 영상관광지가 있다는 사실조차 모를 수도 있다. 안전추구 라이프스타일을 가진 미래고객에게 해리포터는 단순히 현실을 벗어난 판타지일 뿐이다. 이들에게는 런던이 가지는 경제, 사회, 문화, 역사를 포함하는 현실적 정보, 체험이 더 중요하다. 마지막으로 해리포터라는 콘텐츠 자체가 오래된 것이라고 생각하는 집단도 존재하며 이들은 자연스럽게 해리포터에 대해 비호의적인 태도를 보인다.

4. 감각유산 믹스의 개념

1) 감각유산 믹스의 의미

감각유산 믹스란, 선정된 표적시장의 감각유산에 대한 욕구를 충족시키기 위한 유무형의 모든 감각과 서비스의 결합을 의미한다. 마케팅에서 마케팅믹스는 마케팅 그 자체라고 할 수 있을 정도로 중요하다. 전통적으로 마케팅믹스는 4Ps(Product, Price, Place, Promotion)를 의미한다. 마케팅믹스 개념은 매카시(E. McCarthy)에 의해서 일반화되었다. 마케팅믹스는 기업입장에서 고객에게 제공하는 것으로써 제품, 가격, 유통, 촉진 등이다. 매카시(E. McCarthy)는 마케팅믹스를 위하여 4Ps(Product, Place, Price, Promotion)에 의한 분석 및 믹스를 중시하였는데, 이러한 매카시(E. McCarthy)의 마케팅믹스 개념은 일반 제조업 제품을 염두에 둔 경우다.

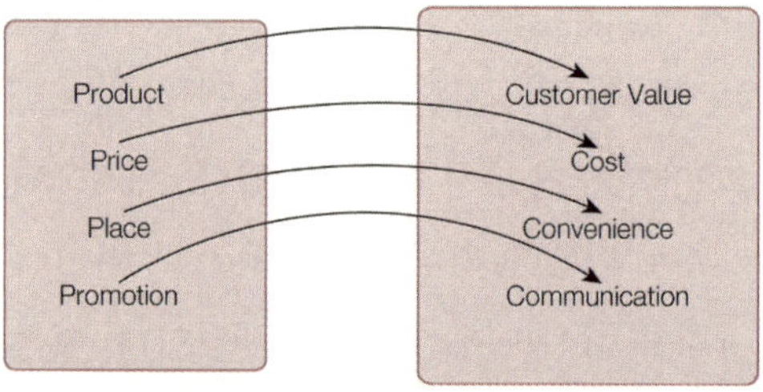

[그림 2] 4Ps 마케팅믹스 요소에서 4Cs로의 연결

감각유산 마케팅믹스는 감각유산 표적시장에 대한 모든 마케팅수단의 결합을 의미하며, 특히 감각유산 방문객의 욕구 충족과 감각유산을 통해 이윤을 창출하기 위한 모든 활동이라 할 수 있다. 따라서 일반적인 4Ps 개념을 감각유산 분야에 적용하는 것은 무리가 따르지만 어느 정도의 마케팅 틀과 툴(TOOL)을 제공할 수 있다. 4Ps가 감각유산 중심의 믹스를 언급한 것이라면 4Cs는 고객 중심의 믹스로서 고객 편익, 경비, 편리성, 소통성 등이 믹스의 주요 요소로 다루어진다.

인적서비스나 사람의 창의성이 중시되는 예술분야나 접점서비스가 중요한 서비스산업에서는 사람(People)을 강조한 마케팅믹스 5Ps가 사용된다. 물류서비스나 포장이 중요한 유통산업에서는 패키지(Package)를 강조한 마케팅믹스 5Ps가 사용된다.

5Ps	5Ps	5Ps
Product	Product	Product
Price	Price	Price
Place	Place	Place
Promotion	Promotion	Promotion
Participate	People	Process

[그림 3] 5Ps 마케팅믹스 요소

마케팅믹스 6Ps는 마케팅믹스 4Ps에다 정치권력과 여론형성 요소를 반영하여 사용된다. 정치마케팅믹스로써 유용한 마케팅믹스라고 할 수 있다. 마케팅믹스 6Ps(Product, Price, Place, Promotion + Political power, Public opinion formation)는 [그림 4]와 같다.

[그림 4] 6Ps 마케팅믹스 요소

붐(B. H. Booms)과 비트너(M. J. Bitner)는 기존의 4Ps 대신 서비스산업에 맞는 7Ps를 [그림 4]와 같이 제안하였다. 일반적인 마케팅믹스 4Ps 요소에 서비스 전달과정(Process of Service Assembly)과 서비스를 전달하는 사람(Participants), 물적증거(Physical Evidence)를 포함하는 것으로, 서비스 조립과정(Process of Service Assembly)은 감각유산의 감각/서비스가 실질적으로 감각유산 방문객에게 제공되는 절차, 메커니즘, 활동 등을 의미한다. 서비스를 전달하는 사람(Participants)은 감각유산의 감각/서비스를 제공하고 방문객의 결정과 만족에 영향을 미치는 모든 사람을 의미한다. 마지막으로 물적증거(Physical Evidence)는 감각유산의 감각/서비스의 판매자와 방문객이 상호작용하는 환경, 즉 감각/서비스와 유/무형의 상품이 결합되는 과정을 말한다.

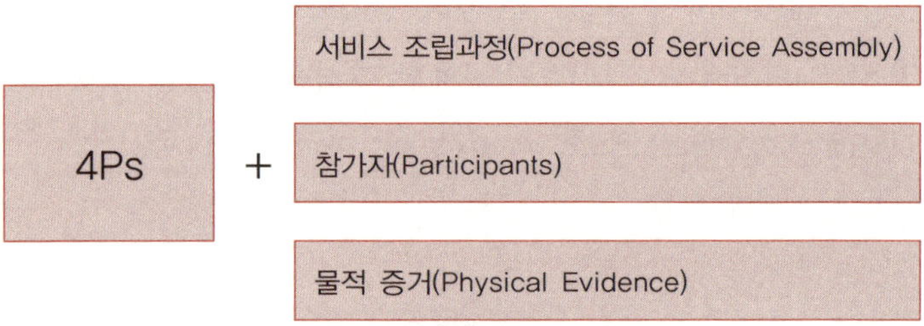

[그림 5] 7Ps 마케팅믹스 요소

모리슨(A. M. Morrison)은 기존의 4Ps에 패키징, 프로그래밍, 종사원, 제휴를 추가한 8Ps의 마케팅믹스를 제안하였다. '패키징'은 감각유산의 감각/서비스들 간에 상호 관련되거나 보완관계에 있는 브랜드/상품을 단일가격체계 내에서 결합하는 것을 말한다. '프로그래밍'은 감각유산의 감각/서비스를 찾는 방문객의 감각구매 자극을 위해 추가적으로 기획되는 활동으로 '프로그래밍'과 '패키징'은 상호 밀접한 관계를 갖는다. '종사원'은 내부마케팅의 개념으로 감각유산의 감각/서비스를 생산해 내는 모든 관계자를 감각유산의 감각/

서비스의 또 다른 고객으로 간주하는 것을 의미한다. '제휴'는 둘 또는 그 이상의 관련 감각유산들이 공동으로 프로그램을 개발 및 판매하는 것을 의미하는데, 이를 통해 수입의 증대와 비용의 절감효과를 얻기 위한 것이다.

2) 감각유산 고객만족 마케팅믹스 7Cs

고객만족 마케팅믹스란 '고객만족마케팅을 구성하고 있는 구성요소의 종류와 그 중요도'이며, 구성요소는 7Cs로 나타낼 수 있다. 고객만족 마케팅믹스 7Cs는 다음과 같이 구성된다.

- 고객편익(Customer Benefits)
- 고객 비용(Customer Cost)
- 고객의 편의성(Convenience)
- 커뮤니케이션(Communication)
- 물리적 증거의 내용(Contextual Evidence)
- 고객중심 프로세스(Customer oriented Process)
- 고객가치 창출자(Customer Value Creator)

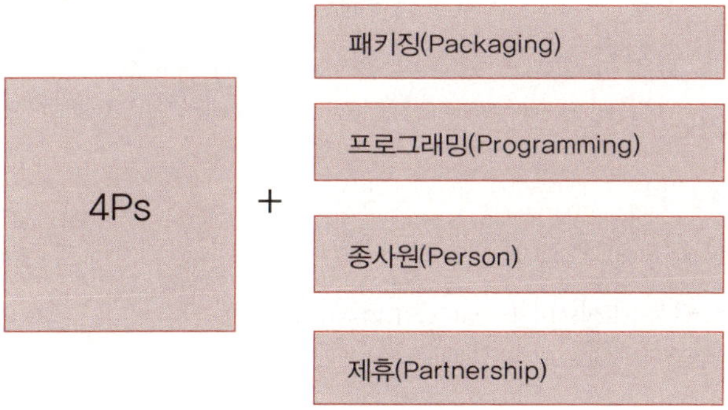

[그림 6] 8Ps 마케팅믹스 요소

Ps로 표현되는 기존 마케팅믹스 외에도 감각유산 마케팅에 있어서 고객과의 관계를 중시한 4Rs 공식으로 관계(Relationship), 감축(Retrenchment), 관련성(Relevancy), 보상(Rewards)이 있다. 고객과의 관계를 중시하는 마케팅믹스 4Rs(Relationships, Retrenchment, Relevancy, Rewards)은 기업과 고객의 관계가 기업 성장에 중요함을 인식하고 고객관계마케팅을 통해 기업가치를 향상하고자 하는 관점을 반영한 것이다. 감각유산은 고객 관계를 지속적으로 유지하기 위해 모바일 플랫폼을 운영하거나, 감각유산을 직접 체험한 사람들이 후기를 쓰게 하고, 많은 후기 서비스를 제공하고 있어 신뢰성 있는 품질을 유지하고, 고객들이 품질 기대를 유지하게 해야 한다. 또한 고객에게 먼저 쉽게 다가가기 위해 감각유산 관련 웹툰을 연재하는 등 더 쉽게 다가가기 위해 노력할 필요가 있다.

〈표 4〉 4Rs의 내용사례

4Rs전략	내 용
Relationships	관계를 형성. 모바일 플랫폼 운영, 솔직한 후기들의 공개
Retrenchment	웹툰으로 접근하여 쉽게 접할 수 있음
Relevancy	관련성을 부여. '여행은 감각이야'라는 슬로건을 사용 동기부여
Rewards	후기 쓸 수 있는 권한을 부여

감각유산에 있어서 4Rs은 다음과 같은 내용일 수 있다.

① 반응(Reflex)

② 실감(Reality)

③ 실제 장소(Real Place)

④ 실시간 커뮤니케이션(Real Communication)

3) 감각유산 믹스의 효율적인 전개

효율적인 감각유산 믹스를 위해서는 감각유산의 감각/서비스의 요소, 감각/서비스의 형태, 감각/서비스의 수준 등을 고려하여 제공할 수 있는 감각유산의 구성요소가 무엇인지 정확히 이해하여야 한다. 또한 감각유산의 감각/서비스의 기획 시 고객의 편익과 감각유산이 제공할 수 있는 편익을 고려하여 고객이 기대하는 편익의 수준에 부응할 수 있도록 감각유산을 기획하여야 하며, 고객만족을 위해서 '어떤 감각/서비스를 통해 어느 정도 수준의 양과 질을 제공할 수 있을 것인가'에 대하여 상품기획 단계에서부터 충분히 살펴보아야 한다.

〈표 5〉 신규 감각유산 마케팅 시 검토사항

검토사항	내 용
경쟁성	• 현재의 감각유산 판매 경로를 계속 사용할 수 있는가. • 기존의 감각관련 상품보다 경쟁우위를 점할 수 있는 감각유산인가. • 기존의 감각관련 상품보다 독창성이 있는 감각유산인가.
주기성	• 감각유산의 Life-Cycle과 구매가능한 계층이 연결성이 있는가. • 계절의 변화에 해당 감각유산이 어느 정도 영향을 받을 것인가.
시장성	• 신규 소비자 시장을 창출할 가능성이 있는가. • 한번 방문한 고객은 재방문할 가능성이 있는가.
계획성	• 현재 지니고 있는 인력과 자본으로 감각유산의 감각/서비스 기획이 가능한가. • 새로운 감각/서비스의 출시는 예정대로 진행될 것인가.

5. 감각유산 가격믹스 전략

1) 감각유산 가격믹스의 의미와 중요성

감각유산 가격이란, 감각유산에 대한 효용 및 가치에 대해 방문객이 지불하는 대가를 의미하는데, 대표적으로 입장료, 체험요금, 메뉴가격, 투숙객실료, 감각유산 패키지투어요금 등이 이에 속한다. 감각유산 가격믹스란, 감각유산 가격정책과 판매조건의 믹스를 의미하는 것으로 가격책정조건과 지불의사조건 사이에서 고려되는 모든 대안의 최적결합 또는 마케팅 전략의 기본으로서, 브랜드의 수익성과 직결되는 조건을 말한다.

최근 들어 저가격 전략을 통한 기업, 지역, 국가 간의 경쟁이 더욱 과열되고 유사한 감각적 자극 상품과 서비스로 인한 가격경쟁의 심화, 소비자 인식 변화에 따른 감각유산의 가치 추구 경향으로 상품의 가격책정이 더욱 중요해짐에 따라 감각유산 가격믹스의 중요성이 대두되고 있다.

(1) 감각유산 가격마케팅의 목표

감각유산 마케팅의 목표는 구체적이고 명확하게 세워져야 하는데, 그 내용을 살펴보면, 다음과 같다.

첫째, 감각유산 브랜드의 감각유산수입 극대화를 위한 최적가격 결정

둘째, 시장 침투 및 확대를 통한 시장 점유율의 확장

셋째, 가격정책을 통한 경쟁력 확보 및 고객 유도

넷째, 감각유산 브랜드의 지속성을 확보하기 위한 가격의 유동성 정책(비수기 가격전략 등)의 수립 등이다.

(2) 감각유산 마케팅믹스 전략과의 조화

가격요소가 다른 마케팅믹스 요소와 조화를 이룰 때 소비자들은 브랜드가치를 가격인지보다 높게 평가하여 감각유산 브랜드를 구매하게 되나, 조화를 이루지 못할 때는 소비자가 가격을 감각유산 브랜드의 가치보다 더 크게 인식하게 되어 감각유산 브랜드를 구매하지 않을 가능성이 높아지게 된다. 또한 가격요소와 다른 마케팅믹스 요소가 조화롭게 융화될 때 시너지 효과를 기대할 수 있다.

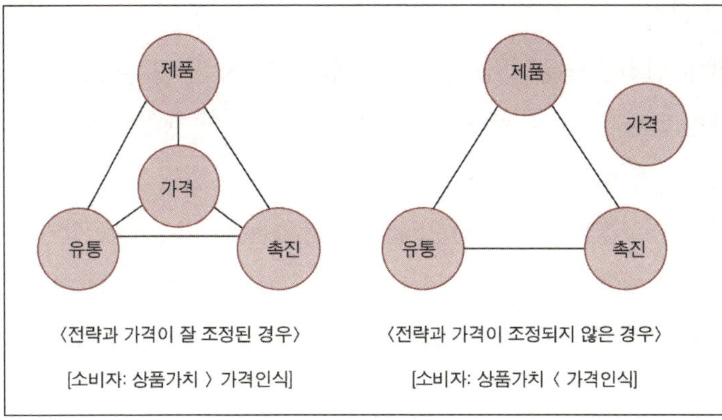

[그림 7] 감각유산 마케팅믹스 요소의 조화

2) 감각유산 가격믹스의 고려요인

감각유산 가격은 [그림 8]과 같이 내부요인과 외부요인의 영향을 받아 책정된다. 내부요인에는 감각유산마케팅 목표와 감각유산 마케팅믹스 전략과의 조화, 감각유산의 원가 등이 속하며, 외부요인에는 감각유산시장과 수요의 성격변화, 새로운 경쟁자의 등장, 소비자의 가치 평가, 기타 외부환경 변화 등이 속한다.

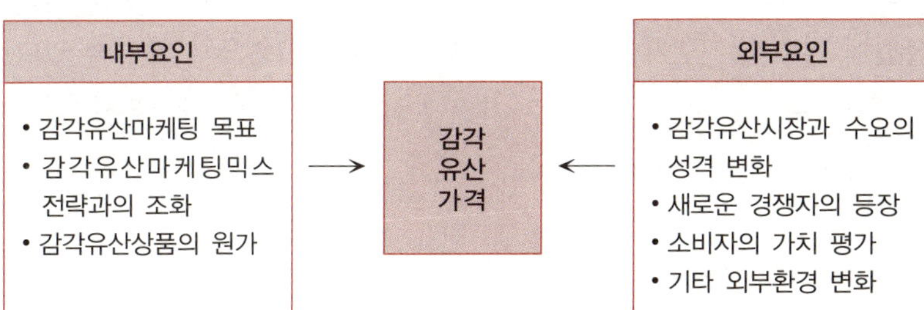

[그림 8] 감각유산 가격 책정의 고려요인

(1) 감각유산의 원가

대부분의 감각유산은 가장 낮은 원가를 통해 상품 및 서비스를 개발하고 제공하기를 원한다. 낮은 원가는 경쟁력 있는 가격의 책정에 도움이 되며, 경쟁력 있는 가격을 통하여 높은 매출을 기대할 수 있기 때문이다.

상품원가는 고정비와 변동비로 구성되어 있는데, 고정비는 감각유산이 고정적으로 지불해야 하는 비용(임대료, 급료 등)을 의미하며, 변동비는 상품을 생산하는 데 필요한 모든 비용(숙박비, 식사비, 항공료, 입장료 등)을 의미한다.

(2) 감각유산시장과 수요의 성격 변화

가격 정책은 감각유산시장의 성격과 변화에 따라 변화될 수 있는데, 감각유산시장의 성격은 완전경쟁시장, 독점적 경쟁시장, 과점적 경쟁시장, 완전독점 시장으로 구분할 수 있으며, 감각유산은 완전경쟁, 독점, 과점, 완전독점 등 다양한 시장의 성격이 복합적으로 나타날 수 있다는 특징이 있다.

감각유산수요는 탄력성이 매우 높다는 특징을 지니고 있어 감각유산의 가격을 책정하는 데 있어 매우 큰 영향을 미치고 있다. 즉 경제의 발전과 소득 수준이 높을수록 감각유산 수요탄력성이 높아져 감각유산의 가격은 높아지는 반면, 경제가 불황이거나 자연재해, 테러 등 환경 및 국제적인 악영향은 수요를 즉각 급감시켜 가격이 하락하게 된다. 실질적으로 감각유산산업은 다른 산업에 비해 경기침체에 가장 큰 영향을 받는 산업으로 알려져 있다. 그러나 경제, 문화 수준이 일정 수준 이상에 도달하게 되면 감각유산수요 탄력성은 약해지는 것으로 알려져 있다.

(3) 새로운 감각유산 경쟁자의 등장

신생 감각유산이 기존시장에 자신들의 시장수요를 증가시키기 위하여 '덤핑판매 전략'이 이용될 수 있지만 일부 감각유산의 지나친 저가격전략으로 인하여 전체 감각유산산업에 악영향을 미칠 수 있기 때문에 이러한 전략은 가능한 한 지양되어야 한다.

(4) 감각유산 소비자의 가치에 대한 평가

감각유산 소비자는 구매한 상품의 가격과 상품의 가치를 비교 평가하게 된다. 그러나 감각유산의 경우 대부분 사전에 그 가치를 평가할 수 없고 구매 후에 평가할 수 있는 경험재이기 때문에 소비자의 평가가 가격결정에 큰 영향을 미치게 된다. 따라서 판매 후 소비자의 비판적인 평가는 향후 상품을 개발하고 가격을 책정하는 데 악영향을 미칠 수 있기 때문에 감각유산 기획가는 소비자의 사후 평가에 늘 관심을 기울여야 한다.

3) 감각유산 가격의 결정방법

(1) 원가 중심의 가격결정(Cost-based pricing)

원가 중심의 가격결정(Cost-based pricing)이란, 감각유산 원가에 기대하는 수익 정도를 가산하여 가격을 결정하는 방법을 말한다. 이러한 방법은 주로 여행업에서 채택하고 있는데, 여행업의 경우 일반적으로 고가의 상품이므로 가격을 미리 설정하고 가격에 적절한 여행상품을 구성하는 경우가 많아 기본적인 원가를 사전에 파악할 수 있기 때문이다.

이러한 원가 중심의 가격결정(Cost-based pricing)은 가격경쟁을 줄이고 감각유산 요금의 공정성을 부각시킬 수 있다는 장점이 있는 반면에 감각유산 방문객의 평가와 경쟁감각유산의 전략을 반영할 수 없다는 단점을 지니고 있다.

(2) 감각유산 방문객 중심의 가격결정(Tourist-based pricing)

감각유산 방문객 중심의 가격결정(Tourist-based pricing)이란, 감각유산 방문객이 판단하는 가치에 근거하여 가격을 결정하는 방법으로 주로 레스토랑(요식업)에서 나타나는데, 음식의 원가가 아닌 레스토랑이 제공하는 분위기와 서비스로 인해 가치가 다르게 평가되기 때문이다. 감각유산 방문객 중심의 가격결정(Tourist-based pricing) 방법을 적용할 때에는 사전에 유사한 경쟁감각유산에 대한 소비자의 평가를 조사하여 가격결정에 반영해야 할 필요가 있다.

(3) 경쟁 중심의 가격결정(Pricing competition-based)

경쟁 중심의 가격결정(Pricing competition-based)은 감각유산 경쟁자의 가격을 기준으로 가격을 결정하는 방법으로 감각유산은 모방성이 강하므로 가장 널리 이용되고 있는 방법이다. 따라서 경쟁자에 대한 정보 수집과 분석을 통하여 가격을 어떻게 책정할 것인가에 대한 연구가 필요하다.

6. 감각유산 유통믹스전략

1) 감각유산 유통믹스의 개념과 특성

감각유산 유통믹스란, 감각유산과 소비자를 연결해 주는 유통과정상의 조직구조 또는 과정이라 할 수 있다. 즉 감각유산이 소비자에게서 소비되는 순간까지 일어나는 일련의 과정을 의미한다. 감각유산의 유통과정은 일반 상품의 유통과정과는 다른 특성을 나타내는데 그 내용을 살펴보면 다음과 같다.

첫째, 감각유산은 대부분 무형의 상품이므로, 물리적 유통현상이 발생하지 않고 정보의 전달에 의하여 간결한 유통과정이 나타난다.

둘째, 감각유산은 재고가 발생하지 않으며, 수송과 창고가 필요하지 않다.

셋째, 감각유산은 적시에 경험해야 하기 때문에 시간적 개념이 중요한 실시간 유통경로와 현장체험을 강화시키는 유통시스템을 필요로 한다.

2) 직접유통경로와 간접유통경로

감각유산의 유통은 일반적으로 4단계의 구조로 이루어진다. 1단계는 감각유산상품 공급업자가 소비자에게 직접 판매하는 유통방식이며, 2단계는 여행사나 투어오퍼레이터가 감각유산의 상품을 판매하는 유통방식이다. 3단계는 2단계의 감각유산 유통경로에 여행도매업자가 여행소매업자를 통해 판매하는 유통방식이며, 4단계는 3단계에의 감각유산 유통경로에 여행소매업자가 다시 특별중계업자를 통해 판매하는 유통방식이다.

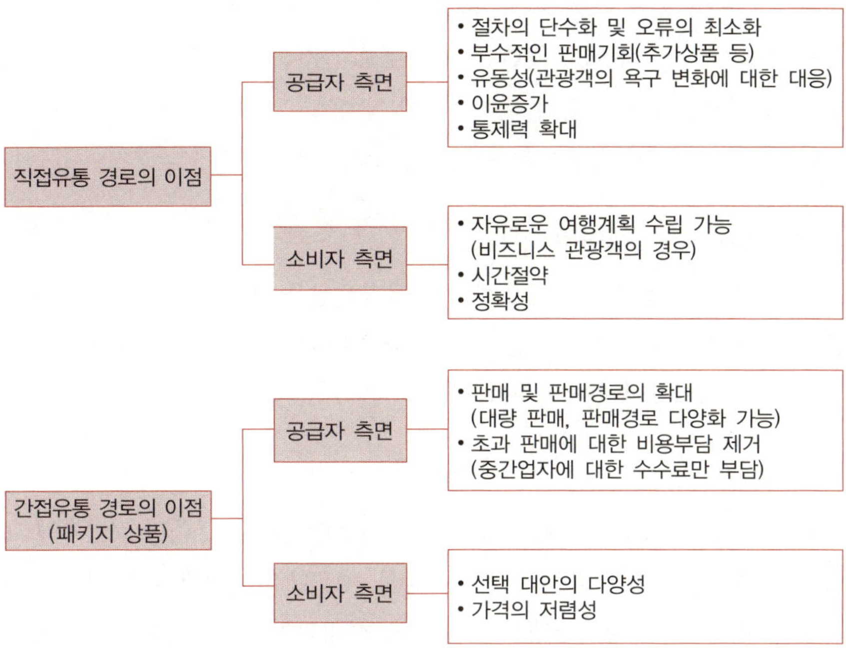

[그림 9] 감각유산 직접유통경로와 간접유통경로의 이점 비교

감각유산의 직접유통경로는 공급자 측면에서 부수적 판매기회의 증가를 통한 이윤의 증가, 통제력 확대 등의 이점이 있으며, 소비자 측면에서는 시간절약 등의 이점이 있다. 간접유통경로는 공급자 측면에서 판매경로의 확대와 비용 부담 등의 이점이 있으며, 소비자 측면에서는 선택 대안이 다양해지는 이점 등이 있다.

3) 감각유산 유통믹스의 고려사항

(1) 감각유산 유통 참여자의 동기를 고려한 유통시스템 설계

감각유산 방문객은 누구나 자신이 구입한 감각유산이 질적으로 높은 수준일 것을 요구하는 반면, 여행도매 및 소매업자, 중간관계자 등은 감각유산의 판매를 통하여 높은 이윤을 추구하고자 한다. 또한 감각유산 생산자는 많은 감각유산 방문객의 유치를 통한 수익 창출과 감각유산의 이미지가 높게 평가되기를 원한다. 따라서 감각유산 유통에 참여하는 여러 주체들의 다양한 동기와 목적을 고려하여 유통시스템을 설계해야 한다.

(2) 감각유산시장의 범위

감각유산 유통경로를 설계할 때에는 감각유산을 이용하게 될 시장의 범위를 사전에 조사하여 수요와 공급 간에 발생할 수 있는 오차를 최대한 줄일 수 있도록 고려하여 설계하여야 한다.

(3) 타깃 시장에 맞는 유통전략 적용

감각유산을 구매할 감각유산 방문객이 어떠한 상품을 구매할 것인가에 대하여 정확히 알아야 한다. 즉 고급 여행객, 비즈니스 여행객 등 타깃 시장의 특성을 고려하여 유통시스템을 적용할 때 합리적인 유통전략이 될 수 있다.

(4) 중간업자가 미치는 영향력을 고려

지역 및 국가에 따라 감각유산을 유통하는 과정에서 중간업자가 미치는 영향력이 다르게 나타난다. 따라서 이러한 중간업자가 어떠한 영향력을 미치고 있는가에 대하여 사전에 확인해 두어야 한다.

7. 감각유산 촉진믹스 전략

감각유산 촉진믹스란, 브랜드화된 감각유산을 감각유산 방문객에게 구매하도록 감각유산의 효능과 가치에 대한 정보를 제공하거나 설득하는 것을 의미하며, 감각유산 커뮤니케이션 믹스라고도 한다.

감각유산 촉진믹스는 크게 정보의 역할, 설득적 역할, 상기적 역할, 수정적 역할의 4가지 역할을 담당한다(〈표 6〉 참고).

정보의 역할은 잠재 감각유산 방문객에게 감각유산에 대하여 정보를 제공하는 역할을 의미하며, 설득적 역할은 감각유산에 대한 긍정적 이미지와 충성도 등을 창출하도록 하는 역할을 의미한다. 상기적 역할은 감각유산에 대하여 지속적으로 관심을 나타내도록 하는 역할이며, 수정적 역할은 감각유산의 생명력을 연장시키는 역할을 수행한다.

〈표 6〉 감각유산 촉진믹스의 역할

역할	내 용
정보의 역할	잠재 고객의 수요 창출을 위한 감각유산 정보의 제공
설득적 역할	감각유산에 대한 긍정적 이미지 창출, 충성도 증가, 차별화 역할
상기적 역할	해당 감각유산 및 브랜드를 지속적으로 상기하게 하는 역할
수정적 역할	감각유산이 쇠퇴기에 접어들 때 소비자가 관심을 갖도록 하는 역할(관심유도 행사, 참여고객 경품 등 강력한 판매촉진 수단)

1) 감각유산 촉진믹스의 목표와 관리과정

감각유산 촉진믹스의 가장 큰 목표는 바로 정보의 전달에 있다. 새로운 감각유산에 대한 인지의 창조와 설명, 부정적인 인식의 수정, 감각유산 이미지의 구축과 제고 등을 위하여 정확하고 신속한 정보의 전달이 이루어져야 한다.

〈표 7〉 감각유산 촉진믹스의 목표

① 시장에 새로 도입된 감각유산에 대한 인지 창조
② 새로운 감각유산 서비스의 특성 설명
③ 고객과 기타 대중들에게 감각유산 가격변경 사실을 고지
④ 제공된 감각유산 감각/서비스에 대한 잘못된 인식 수정
⑤ 새로운 감각유산 목표시장에 대한 어필
⑥ 감각유산 방문에 대한 고객의 의구심과 두려움 해소
⑦ 감각유산의 이미지 구축과 제고

감각유산 촉진(커뮤니케이션)믹스의 관리과정은 [그림 8]에 나타나 있는데, 감각유산 표적시장의 선정과정에서 효과의 측정과정까지 일반적으로 7단계의 과정을 거친다. 감각유산 촉진믹스의 가장 중요한 핵심은 바로 감각유산 고객과의 커뮤니케이션이기 때문에, 표적시장 선정 단계에서 표적시장이 명확해야 하며, 메시지를 전달하는 매체 선정이 적절해야 한다는 것이다. 또한 감각유산 촉진믹스 과정이 끝나면, 그 효과를 평가하여 부족한 점을 보완하는 과정을 반드시 거쳐야 한다.

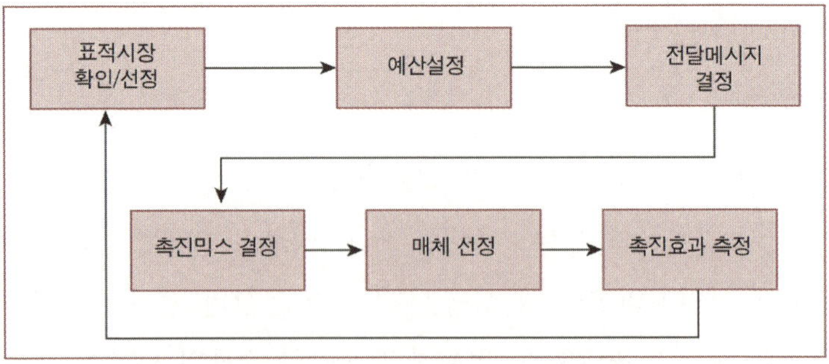

[그림 10] 감각유산 촉진믹스의 관리과정

2) 감각유산 촉진믹스의 Push/Pull 전략

감각유산 촉진믹스의 'Pull 전략'은 감각유산 생산자가 직접 소비자를 방문한 후 권유, 설득 등을 통해 감각유산상품/서비스를 판매하는 전략을 의미한다. 이와 반대로 소비자가 직접 구매하기 위하여 감각유산상품/서비스를 판매하는 장소까지 방문하도록 만드는 전략이 'Push 전략'이다. Push 전략의 경우 생산자에서 도매업자와 소매업자 등을 거쳐 소비자에게 정보가 전달되나 Pull 전략의 경우 생산자가 소비자에게 직접적으로 정보를 전달하게 된다. 따라서 Push 전략은 중간업자들의 구전효과와 직접적인 설명을 통한 설득을 통하여 감각유산상품/서비스를 판매하게 되며, Pull 전략은 '광고'를 통하여 소비자들의 감각유산상품/서비스에 대하여 관심을 갖도록 유도해 감각유산 판매장소까지 직접 방문하도록 하여 감각유산상품/서비스를 판매하게 된다.

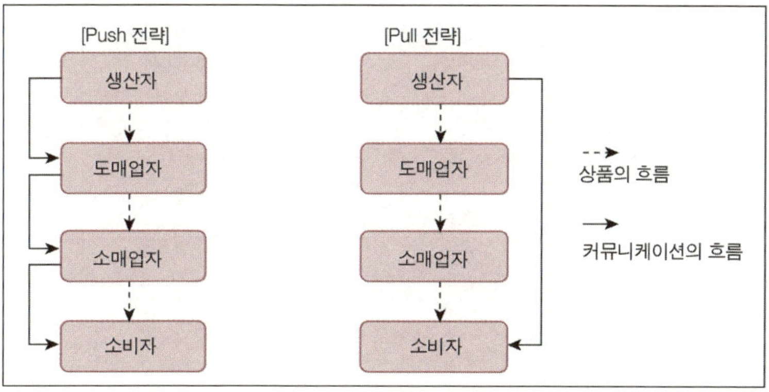

[그림 11] 감각유산 촉진믹스의 Push/Pull 전략

3) 감각유산 촉진믹스의 구성요소

감각유산 마케팅 관리자가 활용할 수 있는 감각유산 판매촉진 수단은 매우 다양하나 일반적으로 인적 판매, 광고, PR, 판매촉진의 4가지 요소로 구성된다.

인적 판매는 개별감각유산 방문객을 대상으로 정확한 정보를 전달할 수 있으며, 즉시적으로 판매효과를 기대할 수 있다는 장점이 있으나, 비용이 많이 든다는 단점이 있다. 감각유산 광고는 불특정 다수를 대상으로 신속한 정보를 전달할 수 있으나, 광고 자체를 통한 효과를 정확히 파악하기 어렵다는 한계를 지니고 있다. PR은 감각유산 브랜드에 대한 신뢰도를 높일 수 있으나 광고와 마찬가지로 직접적인 효과를 기대하기 어렵다. 판매촉진은 즉시적 효과를 높일 수 있다는 장점은 있으나, 경쟁자에게 쉽게 모방될 수 있다는 단점을 지니고 있다.

〈표 8〉 감각유산 촉진믹스의 구성요소

구성요소	대상	비용	장점	단점	비고
인적 판매	개별감각 유산고객	고가	정확한 정보전달, 융통성, 즉시적 효과	높은 비용	협의의 촉진
광고	전체	보통	신속, 메시지 통제 가능	효과측정 곤란, 정보량 제한	광의의 촉진
PR	전체	무료	신뢰도 높음	통제곤란, 간접적 효과	
판매촉진	전체	고가	주의 집중, 즉시적 효과	모방용이	

4) 감각유산 광고의 기능

감각유산 광고는 크게 사회적 측면과 경제적 측면, 커뮤니케이션 측면의 기능이 있다. 사회적 측면의 기능으로는 정보전달 기능과 획일화 기능, 오락제공 기능 등이 있으며, 경제적 측면의 기능에는 경제발전 기능, 마케팅 기능, 수요자극 기능 등이 있다. 커뮤니케이션 측면의 기능으로는 정보제공 기능과 설득기능, 반복기능 등이 있다.

사회적 측면	경제적 측면	커뮤니케이션 측면
정보전달 기능	경제발전 기능	정보제공 기능
파생효과 기능	마케팅 기능	설득기능
획일화 기능	업체경쟁 기능	반복기능
문화보급 기능	수요자극 기능	창조기능
오락제공 기능		

[그림 12] 감각유산 광고의 기능

5) 감각유산 인적 판매의 단계

판매자가 소비자인 감각유산 방문객을 직접 대면하여 감각유산을 판매하게 되는 인적 판매는 크게 3단계로 이루어진다.

첫 번째 단계는 감각유산 고객의 정보를 수집하는 단계로서 고객집단의 특성을 고려하여 적절하게 고객집단을 세분화하여야 한다. 두 번째 단계는 감각유산을 추천하는 단계로 소비자인 감각유산 방문객의 특성에 따라 감각유산에 대한 정보를 적절하게 제공해야 한다. 마지막으로 세 번째 단계는 감각유산을 판매하는 단계로 감각유산 방문객으로부터 구매 결정을 유도해야 하며, 감각유산 방문객과의 관계를 지속적으로 유지하여야 한다.

고객의 정보 수집단계
- 고객 세분화(유사 고객집단으로 분류)
- 집단 특성을 파악
- 집단에 따른 감각유산의 행동 패턴 조사(기간, 동반자 등)

↓

감각유산 추천단계
- 감각유산에 대한 정보 완벽하게 숙지
- 고객의 감각유산 동기, 욕구를 파악
- 고객에 따른 선호 유형 상품을 추천

↓

감각유산 판매단계
- 감각유산 구매 결정을 유도(인센티브, 경품 제공 등)
- 구매 결정의 번복이 일어나지 않게 주의
- 지속적인 관계 유지 및 관심을 표현(재구매 유도)

[그림 13] 감각유산 인적 판매의 단계

6) 감각유산 홍보의 특징

감각유산의 홍보는, 직접적으로 감각유산의 구매를 유발시키기 위한 감각유산 광고와는 다르게 잠재감각유산 방문객에게 간접적이고 우회적으로 메시지를 전달하여 감각유산 욕구를 자극하는 선전활동이다. 따라서 감각유산의 홍보는 다음과 같은 특징을 지니고 있다.

첫째, 감각유산 홍보는 무료형태로 감각유산에 대한 정보를 다양한 매체를 이용하여 소비자에게 전달하게 되는데, 여기서 감각유산 홍보의 정보는 공익성을 지녀야 한다. 둘째, 감각유산 홍보의 내용은 감각유산 관련 기업/이윤추구 집단이 원하는 내용이 아닌 홍보제작자가 의도하는 내용으로 제작된다. 셋째, PR필름, 각종 이벤트 행사, 감각유산안내소 운영과 연계되어 진행되며, 이러한 활동을 통하여 간접적으로 감각유산을 소개하게 된다.

7) 엔터테인먼트 마케팅

엔터테인먼트 마케팅이란, 영화, 애니메이션, 공연, 음악 등의 다양한 엔터테인머트 요소를 감각유산 마케팅 활동에 활용하는 것을 의미하는 것으로 글로벌 경제, 스마트 정보통신기술 발전의 계기와 맞물려 소비자들이 추구하는 가치와 새롭게 변화되는 욕구를 충족시키기 위한 것이다.

McDonald's가 Disney의 캐릭터를 이용한 마케팅 활동으로 큰 성과를 거둔 사례와 같이 엔터테인먼트 마케팅은 다양한 엔터테인먼트 요소라 할 수 있는 캐릭터 개발, 문화공연, 영화나 드라마와 같은 미디어 영역, 게임 등을 이용하여 시장세분화와 차별화의 새로운 시각을 제공할 수 있다.

8) Entertainment Marketing Companies 사례

엔터테인먼트 요소를 이용한 마케팅 성공 사례는 제조업을 중심으로 하는 기업뿐만 아니라, 유통업 및 서비스를 중심으로 하는 기업에까지 광범위하게 전략적으로 활용되고 있다. 〈표 9〉에서 살펴보면, 식료품의 유통을 중심으로 하는 Stew Leonard's에서 대형 유통 전문업체인 Wal-Mart까지 엔터테인먼트 요소를 이용한 마케팅 전략으로 성공한 사례가 있으며, 감각유산 산업분야라 할 수 있는 호텔과 레스토랑 항공사 기업에서도 이러한 엔터테인먼트 요소를 이용한 마케팅 전략이 매우 중요하게 이용되고 있다.

〈표 9〉 엔터테인먼트 마케팅 사례

산업분야	사 례
호텔	Delano(Miami), Mandarin(Hollywood), Royalton(New York)
레스토랑	Hard Rock Cafe, Planet Hollywood, House of Blues
항공사	Virgin Atlantic, Singapore Airlines 등
식료품 유통	Stew Leonard's, Somerfield(a U.K. Chain)
유통점	REI, Nike Town
패션/의류	Tommy Hilfiger
서점	Broders, Barnes & Noble
자동차	GM's Oldsmobile's Silhouette Premiere
은행	City bank
금융 서비스	Bloomberg
대형 유통	Wal-Mart

9) 스타 마케팅

일반 제품에 있어서 '스타 마케팅'은 '스타'를 통해 소비자에게 제품의 이미지를 전달하고 제품의 브랜드 가치를 향상시키는 데 그 목적이 있는데, 스타 마케팅은 마니아를 중심으로 한 표적시장을 구분하는 데 널리 이용되는 마케팅 전략의 하나로 의류 등 패션업계의 '옷 입히기 경쟁'이나, 자사제품의 브랜드 인지도 향상을 도모하기 위하여 중국 내에 한류 스타를 이용하는 광고 등을 그 예로 들 수 있다.

스타 마케팅이 가장 널리 이용되는 분야는 스포츠용품 관련 기업이 대표적이라 할 수 있는데 스포츠 스타를 이용한 마케팅 전략으로 나이키사의 사례를 살펴보면, 소비자들은 '나이키=마이클 조던'으로 인식하거나 크리스티아누 호날두 같은 축구선수를 활용하여 자신이 그 제품을 이용하면 관련 스타와 같이 될 수 있다는 환상을 심어주어 제품에 대한 구매욕구를 일으키게 하였다.

감각유산에 있어 '스타 마케팅'은 한류 스타를 이용하는 사례를 가장 대표적인 것이라 할 수 있다. 국내의 드라마와 영화를 통해 해외에서 지명도가 높은 스타를 통하여 국내 감각유산 홍보물과 광고를 제작하는 것과 스타와의 만남을 주선(여행사 + 엔터테인먼트 회사 + 관광공사 등)하는 상품 및 스타와의 만남과 더불어 다양한 행사를 진행(촬영장 답사, 감각유산지, 문화 홍보 등)하는 상품이 가장 대표적이라 할 수 있다. 최근 한류 현상이 높아지고 그에 따라 한류 스타들의 활동이 점차 광범위하게 진행되면서 한류 스타를 통한 마케팅은 점차 그 규모가 커지고 있으며, 더욱 전략적인 형태로 발전되고 있다. 한국민속촌은 예능 프로그램의 배경으로도 활용되고 있다. '동상이몽2'의 추자현&우효광 부부가 이곳에서 전통혼례식을 치렀다. 2015년에는 '슈퍼맨이 돌아왔다'의 인기스타 삼둥이가 출연하여 서당체험을 하였다. 이외에도 다양한 셀럽들이 출연하는 예능의 배경이 되었다. TV를 통한 유명인사의 대리소비, 대리학습을 통해 한국민속촌의 즐거운 분위기와 환상에 대한 소비자의 신뢰도가 제고된 것을 기대할 수 있다.

한류 스타를 이용한 감각유산 마케팅 사례를 또 살펴보면, 한류 스타들을 만나기 위한 중국 및 일본, 동남아 등지의 '팬클럽' 단체 감각유산 방문객 입국이 최근 들어 자주 나타나고 있는데 배우 이병헌을 보기 위한 일본 팬클럽 400명 방문 사례나 배우 원빈 생일파티에 7개국 팬클럽 단체가 참여한 사례, 배우 배용준을 만나기 위한 일본팬 900명이 방한하여 드라마 '겨울연가', '호텔리어'의 촬영장을 답사한 사례 등이 있다.

스타 방문을 통하여 이루어지는 한류 감각유산 방문객들이 중요한 이유는 한국 문화의 전달과 촬영지 답사 등을 통하여 한국의 다양한 감각유산에 대한 홍보 효과를 거둘 수 있어 차후 재방문을 유도할 수 있기 때문이다.

10) 감각유산 판매촉진 목적과 구분

감각유산 판매촉진(Sales Promotion)의 궁극적인 목적은 단기적으로 감각유산의 구매나 판매를 증진시키는 것이다. 따라서 이러한 궁극적인 목적을 이루기 위해서는 소비자가 감각유산 브랜드를 구매할 수 있도록 동기를 부여하여야 하며, 감각유산 반복구매의 조장과 전체 고객의 충성심 유지, 감각유산의 경쟁력을 유지하는 등 세부적인 목적이 이루어져야 한다.

감각유산 판매촉진을 위한 기술은 '고객지향적 판매촉진'과 '판매자 지향적 판매촉진'으로 구분할 수 있는데, 고객지향적 판매촉진이란, 광고와 홍보를 통하여 감각유산을 소비자에게 인지시키고 가격할인, 상품 및 경품 제공, 인센티브 부여 등을 통해 상품을 구매하게 하는 것이며, 판매자 지향적 판매촉진이란, 감각유산을 생산자가 판매자에게 일정 수준 이상을 판매하도록 유도하는 방법으로 수당이나 보너스 지급 등의 방법을 이용하여 판매자의 동기를 부여시키는 것을 의미한다.

8. 감각유산 내부 마케팅(Internal Marketing) 전략

1) 감각유산 내부 마케팅(Internal Marketing)의 목적

감각유산 내부 마케팅(Internal Marketing)의 목적은 감각유산 종업원에게 동기를 부여하여 고객지향성과 서비스 의식을 향상시켜 종업원의 자질을 개발시키는 것이다. 이러한 목적을 이루기 위해서는 유능한 종업원을 모집·확보하고 종업원들에게 감각유산의 사명과 전략, 감각유산 서비스 제품, 감각유산 광고 캠페인 등을 이해시켜 업무 수행에 대한 이해를 높여야 한다.

2) 감각유산 내부 마케팅(Internal Marketing)의 역할

감각유산 내부 마케팅(Internal Marketing)의 주요 역할은 다음과 같다.

첫째, 감각유산을 제공하는 감각유산 내 조직의 서비스 문화를 창조하고 유지시킨다.

둘째, 감각유산을 제공하는 종업원들의 서비스 품질을 향상시키고 유지시킨다.

셋째, 감각유산을 제공하는 감각유산 내 조직의 내부적 통합을 도모하여 작업의 효율성을 증가시킨다.

3) 감각유산 내부 마케팅의 성공조건과 실천방안

감각유산 내부 마케팅(Internal Marketing)을 성공적으로 이끌기 위해서는 감각유산 기획/관리조직 내에서 '내부 마케팅'을 전략적으로 관리하여야 하며, 또한 감각유산 기획/관리 조직을 경영하는 데 있어 중요한 부분으로 인식하여야 한다. 또한 감각유산 내부 마케팅 과정이 조직구조나 경영층으로부터 지원되어야 하며, 최고경영층의 지속적인 관심과 관리가 필요하다.

감각유산 내부 마케팅(Internal Marketing)의 성공을 위한 실천방안으로는 첫째, 노사 간의 갈등과 종업원의 스트레스에 대한 적절한 관리가 필요하며 둘째, 종업원의 고용 후 최고의 종업원을 유지하기 위한 지속적인 교육과 훈련의 실시가 실천되어야 한다. 셋째, 경영지원 및 내부 커뮤니케이션 기능을 강화하여야 하며 넷째, 책임 및 권한부여와 업무 수행에 대한 인정 및 보상이 투명하게 이루어져야 한다.

9. 감각유산 물리적 증거 관리 전략

1) 감각유산 물리적 환경의 중요성과 역할

감각유산의 물리적 환경이란, 주로 감각유산 체험과 관련된 서비스 마케팅 전략을 지원하는 역할을 말하는 것으로 무형의 상품인 감각유산 체험 서비스를 유형화시키는 것을 의미한다. 감각유산은 대부분이 무형의 상태로 존재하기 때문에 고객이 감각유산 서비스에 대하여 평가하는 데 난해함을 가질 수 있다. 따라서 이러한 무형적 상품을 고객이 평가할 수 있는 물리적 요소로 표출해 줄 필요성이 있는데, 가장 대표적인 물리적 환경으로는 분위기와 음악, 향, 인테리어 등이 있다.

감각유산 물리적 증거의 유형은 크게 물리적 환경, 커뮤니케이션, 가격 등으로 구분할 수 있으며, 물리적 환경은 다시 주위 요소와 디자인 요소, 사회적 요소로 구분할 수 있으며, 커뮤니케이션은 감각유산서비스의 유형화, 감각유산 메시지의 유형화로 구분할 수 있다. 마지막으로 감각유산 가격은 가격을 통해 감각유산 서비스에 대한 평가가 다르게 나타날 수 있다는 것을 의미한다.

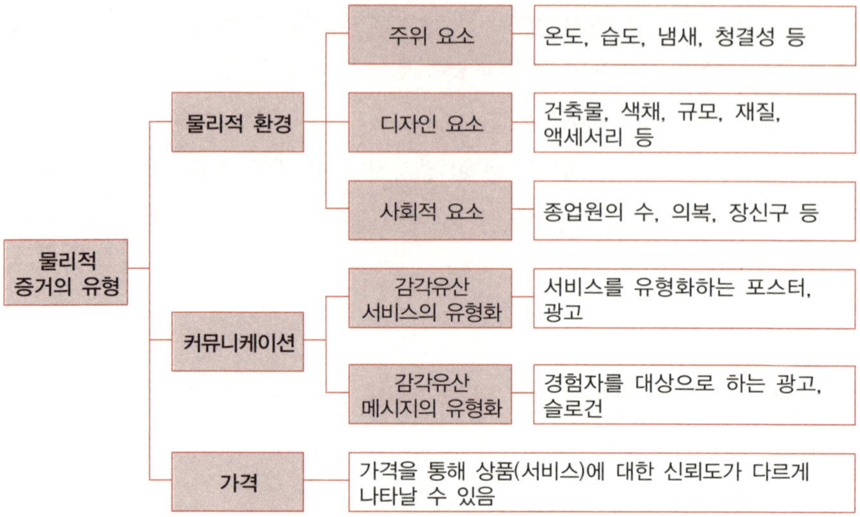

[그림 14] 감각유산 물리적 증거의 유형

2) 감각유산 물리적 증거의 역할

감각유산 물리적 환경은 전반적인 감각유산 서비스의 이미지 형성에 영향

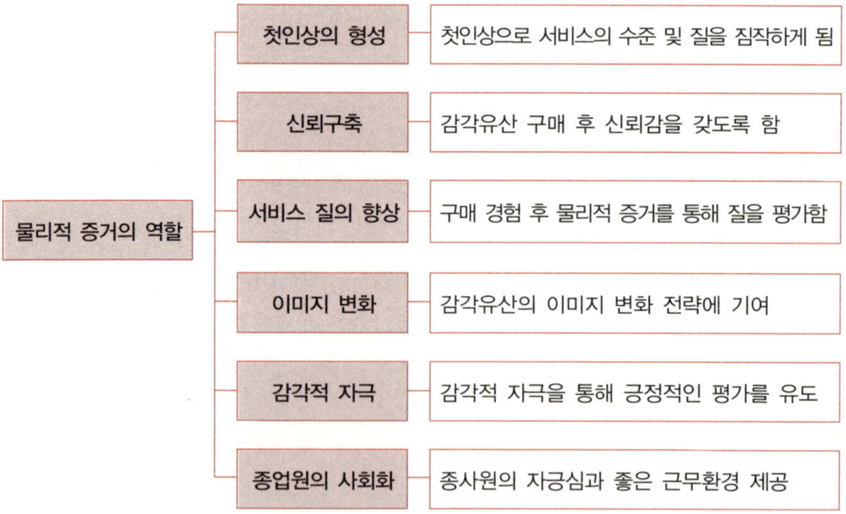

[그림 15] 감각유산 물리적 증거의 역할

을 미치는 요소로서 바람직한 물리적 증거는 고객은 물론 종업원에게도 긍정적인 영향을 미칠 수 있다. 감각유산 물리적 증거는 감각유산 고객과의 커뮤니케이션을 통하여 감각유산 상품을 무형에서 유형으로 변화시킴으로써 감각유산 소비자의 이해와 구매결정을 독려하는 역할과 상품/서비스에 대한 긍정적 인식을 창조하는 역할 등을 담당한다.

10. 감각유산 브랜드 커뮤니케이션경험의 개념

감각유산 브랜드 경험은 크게 마케팅 차원과 커뮤니케이션 차원에서 이해할 수 있다. 마케팅 차원 경험은 감각유산 자극에 대한 반응으로 일어난 사건을 말하며, 커뮤니케이션 차원 관점의 경험은 브랜드 자산으로서의 감각유산 경험을 말한다. 다시 말하면 마케팅 차원 관점에서는 감각유산 관련 소비자 정보처리과정의 일부이고 커뮤니케이션 차원 관점에서는 목표 소비자에게 전달되어야 할 감각유산 관련 메시지이다. 즉 감각유산 경험은 커뮤니케이션 자산으로서 브랜드 자산의 형성요인으로 작용할 수 있는 감각유산의 인지적, 감성적 자산이라고 할 수 있다(김유경, 2003). 이와 같은 관점에서 브랜드 커뮤니케이션경험은 감각유산 고객이 경험할 수 있는 통합적인 접점을 활용한다는 점에서 통합적 커뮤니케이션(Integrated Marketing Communication: IMC)과 유사한 개념일 수 있다(장대련 · 고애란, 2006).

브랜드 경험의 정보원으로서 커뮤니케이션 접점별 특성을 살펴보기 위해 4개 제품군에 대해 분석한 결과 〈표 10〉과 같이 제품 유형별 적합한 커뮤니케이션 접점은 상이한 것으로 나타났고(조정식 · 남진영 · 황장선, 2012), 사전지식과 제품의 유형도 부분적 영향을 미치는 것으로 분석되었다. 소셜 미디어의 경우 지성적 경험, 감성적 경험, 감각적 경험의 순으로 적합도를 인식하는 것으로 분석되었다.

감각유산 경험 커뮤니케이션 효과를 극대화하기 위해서는 감각유산 구매단계별 적절 커뮤니케이션 수단을 통해 효과적인 경험 제공이 필요하다. 미디어를 통한 감각유산 간접경험은 사회적으로 공유된 의미를 제공하며 구매 전에도 중요하지만 구매 후 개인의 감각유산 브랜드에 대한 개인적 의미 형성에 중요한 역할을 할 수 있다. 즉 소비자와 감각유산 브랜드 관계에는 직접경험뿐만 아니라 경험 커뮤니케이션을 통한 간접경험도 매우 중요하다.

〈표 10〉 커뮤니케이션 유형별 접점의 역할

대분류	세부 커뮤니케이션 접점	커뮤니케이션 접점의 역할
Mass Media	TV, 인쇄(신문, 잡지)광고	브랜드 이미지, 태도 형성
New Media	SNS(블로그, 트위터, 페이스북), 온라인 광고(브랜드 홈페이지)	높은 상호작용성, 높은 정보의 선택성
One to one	카탈로그, 직접우편, 서비스센터	개인화된 정보 제공, 관계 형성 및 강화
Indirect	PR(언론보도), 전문 잡지, 구전(WOM)	높은 정보의 신뢰성
Point of Sale	프로모션(가격할인, 쿠폰), 매장 내 활동, 판매원	직접적인 구매 유도, 브랜드 전환 유도
Event	이벤트, 후원	목표 소비자의 선별성, 다양한 참여 유도

출처: 조정식·남진영·황장선(2012), 브랜드 경험을 위한 정보원으로서의 커뮤니케이션 접점 사전 지식과 제품 유형에 따른 적합성 검증, 광고연구, 92: 586-618.

브랜드에 대한 구매단계별, 커뮤니케이션 수단별 커뮤니케이션경험의 변화를 분석한 결과(〈표 11〉 참고), 구매 전 단계에서는 매체광고 경험에 대한 인식이 높았으며, 구매 후 단계에서는 인터넷 등 뉴미디어를 활용한 경험의 인식이 높았다(김유경·최창원·이재호, 2005). 뉴미디어의 경우 공감대 형성과 외적 감동 등 브랜드 관계의 친밀성 경험에 대한 인식이 높아 장기적 브랜드 애착 형성에 긍정적 영향을 주는 것으로 분석된다.

〈표 11〉 구매단계별 커뮤니케이션 수단의 전략적 활용

커뮤니케이션 수단	구매 전 단계					구매 후 단계					
	혜택적 경험	역동적 경험	공감대	효용적 경험	스타일적 경험	혜택적 경험	쾌락적 경험	효용적 경험	공감대	스타일적 경험	외적 감동
매체광고	■	■	■	■	■			■		■	
판매촉진				■		■					
이벤트	■	■		■			■	■			■
홍보활동	■					■					
직접반응						■					
인터넷	■	■			■	■	■		■		■

출처: 김유경 · 최창원 · 이재호(2005), 구매단계에 따른 브랜드 경험의 변화와 커뮤니케이션 수단의 영향 연구, 한국광고홍보학보, 7(4): 95-126.

적절한 브랜드 커뮤니케이션 전략을 수립하기 위해서는 경험소비자의 구매단계별로 경험커뮤니케이션의 내용을 차별화할 필요가 있는데 구매 전 단계에서는 지각된 경험관점에서 인지, 감각적 경험을 강화할 필요가 있으며, 구매 후 단계에서는 실제경험 후 이에 대한 경험 공유 등 관계적 경험을 강화할 필요가 있다. 또한 구매경험자와 미경험자 등 경험에 따른 세분 타깃별로 차별적인 커뮤니케이션경험을 할 수 있는 미디어의 차별적 활용을 통한 커뮤니케이션의 효율성 제고도 필요하다(김유경 · 최창원 · 이재호, 2005).

1) 감성 커뮤니케이션(ECR) 기반 관계구축

미래학자들은 첨단기술이 발전하면 할수록 감성요소의 도입수준이 평균적으로 평범한 브랜드와 사람들의 사랑을 받는 브랜드를 구분하는 요소로 나뉜다고 내다보고 있다(이태희, 2011). 결국 감성커뮤니케이션(Emotion Communication

Responses)은 고객과의 거리를 좁히는 관계형성에 큰 기여를 하게 된다(박윤미 · 이태희, 2016). 이처럼 사랑받는 브랜드가 되길 갈망하는 감각유산의 경우도 다양한 전략을 동원하여 고객의 마음을 잡기 위해 노력하고 있으며, 그 노력에 광고라는 매개를 통해 고객에게 더 가까이 다가가고자 많은 노력을 기울이고 있다.

초기 감각유산의 커뮤니케이션 전략은 광고를 이용해 감각유산의 정보를 최대한 노출 시켜 감각유산을 알리는 데 그 목적이 있었다. 정보의 홍수시대인 현대사회에서 소비자의 감각유산 선택의 폭은 다양해지고 광범위해졌으며 고객은 더 이상 감각유산의 단편적인 노출과 정보만을 제공하는 광고로는 그 기대를 해소시킬 수가 없고 고객만족을 불러올 수 없게 되었다.

감각유산의 이미지에 대한 긍정적인 반응을 불러오는 차별화된 광고는 이러한 다양한 욕구를 가진 소비자들과 교감하고 감각유산과 소비자의 관계형성에 더욱 박차를 가할 수가 있다. 특히, 단순한 소비재를 파는 기업과는 달리 이미지에 따라 구매여부가 결정되는 비중이 큰 감각유산 입장에서는 광고를 통한 감각유산의 이미지 구축이 다른 무엇보다도 중요한 요소이며 갈수록 높아지는 고객들의 눈높이를 만족시키기에는 기존의 천편일률적인 광고만으로는 역부족일 것이다.

고객과의 커뮤니케이션이라 할 수 있는 광고는 고객의 기대, 고객의 인식에 영향을 미친다. 또한 광고는 소비자의 위험지각 수준이나 서비스 성과의 불확실성을 감소시키는 기능을 한다. 항공 수요의 증가는 항공사에 대한 고객의 기대와 욕구를 더욱 높게 만들어 항공사들은 다양한 마케팅의 차별화를 통해 경쟁력을 높이고 경쟁에서의 우위를 점하기 위해 다각도로 그 방안을 모색하게 된다(박홍수 · 하영원, 2004). 또한 고객과의 접점에서 이루어지는 인적 서비스로의 차별화를 꾀하게 되는데(강나연, 2007) 이러한 인적 서비스의 차별화뿐만 아니라, 고객과의 거리를 더욱 좁혀 지속적인 관계를 맺고자 하는 다양한 마케팅 시도는 감각유산의 경우와 다를 바 없이 고객의 마음을 잡기 위해 총력을 기울이는 것이다.

광고를 통한 감각유산의 커뮤니케이션은 감각유산이 이미지와 개성을 살려 감각유산에 대해 소비자들이 적정한 기대를 형성하게 하고 감각유산의 편익과 특성에 대한 정보를 고객에게 제공하는 것이다. TV, 신문, 잡지, 라디오 등의 전통적인 감각유산 광고뿐만 아니라 인터넷, 모바일, 케이블TV 등의 뉴미디어 매체를 감각유산 브랜드관계에 따라 활용하기 위해서는 고객과 감각유산 브랜드와의 관계성을 살펴 세분화된 전략에 따른 광고효과를 극대화시켜야 할 것이다.

이처럼 감각유산은 광고라는 연결고리를 통해 고객의 거리를 더욱더 좁힐 수 있으며 결국 고객과의 관계형성에 큰 역할을 할 수 있다. 이러한 긍정적 이미지를 통한 관계형성은 감각유산 고객의 기대와 만족을 더욱 격상시켜 광고가 단순히 고객에게 감각유산을 알리는 정보제공의 틀에서 벗어나 광고를 통해 소비자와 소통하는 관계를 형성한다는 점을 강조해야 할 것이다.

2) 커뮤니케이션과 광고의 역할

광고를 통해 감각유산 기획/관리 조직은 소비자들의 주의를 이끌어낼 뿐만 아니라, 제품과 서비스에 대한 지속적인 관계를 유지하기 위한 행동 영향을 제공하여 태도 변화를 유도해낸다(안광호 · 임병훈 · 김승호, 2004). 이러한 광고활동을 통해 감각유산의 실체를 알리려고 전달되는 유형, 무형의 정보로부터 소비자들이 그 감각유산에 대한 이미지를 형성하게 된다(최은주, 2008). 또한 이러한 감각유산의 광고를 통해 감각유산의 철학이나 비전, 사회적 공헌들을 알려 감각유산의 명성을 높이고 신뢰감을 갖도록 유도하면서 감각유산에 대한 호의적인 태도를 형성하게 한다(임언석 · 허웅, 2010).

Kirmani & Zeithaml(1993)의 연구에서도 광고가 지각된 품질과 가치에 영향을 주고 이는 다시 브랜드 이미지에 영향을 주는 과정을 통해 브랜드 자산이 형성되는 관계를 규명하였다. 결국 광고가 브랜드 자산에 커다란 영향을 미친다는 것을 알 수 있다.

이러한 광고의 효과는 항공사의 경우도 그 중요성이 계속 인식되고 부각되어 소비자들과의 더 밀접한 커뮤니케이션을 시도하기 위해 지속적인 노력을 기울이고 있다. 또한 서비스 산업에서 광고는 고객들이 서비스에 대한 경험이 부족할 때 가시적인 단서를 제공하도록 구성하여 구매에 따른 지각의 위험을 줄이고 잠재적인 고객들에게 현실적인 기대를 형성하게 한다(Legg & Baker, 1987).

긍정적인 광고에 대한 태도가 형성되기 시작하면 해당 광고에 대한 감각유산의 이미지도 긍정적인 영향을 받는 것으로 나타나 긍정적 광고 태도는 감각유산의 이미지 제고로 연계된다(최은주, 2008). 영상광고에서 색채의 상징성에 관련하여 색채도 하나의 기호로써 인식되고 커뮤니케이션 과정에서 심층적으로 표현된 메시지의 의미 분석과 해석을 가능하게 한다(박영원 · 박상혁, 2007). 즉 영상광고의 색채 이미지를 통해 독창적 차별성을 전달하여 감각유산 및 브랜드의 인식효과를 최대한 높일 수 있을 것이다.

3) 커뮤니케이션과 브랜드관계품질(BRQ)

최근 들어 브랜드를 사회적 관계 파트너로 인식하는 경향이 강화됨에 따라 브랜드와 소비자의 관계는 그 중요성이 더욱 높아지고 있다. Hunt & Dwyer는 브랜드 마케팅의 핵심은 불연속 거래가 아닌 관계적 교환을 지향하는 것이라고 주장하였다. 브랜드는 소비자와 의인화 및 개인화의 과정을 거치면서 유기적 관계를 맺게 되는데, 이러한 움직임은 브랜드를 복합적인 가치를 지닌 사회 구성원으로서 인식하게 한다. 특히, 고객 접점이 많은 서비스 브랜드일수록 인간적인 관계를 형성하고 싶어 한다(최순화 · 이민훈, 2010). 즉 브랜드관계는 소비자와 브랜드가 동등한 당사자로서 파트너로 인식되며 브랜드를 인지하는 순간뿐만 아니라 구매하고 경험하는 전 과정에 걸쳐 관계를 맺게 됨으로써 심리적, 사회적, 문화적 맥락 모든 부분에서 의미를 지닌

다차원 및 동적 관점을 공유하게 된다(Fournier, 1998; 윤선정, 2010). 이를 통해 소비자와 브랜드 사이의 질적 차원(Brand Relationship Quality)의 수준이 사랑과 열정, 자아연관성, 상호의존, 몰입, 친밀함, 브랜드파트너의 품질을 유지하는 것이다(이태희 · 김민지, 2014).

또한 브랜드관계를 소비자가 브랜드에 대한 기능이나 편익을 제공받는 단순한 관계가 아닌 감성적, 인지적 과정을 수반함으로써 상호의존, 만족, 원조를 기반으로 한 상호관계로 인식한다(유재하, 2004). 이러한 브랜드관계는 소비자들과의 다양한 상호작용에 의한 교감이므로 여러 가지 요인들이 브랜드관계를 형성하는 데 영향을 끼치고 있다.

커뮤니케이션, 파트너와의 교감, 반이기적인 행동이 신뢰에 영향을 미치며, 신뢰는 관계몰입과 상호협력의 관계를 낳고 의사결정의 불확실성을 초래하는 등의 연속적인 영향을 미친다(Morgan & Hunt, 1994). 결국 신뢰를 바탕으로 소비자와 브랜드의 관계가 형성되었을 때 긍정적인 영향이 발생하는 것이다.

광고효과에 영향을 미치는 광고커뮤니케이션 3요인(브랜드 친숙도, 메시지복잡성, 광고의 노블티) 중 브랜드 친숙도가 브랜드 인지도와 광고 메시지 회상도에 긍정적으로 작용하였음을 알 수 있었고, 나머지 2요인은 wear-in/out[4] 효과가 있음을 알 수 있었다(김현숙 · 이경렬 · 류진한, 2010). 브랜드 친숙도에 따른 광고효과 중 친숙도는 광고에 있어서 인지적, 태도적, 행위적 차원에서 긍정적인 광고효과를 발휘하는 요인으로 작용하고, 특히 교통광고 매체 믹스를 통하여 그 효과가 더 극대화될 가능성을 제시하였다(김효규 · 유재적, 2009).

소비자들이 광고노출을 통해 어떻게 브랜드 개성을 형성하고 그 결과 어떠한 영향을 받는지를 알아본 결과(유창조 · 박찬, 2005), 광고에 대한 소비자

---

4) • Wear-in: 동일한 광고에 반복 노출됨에 따라 광고에 대한 반응이 높아지는 효과
• Wear-out: 반복노출되면서 반응이 떨어지는 효과

들의 반응들 중 광고단서에 대한 반응, 속성에 대한 믿음 및 감정적 반응은 어느 정도 반복 노출된 경우에 한하여 브랜드 개성이 영향을 미치고 있었다. 또한 소비자들이 어느 정도 광고에 반복 노출된 경우 브랜드 개성은 브랜드 태도에 추가하여 브랜드 구매의사에 유의한 영향을 미쳤으며 소비자가 브랜드와 자신을 동일시하는 수준은 브랜드 개성이 구매의사에 미치는 영향을 조절하고 있음을 밝혔다.

지금도 이미 수많은 감각유산들이 브랜드관계성을 근간으로 한 광고를 소비자들에게 선보이고 있다. 이런 성과를 통해 다른 감각유산과의 경쟁에서 우위를 점하며 이를 바탕으로 형성된 관계를 지속시키기 위해 많은 노력을 하고 있다. 이러한 흐름은 감각유산의 광고에서도 예외가 될 수 없고 오히려 더 비중 있는 마케팅의 부분으로 인식될 것이다. 특히 감각유산은 다른 매력물들에 비해 고객과의 이미지와 감성적 교감에 대한 비중이 매우 크게 작용하므로 브랜드관계성을 활용한 광고는 소비자와의 관계형성과 고객만족의 확대뿐만 아니라, 구매로 이어질 수 있는 발판을 마련할 수 있을 것이다.

브랜드관계성에는 여러 요소들이 있겠지만 친숙도, 신뢰도, 인지도의 브랜드관계성을 활용한 기존의 수많은 광고를 분석하고 이를 바탕으로 세분화된 광고를 기획하면 이러한 브랜드관계성이 개입되어 제작한 광고를 통해 감각유산 고객과의 질 높은 관계(BRQ)가 형성되었을 때 고객의 만족도는 더욱 높아지며 지속가능한 감각유산으로 자리매김하게 될 수 있을 것이다.

이러한 브랜드관계성의 변수가 중요함을 입증하고 향후 감각유산 광고를 제작함에 있어 브랜드관계성을 고려한 더욱더 세분화되고 차별적인 요소(친숙도, 신뢰도, 인지도 등)들로 소비자들에게 다가가야 한다. 이를 통해 경쟁이 가속화되고 있는 감각유산 시장에서 소비자들과 교감하는 통로를 만들어 고객만족을 더욱 높이는 데 기여할 수 있을 것이다. 또한 이러한 요인들이 실질적으로 감각유산 광고에 어떻게 적용되고 있고, 감각유산 광고를 제작함에 있어 브랜드관계성의 요인들을 어떻게 활용해야 하는지에 대한 연구 또한 이루어져야 할 것이다.

II. 감각유산의 홍보

1) 감각유산 홍보의 의미

감각유산 홍보는 감각유산대상 및 감각유산목표시장의 고객 또는 고객층에게 감각유산대상, 감각유산특성, 감각유산시설 등의 감각유산에 대한 올바르고 호의적인 정보 및 지식을 알리기 위하여 선전, 광고, 퍼블리시티, PR 등을 이용해 전파하는 행위라고 할 수 있다.

이러한 감각유산 홍보는 TV 프로그램, 잡지, 일간신문, 스포츠 신문 등의 언론매체에서 감각유산의 여행상품을 경품으로 하는 사례가 대표적이라 할 수 있는데, 감각유산 측은 자사의 상품을 경품으로 하여 많은 대상에게 효과적으로 홍보할 수 있는 계기를 마련할 수 있다는 이점이 있다.

2) 감각유산 홍보의 분류

(1) 감각유산선전 및 감각유산PR

감각유산선전 및 감각유산PR이란, 감각유산단체가 공익 목적을 진작시키기 위하여 의미 있는 기호나 상징을 전파하는 행위를 의미한다. 감각유산선전은 홍보 주체의 유리한 정보만을 제공하는 일방적인 특성을 지니며, 감각유산에 대한 구매행동을 유도하기 위한 목적을 지니는 반면, 감각유산PR은 감각유산에 대한 사회적 신뢰와 이해를 구하고 대중과의 우호적인 관계형성을 위한 정보의 제공을 목적으로 하는 데서 다소 차이가 있다.

또한 감각유산PR은 대중적인 매체를 이용하지 않고 홍보용 영화를 제작하거나, 해외 박람회 및 전시장의 참가, 팸투어 등의 방법을 통하여 대중들에게 감각유산 정보를 제공하게 된다. 감각유산PR의 방식은 소프트 세일(Soft Sale)과 하드 세일(Hard Sale)로 구분할 수 있는데, 소프트 세일(Soft Sale)은 감각유산수요층을 중심으로 감각유산의 소개만을 취하는 방식으로 이루어지며, 하드 세일(Hard Sale)은 구매 자극을 위해 상품의 내용을 구체적으로 제시하는 방식으로 이루어지게 된다.

(2) 감각유산광고 및 감각유산 퍼블리시티(Publicity)

넓은 의미에서 광고는 퍼블리시티(Publicity)와 PR까지 포함하는 포괄적인 홍보를 의미하며, 좁은 의미에서는 광고주에 의해 상품에 대한 정보와 메시지를 다양한 수단(언어, 기호, 음악, 색채 등)을 구사하여 소비자에게 전달하는 형식을 의미한다. 또한 퍼블리시티(Publicity)는 PR과 유사한 개념으로 사용되지만, 신문, 잡지, 라디오, 인터넷 등의 대중매체를 이용하는 것이 PR과 다른 차이점이다.

광고는 주로 유료로 광고주를 명시하는 것이 일반적인 반면, 퍼블리시티(Publicity)는 무료로 제공자를 명시하지 않는다는 차이점이 있으며, 광고는 주로 전문적인 광고대행사를 통해 제작되지만, 퍼블리시티는 기자회견, 상품설명회, 이벤트 연출 등을 통해 뉴스로 취급되는 것이 일반적이다.

3) 감각유산 홍보의 내용과 소구점(Charming Point)

(1) 감각유산 홍보의 내용

인바운드(In-Bound) 투어의 감각유산 홍보를 위해 가장 중요하게 고려해야 할 사항은 각 나라가 지니고 있는 언어, 풍속, 관습, 사상, 기호, 종교 등과 같은 '문화' 및 '하위문화'에 대하여 관심을 갖고 이러한 특성을 해외감각유산 방문객들에게 잘 전달할 수 있어야 한다는 것이다.

감각유산시장을 세분화하여 구분된 시장은 지역, 대상, 속성 등이 다양하므로 접근방법을 다각화해야 할 필요가 있다. 즉 감각유산 홍보의 언어와 회화, 도식, 색채 등을 신중히 선택하여야 하며, 국민성, 민족성, 정서, 생활환경 등에 따른 문안이나 디자인, 표현방법 등을 고려하여 감각유산 홍보전략을 개발하여야 한다.

해외감각유산 홍보를 위해서는 해당 대상국의 일반대중들이 이해하기 쉬워야 하며, 광고홍보 내용이 오래도록 남을 수 있을 정도로 인상적이어야 한다. 또한 공익적인 내용을 포함시킴으로써 소개하고자 하는 국가에 대하여 호감을 가질 수 있도록 제작하여야 한다.

(2) 감각유산 홍보의 소구점(Charming Point)

세계의 감각유산선진국을 살펴보면, 그 나라를 상징적으로 나타내는 감각유산의 매력요소가 존재하는데, 이태리 볼로냐의 미각여행, 영국의 해리포터, 프랑스의 와이너리/미각여행, 스페인의 산티아고길, 폴란드의 아우슈비츠 수용소 등이 좋은 예이다. 이렇듯 각 국가를 대표하는 상징적 요소는 감각유산 홍보의 소구점(Charming Point)으로 작용하여, 해당 국가의 감각유산이미지를 제고시키는 데 긍정적인 작용을 하게 된다.

그러나 국내의 경우 그동안 세계 각국의 감각유산 방문객들에게 한국의 감각유산에 대한 강한 이미지를 전달해 주지 못함으로써 아직까지 뚜렷한 상징적 요소가 부재한 실정이다. 따라서 한국 고유의 소리와 맛, 향기와 질감을 강조하는 새로운 감각유산 소재를 이용하여, 하루 빨리 한국을 대표할 수 있는 새로운 감각유산 체험의 소구점(Charming Point)의 개발이 이루어져야 하겠다.

4) 감각유산 광고홍보전략의 효율적 접근방안

(1) 홍보는 Win-Win 게임

현대는 과거와는 달리 '만들기만 하면 팔리는 공급자 중심의 시대'가 아니다. 따라서 상품을 잘 만드는 것만으로는 부족하며, 잘 팔릴 수 있도록 감각유산 브랜드를 포장하거나 광고하는 등의 전략적인 판매방법이 필요하다. 이러한 관점에서 홍보는 대중에게 정확한 정보를 제공하고 감각유산에게는 이윤을 추구할 수 있는 'Win-Win 게임'이라는 시각이 필요하다.

(2) 감각유산 홍보전략의 효율적 접근방안

감각유산 홍보전략이 효율적으로 대중에게 접근되기 위해서는 다음과 같은 내용을 고려하여 제작하여야 한다.

첫째, 연령과 학력 수준에 관계없이 모든 계층이 이해하기 쉽도록 대중의 입장에서 제공하는 자료를 쉽고 간결하게 제작하여야 한다.

둘째, 홍보는 제한된 매체를 통해 이루어지기 때문에 모든 기업의 감각유산을 자세히 홍보할 수는 없다. 따라서 고객의 시선을 끌 수 있는 매력적인 요소를 이용하거나, 사회적 이슈를 적절히 활용하는 홍보전략이 필요하다.

셋째, 상품의 포장이 아무리 좋다고 해도 지나치게 과장된 표현이나 궁금증을 일으키게 하는 표현을 이용하여 고객을 속이는 홍보라면 홍보의 가치가 없을 것이다. 따라서 멋이나 품위보다는 정확성과 진실성을 더욱 중요하게 고려하여 홍보물을 제작하여야 한다.

넷째, 적절한 홍보시기의 결정이 필요하다.

다섯째, 중요한 자료나 내용에는 종합적이고 충분한 설명이 필요하다. 감각유산이 문화적 차이가 있는 대상(외래 감각유산 방문객)에게 오해의 소지가 발생할 가능성이 있는 경우 홍보에 대하여 종합적이고 충분한 설명을 해야 할 필요가 있다.

여섯째, 미국인의 경우 감각유산 방문을 결정하는 데 인터넷, 잡지, TV, SNS 등이 영향을 주는 매체로 나타났는데, 이는 홍보전략을 전개하는 채널, 매체를 다양화하여야 한다는 것을 시사한다. 또한 최근 들어서는 다른 매체에 비하여 쌍방향 커뮤니케이션이 가능하여 효율성이 높은 인터넷을 이용하여 정보를 접하는 이용객들이 크게 증가하고 있는 추세이다. 따라서 인터넷 이용객 증가에 따른 인터넷 홍보전략의 구상이 필요하다.

일곱째, 각종 매체의 관계자와 원활한 관계의 유지가 필요하다. 홍보 담당자가 적시 적소에서 홍보전략을 펴기 위해서는 다양한 매체의 담당자와 평소에 친분을 쌓아두어 그들로부터 도움을 받을 수 있어야 한다.

5) 지역별 감각유산 홍보전략

감각유산의 효과적인 해외 감각유산 홍보전략을 위하여 대상지역을 크게 동남아지역, 구미주지역, 일본지역으로 구분하여 목표와 소구 대상, 홍보전략 등을 각각 달리하여 실시하게 된다.

동남아지역을 대상으로 하는 홍보전략은 젊은 여성층과 30~40대 중산층을 대상으로 한국의 다양한 감각유산을 차별화하여 실시하고, 구미주지역에는 부유 실버층과 비즈니스 감각유산 방문객들을 주 대상으로 하여 한국의 고유 감각유산을 이용한 홍보전략을 실시할 수 있다. 일본지역은 20대 여성 감각유산 방문객들을 주 대상으로 하여 쇼핑/미식/영화촬영지 방문 등과 같은 활동적인 감각유산을 홍보전략으로 해야 한다.

홍보를 위한 방법으로는 3개 지역을 대상으로 하여 인터넷, SNS, 인쇄매채나 전파매체, 공항라이트 박스 등을 이용하여 최대한 효과적인 홍보가 이루어지도록 노력할 필요가 있다.

〈표 12〉 감각유산의 지역별 감각유산 홍보전략

구분	동남아지역	구미주지역	일본지역
목표	차별화된 한국감각유산상품 홍보로 감각유산 방문객유치 증대	고유전통문화와 한국감각유산이미지의 확산을 통한 감각유산수요 증대	감각유산 방문객계층의 다양화, 심층화를 통한 감각유산 방문객유치 증대
소구대상	1. 젊은 여성층 2. 30~40대 중산층	1. 부유 실버층 2. 비즈니스층	1. 20대 여성층 2. 중년비즈니스
감각유산 홍보전략	1. 동남아 타 경쟁국과 차별화된 계절적 감각유산상품 및 특정지역 감각유산 2. 아시아 홍콩/싱가폴/태국/말레이시아/대만지역에 TV광고 실시로 안정적인 감각유산 방문객유치 증대	1. 부정적 이미지 불식을 위해 고유문화 및 신기성 홍보확대 2. 독특한 문화와 전통을 지닌 감각유산의 이미지 확산 3. TV광고의 지속적인 실시와 광범위한 소비자 시장공력	1. 편안하고 가까운 이상적인 한국감각유산 이미지 적극홍보 2. 광고파급효과가 큰 TV프로그램 및 TV스포츠 광고의 확대 실시 3. 유력 여성지에 지속적인 광고실시로 내방계층의 다양화
홍보방법	1. 인쇄매체 광고 2. 전파매체 광고 3. SNS/인터넷	1. 인쇄매체 2. 전파매체 3. SNS/인터넷	1. 인쇄매체 2. 전파매체 3. SNS/인터넷

6) 감각유산 홍보전략의 고려사항

감각유산의 홍보전략을 위해서는 다음과 같은 사항을 고려해야 한다.

첫째, 감각유산 방문객은 감각유산의 이미지와 신뢰성을 가장 중요하게 여기기 때문에 여행상품화 계획에 따른 감각유산의 이미지 제고와 신뢰 구축에 초점을 두고 홍보전략을 세워야 한다.

둘째, 감각유산상품은 인간의 고차원적인 욕구에 의하여 필요로 하는 것이므로 잠재고객을 포함한 모든 감각유산 방문객들의 정보를 분석하여 홍보전략을 계획하여야 한다.

셋째, 시장의 다양성에 따른 다양한 홍보방법을 고려하여야 한다. 즉 감각유산 방문목적, 감각유산 경험횟수, 동반자 유형 등의 감각유산시장 유형과 특성에 따라 감각유산 브로슈어의 내용에 차이를 두거나, 매체를 다르게 선정하는 등 다양한 홍보전략을 구사하여야 한다.

〈표 13〉 감각유산의 홍보전략

구분		홍보목표	소구대상	감각유산 홍보전략
인쇄매체	브로슈어	소비자에 직접 전달	개인 및 그룹여행객	1. 신뢰, 신용, 계약 2. 잠재고객 창출
	신문광고	단기여행욕구 자극	일반대중	1. 가격, 차별화된 상품 2. 추진동기 판촉
	잡지광고	장기여행욕구 충동	20~30대 젊은 층	1. 가격 및 고가상품 2. 구체광고 유인 판촉
전파매체	TV	계절 및 경쟁상품 개발	일반대중	1. 차별화된 상품 2. 고가여행상품개발
	라디오	잠재고객 개발	고연령층 고객 블루칼라층	1. 저가 여행상품 소개 2. 단기간의 여행상품
인터넷매체	SNS	정기적인 상품소개	잠재방문고객	1. 신상품 소개 2. 새로운 자극 소개
	인터넷	중요 감각유산 인지도 제고	관심 있는 잠재 내방 고객	1. 중요 감각유산 소개 2. 심벌로 국가 소개

12. 구전마케팅 전략을 이용한 감각유산 방문객 증대방안

1) 구전마케팅의 의미

구전마케팅이란, 소비자들의 입소문을 통해 감각유산 브랜드가 화젯거리로 자연스럽게 부상하는 것을 의미하는 것으로 사전에 특별한 홍보나 광고 없이도 상품의 경쟁력을 키울 수 있는 효과적인 마케팅 전략의 하나이다. 이러한 구전마케팅에 대하여 미국의 '뉴스위크지'는 "전염성이 있는 수다, 즉 강렬하고 새로운 사람, 장소 혹은 물건에 관한 사람들의 현실적인 흥분"이라고도 정의한 바 있다.

구전마케팅은 소비자들의 자발적인 참여를 통하여 상품의 매력을 전파할 수 있다는 장점이 있으며, 감각유산의 측면에서는 비용이 거의 들지 않고 자사의 상품을 효과적으로 알릴 수 있다는 매력적인 홍보전략이라 할 수 있다. 그러나 아직까지 구전마케팅에 관한 구체적인 이론적 체계는 수립되어 있지 않아 향후 보다 많은 연구가 필요하다.

2) 구전마케팅 전략의 설정단계

(1) 1단계

구전마케팅 전략의 첫 단계는 바로 정확한 감각유산 시장을 파악하는 것이다. 즉 감각유산을 구매할 타깃시장의 연령, 계층, 지역, 라이프스타일 등을 정확히 파악하여 구전마케팅 전략을 구상하여야 한다.

(2) 2단계

구전마케팅의 제2단계는 감각유산에 대한 입소문이 어느 정도 났을 경우 Gate Keeper 및 그 주변인과 접촉하여, 감각유산의 구체적인 장단점과 향후 개선점 등을 수렴한 후 이를 감각유산의 출시 전에 보완하는 것이다. 여기서 말하는 Gate Keeper란, 의견 선도자를 의미하는 것으로 감각유산에 대한 평가를 주변에 파급시킬 수 있는 사람을 의미한다.

(3) 3단계

2단계가 종료된 후에는 적극적인 감각유산 PR 전략의 구사가 시작되어야 한다. PR전략으로는 딱딱한 보도자료보다는 1, 2단계를 거치며 얻은 감각유산 관련 에피소드나 스토리를 재구성하여 재미난 감각유산 보도자료를 기획하는 것이 더 효과적일 수 있다.

(4) 4단계

구전마케팅 전략의 마지막 4단계는 감각유산이 시장에서 경쟁력이 있다고 판단된 경우 본격적인 광고 전략을 구사하는 것이다. 즉 감각유산 구전마케팅을 통하여 어느 정도 시장에서 긍정적인 평가를 받은 경우 신문이나 TV, 인터넷 등 다양한 매체를 이용하여 감각유산에 대한 정보를 대대적으로 시장에 내보내 보다 큰 구매력을 이끌어내는 것이다.

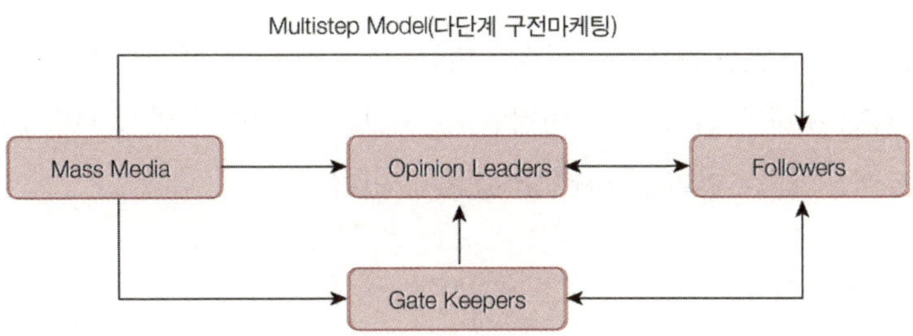

[그림 16] 구전마케팅 Multistep Model

3) 구전마케팅의 핵심요소

(1) 커뮤니케이터(Communicator)

커뮤니케이터(Communicator)란, 감각유산에 대한 정보를 주변의 많은 사람들에게 전파할 수 있는 의견 선도자 또는 조기수용자로 Gate Keeper와 유사한 의미를 지니고 있다. 게이트 키퍼는 정보 노출 여부를 결정하고 그에 따른 선택을 통제하는 자들을 칭한다.

(2) 메시지(Message)

감각유산 구전마케팅은 전파되는 메시지의 특성에 따라 입소문의 영향력과 속도가 판가름 나기 때문에 감동스럽거나 유머가 있는 메시지를 이용하여 좀 더 강한 전파력을 가질 수 있도록 하여야 한다.

(3) 미디어(Media)

다양한 미디어 매체는 감각유산 관련 입소문을 확장시켜 전염병 수준의 큰 반응을 일으킬 수 있다. 따라서 적절한 미디어 매체의 선택은 구전마케팅에서 매우 중요한 사항이라 할 수 있다.

(4) 잡음(Noise)

감각유산에 대한 부정적인 악성루머는 자칫하면 감각유산 자체가 시장에 출현하지도 못하게 할 만큼 치명적일 수 있으므로 이러한 악성루머에 대처할 수 있는 위기관리 방안을 마련할 필요가 있다.

(5) 경험의 장

감각유산 구전마케팅 담당자는 실제 시장에서 구전을 담당하는 각종 미디어 매체의 담당자나 커뮤니티 시샵, 동호회의 리더 등의 집단과 원활한 관계를 형성해 두어야 한다. 감각유산은 준거집단의 영향을 많이 받는 것이 골프회원권이나 리조트 회원권 등과 같이 감각유산이 비교적 고가의 감각유산일 경우 일반적인 홍보자료보다는 주변의 가까운 사람에 의하여 영향을 받아 구매하게 되는 경우가 많다. 또한 감각유산 방문객은 취향의 동질성을 찾으려는 경향이 있는데, 낚시, 등산, 하이킹, 레포츠 등 동호회 회원들의 활동이 감각유산활동으로 이어지는 경우가 대표적이다. 가족이나 친구, 동료 등 주변인들과의 여가활동이 점차 빈번해지면서 주말 가족여행이나 대학 동아리 여행, 워크숍 등이 점차 많이 나타나고 있다.

이렇듯 감각유산을 구매하는 데 있어서는 주변의 사람들에게 직간접적으로 다양한 영향을 받게 되는데 이러한 것을 준거집단의 영향이라 한다. 국내를 찾는 외래감각유산 방문객의 경우 한국의 이미지를 주변 경험자들로부터 얻는 경우가 많은 것으로 나타났는데, 흔히 마케팅분야의 연구결과에서 제품에 대한 좋은 경험은 25명 이상에게 전파되는 것을 살펴볼 때, 감각유산분야에서도 이러한 준거집단의 영향에 대하여 더욱 높은 관심을 가져야 하겠다.

4) 구전마케팅을 이용한 감각유산 방문객 증대방안

(1) 감각유산은 경험재의 특성을 지님

감각유산의 마케팅 전략을 담당하는 마케터들은 감각유산을 마친 감각유산 방문객의 경험을 전략적으로 사용할 수 있는데, 다양한 매체를 통해 여행수필을 게재하여 여행 이야기는 듣는 이로 하여금 감각유산에 대한 환상을 불러일으키게 하는 등의 방법이 그것이다. 이는 소비자들의 모방심리를 부추김으로써 감각유산의 구매 결정에 영향을 미치도록 하는 것이다. 지금까지 입소문을 통하여 유명해진 감각유산이 많이 있는데, 그중 정동진의 경우 최종적으로는 TV매체를 통해 알려졌지만, 그전부터 여행객들 사이에서는 유명한 해돋이로 인기를 끌던 장소였다.

(2) 팸투어를 이용한 구전마케팅 전략

팸투어는 감각유산의 구전마케팅 효과를 얻을 수 있는 핵심전략이라 할 수 있다. 즉 팸투어의 참가자 대다수는 다양한 매체를 통하여 감각유산에 대한 정보를 소비자인 감각유산 방문객들에게 제공할 수 있는 위치의 사람들로서 새로운 감각유산의 의견전도사(Gate Keeper)나, 선도자적인 역할을 할 수 있기 때문이다.

5) Maven Club을 이용한 구전마케팅

(1) Maven의 의미

Maven의 의미는 지식을 축적한 자 또는 숙련된 자를 의미한다. 감각유산의 경우, 감각자극의 효용성과 편익, 자유원소 발산의 정도, 좋은 변화로의 유도 수준에 대한 충분한 정보를 수집하고 자신들의 경험이나 지식을 다른 사람들에게 전파하는 발신자를 말한다. 이들이 제공하는 정보는 잠재적인 방문객들이 감각유산을 방문하는 데 큰 영향을 미친다. 그야말로 이들은 감각유산 방문으로 이어지게 하는 빅 마우스이다.

(2) Maven Club을 이용한 구전마케팅

감각유산의 경우도 지속적으로 작품을 관람해 온 고정 마니아층을 중심으로 Maven Club을 창설해야만 한다. 메이븐 회원을 모집할 때에는 충분한 예술적 소양과 감각유산의 지식이 있는 사람들을 대상으로 기존 회원들의 추천을 받은 사람들을 대상으로 심사를 하여 가입여부를 결정해야 한다. 일단 회원에 가입이 되면 이들에 대해서는 감각유산관련 여러 가지 정보도 제공하고, 행사를 개최하여 이들의 충성도를 높여야 할 것이다. 특히, 이들은 지역 문화/예술계에서 오피니언 리더인 경우가 대부분이기 때문에 이들 메이븐 클럽 회원들을 이용하여 감각유산을 구전으로 주변인들에게 적극 전파시킨다면 과거의 마케팅 방법보다도 훨씬 더 효과가 있을 것이다.

13. 소셜 미디어(Social Media)의 개념과 역할

소셜 미디어란 웹 2.0을 기반으로 하는 양방향성 커뮤니케이션을 활용해 사람들이 참여하고 공유하는 특성이 반영된 미디어를 칭하는 말이다. 그 자체가 일종의 유기체처럼 성장하기 때문에 사용자들이 만들어가는 미디어의 형식이며(권혁진, 2011), 사용자들이 본인의 생각, 경험, 의견 등을 서로 나누고 대화에 참여하기 위해 사용되는 미디어 플랫폼으로 정의된다(Gurau, 2008). 크리스 쉬플리(Chiris Shiply)는 2004년 'Blogon 2004 컨퍼런스'에서 소셜 미디어라는 용어를 최초로 사용하였는데, 블로그와 소셜 네트웍스가 감각유산 발전에 무한한 기회를 가져다주고 있다고 언급했다(임가은, 2010). Lerman(2007)은 소셜 미디어의 사용자들은 쌍방향 정보를 만들고 평가하며 분배하는 성향을 보인다고 했다. 소셜 미디어 개념은 〈표 14〉처럼 참여, 공개, 대화, 커뮤니티, 연결로 구분할 수 있다.

〈표 14〉 소셜 미디어(Social Media) 개념

특 성	내 용
참여 (Participation)	관심 있는 모든 사람들의 기여와 피드백을 촉진시키며, 미디어와 청중의 개념을 불명확하게 함
공개 (Openness)	피드백과 참여가 공개되어 있으며 투표, 피드백, 코멘트, 정보 공유를 촉진함으로써 콘텐츠 접근과 사용이 자유로움
대화 (Conversation)	전통적인 미디어가 'Broadcast'이고 콘텐츠가 일방적으로 청중에게 유통되는 반면 소셜 미디어는 쌍방향성을 유지
커뮤니티 (Community)	커뮤니티를 구성케 하고 공통의 관심사에 대해 논의
연결 (Connectedness)	다양한 미디어의 조합이나 링크를 통한 연결선상에서 발전함

출처: FKII 조사연구팀(2006, http://www.fkii.or.kr)

현재 페이스북 가입자는 9억 명, 인스타그램은 5억 명이 넘는다. 전 세계에서 페이스북 이용자가 가장 많은 미국은 약 1억 6천만 명이 페이스북이라는 소셜 미디어에 참여하고 있으며, 전 세계 인구의 약 10분의 1명이 이용하고 있다. 이렇게 대표적인 소셜 미디어로서 페이스북의 서비스 기능은 〈표 15〉처럼 정리할 수 있다.

〈표 15〉 페이스북의 서비스 기능

구분	페이스북
정보의 유형	사진, 텍스트 위주
정보의 특성	복잡함, 개인적
Device 범위	웹, 일부 모바일 확장
관계 맺기 방식	초대 → 허락
정보 확산 속도	빠른 편
비즈니스 모델	배너 광고 수익, 유료 애플리케이션, 게임과 연계

출처: 황혜정(2009), 트위터, 기업과 고객의 소통채널 될까, LG Business Insight 재구성.

1) 온라인 커뮤니티 마케팅 커뮤니케이션 사례

P세대는 20대를 주축으로 하는 참여세대로, 참여 속에 패션과 Potential Power를 바탕으로 사회 패러다임 변화를 일으키는 세대이다. 이들은 도전적이고, 네트워크가 있으며, 개인적 가치와 주장이 확고하고, 경험과 재미를 중요시한다. 이러한 성질을 가지고 있으면서 해리포터라는 브랜드에 힘을 실어주는 집단을 '해리P세대'라고 명명해 보면, 이들은 앞서 언급하였던 해리포터의 충성고객으로, 해리포터라는 문화를 자신과 동일시하는 사람들이다. 이들은 자신들이 사랑하는 해리포터를 대상으로 자발적 마케팅을 벌일 준비가 되어 있다. 해리P세대들은 주로 커뮤니티를 통해 활동하고 있으며, 주 활동 커뮤니티는 다음과 같다.

실제로 이 커뮤니티에서 '해리P세대'들의 적극적인 구전홍보가 자발적으로 이루어지고 있으며, 이외에도 인스타그램, 페이스북 등의 SNS를 통해서도 적극적인 자발적 마케팅이 벌어지고 있음을 쉽게 확인할 수 있다. 해리P세대들의 거점을 중심으로 이들은 직접적인 타깃층의 구매창출(해리포터 영상관광 감각유산 이용)은 물론 잠재고객을 발견하고 이들과 관계를 형성함으로써 타깃의 확장을 가져올 것이다.

〈표 16〉 해리포터 관련 커뮤니티

커뮤니티 명	플랫폼	회원 수
해리포터와 덕후들의 방	페이스북 페이지	40,139명
해리포터와 머글들의 이야기	네이버 카페	41,572명
호그와트	다음 카페	51,581명
유럽 어디까지 가봤니	페이스북 페이지	177,841명
유럽 여행의 든든한 동반자	네이버 카페	1,794,972명

해리포터의 온라인 커뮤니케이션 전략은 총 세 가지 방향으로 진행된다.

첫째, 더 많은 입소문을 형성할 수 있는 전략을 형성하고(빈도의 확장),

둘째, 세대확장을 이룰 수 있는 전략을 형성하며(폭의 확장),

셋째, 더 깊은 관계를 형성할 것이다(깊이의 확장).

각 전략에는 '가장 마법 같은 순간'(Most Magical Moment: 3M)이 담겨 있으며, 이는 해리포터 영상관광감각유산 판매를 활성화할 뿐만 아니라 해리포터 브랜드에 러브마크를 형성하고 이 브랜드를 자신과 동일시하는 아이덴티티 동일시 현상을 가져올 것이다.

2) 공식 블로그, 공식 트위터 대표 계정 사례: '속촌아씨'

한국민속촌은 비평가고객을 평가고객으로 만들기 위해 유머러스한 메시지(Message)를 적극 사용하였다. 공식 블로그, 공식 트위터의 주인공인 '속촌아씨'가 그 전형적인 사례이다. 속촌아씨는 도도한 양반집 규수라는 콘셉트를 갖고 있는데, 한국민속촌에 어울리는 "하시옵소서", "그렇사옵니다", "아니옵니다" 등의 고어체를 사용한다.

고어체와 현대적인 내용의 조합으로 쓰인 '속촌아씨'의 트윗은 트렌디한 20대 커뮤니케이터들의 폭발적인 호응을 얻었다. 정체성(Identity)과 개성(Personality)

을 공유하는 P세대들은 너나 할 것 없이 속촌아씨 계정에 팬 아트를 선물하고, “한복이 너무해”라는 웹툰까지 연재한다. 이러한 참조집단(Reference Group)의 강력한 파급효과 덕분에 그 추종자(Follower)들이 움직였고, 한국민속촌은 ‘2012년 SNS우수활용 기업’에 선정되었다.

이 과정에서 의견선도자의 역할이 매우 중요하였다. 2단계 구전 마케팅 이론에 의하면 매체의 정보는 가장 먼저 오피니언 리더들에게 흐르며, 다시 이들로부터 사회 다수 구성원에게로 흐른다. 오피니언 리더가 중재자의 역할을 맡기에 중요한 것이다. 다른 이론인 다단계 구전 마케팅(Multistep)이론에 의하면 구전은 한 방향으로만 진행되는 것이 아니다.

매스미디어 원천에서 나온 정보는 Opinion Leader, Gate Keeper, Followers를 향해 각각 흐른다. 이 과정에는 객관적 정보전달자인 Gate Keeper의 역할이 존재하며, 이는 Opinion Leader처럼 여론에 단순히 영향력을 미치려 하는데 그치지 않고 선택 여부에 영향을 미친다. 그러나 두 역할 모두 구전 마케팅에서 반드시 선제적으로 공략해야 할 대상이다.

[그림 17] 공식 트위터 대표 계정 사례: ‘속촌아씨’

3) 소셜 미디어 커뮤니케이션의 대두

언제 어디서나 원하는 정보를 찾아볼 수 있는 무선인터넷이나 와이파이의 보급으로 인하여 소셜 미디어를 통한 커뮤니케이션 활동은 지인들 이외에 불특정 다수와 소통할 수 있는 기능을 제공하고 있다. 소셜 미디어는 대중들에게 능동적으로 지식과 정보를 공유하고 전파하게 하여 기존에 소통이 힘들었던 사람들과도 교류할 수 있는 능력을 제공한다. 소셜 미디어 감각유산커뮤니케이션경험은 '감각유산소비자가 소셜 미디어를 활용하여 감각유산 관련 정보 및 콘텐츠를 탐색, 인식, 표현, 공유하는 총체적 경험 과정'이라 할 수 있다.

감각유산 간의 경쟁이 치열해지고 감각유산 간의 제품 및 서비스의 차이가 적어지면서 가격 경쟁이나 경쟁사와의 차별화 필요성이 강해져서 지속적으로 경쟁에서 우위를 지키기 위해서는 고객들의 인식기반 위에 놓여 있는 브랜드 가치를 강화해야 한다(Aaker, 1996). 서비스의 모호성이나 무형성에 근원을 두고 있는(Berry, 2000) 감각유산서비스 브랜드의 경쟁체제 속에서는 구전, 홍보, 광고 등의 마케팅 커뮤니케이션이 브랜드 가치나 고객의 브랜드 판단에 미치는 영향 정도를 파악하는 것이 의미 있는 일이 아닐 수 없다.

소셜 미디어의 활동은 감각유산 마케팅 담당자가 이제 선택이 아닌 필수 채널로써의 소셜 미디어의 파급효과에 주목할 수밖에 없는 현실이며, 소셜 미디어에 근거한 마케팅 활동은 향후 기업 마케팅 활동의 약 20~50%에 달할 것이라는 견해도 있다(세계일보, 2010).

[그림 18]에 나타나 있는 모형은 기존의 서비스 브랜드에 관한 연구를 토대로 브랜드 판단에 영향을 주는 세 가지 변수(Grace & O'Cass, 2005)에 대해 그 영향관계가 확인된 결과다.

소셜 미디어 커뮤니케이션은 소비자와 브랜드를 연결해 주고 관계를 창출해 나가는 상호소통과 의사전달이라는, 인간과 브랜드 간의 관계형성의 밑바탕이 되는 행동을 의미한다.

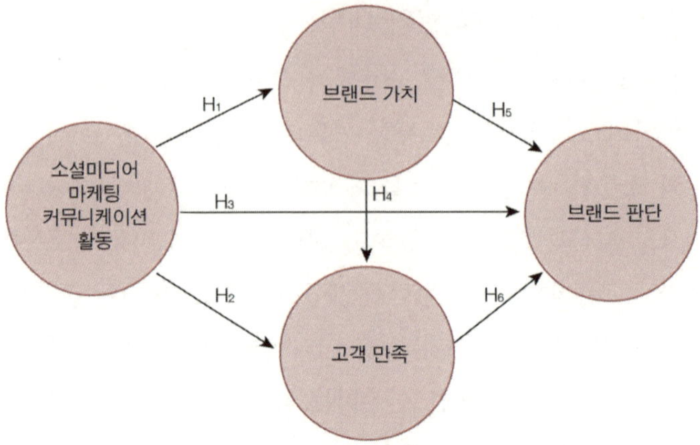

[그림 18] 소셜 미디어와 마케팅 커뮤니케이션

소셜 미디어를 접목시킨 소비자들의 입소문 마케팅 전략은 고객의 효율적 만남 역할을 하며 감각유산이 전달하고자 하는 메시지를 고객들 스스로 널리 전파시키게 하는 유용한 커뮤니케이션 도구이다(Jansen, Zhang, Sobel & Showdury, 2009). 때문에 소비자의 브랜드인지와 구매의사 결정에 미치는 영향력이 주목되고 있다.

(1) 브랜드 가치

소셜 미디어에 영향을 받는 감각유산 브랜드 가치는 감각유산 브랜드가 가지고 있는 자산적 가치를 뜻하는데, 특정 감각유산 브랜드의 이름 및 상징과 관련된 자산의 총체로 정의된다. 감각유산 브랜드 자산이란 기능이 비슷한 다른 대체 감각유산 브랜드를 비교하여 소비자가 특정 감각유산 브랜드의 방문을 위해 추가로 지불하고자 하는 화폐가치로 볼 수 있다. 이는 소비자가 감각유산 브랜드 가치를 높게 생각할수록 감각유산 브랜드의 화폐가치는 높아질 것으로 기대하는 것과 같은 의미를 지닌다(이태희, 1997). 즉 감각유산 브랜드 가치의 개념을 감각유산 브랜드 파워로 대용하면서, 화폐식 가치보다는 소비자 관점에서의 가치를 측정하게 된다. 이런 점에서 소셜 미디어의 영향력은 매우 크다. 소셜 미디어 마케팅적 접근방법에서는 소비자의 인식에 근거한 소비자 상호 간의 평가를 바탕으로 감각유산 브랜드 가치가 결정되기 때문이다.

(2) 고객만족

고객만족은 감각유산이 제공하는 제품 또는 서비스에 이용자가 긍정적으로 반응하는 정도이다. 감각유산의 성취도에 대한 일련의 반응으로 감각유산 방문에 소요된 비용과 이에 상응하여 얻게 된 보상을 비교하는 것이 소셜 미디어를 통해 이루지고, 이로 인해 감각유산 상품과 서비스의 재구매 혹은 고객의 신뢰감이 연속되는 상태가 유지될 수 있다.

고객만족은 고객이 필요한 욕구나 기대가 충족될 때 발생하고 그렇지 못할 경우는 불만족이 발생하여 고객만족은 서비스 제공자에 대한 실제 경험이 있어야 한다(Zeithamal & Berry, 1996). 고객만족은 특정한 구매의사가 형성된 후 일어나는 평가나 판단이며, 인지적 측면, 정서적 측면이 모두 포함된 개념이다(김형준 · 이동일, 2009). Oliver(1999)는 소비자들은 어떠한 거래에 대하여 성과와 기대를 소셜 미디어를 통해 표출하고 그 만족 여부를 판단하는데, 성과가 기대보다 높을 경우는 만족이 증대되며, 성과가 기대보다 낮을 경우는 불만족 현상이 나타날 것이다.

(3) 브랜드 판단

소셜 미디어 커뮤니케이션에 의해 영향을 받는 고객의 최종 결정과정은 브랜드 판단(brand verdict)이다. 브랜드의 판단은 브랜드의 태도가 긍정적 또는 부정적 결과로 표출되어 구매 결정에 영향을 미치는 것을 의미한다(하동현, 2009).

브랜드 판단(Service Brand Verdict) 모델을 통해 보면 고객이 느끼는 최종의 판결이 부정적이거나 긍정적일 수 있다. 브랜드 판단은 지속적인 소셜 미디어 커뮤니케이션 활동과 유사한 성격을 띠는데, 브랜드 가치와 고객만족을 경험한 고객의 최종단계라고 할 수 있다. 브랜드 판단은 재방문 의도와도 유사한 의미를 지니는 것으로, 선호하는 제품 또는 서비스의 재구매, 단골고객이 되려는 깊은 몰입상태인데 고객들은 이런 몰입상태 또한 소셜 미디어를 통해 의사소통하게 된다.

감각유산 마케팅 커뮤니케이션 활동과 감각유산 브랜드 가치, 고객만족, 감각유산 브랜드 판단에 미치는 영향관계를 정리해 보면 다음과 같다.

첫째, 감각유산 마케팅 커뮤니케이션 활동이 감각유산 브랜드 가치에 영향을 미치게 된다. 감각유산 마케팅 커뮤니케이션 활동인 광고, 판매촉진, 공중관계, 직접 마케팅은 감각유산 브랜드 가치에 영향을 미치는데, 이는 다양한 감각유산 마케팅 활동들을 진행함으로써 잠재적인 감각유산고객에게 많은 활동을 표현하므로 감각유산고객이 인지하는 감각유산 브랜드 가치에 영향을 미치는 것으로 볼 수 있다. 또한, 감각유산 브랜드 가치에 미치는 영향력은 공중관계, 판매촉진, 직접 마케팅, 광고 순이다.

둘째, 감각유산 마케팅 커뮤니케이션 활동이 감각유산 고객만족에도 영향을 미치는 것은, 광고와 판매촉진은 감각유산의 고객만족에 영향을 미치지는 않지만, 공중관계와 직접 마케팅은 감각유산 고객만족에 영향을 미칠 수도 있다는 점이다. 이는 예를 들어 페이스북 이용자가 일반적인 광고 또는 단순한 판매를 위한 단기 프로모션보다는 지속적인 공중활동으로 고객과 직접 소통하는 방법, 이메일 또는 페이스북을 통한 직접 소통 활동에 더 큰 만족을 느끼는 것으로 해석되고 설명될 수 있다.

셋째, 감각유산 마케팅 커뮤니케이션 활동인 광고, 판매촉진, 공중관계는 브랜드 판단에는 영향을 미치지 않으며, 오직 직접마케팅만이 브랜드 판단에 영향을 미친다는 점도 간과해서는 안 될 내용이다. 감각유산 고객이 직접 참여 방식의 마케팅을 통한 지속적 커뮤니케이션 활동을 통해서 재방문함과 동시에 감각유산의 단골고객이 될 수 있다는 점을 감안하여 커뮤니케이션해야 하는 것이다.

넷째, 감각유산 브랜드 가치는 고객만족에 영향을 미치는데, 이는 고객이 감각유산 브랜드 가치를 기본으로 어떠한 거래에 대하여 성과와 기대를 비교하여 만족을 판단하기 때문이다.

다섯째, 감각유산 브랜드 가치가 감각유산 브랜드 판단에 영향을 미치는 것은, 고객이 느끼는 감각유산 브랜드 가치로 인해 브랜드 판단으로 이어져 재방문의 가능성을 높여줌을 시사하게 된다.

인터넷 기반의 미디어 플랫폼인 소셜 미디어를 기반으로 감각유산이 고객과 소통할 때 다양한 커뮤니케이션 활동에 대해 고객의 실제 생각을 파악할 필요가 있다. 보다 긍정적인 감각유산의 이미지를 구축하고 우호적 관계를 유지하는 공중관계와 고객참여방식의 직접 마케팅 활성화가 중요하다고 하겠다. 이는 감각유산의 경우도 전통적 마케팅 커뮤니케이션 방식의 단순 광고 및 판매촉진활동에서 벗어나 현재 고객 참여방식의 마케팅 활동으로 전환되어야 함이 필요하고, 향후 감각유산 고객과의 소통 시 고객만족과 연관된 평가기준을 오로지 브랜드 판단에 두지 않고 직접적인 마케팅 커뮤니케이션 활동을 통해 인지하는 브랜드 가치 및 재방문 유도를 추구하는 감각유산 차원의 전략마련이 이루어져야 할 것이다.

참·고·문·헌

권혁진(2011). 소셜 미디어가 기업 마케팅에 미치는 영향에 대한 연구: 트위터와 페이스북을 중심으로. 중앙대학교 석사학위논문.

김국선 · 이종호(2012). 소셜커머스의 만족도와 재구매의도에 영향을 미치는 서비스 품질 요인. 한국콘텐츠학회 논문지. 12(3): 311-321.

김경욱 · 이태희(2017). 한옥마을의 감각유산 인식이 러브마크와 트랜스포메이션 및 재방문에 미치는 영향. 관광연구저널. 31(2): 83-98

김병희 · 한상필(2011). 기업 커뮤니케이션에서 소셜 미디어의 활용가능성: 의제설정과 소셜 프레즌스를 중심으로, 광고학 연구. 22(4): 91-113.

김주호(2007). 브랜드 가치 평가지수의 타당성 분석. 지식연구. 5(2): 59-84.

김현숙 · 이경렬 · 류진한(2010). 광고효과에 영향을 미치는 광고커뮤니케이션 3요인; 브랜드 친숙도, 메시지복잡성, 광고의 노블티를 중심으로. 광고학연구. 21(1): 311-328.

김형준 · 이동일(2009). 고객만족-의도-구매행동에 대한 고객, 관계특성 및 마케팅 역량의 조절효과. 상품학 연구. 27(2): 145-156.

김홍철(1997). 관광마케팅관리: 이론과 사례. 두남출판사: 151-160.

김효규 · 유재적(2009). 브랜드 친숙도에 따른 교통광고 효과연구; 버스외부 광고와 지하철 스크린 도어 광고를 중심으로. 옥외광고학연구. 6(2): 23-46.

노용주(2005). 자동차경주 스폰서십 활동이 브랜드 인지도, 브랜드 이미지 및 브랜드 충성도에 미치는 영향. 단국대학교 석사학위논문.

박영원 · 박상혁(2007), 대한항공과 아시아나항공의 영상광고에 나타난 색채의 상징성에 대한 연구; 디자인 연구자들의 관점을 중심으로. 디자인학연구. 20(4): 5-16.

박윤미 · 이태희(2016). ECR기반 항공사 접점 서비스에 따른 관계배태성이 고객-기업동일시, 장기지향성에 미치는 영향-내국인 · 외국인 차이분석을 중심으로. 호텔관광연구. 18(2): 322-344.

박은진(2008). 호텔 브랜드 증거가 브랜드 판단에 미치는 영향: 브랜드 가치, 고객만족, 브랜드 태도를 매개로. 동국대학교 박사학위논문.

박재환 · 김용만(2008). 감성적 소비가치와 브랜드 동일시, 소비자-브랜드관계 및 스포츠브랜드 충성도의 구조적 관계. 한국스포츠산업경영학회지. 13(3): 103-116.

박중환(2009). 해외여행상품 구매 시 여행사가 브랜드 가치와 지각위험이 구매 후 의심에 미치는 영향 연구. 관광레저학회. 21(4): 371-388.

박흥수 · 하영원(2004). 한국, 미국, 일본의 신제품 성공 요인에 관한 연구. 한국경영학연구. 30(2): 531-556.

서용구 · 임승희(2006). 소매점 브랜드 가치 구성요소의 선호도, 만족도, 재구매의도간의 관계에 관한 연구. 한국유통학회. 11(4): 71-96.

안광호 · 임병훈 · 김승호(2004). 지각된 브랜드 가치가 시장가격 결정과 브랜드 선택행동에 미치는 영향에 관한 연구. 15(5): 439-457.

안현영(2000). 서비스품질 차원을 이용한 항공사광고의 내용분석, 관광연구. 15(2): 95-111.

오정학 · 최종률 · 김종갑(2010). 커뮤니케이션 광고 전략이 축제방문객의 기대와 지각된 품질, 만족 및 축제충성도에 미치는 영향: 2009 인천세계도시축전 방문객 대상. 호텔관광연구. 12(2): 47-61.

유재하(2004). 브랜드 자산의 구성 요소에 관한 연구; 소비자와 브랜드간의 감성 관계를 중심으로. 성균관대학교 박사학위논문.

유창조 · 박찬(2005). 광고노출을 통한 브랜드 개성 형성의 선행요인과 결과요인에 대한 분석: 광고의 반복노출에 따른 비교. 광고연구. 68: 115-137.

유창조 · 배성미(2009). 대한항공 일러스트 잡지광고시리즈 사례연구; 이집트 멜버른 스페인… 데스티네이션 광고를 중심으로. 광고학연구. 20(1): 309-326.

윤선정(2010). 항공사의 소비자-브랜드 감성관계의 구조적 관계 연구, 브랜드 관계 효익, 고객가치, 장기적 관계 지향성을 중심으로. 경희대학교 박사학위논문.

윤상진(2010). 소셜웹 사용설명서. 21세기북스.

이규선 · 박현지(2013). 온라인 여행사의 핵심서비스 품질과 관계혜택이 고객만족, 관계지향성에 미치는 영향 연구. 관광레저학회. 25(2): 135-153.

이태희(2011), 러브마크 감성행동론. 새로미.

이태희 · 이성숙 · 박윤미(2012). 한옥마을 진수성 인식에 따른 관광만족도변화 연구. 한국사진지리학회지. 22(1): 27-38.

이태희 (2013). 지역관광을 살리는 새로운 시각: 지역 감각유산의 관리. 한국관광정책. 제54호: 31-38.

이태희(2014). 감성소비행동분석론. 백산출판사.

이태희(2015). 광주전남권의 아이덴티티 마케팅–감각유산 러브마크화 전략. 광주시 관광개발중장기전략수립 워크숍.

이태희 · 김민지(2014). 수원화성체험(4Es)이 관광객–관광지 브랜드 관계(BRQ)에 미치는 영향연구. 한국사진지리학회지. 24(3): 105-117.

임언석 · 허웅(2010). 산업재 브랜드의 TV광고가 브랜드 자산에 미치는 영향 연구. 한국광고홍보학보. 여름(85): 103-132.

임가은(2010). 소셜 미디어를 통한 브랜드 아이덴티티 형성에 관한 연구. 이화여자대학교 석사학위논문.

황혜정(2009). 트위터, 기업과 고객의 소통채널 될까. LG Business Insight.

Gurau, C.(2008). Intertrated Online Marketing Communication: Implementation and Management. Journal of Communication Management. 12(2): 169-184.

Hecht, M. L.(1978). Measure of communication and satisfaction. Human Communication Research. 4: 350-368.

Janson, B., M. Zhang, K. Sobel, A. Showdury(2009). Twitter Power: Tweets as electronic word of mouth. Journal of the American Society for Information Science and Technology. 60(11): 2169-2199.

한국민속촌 향수를 부르는 복고축제 '추억의 그 때 그놀이' (http://www.ajunews.com/view/20171128102915359)

한국민속촌, 굼벵이 테마 축제 '초가집 새지붕 얹는 날' 개최 (http://www.anewsa.com/detail.php?number=1243017&thread=07r02)

〈드라마 촬영지에서 맛보는 경기도의 낭만〉 드라마 '해를 품은 달'… 용인 한국민속촌 (http://www.kihoilbo.co.kr/?mod=news&act=articleView&idxno=723697)

감각유산 모니터링전략 제12장

감각유산 방문수칙을 제공하여 그 수칙대로 따르게 하는 것이 감각유산 방문지에서 감각유산 보호지역의 관리자가 방문객에게 제공하여야 할 첫 번째 서비스라 할 수 있다. 감각유산을 경험하길 원하는 방문객들에게는 그들이 어떻게 행동해야 감각유산적 가치가 높은 감각유산을 파괴하지 않고 경험할 수 있는지 조언과 정보를 제공해 주어야 한다. 슬로푸드 운동으로 잘 알려진 이태리 피에몬테 지역의 알바(Alba)시는 와인을 중심으로 한 미각적 감각유산으로 유인력을 만들고 있는데 알바와 인근 도시에 찾아온 방문객들에게 감각유산을 제대로 경험하고 갈 수 있는 다양한 채널의 정보를 제공하고 있다.

제12장 감각유산 모니터링전략

1. 감각유산 수용가능 변화 한계치의 모니터링

감각유산은 소멸하기 쉬운 자극원으로부터 나오는 것이기에 보호와 관리가 필요한 감각적 자극들이다. 하지만 문화유산이나 자연유산과 달리 공공성이 부족하거나 전혀 공공적이지 않은, 사유재 성격의 체험재화도 있다 보니 보호지역이라는 제도적 틀이 공통적으로 적용되기 힘든 부분이 있다. 이 장에서 언급되는 모니터링의 개념은 어느 정도 공공성이 개입될 수 있는 여지의 감각유산을 대상으로 한다는 것임을 밝혀둔다.

감각유산을 보호지역으로 지정하여 감각유산 자극원을 지속가능하게 관리하는데 감각유산지역의 수용능력을 수치로 나타내는 것은 무의미하다. 왜냐면 감각유산 수용력이라는 개념은 감각유산의 방문객의 수와 관련하여 특정 감각유산 및 방문객 경험의 형태와 질을 변화시키는 영향을 측정하는 수단이고, 감각유산 방문객의 수가 많아진다고 해서 반드시 감각유산 또는 다른 감각유산 방문객의 경험의 질에 직접적으로 영향을 주는 것은 아니기 때문이다. 감각유산 방문 정도에 따른 영향은 방문객 수 외에도 다음과 같은 변화 상황 등에 의해 감각유산이 경험하는 부정적 영향의 정도가 결정되는 것이다.

- 감각유산 장소의 이용 현황

  경관이나 감각적 자극 조망/체험장소, 거기까지 이르는 등산로나 산책로, 선박의 상륙 혹은 정박장소, 방문객 이동 집중통로의 이용상태

- 방문객의 감각유산 방문동기와 현지도착 후 행동
  감각유산 방문동기와 행동에 따라 감각적 자극 환경에 걸리는 부하의 정도가 좌우됨
- 핵심 조망/체험 포인트까지의 이용교통수단 및 숙박시설
  - 자동차, 기차, 선박, 도보, 항공기, 말
  - 캠핑, 호텔, 펜션, 방갈로, 민박, 통나무집
- 감각유산 가이드의 활용도
  감각유산 가이드의 정보제공, 통제능력
- 감각유산 방문객 그룹 규모
  개인, 소규모, 중규모, 대규모
- 감각유산의 환경적 특성
  지형, 기후, 경사도, 식물/동물 유형, 성수기 계절

감각유산의 자극원과 방문객의 경험에 영향을 미치는 이 요인들을 수시로 점검하고 그 부정적 영향이 감각유산이 버틸 수 있는 한계에 달했다고 판단될 때에는 감각유산 방문객에 대한 관리방법을 빠른 대응력으로 변화시키는 것이 필요하다. 이런 변화의 기준이 되는 개념을 감각유산 수용 가능 변화 한계치(Limits of Acceptable Change: LAC)로 지칭한다.

1) LAC(수용가능한 변화 한계치) 적용의 과정

(1) 감각유산 변화 지표항목의 설정

감각유산의 수용가능 변화 임계치 설정의 첫 번째 단계는 감각유산이 수용가능한 한계에 달했다고 판단되는 기준을 찾아내는 것이다. 어떤 현상이 발생할 때 수용력의 한계에 다다랐다고 말할 수 있는지 한계상황발생의 지표를 설정해야 하는 것이다. 감각유산 한계상황지표는 물리환경적 지표, 사회적 지표로 구분할 수 있다.

■ 감각유산 물리환경적 지표

감각유산 방문객이 증가하거나 행태가 변하여 자원상태에 심각한 변화가 일어나는 조짐을 말해주는 물리환경적 지표는 다음과 같다.

- 감각유산 주변 토양 침식 정도
  감각유산의 지표면을 덮고 있던 초지나 잔디가 벗겨지기 시작하거나 둔덕이나 옹벽이 무너져 내리기 시작하는 경우
- 감각유산 특정 공간 바닥면의 확장
  감각유산 탐방로에 있는 휴식공간의 바닥면이 조성 초기보다 확장되는 경우
- 감각유산 지역 내 쓰레기양의 증가
  구획된 공간별로 쓰레기 수거 시 일정기간 동안의 쓰레기 톤 수
- 감각유산 수표면 부유 쓰레기 발견 빈도
- 수질오염 정도
  감각유산 주변 저수지나 호수의 수질오염이 급격히 악화될 때
- 새로운 등산로나 오솔길의 형성
  감각유산 혹은 보호지역 관리소에서 지정하여 조성된 감각유산 탐방로 외의 길이 방문객의 이동통로로 이용되는 경우

■ 감각유산 사회적 지표

감각유산 방문객의 수나 행태의 변화는 감각유산의 형태나 질에 영향을 미치기도 하지만 감각유산 방문객의 경험의 질과 방문에 따른 만족도에도 영향을 미친다. 감각유산 사회적 지표는 감각유산을 방문하는 감각유산 방문객의 사회적 행태와 관련된 내용들로서 이를 좀 더 구체적으로 살펴보면 다음과 같다.

- 감각유산 이용시 혼잡에 대한 인식 정도
- 감각유산 이용집중지역에서 하루 사이에 타 그룹과 조우하는 횟수
- 감각유산 방문예약초과 횟수

- 감각유산 이용규정 위반 횟수
- 감각유산 기부금 기부자의 수
- 감각유산 이용불만 신고횟수
- 특정기간 동안 전체 감각유산 방문객 수 등

(2) 감각유산 변화 지표의 임계수준 설정

감각유산 수용가능 변화 임계치 설정의 두 번째 단계는 물리환경적 지표, 사회적 지표별로 한계상황 발생 지표의 수준을 설정하는 것이다. 한계상황발생 지표의 수준은 각 지표가 해당 수준에 이르게 될 때 감각유산관리에 비상을 걸어 기존의 관리 전략과 강도를 수정해야 하는 것을 전제로 한다.

〈표 1〉 감각유산 지표항목별 임계수준의 설정 사례

지표유형	지 표 항 목	지표항목별 수준
감각유산 물리 환경적 지표	• 감각유산 주변 토양 침식 정도	• 침식발견 건수가 단위면적당 6개월에 10건 이상
	• 감각유산 특정공간 바닥면의 확장	• 특정공간 바닥면의 확장이 0.5m 이상 발견되는 곳이 6개월에 10곳 이상일 때
	• 감각유산 역내 쓰레기양의 증가	• 쓰레기양의 증가가 무게로 따져서 6개월에 20% 이상 증가할 때
	• 감각유산 수표면 부유 쓰레기 발견 빈도	• 수표면에서 채취하는 쓰레기의 양이 6개월간 증가율이 20% 이상일 때
	• 감각유산 수질오염 정도	• 수질오염수치가 기준치 이상으로 올라갈 때
	• 새로운 등산로나 오솔길의 형성	• 단위면적 내에 새로운 등산로나 산책로가 2개 이상 발견되고 있을 때
감각유산 사회적 지표	• 감각유산 혼잡에 대한 인식 정도	• 정기적인 설문조사에서 감각유산이 혼잡하다고 인식하는 방문객의 비율이 60%를 넘어설 때
	• 감각유산 이용집중지역에서 하루 사이에 타 그룹과 조우하는 횟수	• 조우횟수가 10번 이상이라고 답하는 응답자가 50% 이상일 때
	• 방문예약초과 횟수	• 1개월에 10건 이상의 예약초과에 대한 보고가 생길 때
	• 감각유산이용규정 위반 횟수	• 방문객의 규정위반이 1개월에 20건 이상일 때
	• 감각유산 기부금 기부자의 수	• 기부자의 수가 전월대비 200% 이상 증가할 때
	• 감각유산 이용불만 신고횟수	• 불만신고건수가 전월대비 300% 이상 증가할 때
	• 특정기간 동안 전체 방문객 수	• 방문객 수가 전년 동기대비 100% 이상 증가할 때

가령, 감각유산 방문객 수를 통제할 수 있는 경우에는 특정 장소나 감각유산 전체에 입장할 수 있는 감각유산 방문객의 수를 제한할 수 있다. 이러한 감각유산 관리상의 변화를 야기하는 영향 정도를 지표의 수준으로 나타내야 한다.

(3) 지표수준의 변화를 지속적으로 모니터링

세 번째 단계는 지표항목 변화상황을 모니터링하여 감각유산이 수용 가능한 한계를 초과하면, 감각유산의 경영과 관리를 변화시켜 감각유산 내 자원 이용을 제한시키는 과정이다. 지표항목변화에 대한 모니터가 효과를 거두려면, 감각유산을 관리하는 측이 자원상황을 평가할 수 있는 기초 자료가 데이터로 정리되어 있어야 한다. 수작업으로 작성된 것이든 데이터베이스화된 것이든 그 데이터를 기준으로 지표항목별로 변화를 추적할 수 있다.

2) 수용가능한 변화와 민간사업자의 이해관계

이 내용 역시 공공성을 띤 감각유산 내에 민간업자가 계약형태로 사업을 운영해 나가는 경우의 수용가능한 변화에 대처하는 방법을 제시하는 것이다. 민간 사업자와의 이해관계속에서 수용가능한 변화를 파악하는 것은 감각유산 수용가능한 변화 임계치의 적용은 수용력을 단순히 수치로 나타내는 것 이상으로 감각유산의 보존·관리를 구체적으로 할 수 있는 장점을 갖는다. 보호대상 감각유산이 방문객에 의해 변화하는 것을 과학적인 기준에 근거하여 점검하고 감각유산 관리에 변화를 주어야 할 시기를 제때에 포착할 수 있는 방법이다. 이 방법을 통해 관리와 감독의 수준과 정도가 바뀌면서 관련 민간사업계약자들이 존재하는 감각유산 관리체제라면 그들의 영업활동에도 변화가 야기될 수 있다.

하루에 특정장소에 출입가능한 방문객 그룹의 수가 줄어들게 되면 민간계약업자들에 할당되는 그룹의 수도 줄어들 수밖에 없다. 따라서 수용가능한 변화의 임계지표를 설정하거나 지표가 임계치에 도달해서의 새로운 관리전략을 계획하는 데 민간계약업자를 참여시키는 것이 필요하다. 방문과 만족여부를 결정짓는 감각유산가치 혹은 방문객의 경험 가치에 바람직하지 않은 변화가 생길 때 감각유산이나 방문객들은 물론 민간계약업자들도 그런 변화의 대가를 치를 수밖에 없다는 것을 자각시켜야 한다. 이렇게 수용가능한 변화를 긍정적인 방향으로 감각유산관리에 적용시키는 데 민간계약업자의 참여를 유도함으로써 감각유산 보호지역과 감각유산에 대한 주인의식을 민간업자에게 까지 심어줄 수 있다.

2. 감각유산 수칙의 작성과 관리

1) 감각유산 방문수칙의 의미

감각유산 방문은 일반적인 관광객 방문행태와는 다른 유형이다. 감각유산 방문의 대상이 되는 감각적 자원을 경험하려는 방문객의 행동은 지역 고유의 문화에 친화적이며 학습적인 성격이 강해야 한다. 따라서 감각유산 방문을 수용해야 하는 감각유산 보호지역의 관리자는 감각유산 방문을 가장 효과적으로 경영할 수 있는 수단으로서 감각유산 방문수칙을 개발하고 적용해야 한다. 감각유산을 찾는 방문객들에게 어떻게 그 감각자원을 이용하는 것이 감각유산을 보호하는 데 바람직한 방법인지를 알려주어야 한다.

이를 위해 감각유산 방문수칙을 제공하여 그 수칙대로 따르게 하는 것이 감각유산 방문지에서 감각유산 보호지역의 관리자가 방문객에게 제공하여야 할 첫 번째 서비스라 할 수 있다. 감각유산을 경험하길 원하는 방문객들에게는 그들이 어떻게 행동해야 감각유산적 가치가 높은 감각유산을 파괴하지 않고 경험할 수 있는지 조언과 정보를 제공해 주어야 한다. 슬로푸드 운동으로 잘 알려진 이태리 피에몬테 지역의 알바(Alba)시는 와인을 중심으로 한 미각적 감각유산으로 유인력을 만들고 있는데 알바와 인근 도시에 찾아온 방문객들에게 감각유산을 제대로 경험하고 갈 수 있는 다양한 채널의 정보를 제공하고 있다.

이태리 알바시의 슬로푸드 감각유산 관련 안내판

알바의 다양한 감각유산을 즐기는 법에 대한 안내

2) 유형별 감각유산 수칙

(1) 감각유산 방문객의 유형별 차별화

감각유산 관광수칙에는 감각유산 관광계획 수립과 목적지 선택에서부터 시작하여, 현지 도착 후 감각유산 경험 시 감각유산 보호수칙, 그리고 감각유산 방문객들이 인지하여야 할 감각유산 보호에 대한 환경적, 사회적, 경제적 책임에 이르기까지 다양한 내용이 포함된다. 효과적인 감각유산 수칙을 만들기 위해서는 감각유산을 찾아올 여러 유형의 방문객들을 염두에 두고 각 유형별 방문객들을 대상으로 차별화된 수칙내용이 작성되어야 한다. 가이드가 있는 단체관광 방문객, 가이드가 없는 캠핑족이나 배낭족, 가이드가 없는 당일 방문객, 어떤 경우에는 탐험가, 과학자, 수집가, 감각유산 관찰자, 아마추어 사진가, 전문 사진가 및 영화 제작자, 자전거 여행자, 사륜구동 차량 여행자, 유물 수집가 등이 다양한 감각유산의 방문객 유형이다.

감각유산관광을 안내할 가이드의 존재여부는 방문객의 행동에 큰 영향을 미치게 된다. 설사 방문객들이 감각유산 방문수칙에 대한 사전지식이 전혀 없다 해도 가이드가 그들의 행동을 통제하는 역할을 할 수 있기 때문이다.

(2) 감각유산시설 혹은 서비스별 수칙

감각유산의 형태는 공공 감각유산과 같이 그 구획이 분명하고 국가가 관리하는 감각유산으로부터 민간 소유의 감각유산에 이르기까지 그 종류가 다양하다. 감각유산의 소재가 일반주거 인접형인지, 상업지역인지, 자연지역형인지, 역사문화지역 내에 있는지 구분하여 세분화해 볼 필요가 있다. 이런 감각유산 유형별로 감각유산 방문객들에게 제공되는 서비스나 각종 시설의 이용방법을 감각유산 수칙에서 다루고 소개하는 것은 매우 중요하다. 감각유산 구역 내에 정부로부터 허가받아 계약된 서비스영역이 있다면 해당 시설이나 서비스 이용과 관련된 사항이 수칙에 포함될 수 있다. 이런 서비스시설이 없다면 여행사가 주선하는 형태의 관광, 모든 숙박시설, 그리고 또 다른 인접지역의 감각유산 관련 업종을 관리하는 경우 가급적이면 명확한 가이드라인을 해당부문별로 제시해야 한다. 이를 통해 감각유산 수칙이 없는 경우에 발생할 수 있는 부정적 효과를 방지하여야 한다.

(3) 감각유산 전문인력별 근무수칙

이미 언급된 두 가지의 감각유산 방문에 필요한 유형별 수칙 외에도 방문객들에게 감각유산 방문과 관련된 안내정보를 배포하는 일과 관련있는 여행가이드, 각종 서비스요원, 정보안내실 요원, 상점 근무자가 지켜야 할 수칙이 필요하다. 이런 종류의 감각유산 방문서비스 수칙은 전문가를 통해 개발하는 것이 바람직하다. 이를 통해 부문별 인력의 서비스를 향상시키고 감각유산환경을 보호함으로써 감각유산 보호지역 내에서의 방문경험 및 삶과 노동의 질을 높일 수 있다.

3) 감각유산 방문수칙의 개발과정

방문객에 의해 감각유산이 파괴되고 지역문화가 손상되는 것은 대부분 감각유산과 문화의 보존에 대한 정보와 이해가 부족하기 때문이다. 충분한 시간 동안 세심한 고려를 하여 만들어낸 감각유산 방문수칙에 들어 있는 아주 간단한 정보만으로도 감각유산적 가치가 높은 자원이 돌이킬 수 없도록 손상되는 것을 방지할 수 있다.

(1) 감각유산 방문수칙 개발의 선행과제

감각유산 방문수칙을 개발하기 위해서는 무엇보다도 먼저 방문객들에 의해 발생되는 감각유산과 관련된 물리적/문화적인 영향을 목록으로 만드는 것이 필요하다. 수칙에 포함되어야 할 내용을 목록화함으로써 수칙의 내용이 중복적으로 다루어지는 것을 피할 수 있다. 보다 포괄적인 내용이 감각유산 방문수칙에 의해 포함되어야 한다. 기존에 감각유산 방문과 관련된 각종 수칙이 있었다면 그 내용을 검토해 보고 그것을 작성한 기관과 접촉하여 새로운 수칙의 작성에 대하여 협의하고 협력하는 것이 바람직하다.

감각유산 방문과 관련하여 지역사회의 참여를 유도해 낼 수 있는 감각유산 방문수칙 개발과정의 적용 또한 선행되어야 한다. 지역 내에서 감각유산을 개발 · 관리하는 경우 지역주민들의 참여를 통해 그들의 기여에 대한 성취와 보상을 보장해 줄 수 있기 때문이다. 또한 감각유산 방문수칙 개발과정에 지역주민을 참여시키는 것은 현재 혹은 미래에 주민들이 경험하고 수용해야 하는 방문객들의 행동양식을 주민들로 하여금 미리 알게 하는 데도 도움이 된다.

(2) 감각유산 방문수칙 개발의 단계

감각유산환경의 보호에 효율적인 감각유산 방문수칙을 개발하는 데는 다음과 같은 몇 가지 단계가 적용된다.

① 수칙 작성의 기본원칙 수립

첫 번째 단계는 감각유산 방문수칙을 작성하기 위한 기본원칙을 수립하는 과정이다. 이 원칙이 수립되면 앞으로 작성될 감각유산 방문수칙의 목표를 설정한다. 예를 들어 그 자원이 감각유산 보존이 우선되어야 할 자원인지 감각유산 외의 방문객의 여타 방문 편익이 우선되어야 하는 자원인지 수칙적용의 목표를 설정한다.

② 구체적 수칙 내용의 작성

두 번째 단계는 기초적 감각유산 경험 원칙과 감각유산 수칙 적용의 목표에 근거하여 구체적인 수칙의 내용을 작성하는 것이다. 감각유산지역에서 흔히 일어나는 상황별로 감각유산 방문객들이 취해야 할 조치를 항목별로 작성한다. 예를 들면, 감각유산지역 내의 음식물 관리라든지 각종 쓰레기의 처리방법에 관하여 감각유산의 정취 파괴를 최소화시킬 수 있는 방법을 수칙으로 작성하는 것이다. 감각유산 수칙의 내용은 일반 감각유산 지역이나 감각유산 보호지역이 있다면 해당 보호지역 내의 특정 장소별로 특화된 것이어야 한다. 궁극적으로 이런 수칙의 내용은 감각유산 보호지역 이용과 관련된 법적인 규칙을 제정하는 근거와 기초가 된다.

③ 제도적 규칙의 제정

마지막 단계는 작성된 감각유산 방문수칙을 기초로 감각유산이나 감각유산 보호지역 이용과 관련된 법적, 제도적 규정을 만드는 것이다. 그러나 제도적 규정을 작성하기 위해서는 제정될 규칙을 준수토록 하는 법집행 인력이나 규칙제정에 필요한 관련 연구인력의 도움이 필요하다. 관련 연구를 통해 감각유산에 영향을 미치거나, 감각유산 존재에 위협이 될 수 있는 방문객들의 영향에 대한 데이터를 제시함으로써 규칙제정을 통한 해결책을 제시할 수 있다.

(3) 감각유산관련 개인이나 단체의 참여

감각유산 방문수칙을 개발하는 과정에는 감각유산을 개발, 관리하는 관리자 외에도 아래와 같은 다양한 성격의 단체와 개인이 참여할 수 있다. 이들의 참여를 통해 효과적인 감각유산 방문 가이드라인이 작성될 수 있다.

- 지역주민: 감각유산의 이용과 관계된 수칙뿐만 아니라 인접한 지역사회의 고유한 지역 전통방식의 문화/풍습을 감각유산 방문객들에게 알리는 데 있어서 지역주민의 참여는 당연하다. 해당지역의 도덕기준과 관습을 존중하는 감각유산 방문수칙은 장기적 안목으로 볼 때 감각유산 방문의 성공과 직결되어 있다. 따라서 지역사회의 문화를 존중하고 전통적 관습이 반영된 감각유산 방문수칙을 작성하는 데 지역사회의 참여는 큰 의미를 갖는다.
- 민간사업자: 인바운드와 아웃바운드 여행 중개인에서 시작하여, 지역 내외의 숙박업자, 항공사, 레크리에이션 장비 공급/대여 업자 등 정도의 차이는 있지만 모두가 각각 다른 시각에서 고객들에게 감각유산 방문과 관련된 정보를 주거나 감각유산과 별도의 행위를 즐기게 도와주는 입장에 놓여 있는 사업자들이다. 방문객들이 존재함으로 해서 사업적 영리를 창출하는 이들에게 방문객이 지속적으로 증가하는 것은 매우 중요한 사안이다. 감각유산 방문객이 지속적으로 증가하기 위해서는 감각유산이 파손되지 않고 지속가능하게 존재해야 한다. 따라서 비록 상업적 활동을 하고 있긴 하지만 이들은 비영리 환경 단체들과 협력하여 감각유산 방문수칙 개발에 참여해야 한다. 이들 단체의 참여를 통해 만들어진 감각유산 방문수칙은 방문객들이 여행을 개시하기 전에 감각유산 방문에 대한 사전 정보로써의 가치와 유용성을 지닌다. 또한 여행업자를 감각유산 방문수칙 개발에 참여시키는 것은 다양한 지역의 특성에 맞게 감각유산 파괴를 최소화하여 단체 방문객들의 행동을 통제하는 방법을 제안하는 데 매우 유용할 것이다.
- 비영리 감각유산 보호단체: 비영리 감각유산 보호단체들은 파괴되기 쉬운 감각유산지역의 보호를 위한다면 적극적으로 감각유산의 보존과 관

련된 수칙을 작성하는 데 참여할 것이다. 그들이 보유한 감각유산 보존과 관련된 전문성을 감각유산 방문수칙 개발에 활용하고 적용시키기 위해서 비영리 환경보호단체를 감각유산 방문수칙의 작성과정에 참여시키는 것은 당연하다. 감각유산 보호단체가 여행업자나 감각유산 보호지역 관리자와 협력하여 감각유산적 가치가 높은 감각적 자극원을 효율적으로 보존할 수 있는 가이드라인을 개발한다면 대외적으로 감각유산 방문에 대한 대중의 신뢰도도 높아질 것이다.

- 감각유산 가이드 및 감각유산해설자: 감각유산 방문 가이드 및 감각유산 해설자들은 방문객이나 방문객들에게 그 어느 누구보다도 깊이 있고 자세하게 해당 감각유산을 설명하는 사람들이다. 방문객들이 그 자원을 얼마나 소중하게 생각하고 이용해야 하는가를 유도해야 하는 입장에 있기 때문에 그들의 시각에서 감각유산의 보호를 위한 감각유산 방문수칙을 작성하는 것은 매우 의미 있는 일이다. 캐나다 브리티시 컬럼비아의 퀸 샬롯섬의 여행상품을 다루는 여행중개업자들과 방문가이드들이 직접 마련한 방문객행동수칙은 좋은 예이다.

감각유산 가이드가 만든 감각유산 방문수칙은 감각유산 방문이 이루어지는 구체적인 장소별로 내용이 구체화될 수 있는 장점을 지닌다. 감각유산 파괴의 가능성이 높은 지역이나 희귀 감각유산 보호를 위해 특별히 다루어져야 하는 지점/시점에 대한 방문객의 행동을 구체적으로 경험에 근거하여 통제할 수 있는 것이다. 이를 통해 가이드나 해설자의 의견이 감각유산 방문 중의 감각유산 보호에 필요한 정보에 반영되는 것이다. 실제로 빈번히 감각유산 방문객을 상대하여 그들의 행동특성을 누구보다도 잘 파악하고 있는 감각유산 가이드들은 감각유산 방문행동수칙 제정단계에 가장 구체적이고 유용한 정보를 제공할 수 있는 그룹이다.

4) 감각유산 방문수칙 작성 시 고려사항

(1) 감각유산 방문수칙의 핵심 고려사항

감각유산 방문수칙을 작성할 때 고려해야 할 핵심내용은 다음과 같다.

- 일반 감각유산 방문객, 여행중개업자, 학술연구자, 수학여행단 같은 대규모 방문객 그룹 등 감각유산 방문수칙을 읽고 지켜야 할 사람들의 특성을 파악한다.
- 감각유산환경 보호, 특수한 지역문화의 이해 및 보호와 같은 감각유산 방문수칙의 주제나 핵심내용을 결정한다.
- 특정 감각유산으로 방문객을 안내하는 감각유산 방문가이드의 의견을 참조한다.
- 감각유산 방문으로 인한 영향에 대해 전문가에게 자문을 요청한다.
- 지역주민, 감각유산 관리자, 가이드, 지역 내 식음료자영업자, 숙박업자, 감각유산 관련 서비스 요원, 그리고 지방상인 등으로 구성된 감각유산 방문수칙 개발위원회를 결성하고 모든 관계자들이 참석한 회의를 개최하여 다양한 의견을 수렴한다.
- 다른 지역에서 이미 만들어져 사용되는 감각유산 방문수칙을 사례로써 참조한다.
- 감각유산 방문수칙 적용의 목표를 설정하고 감각유산 방문객 증가/감소 정도, 희귀 감각유산 증감변화와 같이 목표 달성 정도를 평가할 수 있는 지표를 작성한다.
- 감각유산 방문수칙 초안이 작성되는 대로 감각유산 전문가에게 배포하여 정밀하게 검토하게 한 후 그 피드백을 수렴하여 최종안을 작성한다.
- 최종 작성된 감각유산 방문수칙의 배포계획을 세운다.

(2) 감각유산 방문수칙의 내용표현

감각유산 방문수칙은 근본적으로 그 수칙을 받아 읽을 감각유산 방문객들에게 감각유산 및 지역고유문화 보호를 위해 협조해 달라는 내용이 주가 된다. 따라서 감각유산 방문수칙은 수칙의 내용이 행동으로 실천되도록 유도하는 방향으로 써져야 한다. 감각유산 방문객들이 수칙에 적혀 있는 내용을 어떻게 해석하고 적용할 것인지에 대해 충분히 이해할 수 있도록 작성되어야 한다.

이를 위해서는 우선 실제 감각유산 방문객이나 잠재 방문객의 협조를 구할 수 있도록 부드럽고 친근한 어조로 수칙의 내용이 기술되어야 한다. 독자들이 이해하기 어려운 기술적이고 전문적인 용어는 최대한 피한다. 감각유산 방문수칙은 결국 읽기 쉬워서 방문객이나 방문객들이 협력해야 할 사항을 제대로 이해할 수 있게 만들면 훨씬 효과적이다. 이를 위해서는 다음과 같은 사항에 대한 고려가 필요하다.

- 감각유산 방문수칙을 지켜야 하는 의미와 수칙을 준수한 경우와 그렇지 않은 경우의 결과의 차이를 분명한 예를 들어 제시한다.
- 가급적이면 긍정적인 행동을 유발시킬 수 있는 표현을 사용한다. 금지위주의 용어사용을 피하여 반발을 사기보다는 감각유산 보호의 책임의식을 고취시킬 수 있는 표현으로 보호행동을 유도한다.
- 문장 위주의 내용전개를 탈피한다. 도형이나 그림을 이용하여 수칙이나 수칙준수의 결과를 쉽게 표현해 낸다.
- 방문수칙을 가능한 한 영어, 일어, 불어, 독어, 한문 등 주요 외국어로 같이 작성한다.
- 가능하면 감각유산 방문수칙 책자를 재활용 용지에 인쇄하여 감각유산 보호의식을 고취시킨다.
- 방문수칙에는 부록을 포함시키도록 한다. 부록을 통해 감각유산을 가장 잘 체험할 수 있는 장소와 방법, 감각유산지역에서의 안전수칙, 추가적

인 정보를 얻을 수 있는 정보제공 단체나 조직을 명기한다. 감각유산 보호지역의 발전을 위한 기부를 호소하는 내용을 수칙 말미에 추가시키는 것도 가능하다.

- 감각유산 방문수칙을 작성, 제작한 단체의 이름, 주소, 전화번호, 홈페이지, 플랫폼 등이 확실히 명기되어야 한다.
- 필요한 경우, 작성된 감각유산 방문수칙의 효과를 평가하는 설문서를 포함시키는 것도 고려할 수 있다.

(3) 감각유산 방문수칙의 내용 검토

감각유산 방문수칙의 내용을 작성할 때 검토해야 할 내용은 문화인류학적, 미학적, 사회적, 경제적, 환경적인 부문의 융합적 고려가 필요하다. 감각유산 자체 보호에 대한 내용, 감각유산이 소재한 지역사회문화와 관련된 내용, 지역경제 활성화와 관련된 내용, 감각유산 소재 지역의 환경보호와 관련된 내용으로 구성된다.

(4) 감각유산 자체의 보호에 대한 내용

감각유산 방문수칙은 우선 다음과 같이 감각유산 그 자체를 보호하고 그 가치를 후세대에게까지 전달할 수 있는 보호장치에 관한 내용이어야 한다.

① 감각유산의 자극원을 어떤 형태이던 훼손하는 행위에 대해 명시하여 해당 훼손행위를 미연에 방지

② 감각유산의 자극과 관련된 물질이나 환경을 불법적으로 수거하는 행위에 대해 명시하여 해당 불법수거행위를 미연에 방지

③ 감각유산의 자극을 체험할 때 주변 사람들에게 방해가 되는 행위에 대해 명시하여 해당 방해행위를 미연에 방지

④ 감각유산의 배경자극이나 근접자극을 손상하거나 가로막는 행위에 대

해 명시하여 해당 손상/방해행위를 미연에 방지

⑤ 감각유산의 자극을 무단으로 복사하거나 도용하는 행위에 대해 명시하고 해당 복사/도용행위를 미연에 방지

⑥ 감각유산지역에서 방문객들에게 제공되는 서비스나 각종 시설의 이용방법에 대해 소개

⑦ 감각유산 방문수칙을 지켜야 하는 의미와 수칙을 준수한 경우와 그렇지 않은 경우의 결과의 차이를 분명한 예를 들어 제시

⑧ 감각유산 보호의 책임의식을 높이도록 보호행동을 구체적으로 제시

⑨ 감각유산을 가장 잘 체험할 수 있는 장소와 방법, 감각유산지역에서의 안전수칙, 추가적인 정보를 얻을 수 있는 정보제공기관이나 단체에 대해 명시

⑩ 감각유산 보호를 위한 기부를 호소하는 내용을 수칙 말미에 추가

(5) 지역 사회문화와 관련된 내용

감각유산 방문수칙 중 사회적 내용은 주로 보호지역 내 혹은 인접 지역 주민들의 생활풍습이나 양식과 관계된 것이다. 방문객들이 지역주민의 고유문화와 삶의 방식을 존중하여 지역 고유의 문화를 파괴하거나 지역주민의 자아에 손상이 가는 행위가 일어나지 않게 유도하는 것이다. 보통 감각유산 방문수칙이라 하면 감각유산과 관련된 물리적 환경의 보호만을 다루는 것으로 인식하기 쉽다. 그러나 감각유산지역주민의 문화와 삶의 방식을 보존하는 것도 감각유산 방문수칙의 주요한 역할 중 하나이다.

방문객이 내국인인 경우에는 별 문제가 없다고 쉽게 단정지을 수 있다. 그러나 동일 국가 내의 지역별로도 상이한 문화와 생활 방식을 지닐 수 있다. 특히 방문객이 외국인인 경우 해당지역의 문화와 생활양식, 전통에 대한 내용이 감각유산 방문수칙을 통해 자세히 소개될 필요가 있다. 감각유산 방문수칙이 다루어야 할 사회적 내용은 다음과 같다.

① 지역의 고유 풍습과 전통들

- 감각유산 방문은 감각유산환경에 대한 경험뿐만 아니라 감각유산적 가치가 높은 감각유산지역 내의 지역주민이나 원주민들의 고유문화를 경험하는 것도 포함한다. 따라서 지역의 풍습과 전통에 대해 자세히 소개할 필요가 있다.
- 방문객이 환경의 보호뿐만 아니라 지역사회의 고유문화와 전통을 존중하도록 유도한다.

② 지역 특이 종교에 대한 이해

- 지역사회의 고유 신앙에 대한 정보의 제공으로 방문객의 이해를 돕는다.
- 방문객의 종교나 상식과 상치되는 부분이 있더라도 지역고유의 신앙을 존중하는 자세를 갖도록 한다.

③ 사진촬영이나 기타 방문객 행태에 대한 허용여부

주민과의 사진 촬영을 포함하여 방문객들 입장에서는 전혀 문제되지 않으며 주민들에게 받아들여질 것이라고 생각되는 행위가 지역주민에게는 용납되지 않는 경우가 있다. 지역주민의 초상권 등 지역주민이 볼 때 수용할 수 없는 방문객의 행위를 사전에 주지시킨다.

④ 첨단장비의 사용

방문객이 방문활동과 관련된 장비나 신기술을 사용하는 것이 지역주민에게 부정적으로 받아들여지는 경우가 있다. 가령 야간에 강한 밝기의 조명이 장치된 차량을 강한 소음의 음악을 틀어놓은 채 보호지역을 운전하여 소음이나 조명에 의한 방해를 야기하는 것이 예가 될 수 있다. 기술이나 장비 사용의 필요성과 지역주민의 반대 입장을 조화시킬 수 있는 방향을 제시한다.

⑤ 토착주민의 권리

방문객은 요금 제대로 내고 감각유산에 해가 되지 않는 범위 내에서 감각유산을 즐기고 체험하면 크게 잘못될 게 무엇이냐 하는 생각을 가질 수 있다. 그러나 지역주민들이 갖는 가치관이나 삶의 방식을 존중해야 하며 그들의 기본권리를 인정하면서 감각유산 방문을 즐겨야만 한다.

⑥ 복장

활동하기 편하되 지역의 미풍양속에 저해되지 않는 범위의 복장착용방법을 밝힌다.

⑦ 언어

외국인의 경우 소통이 가능한 외국어가 있는지, 외국어는 전혀 의사소통이 안되는 지의 여부를 정보로 제공한다.

⑧ 음주와 관련된 사항

주류의 반입이 금지되어 있는 특정지역, 음주 자체가 금지된 곳, 실내와 실외에서의 음주규정, 음주가능 시간, 주류의 구입가능 시간대 등 알코올과 관련된 제반 사항을 밝힌다. 우리나라의 음주와 관련된 문화를 잘 모르는 외국인에게 지역 혹은 장소별로 음주와 관련된 규칙과 필요 정보를 제공해 줄 필요가 있다.

⑨ 팁 주기

외국인의 경우 방문지에서의 팁 주기와 관련된 안내는 그들에게 매우 유용하다.

⑩ 출입금지 지역

⑪ 흡연

흡연지역, 비흡연지역의 구분, 흡연 시 주의사항, 흡연 후 꽁초의 처리

방법 등을 구체적으로 밝힌다.

⑫ 물건 매매를 강요하는 경우의 대응

정상적인 방법과 지정된 쇼핑장소가 아닌 곳에서의 기부강요, 물건매매의 강요가 발생하는 경우 이에 대처하는 방법을 밝힌다. 동시에 방문객과 지역주민 사이에 물물교환이 가능한지 여부를 밝힌다.

(6) 지역경제 활성화를 위한 내용

감각유산 모니터링 시에, 감각유산 방문이 지역사회의 문화에 대해 미치는 영향뿐만 아니라 외화수입이나 지역경제의 진흥에 미치는 영향도 인식해야 할 필요가 있다. 따라서 감각유산 방문객들이 구입할 상품이나 서비스를 방문객에게 만족을 줄 수 있는 세심한 과정을 거쳐서 선정하는 것이 중요하다. 감각유산 방문을 통해 지역경제 활성화효과를 극대화하기 위해서는 모든 경우에 있어서 상품이나 서비스가 지역 외에서 들어옴으로써 발생하는 감각유산 방문객 유발 수입의 누출을 줄여야 하고 지역사회와 감각유산 보호지역에 최대의 수익을 제공해야 한다. 지역경제 활성화와 관련된 감각유산 방문수칙은 감각유산 이용이나 보존과 관련된 수칙과 비교할 때 상대적으로 새로운 개념이기 때문에 방문 수입이 어떻게 해서 주민들에게 지속적인 경제적 대안을 제공할 수 있는가를 수칙의 범위 안에서 설명해 줄 필요가 있다. 지역경제에 관한 가이드라인은 다음과 같은 것이 포함된다.

① 감각유산 지역 상품의 구입

해당 감각유산 지역이 자랑하는 지역고유의 특산물에는 어떤 것이 있는지, 정상적인 가격과 품질로 그 상품들을 구입하기 위한 정보를 제공한다.

② 감각유산 지역 소유의 식당과 숙소 사용

감각유산 지역의 경제적 수입을 늘려주기 위해 가급적이면 현지 주민

소유의 식당이나 숙박업소의 이용을 유도한다.

③ 사용료와 입장료

감각유산 방문객이 지불할 입장료나 시설이용료가 감각유산 보호지역이나 지역 내의 감각유산을 위해 쓰이는 정보를 방문객에게 제공한다.

④ 감각유산 방문객 지출의 경제적 효과

방문객 1인당 평균적인 단위지출마다 구체적으로 어떠한 경제적 효과가 보호지역이나 지역사회에 돌아가는지를 밝힌다. 예를 들어 감각유산 보호지역에 방문객들이 와서 1인당 10만 원을 지출할 때마다 감각유산 보호지역 내의 감각유산 보호에 배당되는 예산이 0.01% 증가하여 감각유산 보호효과가 증대된다는 정보를 제공한다.

⑤ 감각유산 보호지역이나 지역 내 비영리단체에 대한 기부

- 감각유산 방문객들이 기부를 하는 경우 기부금이 어떤 용도로 감각유산의 보호나 지역감각유산의 유지를 위해 사용되는지를 설명한다.
- 기부방법이나 기부에 따른 세금감면효과 등 기부자 입장에서 혜택을 받는 모든 정보를 제공한다.

(7) 감각유산지역의 환경보호와 관련된 내용

감각유산지역의 환경관련 항목은 감각유산 방문수칙을 작성하는 또 하나의 중요한 이유가 되는 기본 내용이다. 보통 감각유산 방문객이 지역 감각유산에 미치는 영향에 대한 전문성을 지닌 감각유산 보호 전문가가 그 내용을 검토하고 작성한다. 다음에 열거된 내용들이 검토대상이 된다(Blangy and Wood, 1993).

① 감각유산 보호지역 내의 쓰레기 처리방법

감각유산 측이 제공하거나 방문객이 가져온 비닐봉투 등 쓰레기 수거

의 방법과 수거된 쓰레기를 버릴 쓰레기통의 위치를 밝힌다.

② 감각유산 내 이동경로 이탈

산책로나 차도의 경우 원래 경로를 이탈하여 이동하는 것이 가능한 곳과 그렇지 않은 곳을 명시한다.

③ 감각유산 내 채집에 관한 수칙

- 감각유산과 관련된 동식물이나 암석, 기타 보호지역 내에 존재하는 각종 유기, 무기물의 채집에 대하여 가능한 것과 그렇지 않은 것을 명시한다.
- 채집된 감각유산자원을 사고파는 것에 대한 법 규정을 소개한다.

④ 화목(火木) 수집과 연료 사용

캠프파이어에 필요한 나무 채취와 관련하여 채취 가능한 수목의 종류를 밝힌다. 방문객이 가져온 연료의 사용방법이나 관련 규칙을 명시한다.

⑤ 야영지 위치

지정된 야영지와 비지정된 야영지에서의 캠핑수칙

⑥ 산책길, 차량 및 선박이용수칙

산책로를 이용할 때, 포장 혹은 비포장 도로를 차량으로 이동할 때, 각 경우별로 설명한다.

⑦ 희귀 감각유산 보호

방문객이 희귀 감각유산을 보호해야 하는 의무나 관찰방법을 밝힌다.

⑧ 관망과 사진 촬영

사진 촬영이 불가능한 장소 및 촬영대상을 명시한다.

⑨ 감각유산 환경파손행위

암벽이나 나무에 글씨를 적거나 새겨 넣는 행위, 수목을 자르거나 꺾는 행위와 관련된 규정을 명시한다.

⑩ 소음조절

장소에 따라 방문객들의 대화나 고함, 차량 및 라디오 등 소음 정도에 관한 기준을 명시한다.

⑪ 감각유산 수질 보호

- 세탁 시 세제 사용이 가능한 곳이나 세제의 양을 명시한다.
- 하천이나 호수, 저수지에 쓰레기 방치를 금지하는지 여부를 밝힌다.

⑫ 애완동물 관리

감각유산 보호지역 내에서 애완동물 출입 및 소지, 관리에 대한 규정을 밝힌다.

⑬ 인분 처리

화장실 시설이 되어 있지 않은 지역에서 인분 처리방법을 알려준다.

⑭ 타 방문객들에 대한 방문객들의 가시적 영향

그룹 간에 유지해야 하는 거리를 그런 거리유지가 필요한 장소별로 명시한다.

⑮ 그룹의 규모

특정 장소별로 방문객 그룹의 최대 및 최소 인원 수를 명시한다.

5) 감각유산 방문수칙 작성에 필요한 재원조달과 후원기관 확보

다른 모든 공공부문의 사업과 마찬가지로 감각유산 방문수칙을 작성하는 경우도 재원확보가 중요하다. 재원을 충분히 확보하면 더 나은 수준의 수칙이 좋은 내용과 디자인, 뛰어난 인쇄조건으로 만들어질 수 있다. 그러나 한정된 재원으로 감각유산 방문수칙을 작성할 경우 최대의 효율성을 기해야 하므로 감각유산 방문수칙을 작성하는 주체는 다양한 측면에서 수칙 작성 경비 절감방안을 모색해야 한다. 가령, 감각유산 방문수칙을 작성할 때 중앙정부나 지방자치단체가 감각유산 방문수칙 제작에 참여하여 해당 기관의 직원들을 활용하면 수칙 작성에 드는 비용을 줄일 수 있다. 공공부문은 또한 지역의 여러 단체들을 참여시켜 소규모의 예산 배정만으로 각 단체가 자체적으로 감각유산 방문수칙의 작성과 관련된 회의나 토의를 거쳐 감각유산 방문수칙의 내용이 될 수 있는 자료를 제출하게 한다. 브로슈어 디자인과 편집을 도와줄 수 있는 지역단체를 선별하여 그들의 도움을 받을 수도 있다.

감각유산 방문수칙을 작성하는 과정에 참여시켜 수칙 작성에 필요한 예산의 규모를 줄이고 전문성을 활용할 수 있는 단체나 개인의 목록을 작성하여야 한다. 또한 감각유산 방문수칙을 작성하는 데 필요한 재원을 지원해 주는 국내외의 기관을 파악하는 것이 필요하다. 특히 국제기구 및 해당 지역의 비정부조직 중에는 무형유산 등 감각유산 관련 교육 프로젝트를 위한 기금이나 가용예산을 확보하고 있는 경우가 많다. 그리고 감각유산 진흥에 관심이 많은 당국에 감각유산 방문수칙을 작성하고 인쇄, 배포하는 데 필요한 자금을 지원해 달라는 요청을 해 볼 필요가 있다.

6) 작성된 감각유산 방문수칙의 집행 및 적용

(1) 감각유산 방문수칙 내용 전달방식

감각유산 방문객에게 책자로 된 감각유산 방문수칙을 전할 수 있다. 단순 책자에 의한 전달보다 비디오 관람이나 수칙설명회 등 시청각 교육을 통해 수칙의 내용을 전달하면 훨씬 효과적이다. 감각유산 방문객의 그릇된 방문행위로 인해 감각유산이 입는 파손 정도나 파괴적 영향이 얼마나 큰지, 감각유산의 환경이나 감각유산 그 자체가 얼마나 파괴되기 쉬운 대상인가를 시청각적 자료를 동원하여 방문객에게 보여주는 것이다. 이를 통해 단순히 감각유산 방문수칙의 내용을 읽는 것 이상으로 감각유산 파괴방지와 감각유산 보호에 대한 효과를 보게 된다. 감각유산 방문객들이 방문의 영향으로 인해 감각유산이 파괴된 사례를 직접 접하게 됨으로써 그들이 감각유산 보호를 위해 무엇을 해야 하고 무엇을 하지 말아야 할 것인지를 보다 분명히 인식할 수 있다. 같은 내용을 더 쉽게 UCC와 같은 동영상 콘텐츠로 만들어 감각유산 플랫폼에서 위치기반서비스와 함께 제공되도록 하거나 유튜브와 같은 플랫폼에 상시로 올려놓고 잠재방문객들의 감각유산에 대한 흥미와 보호의식을 고취할 수도 있다.

(2) 감각유산 방문수칙 제공 시점

방문객에게 감각유산 방문수칙이 전해져야 하는 시기는 감각유산 수칙의 종류와 목적에 따라 다양하게 구체화될 수 있다. 감각유산 수칙의 내용이 아주 세부적이고 구체적인 행동을 수반해야 하는 경우에는 감각유산 수칙이 적용되는 현장에 방문객들이 도착한 시점부터 수칙을 제공하는 것이 가장 바람직하다.

설명회 혹은 교육과 더불어 인쇄된 감각유산 방문수칙을 제공하는 경우에는 감각유산 방문 당일에 현장체험을 시작하기 직전이 가장 이상적이다.

(3) 감각유산 방문수칙과 가이드의 역할

감각유산 방문 가이드는 감각유산 방문 시 방문객의 각종 행위가 감각유산에 어떤 영향을 끼치는지 지식을 갖추고 있어야 한다. 왜 감각유산 방문수칙을 지켜야만 하는지 방문객에게 설명하고 그들 자신이 경험한 고유문화나 감각자극원의 파괴나 보존에 대한 영향을 예를 들어 설명해 주어야 한다. 또 이와 관련된 방문객들의 질문에 답해줄 수 있어야 한다. 감각유산 방문 도중에 방문객의 특정 행위나 요구가 수칙에 위배되는 것일 때 단호하게 그 행위를 저지하고 요구를 거부할 수 있어야 한다.

(4) 감각유산 수칙의 배포

감각유산 수칙은 보통 방문객들이 현지에 도착한 후에 책자를 나누어주는 것이 일반이다. 그러나 현지 도착 전에도 다음과 같은 다양한 배포수단을 통해 방문객의 손에 들어가게 할 수도 있다.

① 여행 가이드 책자

감각유산이나 지역의 감각적 자극원의 탐험을 다루는 방문이나 여행 가이드 책자의 부록에 감각유산 수칙을 수록할 수 있다.

② 하이킹 및 도로 지도

방문안내 지도나 일반 도로지도에 지역별 감각유산이 소개되는 경우라면 감각유산별로 지켜야 할 수칙을 지도나 정보책자에 실을 수 있다.

③ 감각유산 홍보 브로슈어

해당 감각유산을 선전하는 각종 홍보용 인쇄물에 감각유산 수칙의 전체 내용 혹은 요약내용, 아니면 감각유산 수칙 중 가장 중심되는 내용만을 골라 홍보인쇄물의 성격에 맞게 포함시켜 배포한다.

④ 감각유산 입장 안내문, 포스터, 안내판

현지에 방문객이 도착하여 감각유산 보호지역이나 감각유산에 입장하기 전에 접하는 안내문이나 포스터, 안내판 등에 감각유산 수칙의 전체 내용 혹은 요약내용, 아니면 감각유산 수칙의 가장 중심되는 내용을 요약적으로 담아 감각유산 방문객이 주지하도록 한다.

⑤ 여행사가 감각유산 방문객에게 여행출발 전에 주는 자료

감각유산 방문지로 떠나기 전에 그 여행사가 감각유산 여행과 관련된 모든 정보나 계약을 여행자에게 제공할 때 목적지인 감각유산 방문지에 적용되는 감각유산 수칙을 같이 제공한다.

⑥ 감각유산 방문객들이 머무는 숙박업소의 객실에 비치

감각유산이 있는 지역의 숙박업소에 감각유산 목적으로 숙박하는 방문객이나 일반 숙박 고객들이 모두 지역 내에 있는 감각유산이나 감각유산 방문지에서 지켜야 할 감각유산 방문수칙을 접할 수 있도록 객실 내에 감각유산 방문수칙을 비치한다. 실제 그 수칙을 지켜야 할 사람이나 그 외의 일반인에게도 감각유산 보호와 관련된 방문활동방법을 소개한다.

⑦ 항공기내 비치 자료

항공기 좌석에 비치되어 있는 기내 잡지나 기내 정보지와 함께 감각유산에 대한 소개와 함께 감각유산 방문수칙 책자를 같이 비치하여 감각유산 자체에 대한 일반인의 인식을 높인다. 동시에 바람직한 형태의 감각유산 방문이란 어떤 것인가에 대해 방향을 제시한다. 또한 감각유산이 결국 지역의 고유문화와 감성자극을 보존하고 보호하는 공정여행적 방문유형이란 것을 세상에 알리는 데 기여할 수 있을 것이다. 항공기 여행자에게는 특히 책자화된 감각유산 수칙을 보조해 주는 영상자료나 비디오자료를 이용하여 방문객에게 도움을 줄 수도 있다. 시청각자료를 사용하여 메시지를 전달하면, 글로 된 자료로는 간단히 보여줄 수 없는 그릇된 행동의 결과를 강조하여 보여줄 수 있다.

⑧ 레크리에이션 장비 판매 혹은 대여장소

감각유산이 있는 지역의 레크리에이션 장비 판매 혹은 대여업소에 찾아와 장비를 렌트하거나 구입하는 방문객, 그 외 일반 고객들이 모두 지역 내에 있는 감각유산지역에서 지켜야 할 감각유산 방문수칙에 대해 접할 수 있도록 한다. 장비 대여 혹은 판매업소에 감각유산 방문수칙을 비치하면 실제 그 수칙을 지켜야 할 사람이나 그 외의 일반인에게도 감각유산 보호와 관련된 방문활동방법을 소개할 수 있다.

⑨ 렌터카 데스크

감각유산이 있는 지역의 렌터카 업소에 감각유산 방문 목적으로 그곳을 찾아와 차를 렌트하는 방문객이나 그 외 일반 렌터카 고객들이 모두 지역 내에 있는 보호지역이나 감각유산 방문지에서 지켜야 할 감각유산 방문수칙에 대해 접할 수 있도록 한다. 렌터카 업소에 감각유산 방문수칙을 비치하여 실제 그 수칙을 지켜야 할 사람이나 그 외의 일반인에게도 감각유산 보호와 관련된 올바른 방문활동 방법을 소개한다.

⑩ 방문객 정보안내센터

감각유산이 있는 지역의 방문객 정보안내센터에 감각유산 방문을 목적으로 그곳을 찾은 사람이나 그 외 일반 방문객들이 모두 지역 내에 있는 감각유산 방문지에서 지켜야 할 감각유산 방문수칙에 대해 접할 수 있도록 한다. 정보센터나 안내소에 감각유산 방문수칙을 비치하여 실제 그 수칙을 지켜야 할 사람이나 그 외의 일반인에게도 감각유산 보호와 관련된 방문활동 방법을 소개한다. 방문안내센터 이용자에게는 특히 책자화된 감각유산 수칙을 보조해 주는 영상자료나 비디오물을 이용하여 방문객에게 도움을 줄 수도 있다. 시청각자료를 사용하여 메시지를 전달하면, 책자화된 자료보다 그릇된 행동의 결과를 훨씬 더 효과적으로 보여줄 수 있다.

⑪ SNS/언론매체의 활용

새로이 만들어진 감각유산 방문수칙에 대해 언론매체가 기사나 보도로써 다루도록 하는 것 또한 원활한 감각유산 방문수칙의 배포에 도움이 된다. 감각유산지역의 관리자, 감각유산이 속한 지역의 자치단체, 감각유산 방문을 다루는 여행업자, 중앙정부의 감각유산 방문담당자, 감각유산 보호와 관련된 비영리단체 등이 감각유산 방문수칙을 공식적인 언론 캠페인 자료로 언론사에 보낼 수 있다.

감각유산 방문수칙이 언론에 의해 기사화되거나 보도되면 다시 SNS를 통해 각 개인에게 2차 배포되는 형식을 갖는 것도 효과적이다. 텔레비전과 라디오 프로그램을 통해 다루어질 수도 있다. 관련 단체의 회의나 세미나가 열리는 경우 감각유산 방문수칙과 관련된 내용의 포스터나 리플릿을 배포하거나 자료 기사들을 이용하는 것 또한 감각유산 방문수칙에서 다루어지는 메시지를 효과적으로 외부에 전파하는 방법들이다.

⑫ 빈틈없는 배포전략

방문객들이 방문객센터나 간이매점 등에서 감각유산 수칙을 구할 수 있도록 하는 것이 중요하다. 감각유산파괴의 가능성이 높은 지역은 방문객들이 그 장소로 들어가기 전에 감각유산 수칙이 적혀 있는 안내판이나 문서를 반드시 읽을 수 있게 해야 한다. 감각유산 보호지역의 관리요원은 외부 버스 운전자나 가이드들에게 감각유산 수칙을 얻을 수 있는 장소를 가르쳐줘야 한다. 물론 안내센터에도 감각유산 수칙을 충분히 비치하도록 확실히 주지시켜야 한다. 감각유산지역을 운행하는 모든 외부 운송회사에 감각유산 수칙자료를 제공하는 것 또한 방문객들이 감각유산지역에 들어가기 전에 감각유산 수칙을 확실히 알 수 있게 하는 방법이다.

(5) 감각유산 수칙의 평가

① 감각유산 수칙의 필요성

감각유산 수칙의 필요성에 대해서는 많은 연구가 수행되어야 한다. 그 결과 감각유산 수칙을 작성하는 과정과 방법에 대해서도 다양한 측면의 연구결과를 바탕으로 한 의미있는 제안이 이루어지게 될 것이다. 수칙 작성 후 사용되고 있는 감각유산 수칙의 사후 평가작업도 소홀히 취급되어서는 안 된다. 감각유산 체험을 마치고 돌아가는 방문객들을 대상으로 수칙의 효용성에 대한 조사를 하려는 시도를 정기적으로 해야 한다. 배포된 감각유산 수칙이 한 감각유산지역의 정체성과 문화를 경험하는 데 얼마나 도움이 되었는지 평가할 필요가 있는 것이다.

② 감각유산 수칙평가의 기본내용

감각유산 수칙이 지켜져야만 하는 이유는 특정한 장소의 감각유산의 상태나 감각유산 자체의 유지/보호에 관계된 것이다. 감각유산 수칙의 효용성은 감각유산 수칙이 작성되어 방문객들에 의해 읽혀진 이후 일어난 변화를 통해 평가될 수 있다. 감각유산 수칙을 통해 특정 감각유산이나 희귀 감각유산을 보호하는 것이 감각유산 수칙을 적용하는 목표다. 실제 감각유산 수칙을 적용하고 난 후 감각유산이 그 장소나 지역에 미친 영향의 정도가 수칙을 적용하기 이전과 비교할 때 어느 정도 긍정적인 방향으로, 혹은 부정적인 방향으로 변화했는지 조사가 가능하다. 이런 감각유산 수칙의 평가를 통해 수칙의 효용성이 측정될 수 있다.

③ 평가 시 방문객의 의견 반영

감각유산 수칙에 대해 방문객들의 의견을 묻는 설문을 감각유산 수칙 책자에 포함시킴으로써 고객의 의견을 반영하는 자료로 활용할 수도 있다. 방문객들의 의견수렴과정과 결과는 감각유산 수칙이 개정될 필요가 있는 경우 매우 유용한 참고자료가 될 수 있다. 방문객들이 응답한 설문지를 효과적으로 수거할 수 있는 설문지 수거방법도 고려해야 한다. 감각유산 관리요원들이 방문객들에게 퇴장할 때 설문지를 제출하도록 부탁하게 한다. 감각유산 관리요원들은 또한 방문객들이 퇴장하면서 설문지 외에 구두로 전하는 의견 역시 데이터화하여 기록해야 한다.

감각유산 수칙은 완전한 감각유산 경영에 필요한 가장 기본적인 요소이다. 감각유산 수칙은 그만큼 향후 감각유산 방문객 수송계획, 감각유산관리, 가이드 관리, 감각유산용도구역 설정, 감각유산 보호가 필요한 지역 내 순찰 등 여타의 감각유산 경영정책과 조화를 이루어야 한다.

감각유산 수칙을 만들 때 지역, 국가, 그리고 어떤 경우에는 국가 간 조직들이 협력하는 것이 중요하다. 수칙은 여러 상황에서 방문자들의 행동에 적용되어야 한다. 따라서 다양한 장소와 활동에 두루 적용되어야 함을 염두에 두고 수칙 작성의 기초작업을 진행해야 한다. 중심이 되는 수칙이 완성되면, 보다 세부적인 가이드라인이 해당 단체들의 참여와 함께 만들어져야 한다.

수칙이 너무 지나친 규제만을 다루는 것도 곤란하다. 방문객들의 감각유산 체험 욕구를 만족시키면서 소멸성이 강한 감각유산의 파괴와 지역문화의 훼손을 막는 전략이 마련되어야 할 것이다.

3. 감각유산 좋은 변화 효과의 모니터링

1) 감각유산 좋은 변화의 효과와 목표

감각유산의 좋은 변화는 크게 개인의 자존, 소통, 안정에 주안점을 둔 좋은 변화 메뉴를 개발하여 개개인이 세상에 존재하는 이유를 근원적으로 밝혀주는 효과라고 할 수 있는데 다음과 같이 8가지의 목표를 제시할 수 있다.

- 첫째, 감각유산체험 후의 감각환생을 통해 자아, 자존, 상승 관련하여 몸과 마음의 좋은 변화를 통해 자신을 사랑하는 마음을 다스리고 회복시켜 준다.
- 둘째, 감각유산을 통한 감각환생을 통해 소통의지와 능력이 높아짐으로써 개인과 사회구성원 간의 사랑을 확인시켜 긍정적인 쌍방향 커뮤니케이션이 가능하도록 돕는다.
- 셋째, 감각유산을 경험을 통한 감각환생을 통해 결과되는 정신적 · 육체적으로 좋은 변화는 개인의 심리/신체적 상태를 문제가 없던 원래 상태로 돌려놓는다.
- 넷째, 감각유산 체험을 통한 감각환생을 통해 사람과의 관계 단절에서

나타나는 심리적 병의 가장 큰 원인인 우울증을 감각유산 체험을 통해 회복시킨다.

- 다섯째, 국내 자살률이 급증하고 있는 가운데 감각유산 체험을 통한 감각환생을 통해 자살충동 제거를 도모한다.
- 여섯째, 자칫 정신적 · 육체적 스트레스로 인한 범죄행동을 감각유산 체험이라는 좋은 변화과정을 통해 극복하도록 한다.
- 일곱째, 사회성 증진은 사회적 · 개인적으로 교류가 단절된 사람들의 사회성을 회복시켜 준다.
- 여덟째, 감각유산을 통한 감각환생을 통한 리더십 향상으로 혼자가 아닌 여러 사람과의 무리 생활에서 적극적으로 대처할 수 있는 역할을 좋은 변화의 결과물로 받아들이게 한다.

2) 감각유산을 통한 감각환생 모니터링 요인

현대 산업사회 속의 인간의 정신적 피해와 상처를 극복하기 위해 인간 행동 변화의 주요 결정인자로 작용하는(Bandura, 1977) 자기 자신에 대한 통제와 효능감, 존중의 본능이 몸과 마음의 좋은 변화에 대한 체험 욕구의 기저가 된다는 가정하에 자아존중감(self-esteem), 자아효능감(self-efficacy), 자아통제감(self-control)을 몸과 마음의 좋은 변화체험욕구의 하부차원(양제연 · 조민숙 · 이태희, 2013)으로 보고 심리분석 및 몸과 마음의 좋은 변화효과 측정의 도구로 사용할 수 있다.

- 자아존중감은 인간이 살아가는 데 가장 많이 영향을 미치는 요인으로서(Blitzer, Peterson, & Rogers, 1993), 특히 인간 행동 심리 관련 연구에서 많이 쓰이는데 이는 자아존중감이 인간행동의 가장 기본적인 동기이고, 정신건강 및 세상에 대한 적응과 관련성이 있기 때문이다. 자아존중감은 자신을 신뢰하고 존중하는 자기 존중의 정도이며 자신을 가치 있다고 여기는 정도이다.

- 자아효능감은 어떤 결과를 이루기 위하여 필요한 행동을 구성, 조직하고 수행할 수 있는 개인의 능력에 대한 판단이다. 자아효능감은 개인의 기술 자체보다는 개인의 기술을 어느 정도 발휘할 수 있는가에 대한 판단이다(김재근, 2004). 이러한 자아효능감은 활동, 과제 선택, 노력의 양, 어려운 상황에서의 인내심과 같은 행동에 영향을 끼친다(김아영, 2004).
- 자아통제감은 자신이 선택한 신념이나 목표에 대하여 일관성 있게 행동하는 것을 의미하는 개념이다. 자아통제감에 대한 의지가 강하면 성공에 자신감을 갖고 효과적인 전략으로 더욱 목표지향적인 삶을 향유하게 된다(전인자, 2002). 즉 인간은 자신의 자아통제 사실을 인지함과 동시에 만족감을 경험하고 심리적으로 건강한 사람은 의식적으로 자신의 삶을 통제하여 적절한 행동을 선택할 수 있는 자유 의지의 행위자가 된다(장혜정, 2008). 반면에 자아통제에 실패하게 되면 충동조절의 장애 또는 중독적인 증상을 보이기 쉽다.

이처럼 자아존중감, 자아효능감, 자아통제감 등의 심리적 요인들은 신체활동에 있어서 몸과 마음의 좋은 변화에 대한 욕구를 향상시킨다(김경숙, 2010; Depauw, 1998; Sherrill, 2004)는 점에서 몸과 마음의 좋은 변화체험 효과 측정에 필요한 대표적 요인이라고 할 수 있다.

〈표 2〉 몸과 마음의 좋은 변화체험 효과 측정 근거요인

측정변수	정 의
자아존중감 (self-esteem)	• 자신을 신뢰하고 존중하는 자기 존중의 정도 • 자신을 가치 있다고 여기는 정도
자아효능감 (self-efficacy)	• 어떤 결과를 이루기 위하여 필요한 행동을 구성, 조직하고 수행할 수 있는 개인의 능력에 대한 판단 • 개인의 기술을 어느 정도 발휘할 수 있는가에 대한 판단
자아통제감 (self-control)	• 자신이 선택한 신념이나 목표에 대하여 일관성 있게 행동하는 것

3) 심신의 좋은 변화 모니터링기술

감각유산을 접하기 전후에 사용자가 대체적으로 심신이 안정되고 스트레스에 대한 면역성이 높을수록 심박의 변이(리듬)가 역동적으로 나타나는 신경병리학적인 근거하에 사용되는 분석기술인데 심장박동변이를 측정하는 HRV(Heart Rate Variability)테스트를 적용해 측정한다.

• 좋은 변화 측정도구(HRV)의 이해

〈표 3〉 HRV 측정도구의 의미·분류·해석의 기준

구 분	의 미	기준 및 해석
HRV	• Heart Rate Variability(심장박동 변이) • 심장 박동수를 이용하여 신체의 스트레스 정도를 객관적으로 측정하는 프로그램 • 스트레스에 의한 자율신경기능의 변화를 신경생리학적으로 평가하는 검사법임	• 대체적으로 심신이 안정되고 스트레스에 대한 면역성이 높을수록 심박의 변이/리듬이 역동적이며 녹색막대 수치가 높음 • 반대로, 긴장과 스트레스가 많을수록 빨간막대 수치가 높음
HRV 수준분류	• HRV 측정치 중 빨간막대수치(Low) 점수를 기준으로 함 - 건강군: 20 이하 - 예방군: 21~53 - 위험군: 54~70 - 고위험군: 71 이상 • 병리학적으로 평가하는 검사법	• HRV에서의 스트레스 관리군은 저위험군과 고위험군으로 구성 • 스트레스 관리군은 즉각적인 관리 프로그램의 접근이 요구됨

• HRV 측정 분석방법

〈표 4〉 HRV 측정 분석지표와 측정된 감각유산 체험자 클러스터 구분

구 분	내 용
분석대상	몸과 마음의 좋은 변화프로그램 진행 중인 HRV 1, 2회 측정자
분석지표	1차 측정 LOW, HIGH 수치 2차 측정 LOW, HIGH 수치

분석결과	• 전체 LOW 평균수치가 감소, HIGH 평균수치는 증가하는지 여부 • 2차 측정에서 LOW(빨간막대) 평균수치가 감소되면 신체 긴장의 완화효과가 높은 것임 • 2차 측정에서 HIGH(녹색막대) 평균수치가 증가하면 스트레스에 대한 대응력이 향상된 것임 • 2차 측정에서 LOW수치가 감소함과 동시에 HIGH수치가 증가하게 되면 스트레스에 대한 신체적 균형과 안정도가 높아진 것임 • 연령별 LOW 평균 감소수치를 통해 스트레스를 이겨낼 수 있는 회복에 대한 탄력성이 높은 연령대를 파악 • 연령별 HIGH 평균 증가수치는 LOW 수치 감소결과와 마찬가지로 스트레스에 대한 안정성이 높아진 연령대를 구분해 냄 • 1차 HRV 수준별 분석을 통해 위험군, 예방군, 건강군, 고위험군 중 스트레스 관리군(위험군과 고위험군)의 비중이 높은 그룹을 파악 • 2차 HRV 수준별 분석 시 고위험군, 건강군, 위험군, 예방군 중 스트레스관리군(위험군과 고위험군)의 감소폭을 파악 • 또한 건강군과 예방군의 1, 2차 변화폭을 파악

4) 감각유산 체험 후 스트레스 변화 측정

감각유산 체험 후 스트레스 반응수준(Worker's Stress Response Inventory: WSRI)의 전후 변화를 측정하여 몸과 마음의 좋은 변화를 모니터링한다.

• 감각유산 체험 전후 스트레스 변화수치 분석(WSRI)

〈표 5〉 스트레스 전후변화 측정기술

구 분	내 용	
분석대상	감각유산 체험 후 몸과 마음의 좋은 변화 측정 참여자(WSRI 측정대상자)	
분석지표	측정 시 WSRI 지수분포	
의 미	일상생활에서 경험할 수 있는 느낌이나 생각, 신체증상 등을 측정하여 스트레스 수준을 측정할 수 있는 척도	
기준 및 해석	• 1~9번 신체 증상 • 10~17번 우울 증상 • 18~22번 분노 증상 • 23~26번 업무관련 증상	• 0~31점: 예방관리군 • 32~49점: 요주의군 • 50점~: 질병가능군

• WSRI 분석결과에 따른 클러스터링 예시

감각유산 체험 후 스트레스 수준의 전후 변화를 측정하여 몸과 마음의 좋은 변화를 모니터링한 대상자가 가령 전체 16명이라고 가정했을 때의 대상자 집단을 예방관리군, 요주의군, 질병가능군의 3가지 유형으로 구분해 내는 가상적 분포도를 예상할 수 있다.

〈표 6〉 WSRI 분석결과 예시

	예방관리군	요주의군	질병가능군
인 원	13명	3명	–
비 율	81%	19%	–
평 점	15점	46점	–

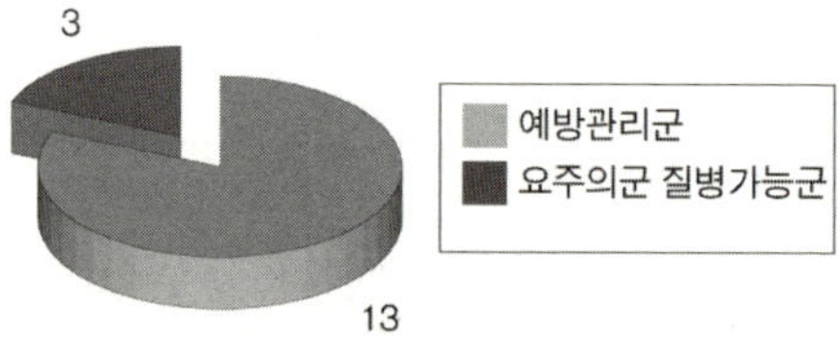

[그림 1] WSRI 분석결과 참가자 클러스터링 차트 예시

5) 감각유산 좋은 변화체험 측정 목표별 평가항목/목표치

감각유산이 추구하고자 하는 몸과 마음의 좋은 변화체험의 효과를 측정하는 목표별로 평가 항목을 요약 제시하는 것도 가능한데 그 방법은 〈표 7〉과 같다. 해당 목표별 평가항목은 감각유산이 추구하고자 하는 몸과 마음의 좋은 변화 목표치를 설정하여 설정된 목표치가 달성되었는지 여부를 가릴 수 있을 것이다.

〈표 7〉 감각유산 좋은 변화체험 측정 목표별 평가항목/목표치 제시

핵심 목표	평가항목	단위	목표치(가정)
감각유산 체험 좋은 변화 인터페이스 기술개발	감각적 자극, 감각유산 명소, 좋은 변화 프로그램을 통한 좋은 변화 체험 인지도 지수 증가여부	%	10% 인지도 증가
	감각적 자극, 감각유산 명소, 좋은 변화 프로그램을 통한 좋은 변화 체험에 대한 고객 만족도지수	%	전후 만족도 10% 증가
감각유산 체험 좋은 변화 인터페이스 기술 진단도구 개발 및 효과 측정	HRV 사전사후 측정치 비교 LOW 평균수치 감소 HIGH 평균수치 증가 여부	%	LOW 평균수치 5% 감소, HIGH 평균수치 5% 증가
	WSRI 측정수치, 요주의군 질병관리군의 감소	%	10% 감소
감각유산 체험 좋은 변화 인터페이스 기술을 통한 프로그램 개발 및 시범운영	감각유산 좋은 변화의 치유기능 효과 측정수치(HRV변화폭 + WSRI감소폭)	%	20% 이상

- 좋은 변화 평가항목별 평가방법

감각유산 좋은 변화기능 효과체험 측정목표 달성 평가항목별 평가방법은 다음 〈표 8〉과 같다. 해당 평가항목별 평가방법이 지수로 표현되어 설정된 목표치가 평가항목별로 적정하게 평가되었는지 여부를 가릴 수 있다.

〈표 8〉 감각유산 좋은 변화기능 효과체험 측정목표 달성 평가항목별 평가방법

평가항목	평가방법
감각적 자극, 감각유산 명소, 좋은 변화 프로그램을 통한 치유체험 인지도지수 증가여부	잠재 감각유산 체험 고객의 해당 감각적 자극, 감각유산 명소, 좋은 변화 프로그램에 대한 인지도지수 조사
감각적 자극, 감각유산 명소, 좋은 변화 프로그램에 대한 체험 고객 만족도지수	감각적 자극, 감각유산 명소, 좋은 변화 프로그램 등 3가지 체험내용에 대한 체험 고객 만족도지수 조사
HRV 사전사후 측정치 비교 LOW 평균수치 감소 HIGH 평균수치 증가 여부	HRV검사 및 측정 전문가 자문을 통한 심작박동 및 신경병리 지수 측정기술 적용
감각유산 체험자 대상 WSRI 측정수치, 요주의군, 질병관리군의 감소	WSRI 검사 및 측정 전문가 자문을 통한 심리 및 스트레스 관리 측정기술 적용
감각적 자극, 감각유산 명소, 좋은 변화 프로그램의 좋은 변화기능 효과 측정수치(HRV변화폭 + WSRI감소폭)	감각적 자극, 감각유산 명소, 좋은 변화 프로그램의 체험 전후 HRV 변화폭 + WSRI 감소폭의 합산 지수로 측정

참·고·문·헌

김경욱 · 이태희(2017). 한옥마을의 감각유산 인식이 러브마크와 트랜스포메이션 및 재방문에 미치는 영향. 관광연구저널. 31(2): 83-98.

김아영(2004). 자기 효능감과 학습동기. 교육방법연구. 16(1): 1-38.

김재근(2004). 자기효능감, 학교 학습동기, 사회적 지지가 자기 존중감에 미치는 영향 연구. 홍익대학교 박사학위논문.

이태희(2014). 감성소비행동분석론. 백산출판사.

장미숙(2010). 여성의 외모관리와 체형관리가 자기효능감과 자아존중감에 미치는 영향. 대구한의대학교 박사학위논문.

장태경(2009). 호텔산업에서 조직-자아존중감의 선행요인과 결과에 관한 연구. 경기대학교 박사학위논문.

장혜정(2007). 중학생이 지각한 사회적 지지, 성역할 정체감, 자기 통제 및 공격성간의 관계. 이화여자대학교 석사학위논문.

장휘숙(1997). 청년기의 애착과 자아존중감 및 자기효능감의 관계. 한국인간발달학회. 4: 88-106.

조규선(2000). 자아존중감, 자기효능감, 실패내성의 직무수행에 대한 예측력. 이화여자대학교 석사학위논문.

최창환(2005). 성인의 건강지향태도와 건강통제행위가 건강증진행위에 미치는 영향. 조선대학교 박사학위논문.

하유진(2006). 자아 존중감 및 내외 통제성과 심리적 안녕감의 관계: 20, 30대 성인 남녀를 중심으로. 연세대학교 석사학위논문.

하지연(2004). 직장인의 자아개념과 여가스포츠 활동 관여도 및 참여정도의 관계. 한국체육학회. 43(6): 845-862.

하지연(2005). 직장인의 여가활동유형과 자아개념, 여가태도 및 여가활동 관여도의 관계. 한국체육학회. 44(3): 721-734.

Alderman, C. L.(1990). A Study of Privately Owned Lands Used For Nature Tourism. Education and Conservation. Manuscript for Conservation International, Washington, D. C.

Anonymous(1990). CBWS Expanded, Protected Area Now 102,000 Acres. Belize Audubon Society Newsletter, 22(3): 1, 5.

Blitzer, R. J., Peterson, C., & Rogers, L.(1993). How to build self-esteem. Training and Development. February: 58-60.

Branden, N.(1990). What is self-esteem? Paper presented at the first International Conference on Self-Esteem, Oslo, Norway(ERIC Document Reproduction Service No. CG022 939).

Branden, N.(1998). The self-esteem at work. San Francisco: Jossey-Bass Publishers.

Brown, J. D., & Mankowski, T. A.(1993). Self-esteem, mood, and self-evaluation: Changes in mood and the way you see you. Journal of Personality and Social Psychology. 64(3): 421-430.

Clark, M. M., Abrams, D. B., Niaura, R. S., Eaton, C. A., & Rossi, J. S.(1991). Self-efficacy in weight management. Journal of Consulting and Clinical Psychology. 59: 739-744.

Gist, M. E., & Mitchell, T. R.(1992). Self-efficacy: A theoretical analysis of its determinants and malleability. Academy of Management Review. 17: 193-211.

Horwich, R. H., and J. Lyon(1988). Experimental Technique for the Conservation of Private Lands. Journal of Medical Primatology. 17(3): 169-176.

Loomis, L., and AR, Graefe(1992). Overview of NPCA's Visitor Impact Management Process. Paper and workshop given at the IV World Congress on National Parks and Protected Areas. Caracas, Venezuela. February.

Puntenney, P. J.(1990). Defining Solutions: The Annapurna Experience. Cultural Survival Quarterly, 14(2): 9-14.

감각유산 큐레이터 제13장

감각유산 큐레이터는 감각유산의 발굴과 보존, 그리고 감각유산 전시 기술과 더불어 감각유산의 실물 및 현상에 관련된 도서나 문헌 작성은 물론 감각유산의 녹음, 녹화에 이르는 모든 자료 조사를 토대로 이 자료를 수집, 구입, 교환, 제작, 수여, 기탁하거나 최종적으로 전시, 보존, 복원, 보호하는 일도 담당한다. 결국 감각유산 큐레이터는 감각구조공학(Sensory Inheritance Structural Engineering)의 창의적인 엔지니어이자 기획/연출/관리자라 보면 된다.

제13장 감각유산 큐레이터

1. 감각유산 큐레이터의 개념과 역할

영어 care의 의미를 갖는 라틴어 cura에서 유래한 말인 큐레이터(curator)는 '관리자'라는 의미이다. '보살핀다' 혹은 '관리한다'는 의미는 감각유산을 관리하고 연출해 내는 사람을 일컫기에 가장 적합한 말이라 판단되어 감각유산의 기획, 인코딩, 연출, 관리하는 사람을 감각유산 큐레이터라 부르고자 한다. 감각유산 큐레이터는 감각유산 크리에이터(creator)의 의미도 있으므로 감각유산을 창조해 내는 역할도 해야 한다. 이미 패션이나 아트분야에서 사용하는 크리에이티브 디렉터(creative director)가 하는 일을 감각유산 분야에서 하는 경우라고 보면 되겠다.

감각유산 큐레이터는 그 기능에 따라서 감각유산의 연구, 감각유산의 연출, 감각유산의 감각과 가치의 인코딩, 감각유산 교육, 감각유산 홍보, 감각유산 가치평가를 담당하는 직종으로 세분된다. 감각유산이 전시되는 형태인 경우에 관계된 전시기획 업무를 담당하는 직종도 포함된다. 감각유산의 연구, 기획, 교육, 홍보, 평가나 전시 실무 외에 감각유산의 수칙이나 모니터링 등 감각유산의 기술적인 문제들을 해결하는 일도 감각유산 큐레이터의 업무영역이다. 감각유산 큐레이터는 감각유산의 발굴과 보존, 그리고 감각유산 전시 기술과 더불어 감각유산의 실물 및 현상에 관련된 도서나 문헌 작성은 물론 감각유산의 녹음, 녹화에 이르는 모든 자료 조사를 토대로 이 자료를 수집, 구입, 교환, 제작, 수여, 기탁하거나 최종적으로 전시, 보존, 복원, 보호하는 일도 담당한다. 결국 감각유산 큐레이터는 감각구조공학(Sensory Inheritance Structural Engineering)의 창의적인 엔지니어이자 기획/연출/관리자라 보면 된다. 감각구조공학은 구체적인 원인과 결과를 설명하고 예측하는 공학적인 접근이 감각적 체험을 관장하는 감각유산의 창조/기획/관리에 필요하다는 관점에서 제시하는 새로운 개념의 학문이 될 것이다.

2. 소울 사이언스(Soul Science) 이론

사람들을 불러 모으는 곳은 우리의 영혼을 자극하고 일깨워 홀리게 만드는 힘이 존재한다. 그 힘은 그곳의 감각적 특성에서 나오고 감각유산 큐레이터는 이런 감각적 특성을 사람의 영혼과 관련지어 경험으로 만들어내는 역할을 하는 사람들이다. 영혼을 일깨워 유인하고 불러들이는 힘의 원천을 감각엔진이라고 한다면 감각구조공학의 크리에이티브 디렉터인 감각유산 큐레이터는 이런 감각엔진의 연출과 기획을 통해 결국 소울 사이언스(Soul Science), 소울 엔지니어링(Soul Engineering)이라 불리는 작업을 진행하는 사람이라고 할 수 있다.

① 특정공간이나 접점에 존재하는 감각을 부여하고(sense of place),
② 그 감각으로 해당공간의 아이덴티티를 부여하며(identity of space),
③ 그 감각과 아이덴티티를 통해 영혼의 몰입과 흐름을 관장하며(flow of soul),
④ 결국 감각적 자극들이 몰입의 기승전결을 이루게(flow of senses) 하는 결과를 가져올 수 있는 사람들이 감각유산 큐레이터들인 것이다.

감각유산의 개성 있고 유인력 있는 아이덴티티 연출과 관련하여 다음과 같은 소울 사이언스(Soul Science)와 관련된 다음과 같은 질문들을 진지하게, 감각유산 큐레이터 스스로가 솔루션을 구하기 위해 묻고 답할 줄 알아야 한다.

- 기획되는 감각유산이 이용자에게 의미 있는 아이덴티티의 감각적 자극 공간을 창조해 내는지
- 인식되는 감각적 아이덴티티가 이용자에게 영혼의 플로라는 좋은 변화의 효용으로 전환되는지
- 체험된 감각적 플로의 효용이 전체 감각유산을 긍정적으로 지지하는 역할을 하는지
- 결과적인 만족이 해당 감각유산을 러브마크로 전환하는지

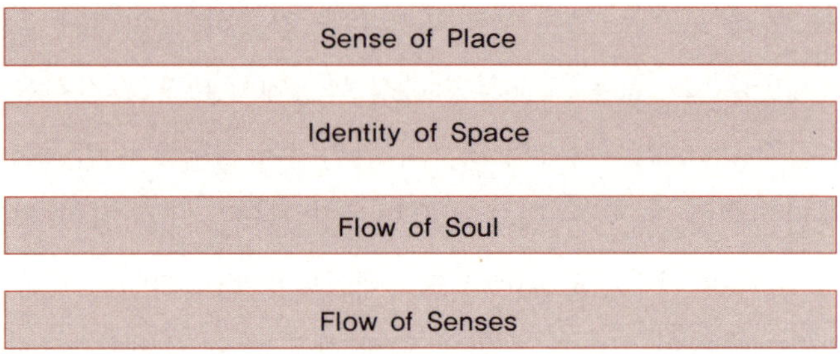

[그림 1] 감각유산 큐레이터가 창조해 내는 Soul Science

3. 감각유산 큐레이터의 미션

감각유산 큐레이터는 기획한 감각유산 큐레이팅의 결과물들을 통해 [그림 2]와 같은 미션을 수행해야 한다.

① 우선 고객이 느끼기에, 자신에게 잘 어울리고 꼭 맞는(fitting) 옷을 입은 것 같은 감각유산을 연출해 내야 한다.

② 감각유산 체험에 소요되는 모든 수고와 비용을 보상하는(rewarding) 감각유산 체험이 되도록 감각적 자극을 배열하고 조합할 줄 알아야 한다.

③ 감각유산 큐레이터는 고객이 꿈꿔오던(aspiring) 독특하고 희소성 있는 감각적 체험을 선보이는 감각유산을 창의적으로 창조해 낼 줄 아는 전문가여야 한다.

④ 감각유산 큐레이터는 고객들이 감각유산 큐레이팅을 통해 나타난 감각적 체험을 통해 좋은 결과를 몸소 경험할 수 있는 치유(healing)의 경험을 제공하는 능력과 겸험을 갖추어야 한다.

⑤ 감각유산 큐레이터는 감각유산 큐레이팅을 통해 고객 스스로 대접받고 있다는 느낌을 주는 감각유산을, 기승전결 방식의 감각적 자극 배열과 조합으로 완성해 내야 한다.

⑥ 감각유산 큐레이터는 감각유산의 고객들이 이전에는 접하지 못했고 알지 못했던 완전히 새로운 감각적 자극을 접했다는 희열을 맛볼 수 있도록 늘 기대하게(expecting) 만드는 감각유산을 발굴하고 지속가능하게 관리해야 한다.

Fitting
고객 자신에게 맞는 감각유산 체험

Rewarding
모든 비용 이상을 보상하는 감각유산 체험

Aspiring
고객 자신이 꿈꿔오던 감각적 체험

Healing
그 안에 있을 때 치유되는 감각유산 체험

Treating
고객 자신을 대접하는 감각유산 체험

Expecting
알지 못했던 세상을 알게 해주는 감각유산 체험

[그림 2] 감각유산 큐레이터 기획의 미션

4. 맞춤형 감각의 큐레이팅

기존의 관광관련 상품은 대개의 경우 미리 짜여진 상품으로 변화나 수정의 유연성 없이 소비자들의 선택에 맡겨지게 되는 것이 보통이다. 그러나 앞으로는 구체적인 감각유산 체험이나 주제의 선정이 감각유산의 소비자인 관광객들에 의해 선택될 것이다. 따라서 극히 개인의 취향대로 유연성 있게 변화하는 맞춤 감각유산 상품의 수요가 폭증할 것으로 예측할 수 있다. 그래서 감각유산 큐레이터의 역할이 중요해진다.

이미 인바운드 시장의 상당수 관광객들의 한국 방문 그룹규모가 5명 내외의 단위로 축소되고 있는 것을 통해서도 각 소그룹이나 개인의 취향을 맞출 수 있는 감각유산 상품개발은 시급하다고 할 수 있다. 가령, 일본에 사는 한국무속연구동호회 혹은 전통통과의례동호회 집단이 한국의 무속신앙이나 제사문화와 관련된 감각유산을 체험하는 의미를 파악할 수 있는 상품을 요청하면 그 고객의 요구에 맞춰 특정 기간 동안의 일정과 감각유산 체험의 대상을 만족스런 수준으로 기획/연출할 수 있는 능력을 갖추어야 할 것이다. 그래야만 진정한 의미의 감각유산 큐레이터라는 호칭을 부여받을 수 있게 된다. 이런 경우 다양한 감각유산 체험의 주제별로 전문적인 해설가의 수배로부터 해당 주제에 어울리는 음식과 소리의 배열, 향기의 감각적 전시, 질감과 촉감의 기승전결식 체험디자인 등과 관련한 감각기획 인코딩, 자료수집이나 고객만족 관련 데이터 확보가 관건이 될 것이다.

이를 위해 감각유산 큐레이터는 감각유산 전문가를 훈련, 양성하는 교육 프로그램을 거치면서 미학, 심리학, 사회학 등 관련 항목을 포함한 교육 이론, 교육 관찰, 감각유산 관찰, 감각유산 전시 기획, 감각 지각능력, 감각유산 지역 사회와 프로젝트 등 감각적/미학적/예술적인 안목이 있어야 한다. 또 감각유산 방문객들에게 감각유산 기획과 보존/발굴의 목적과 내용을 설명해야 하는 창의성과 참신한 사고를 필요로 한다. 감각유산 큐레이터는 인간의 감각적 체험이 개인에게 좋은 변화를 결과시킬 수 있는 큐레이팅이 될 수 있도록 하는 감각적 인코딩과 감각적 반응에 주의 깊은 관찰력과 탐구 자세를 갖추어야 하므로, 다양한 분야의 역사는 물론 다양한 문화권의 생활양식, 언어, 예술 등 전반에 걸쳐 해박한 지식과 경험을 갖추어야 한다.

5. 저작권의 보호와 기획의 실명제

책에는 그 책을 쓴 저자가 있듯이 감각유산의 기획에도 반드시 감각유산의 기획에 참여한 사람들이 실명으로써 그 감각유산 브랜드의 지적 주인으로서 실명화되어야 한다. 이 실명의 주인들이 지적 소유권까지 보호받는 데에는 여러 가지 장애와 제약요인이 있을 수 있다. 그러나 수준 높은 감각유산이 다양한 선택의 폭으로 제공될 수 있는 바람직한 여건이 되기 위해서는 최초 기획자의 아이디어를 보호할 수 있는 제도적 여건이 마련되어야 할 것이다. 아직까지 감각적 연출에 대한 기획저작권 보호가 법으로 확실하게 이루어지지 않기 때문에 축제나 레스토랑이나 비슷비슷한 아류들이 많이 생겨날 수밖에 없는 실정이다.

예를 들어 음악이나 영화 콘텐츠의 불법 전용으로 인해 해당 콘텐츠를 만들어낸 크리에이터에게 원래의 수익이 환원되지 않는 경우가 발생하게 된다. 결과물을 쉽게 복사해 가는 경우가 생기기 때문이다. 결과물의 복사는 원래 크리에이터의 창의성이 도용당하는 결과이다. 이런 창의성을 쉽게 도용하게 허용하면 원래 크리에이터의 창의성 있는 개발의지는 쉽게 꺾인다. 현재 각종 콘텐츠 저작자의 저작물에 대한 권리는 무분별하게 복제되거나 유출되기 쉬워, 정당한 대가를 받아야 할 저작자의 저작물에 대한 권리가 침해받는 것이다.

크리에이터의 창의적 기획내용을 보호하기 위한 다양한 장치의 마련도 필요한데 예를 들면 온라인상에서 콘텐츠를 보다 효과적으로 보호하기 위한 방법으로 블록체인의 방식을 적용할 수 있다. 블록체인을 통하면 저작물 소유권에 대한 추적이 가능하여 저작권 관리가 유용하다. 블록체인 기술은 네트워크 형태의 데이터 관리 시스템이다. 기존의 중앙집권형 데이터 관리 시스템은 유저 거래의 데이터 전부를 관리자인 서버가 관리했다. 그러나 블록체인 시스템에는 관리자가 없고 거래 데이터를 유저끼리 관리한다. 예를 들어, 블록체인 기술을 활용하면 창작자는 저작권을 보호받기 원하는 창작물을 블록에 등록하게 된다. 감각유산 기획의 핵심전개 내용, 인코딩 방법, 감각콜라보 조합, 라이선스 등을 블록에 저장할 수 있다. 창작물의 정보는 블록체인 네트워크를 통해 전파되고, 사용자의 저작물 이용내역도 블록에 저장되며, 추적이 가능해진다. 블록체인 기술을 활용하면 중간 유통사나 기획사의 개입 없이 저작료 지급이 직접 이루어질 수 있다. 창작자의 저작권을 보호하기 위한 특정 협회는 중간자로서 신탁 관리 시스템을 운영할 수도 있다.

감각유산 큐레이터에 의해 기획된 고유의 창의성과 창의적 내용을 온라인상으로 등록하여 '온라인상의 특허' 개념을 인정받게 하고 이런 창의성을 공유하고 싶은 사람이 일정의 비용을 제공하고 공유가능토록 하거나, 그렇지 않으면 불가능하도록 법적으로 무단 복제를 보호하는 방법이 강구될 수 있을 것이다.

6. 감각유산 큐레이터의 자격

감각유산 큐레이터의 경우 기존 큐레이터의 자격규정과 정의를 토대로 〈표 1〉과 같이 그 정의와 자격을 정리하여 볼 수 있다. 다만 현실적으로 자격증 소유여부가 중요하지 않아 자격증 자체에 대한 수요가 없음에도 불구하고 의미 없이 자격만 법제화하는 것은 이미 기존 종사원 자격증 제도에서도 수없이 지적되어 온 사항이기 때문에 감각유산 큐레이터의 경우도 자격증 법제화와 관련된 결정은 그 타당성에 대한 고려가 진지하게 이루어진 후에 이루어져야 할 것이다.

감각유산 큐레이터는 감각유산 큐레이팅과 관련된 전문적인 지식이 필요하기 때문에 미학, 인류학, 심리학, 고고학과 같은 기본학문을 공부하는 것은 물론 대학이나 대학원에서 감각유산 관리론, 감각유산산업론, 감각유산경영론, 감각유산기획론 등 전문지식을 쌓고 실습과정을 거친 후 큐레이터가 될 수 있다.

〈표 1〉 감각유산 큐레이터의 정의와 자격

구 분	내 용
정의	• 감각유산을 발굴/보존/복원/보호/전시하여 브랜드화하고, 감각유산의 부가가치를 높이는 데 필요한 제반사항을 기획/연출/홍보/교육/평가/모니터링하는 자
법적인 자격규정	• 법적인 자격규정의 적용은 해당 직종에 대한 현시수요가 발생하여야 함 • 기존 감각유산관련, 체험상품 기획 내용과 차별화된 감각유산 고유의 감각적 연출의 수준과 기능을 보이는 경우만이 법적 자격 규정이 의미가 있을 것임
자격증 부여	• 지정된 교육기관에서 특정학위 과정을 이수할 경우 소정의 자격증이 부여됨 • 국가에서 시행하는 자격시험으로 자격을 부여하는 경우 필수과목과 선택과목에서 합격하면 자격증이 수여됨

〈표 2〉 감각유산 큐레이터의 자격취득에 필요한 사항

구 분	내 용
필수과목	• 감각유산 관리론, 감각유산산업론, 감각유산경영론, 감각유산기획론
선택과목	• 소비자행동론, 감각유산 마케팅론, 이벤트 기획론, 한국 감각유산사
능력과 기질	• 감각유산 아이디어를 통한 부가가치창출 능력, 기존 감각유산의 발굴, 상품화, 브랜드화 능력 • 국제화된 기획 마인드, 감각유산 브랜드가치 판단능력 • 감각유산 인코딩 능력과 수준
기타 지식	• 감각유산의 브랜딩 작업에 필요한 총체적인 마케팅 기술 이해

7. 감각유산 큐레이터 수요 조직/기관의 성격

이와 같은 자격과 요건이 필요한 감각유산 큐레이터는 〈표 3〉처럼 프리랜서로서 활동할 수도 있고 감각유산 관련하여 다양한 조직이나 기업에 속해서 활동할 수도 있다.

〈표 3〉 감각유산 큐레이터 수요 조직이나 기관의 성격

소속 구분	역 할
정부조직이나 산하 공기업에 소속	• 가령 문화체육관광부, 시/도 문화관광과, 코레일, 문화재청과 같이 감각유산 관련 상품/브랜드 개발이 끊임없이 이루어지는 기관의 계약제 직원으로 감각유산 브랜드기획/개발에 참여
여행사에 소속	• 기존 여행상품의 기획에서 진일보하여 구체적인 감각유산 체험 상품에 대한 수요를 해결하는 기획자의 역할
감각유산관련 협회·조직에 소속	• 각종 협회가 회원업체나 회원들의 감각유산 브랜드 기획을 지원하는 경우에 참여
개인사업체 등에 소속	• 감각유산 관련 브랜드 기획과 이벤트 개최, 고객과의 연결고리 창출에 기여
프리랜서로서 활동	• 다양한 조직이나 업체에서 필요로 하는 기획프로젝트를 수행

8. 감각유산 기획에 대한 지원의 필요성

무형의 감각적 자극원에 부가가치를 증폭시켜 부가가치와 자산가치가 높은 별개의 감각체험 브랜드로 바꿔놓을 수 있는 분야가 감각유산 기획분야이므로 감각유산 큐레이터가 고도의 전문지식과 새로운 기술을 가지고, 창조적/혁신적 경영을 도모하는 벤처사업의 한 유형으로 감각유산 기획분야가 포함되어 지원받을 수 있다. 이에는 지식집약적인 접근방법이 필요하므로 감각유산기획과 관련된 벤처기업을 정부나 기업이 지원해 주는 것은 이공계열의 벤처기업 지원 못지않게 중요한 사안이라 판단된다.

연구개발(R&D)형 신규 과업으로서 감각유산 기획과제는 새로운 감각유산 경영방식의 방향을 제시할 뿐만 아니라, 참신한 여가체험 기획혁신의 긍정적 후폭풍을 가져올 수 있다. 감각유산소비 동향에 대한 민감한 대응으로, 산업적으로나 정책적으로 국가 감각유산 브랜드의 발전과 진화에 엄청난 활력을 주게 될 것이다. 감각유산 기획사업에 대한 정부의 지원은 그동안 정부가 강조해 온 4차 혁명이나 콘텐츠 R&D 개발을 강조하는 명분을 현실화하는 데에도 최적화된 지원대상이다. 감각유산 브랜드 개발 및 기획사업을 기존의 관광진흥개발기금의 지원 용도 중 한 분야로 채택하여 관광진흥개발기금을 통한 감각유산 브랜드 개발 및 기획 지원을 통해 한국관광브랜드의 수준을 한 차원 높이도록 정부가 지원하는 방안도 가능하다.

참・고・문・헌

김경욱 · 이태희(2017). 한옥마을의 감각유산 인식이 러브마크와 트랜스포메이션 및 재방문에 미치는 영향. 관광연구저널. 31(2): 83-98.

이태희(2005). 관광브랜드기획론. 대왕사.

이태희(2012). 러브마크 감성행동론. 새로미.

이태희(2013). 리조트개발의 이해와 전략. 새로미.

이태희 2013. 지역관광을 살리는 새로운 시각: 지역 감각유산의 관리. 한국관광정책. 제54호: 31-38.

이태희(2014). 감성소비행동분석론. 백산출판사.

이태희(2015). 광주전남권의 아이덴티티 마케팅–감각유산 러브마크화 전략. 광주시 관광개발중장기전략수립 워크숍.

저자소개

이태희

서울대학교 조경학과 학사, 서울대학교 대학원 생태조경학과 석사
미국 Texas A & M University 관광자원개발학 박사 Ph. D.
미국 텍사스주 관광정보연구소 연구원(TTRIP)
교통부 산하 교통개발연구원 관광정책연구센터 책임연구원
명지대학교 교통관광대학원 문화관광학과 교수
현재, 경희대학교 호텔관광대학 관광학부 관광학과 교수

문화관광부 정책심사위원, 문화관광부 문화관광진흥원 자문위원
문화관광부 상설공연상품 심사위원, 문화관광부 관광지 리모델링 위원
문화관광부 국제협력사업 ESCAP 전문위원, APEC 전문위원
문화체육관광부 관광특구 심사위원, 서울시 관광특구 심사위원
문화체육관광부 으뜸명소 선정위원, 관광의 별 선정위원, 산업관광활성화 자문위원
외교부 개방형문화원장 심사위원, 행정안전부 공기업선진화 평가위원
교육부 BK21 관광브랜드개발사업단 단장, 책임교수
한국관광공사 마케팅 전략위원회 위원, 글로벌 관광컨설팅 추진 자문위원
경기관광공사 자문위원, 인천도시개발공사 자문위원, 한국공항공사 자문위원
용인시 관광진흥자문위원, 동두천시 도시계획위원
세계 한민족축전 평가위원, 관광통역안내원 국가자격시험 면접위원
고등학교 관광영어 교과서 편찬집필위원, 인천발전연구원 공채심사위원

관광발전국민연대 공동대표, 일본 미야자키현 관광홍보대사
중국 내몽고 호론보르시 관광홍보대사, 한국관광학회 정책포럼위원장
서울시 인재개발원 관광마케팅 교수, 지방행정연수원 관광상품마케팅 교수
중앙공무원교육원 연수 심사위원, 독립기념관 활성화사업 자문위원
경기발전연구원 자문위원, 광주발전연구원 자문위원

한화리조트 뉴브랜드 리조트개발 자문교수, 대명 비발디파크 2단계 개발자문위원
대명그룹 사장단 자문위원, 동부산 오시리아 관광단지 개발 자문위원
GKL 세븐럭 카지노 자문위원, 미단시티 외국인전용 카지노선정 심사위원
국립생태원 생태관광활성화 자문위원

〈주요 단독 저서〉
관광산업발전론(일신사), 관광상품기획론(백산출판사), 축제브랜드경영론(대왕사),
에코 브랜드 매니지먼트(대왕사), 관광브랜드분석론(대왕사), 관광브랜드기획론(대왕사),
러브마크감성행동론(새로미), 축제러브마크화 전략론(한올)
리조트개발의 이해와 전략(새로미), 감성소비행동분석론(백산출판사)

저자와의
합의하에
인지첩부
생략

감각유산의 이해

2018년 3월 10일 초판 1쇄 발행
2019년 1월 20일 초판 2쇄 발행

지은이 이태희
펴낸이 진욱상
펴낸곳 (주)백산출판사
교 정 편집부
본문디자인 오행복
표지디자인 오정은

등 록 2017년 5월 29일 제406-2017-000058호
주 소 경기도 파주시 회동길 370(백산빌딩 3층)
전 화 02-914-1621(代)
팩 스 031-955-9911
이메일 edit@ibaeksan.kr
홈페이지 www.ibaeksan.kr

ISBN 979-11-88892-22-8
값 25,000원